獻給溫蒂·多尼格（Wendy Doniger），

她讓每一次的破滅都顯得偉大

RULES: A SHORT HISTORY OF WHAT WE LIVE BY

我們賴以為生的規則

從量尺、食譜、法律到演算法，人類如何確立和打破一切？

洛琳．達斯頓（Lorraine Daston）　陳禹仲——譯

目錄

譯者序

規則與例外形塑的世界

陳禹仲／中研究人文社會科學研究中心助研究員

我們活在一個由規則交織而成的世界裡。而這個規則所構成的世界中，也有著許多潛移默化的規則，讓我們自然而然地將規則的存在視為理所當然。我們會下意識地要遵守規則；會下意識地埋怨、譴責那些為了貪圖自己一時方便而不遵守規則的人，對他們的行為感到忿忿不平、甚至嗤之以鼻（哪怕我們自己或多或少也曾經如此貪圖方便）。我們可能會意識到、也可能不曾意識到，現代人視之為理所當然的規則背後，其實隱隱然有另一套規則在約束著什麼樣的規則得以成為規則。規則應該要白紙黑字地明文表述、規則應該要有一定的穩定性，不能朝令夕改、規則應該要一視同仁地適用於所有人。也因為我們太過於習慣這種「明示」的規則，以至於當我們遇到其他曖昧不明、不曾明文寫下卻又規範行為的規則時，我們可能無所適從、可能因為規則難以捉摸而感到沮喪憤恨。

換句話說，在這個規則所成就的世界裡，我們相信規則要有明確的定義，如此才能讓我們得以行事無礙。我們是如此習慣這樣的規則與這樣的世界，以至於一旦面對沒有明確定義的規則，我們會下意識地產生情緒上的排斥，我們會對潛規則感到莫名與不耐、會對規則的例外產生「話都給你說就好」的嘲弄、會對有太多詮釋空間的規則發出「ＸＸ自助餐」的評語。這些情緒側面表現了我們對於規則的理解與想像，以及我們對規則就應該要有規則的樣子的期待。但與此同時，我們卻也或多或少都曾在生活中經歷過，面對某些場合某些人以「規定就是規定，我也沒辦法」的口吻，要求著我們採取毫無效率的方法行事時，所感到的無奈與不滿。我們更常在生活中體驗著，明明有著明確的規則，卻還是因為各種情境中的因素，致使我們只能在心底默默埋怨「這違法了吧！」，卻還是只能服從情境中，那些被默認、不曾明文寫下的規則行事（例如勞基法明文規定每週最高工時，卻還是有不少因為所處的職場文化而默默加班的人們）。我們活在一個由規則交織而成的世界裡，但不是所有的規則都是我們所期望、有著明文規定的規則。

然則，我們又是怎麼走進這樣的世界？

在這本書裡，美國著名的科學史家洛琳．達斯頓試著回答這樣的問題，與此同時，也試著藉由爬梳人類如何理解規則的思維變遷，指出也許我們對規則的想像過於現代、也過於貧瘠，使得我們對規則的期待，其實往往無法支應我們實際在生活中所體驗到的各種規則。也因此，當我們愈深信「規則就應該有明確定義」時，我們愈容易頻繁地在生活中，因為各種沒有明確定義卻又實際存在、乃至形塑人們行徑的規則感到挫敗。我們會看到那些深信人類交際必然有著明確規則的人，深信著自己符合什麼樣的定義（例如有了多少資產、有了什麼樣的學歷），就應該會有什麼樣情感生活的人，一旦遭遇情感生活的不順遂，便會因為現實與自身對規則期待的落差發出不平的怒吼、乃至憤恨（例如對「儀式感」、「讀空氣」、「有趣的靈魂」等詞彙的反感）。但在這些情緒的背後，其實體現的不過是人們對規則的一廂情願。

在這本書裡，藉由對於人們如何理解規則的歷史變遷，達斯頓提出了一個論點，即人們對社會中沒有規則的挫敗，也許並不是現實中存在了許多不符合規則的事物。這種一廂情願的思維會導致一種過於簡單直率的反應，即我們需要更多有著明確定義的規則，這麼一來，就可以排除掉那些讓人無所適從的情境。達斯頓認為，也許這種對於規則的一廂情願，使得我們無法反省自身，也不願面對殘酷的現實，即我們現代人對規則的想像，並沒有真切地捕捉到規則的全貌。事實是，從古至今，人類的共同生活經驗中，本來就存在著形形色色的規則，而並不是所有的規則都有著明確的定義。更有甚者，並不是所有明確的規則都志在排除例外。有些時候，明確的規則與例外共存。也有些時候，唯有透過例外，才能讓我們理解規則的全貌。

這是屬於古代人的對於規則的理解；屬於另一種對於現實與規則之間的關係的體認。與我們相仿的是，古代不同文明的人對規則的理解，也強調了規則的存在是為了助益於我們在現實中得以更為有跡可循地行事。但與我們現代人相異的是，古代不同文明的人往往體認到，任何規則一旦在現實中實踐，往往必須受到現實情境中那人力所無可掌握、瞬息萬變的變化所牽制。舉例來說，一條單線道的筆直公路的最高速限可能是每小時四十公里。但如果行駛在公路上，突然背後發生了酒駕連環追撞，肇事的車輛毫不減速地朝著我們衝來，我們要繼續嚴守著每小時四十公里的速限嗎？還是我們應該要加速行駛試圖避免被肇事車輛追撞？

在現代社會裡，如果我們行駛的路段剛好設有測速相機，我們很可能還是會收到超速罰單，哪怕我們會試圖申辯：「這是例外！規則不應該適用！」這是一種例外與規則相對立的邏輯。但古代人的思維卻會認為，在制定規則的同時，就應該明確考慮到可能會發生的例外，並且要明確指出在這些例外情境下，規則得以如何調整。依據古代的思維，這條公路上速限規則的陳述可能會變成「該道路最高速限為每小時四十公里，唯緊急情況發生時，駕駛得以依自身判斷，以最合適的時速行駛。」規則包含了例外，例外也豐富了規則。而這也意味著，古代人的規則融會了那些在現代人眼中被視為曖昧不明、視為「都給你說就好」、視為「自助餐」的特質。規則是需要當事人依據現實情境，行使個人判斷來確定是否必須詳實遵守的。換句話說，規則是有被當事人自主詮釋的空間的。

達斯頓的著作，從「規則」一詞在希臘文的原意，以及後續詞語意涵的變遷，追溯了不同文明中，人類生活不同的面向與不同的經驗裡，如何反映出古今之間對於規則的理解與期待的差異。她最重要的目的，並不是在指出古代人的規則觀遠比現代人的規則觀更為優越。相反地，她僅只指出，古代對規則的想像更為豐富厚實，而現代人的規則想像則趨於明確輕薄。這是因為前者的規則涵蓋了社會經驗，而後者的規則往往訴諸規則得以被全然遵守的理想情境。這是不同的歷史情境使然，也是不同的歷史發展的結果。

有趣的是，正如我們生活經驗裡所時時體認到的，也許這兩種規則觀並不相互排斥。有著明確文字定義的規則確實更適用於我們現代這步調更為快速的社會，但我們的社會裡卻也充斥著各種不曾被明文定義、甚至即便有明文定義卻仍舊仰賴當事人依據情境主觀判斷進而詮釋的規則。就算撇除這種理解的差異，純粹回到規則與例外的關係而言，身處在後疫情時代的我們，在晚近的生活經驗裡，不也剛經歷過一場全球規模、體認到規則必須涵蓋例外，以及由例外來定義規則的情境嗎？達斯頓顯然認為，也許藉由這本著作，我們可以重新發現現代人對規則的理解，不必然地與例外、與沒有明文規定的規則產生衝突。哪怕我們在面對例外、在面對沒有明文規定的規則時，很可能還是會感到困惑與不安。但這不就是我們生活經驗的本質嗎？畢竟，一個由規則交織的世界，不也同時意味著，這是一個充滿例外的世界。

1

導論：規則被埋藏的歷史

這是一本小書，卻涵蓋了極大的主題。我們所有人無時無刻都身陷在一個由各種規則交織而成的網絡裡。在這個網絡中，有些規則支應了我們的行為，有些則限制了我們的舉止。是規則的存在，確立了工作日與學年從何時開始、到何時結束；也是規則的存在，指引著道路交通的疏忙。規則決定了什麼樣的人可以和什麼樣的人結婚、以什麼形式成婚。規則也決定了在餐桌上，我們應該把叉子放在餐盤的左側還是右側。是規則的存在，決定了在棒球比賽裡要怎麼得分，以及四壞球保送是什麼。也是規則的存在，軟化了國會裡的辯論與協商。規則確立了哪些行李是可以登機的手提行李，也確立了哪些人在什麼時節可以參與投票。它還確立構成文句的文法、指引在生活百貨或量販店裡的消費者該在哪裡排隊結帳、告知飼主他們的寵物是否能迎進入店鋪、訂定了佩托拉克式十四行詩該有的格律與韻腳、也明訂了生命誕生與終結時所該有的儀式。以上種種，都只是明確規則的例子。我們可以在各種標示、說明書、使用手冊、宗教文本以及法律條文裡，找到各種諸如此類的明確規則。但一旦我們把一些隱性的規則也加到討論裡，這個由規則交織而成的網絡就會變得更加緊密，使得人類的行為幾乎無法超出規則網絡的籠罩。這些不成文的規則深深體現在我們日常經驗裡，包含了打招呼時是要伸手致意，還是要以法式吻頰禮般彼此輕觸臉頰兩下（或一下，如果是比利時式的吻頰禮）；超過時速限制多少公里，是不開罰單的寬限範圍；在什麼樣的餐廳該給多少對應的小費；在與人談話的過程裡，什麼時候該提高（和降低）音量；什麼樣的人該為什麼樣的人開門；在一場歌劇演出中，表演能夠多頻繁地被歡呼聲與噓聲打斷、這些呼聲的音量又該多大（或多小）聲；參加晚餐聚會時該在什麼時間抵達，又該在什麼時候離開；還有一篇史詩的長度該有多長。不同的文化都存在著各自的規則，但沒有一個文化會沒有規則。事實上，每一個文化都會充斥著各種規則。一本關於所有這類規則的書，幾乎就是一本關乎人類歷史的著作。

規則是如此無孔不入、如此不可或缺、如此具備權威，讓人們習於視規則的存在為理所當然。我們很難想像一個沒有規則的社會、一段規則出現以前的歲月？然而，規則的普世存在，並不表示這些規則在不同的文化與歷史傳統裡，都有著同一的存在。從內容到形式，不同的規則間存在著炫人耳目的多樣性。自從希羅多德（c. 484-c. 425 BCE）以古希臘的視角，述說在埃及一切的規則都與希臘相反（儘管它們一樣規律）的故事以來，規則在內容的多樣性向來是各路旅人與民族誌作者講述故事的利器。希羅多德說，在埃及是男人留在家裡紡織、女人出外走訪市集；女人是站著如廁，男人則是蹲坐解手；就連尼羅河的流向都是反其道而行，由南而北入海。[1]至於形式的多樣性，則可見於各種不同規則類別的長條清單裡，光是隨手舉例，就可以看出其複雜程度：法律、習俗、原則、指引、指示、食譜、法規、格言、規範與演算法則。這種規則類別的多樣性是一條線索，指向了一段關於規則是什麼及規則做了什麼的隱密歷史。

從古希臘羅馬時期開始，規則的意義被體現在三種主要的語意群集裡（這是本書第二章的主題）：測量與計算的工具、模範與典範，以及法律。自此以降，關於規則的歷史，也是一段意涵增殖並交錯的歷史，構成了更多種規則的類型，以及足以表現這些類型的多種範例。這讓規則幾乎變成某種繩索繁複交纏的翻繩遊戲，複雜的程度堪比文化本身。儘管如此，規則最原始的三種意涵依然足以穿過歷時數千年的歷史迷宮，為我們提供指引。藉著長時段的歷史視角將規則從各種不同的材料（從修道院的清規到食譜、從軍隊指引到法律條約、從演算法的計算到實用的操作指南）裡抽引而出，這本書追溯了規則這三種源自古希臘羅馬的原初意涵，如何在超過兩千年的時間裡，在菁英與世俗傳統中演化發展。本書的第二章與第三章重新建構了規則從古代到十八世紀如何作為一種典範存在。第四章與第五章描繪了古代的計算方式如何實踐，並一路追溯其發展，直到十九與二十世紀演算法的興起與計算機的發明。第六章與第七章比較了規則的兩種模式（具體明確的嚴格規範及普遍的自然律則）從十三世紀到十八世紀的發展。第八章則分析十六到二十世紀之間，道德、法律與政治規則在面對不受規訓的例外情境中，如何產生變化、甚至如何崩壞。

規則的悠久歷史，是由三種相對的關係所構成的。規則的組成或則厚實，或則輕薄。規則在實際應用時，或則嚴苛或則彈性。在畫出規則適用的範疇時，或則有明確對象或則普世適用。這三組相對關係可以重疊。除此之外，取決與我們所討論的是上一段提及的哪一種規則的意涵，這三組相對關係之中，有些關係可能會比其他組別要來得有關聯。例如，在本書第二與第三章中，我們會見到，如果把規則理解為一種典範時，規則的組成往往厚實，但在應用時卻顯得有彈性空間。一個組成厚實的規則，往往會附帶示範、警語、注意事項與例外說明。這種規則會預期適用規則的情境可能是多變的，也因此在應用時會需要適時改變。厚的規則往往會在組成的結構中暗示了這種多變性。相比之下，如第四章與第五章所示，如果把規則理解為演算法則，這種規則的構成是輕薄的，但在應用時卻有嚴謹的要求，儘管有些時候，這樣的規則的構成方式可能變得厚實。一個演算法則不一定是簡短的，但它鮮少被設計成用來處理不尋常或變化多端的情境。因為這種形態的規則往往預設了一個可預期的穩定世界，在這個世界裡的所有可能性都能被預測。在這種規則構成的世界裡，人們暗自衡量後自行裁奪結果是不受歡迎的。如果這樣的規則被限縮用來解決教科書上的問題，例如基本的算術，通常不會產生太大的問題。然而，電腦演算法的編年史走到今天，已經發生太多發人深省的故事。電腦演算法涵蓋的面向，從臉部識別到納稅面面俱到，但構成它們的規則太過輕薄，在應用時又太過死板，使得這些規則往往在對應到過於多樣化的現實時，產生了問題。

厚規則與薄規則的適用範疇，可以鉅細靡遺也可以普遍適用。例如，一個製造桌子的模型，可以很明確地規範要用什麼樣的木頭製造出什麼樣造型的桌子。一個演算法也可以明確指出，它只適用於計算特定不規則多邊形的面積。如果把規則理解為法律，它所涵蓋的範疇同樣可以是明確具體，也可以是普遍通則。它能具體管理星期天某條街道可以停放車輛，也可以是像熱力學第二定律或《十誡》這種通則（第六和第七章）。而不管是通則或是目標明確的法律，它們在應用時或則嚴謹或則存在彈性。充斥著仔細規範的規則，在應用時很有可能需要因應規範對象的變化而做出適當的讓步，例如在第六章將會討論的禁奢法規。就算是最具普世效力的規則，像是那些被理解成神意命令，應該要存在普世且永恆約束力的規則，有些時候也必須要對現實的變化做出退讓（第八章）。

值得一提的是，這三組相對關係與其說是構成規則的非此即彼要素，倒不如說是標示出構成規則的多種可能範疇。本書的每一個章節，都會在不同面向上說明規則（無論把他們理解成模範、演算法或是法律），如何在不同程度上表現出規則的厚實與輕薄、嚴苛與彈性、明確與普世。在解釋規則時，這三組相對關係之間的排列組合出現的頻率並非相當。即便如此，這本書所描繪關於規則的悠久歷史，將會揭露出一些在現代已經變得極為罕見的組合，而這足以擴展我們對規則是什麼的想像。舉例來說，我們在第四章將會看到，一種組成方式厚實，卻在應用上極富彈性的演算規則。

規則還有一個特質。它是一種「介於兩者之間」的中間類別。在古代與中世紀的知識體系裡，規則占據了在高尚的科學（像是旨在探索自然現象普世成因的自然哲學）與最低階、不需要精細知識、只需要反覆操作的工匠之間的中間位置。在中世紀，這個屬於規則的中間場域是後世所謂的人文與藝術（Arts）。如本書第三章將指出的，在中世紀的知識分類裡，這是屬於實踐的知識，也是把實踐的祕訣與理性和經驗結合的知識。這種知識的指導方針，以及掌握這種知識的方式，只能透過實踐來獲得。在近代早期的政體裡，規則也一樣處在中間位置。它們存在於充斥地方色彩的地區規範，以及普世皆然的自然法規範之間。與此相仿，近代早期科學的規則通常太過具體，使得它們沒辦法作為普世適用的自然律則，但與此同時，這些規則又太過通泛，沒辦法作為孤立的觀測結果。舉例來說，這些規則往往是水在結冰時的體積會變大，而不會變小；與此對比的則是普世皆準，從最遙遠的行星到某棵樹上的蘋果都適用的重力法則。我們會在第六章與第七章討論這些規則。不管是自然秩序或是人類的社會秩序，規則都定義了一種中間場域，總是在調節兩極。這兩極可以是確定性與機率、普世與各疏、完美的秩序與全然的混亂。

這些對比，都可以歸結為一種更大的比較框架：一個存在高度變化、不穩定且不可預測的世界，對比一個可以從過去推斷未來、藉由標準化來確立一致性、且可以信任平均值的世界。必須說明的是，儘管這本書的論述大致上描繪了一個從前一個世界過渡到另一個世界的歷史軸線。但這並不是一個關於無可避免的現代性造成歷史變革的故事。無論在哪個時空，在一個混亂的世界裡，出現一座充斥穩定性與可預期性的島嶼，會是政治意志、科技的基礎建設與逐漸內化的規範所達成的艱鉅且脆弱的成就。而這個成就隨時可能會因為戰爭、傳染病、自然災害或革命而遭到吞噬。在這些緊急時刻裡，薄規則會突然變得厚實、死板的規則會變得有彈性、通用的規則會變得具體明確。如第八章所說的，人們之所以用「例外狀態」來稱呼這種不確定性突然爆發的事態，自然有其道理，因為那是一個規則暫時失去掌控的狀態。而在結語我們能看到，如果規則為了趕上事態的變化，變更得太過頻繁又太過倉促，那麼規則這個概念本身的意涵也將會開始鬆動。

規則——典範與演算法則

規則為許多的哲思辯證，提供了一條富含資源、等待深耕考掘的礦脈。例如受規則啟發的一個最為古老的問題，即是制定規則的人，要如何制訂一套普世皆準的標準，來適用於可能存在無限種差異的特殊個體。這個問題幾乎與哲學這個學科一樣久遠，但時至今日依舊與我們息息相關。這本書每一個章節都描繪了這個古老的問題，如何體現在不同的情境與不同的歷史時期裡，無論是在法庭、匠人的工房，又或是懺悔室。在導論的下一節裡，我會多加著墨這個問題。但在那之前，我必須回答另一個重要的問題。解釋這個問題，將有助於我們了解規則在現代哲學難題。而我想，到此為止，讀者們或多或少也許已經自問過這個問題。那就是，在規則的三種類別之中，法律與演算法則之於我們如何理解規則，依然舉足輕重。但規則的第三種分類，也就是模範或典範呢？

事實上，直到十八世紀末，作為模範或典範的規則，不論在原則上或實踐上都堅實地存在著。然而，隨著十九與二十世紀的歷史發展，作為演算法則的規則開始逐漸取代模範與典範。這種轉換衍生出第二個關於薄規則的現代哲學問題：人們有辦法在不詮釋規則、不脈絡化規則的情況下，明確地遵守規則嗎？如果有辦法，這又是如何做到的？如我們將在第五章看到，在規則從模範或典範轉移至由機器運算的演算法則之前，這個問題本身幾乎不會是一個問題。雖然這個轉變是晚近才發生的，但其後果直到今日依舊迴盪於哲學、行政治理、軍事策略、乃至人們日益根深於網路世界的日常生活經驗裡。

儘管演算的規則本身幾乎和算數一樣古老，而且將規則與量化精準度串聯起來這件事情可以追溯到古希臘羅馬，或甚至更遠古的時代。然而，就古地中海文化衍生的知識傳統來說，演算法則鮮少被視為理解規則是什麼的首要依據。即便在談論數學的規則時也是如此。一直到十七與十八世紀，當歐洲開始大量出現各地方言的辭典時，演算法則通常是在「規則」這個條目底下，排位第三或第四的定義。甚至在有些辭典中，「規則」的詞條裡根本不會出現「演算法則」這個定義。在十九世紀最全面的數學百科全書裡（那是一部七大冊的德語鉅著），更是不存在「演算法則」這個條目。[2] 但在這部百科全書出版的數十年間，演算法則開始成為人們理解數學證明的基礎。到了二十世紀中葉，演算法則推動了所謂的「計算機革命」，同時也促成人們開始夢想著人工智慧與人工生命的多種理想。到了現在，我們都是演算法則帝國之下的臣民。

但就算到了十九世紀初，演算法則的帝國根本還沒成型。在當時，在名為規則這個概念的地圖上，它甚至才剛成為一個微小的節點。演算法則的確在世界各地不同的數學傳統（有些傳統甚至相當古老）裡，一直有著一席之地。以物質媒介協助運算，也是廣為流傳的人類習慣；像是用鵝卵石、算籌、繩結等等，我們會在第四章談論這個話題。但那種可以把人類多數的勞動（包含腦力勞動）都化約成演算規則的想法，更別提把機械運轉的演算方式也化約成演算法則的思維，似乎要到十九世紀才開始成形。而這會是第五章的主題。在法國大革命期間，人們開始嘗試將經濟學關於勞力分工的原則，應用於某種大型計算的政府計畫。但在那之前，試圖要將規則機械化，哪怕只是將算數中的演算法則機械化，在時人眼中看來都是注定失敗的。布萊茲·帕斯卡（**Blaise Pascal,**

1623-1662）、戈特弗里德・萊布尼茲（Gottfried Wilhelm Leibniz, 1646-1716）等哲人在十七世紀所發明的計算機，不過是一種構思精巧的玩具。在使用它來運算時，需要滿足太多條件，而運算的結果又太不精確。[3]關於演算法則如何從微不足道的算數實踐，逐步轉化成守護數學的科學嚴謹性，再到滿足電腦程式語言那幾近無窮的演變的過程，是一段愈來愈多人傳頌講述的故事。[4]然而，這段述說「演算法則足以涵蓋萬物」的故事，往往忽略了演算法則與計算本身的連結如何漸趨薄弱。至少到了二十世紀中葉，就算在被譽為電腦先驅的物理學家霍華德・艾肯（Howard Aiken, 1900-1973）看來，也是如此。而艾肯曾提出那個著名的觀點：我們只需要幾台電腦就足以滿足國家的需求。他這麼說的意思，是美國需要藉由大規模的計算來完成諸如人口普查這類的政府計畫。[5]本書的目標之一，就是要在演算法則發光發熱的歷史發展中，進一步闡述其早期的一段關鍵時期：在工業革命期間，數學的演算法則如何與政治經濟學交織。而這段故事，既是一段計算的歷史，也將會是一段關於工作與機械的歷史。

在規則被全然視為演算法則以前，存在著多種樣貌。例如，一套指令可以被細分成數個細節明確的操作步驟，使得機器得以執行指令。在今天，人們時不時還能夠辨別出這類規則的早期類別，像是法律、儀式和食譜。但那個曾經從古代到歐洲啟蒙運動時期都是規則關鍵核心的意涵，如今已經不再與規則有所關聯。那個意涵，就是將規則視為一種模範或典範。事實上，在二十世紀的哲學論述裡，模範與典範已經與規則是**截然相反**的存在。但在十八世紀，模範與典範往往會是辭典中「規則」條目的第一個定義，而這個定義也被康德（1724-1804）援引。

是什麼樣的模範，足以成為規則呢？這種模範，可以是一個體現出秩序該如何被維繫的人，就像是《聖本篤清規》中提及的修道院院長。它也可以是一部藝文作品，標示了某個創作的類別，猶如《伊里雅德》在從《艾尼亞斯紀》（*Aeneid*）到《失樂園》的文學傳統中，定調了何謂史詩一般。又或者，它可以是從文法或代數中揀選出來的某種語法特質，用來教授這項特質所代表的更龐雜的動詞或詞彙。無論模範以什麼樣貌存在，要使模範成為規則，它必須要能夠指涉超乎自身的事態。而要徹底掌握模範的特質，也意味著要有不單只是全然複製模範的能力。模範的存在，是為了讓人們能效法它，不光是模仿而已。舉例來說，一位逐字逐句複製文學名著的作者（像在波赫士的文集裡那位試圖複製塞萬提斯的《唐吉軻德》的主角），[6]並不是在遵從文學中作為模範的規則，他僅只是在反覆抄寫罷了。遵從作為模範的規則所需要的是人們能夠理解模範當中，有哪些是構成規則的核心要素，有哪些又是非必要的細節。而唯有模範中的那些核心要素會構成一個穩定的對比，將作為規則的模範與應用模範的規則所產生的新成果有效串聯起來。在不成文的習慣法傳統中，應用判例的司法程序就是一種將作為模範的規則付諸實踐的例子。在司法過程裡，並非所有殺人的案件都足以作為眼前判決的判例，而就算最足以作為判例的前案，在細節上也必然會與眼前的案件有所差異。經驗豐富的法官們在審議判例並做出判決的結果時，就標示出了單純的例子（發生在本案之前的其他殺人案件）與模範或典範（一個意涵深遠且廣泛影響後世殺人案件判決的判例）之間的不同。一個有用的典範，必須要有夠多的核心要素，使得它足以涵蓋許多與它類比、並以它為模範的事態。

先前提到在現代哲學中，規則與典範成了截然相反的存在。最直接表現這一點的現代經典名著，是湯瑪斯・孔恩（**Thomas Kuhn, 1922-1996**）於一九六二年出版的《科學革命的結構》（*Structure of Scientific Revolutions*, 1962）一書。這本書的銷量逾十萬冊，更曾在不少大學不同領域的學科裡都成為教科書。[7]也正是這本書，將「典範」（**paradigm**）一詞變成一個家喻戶曉的詞彙。它甚至成為了《紐約客》雜誌的插畫內容。根據孔恩的說法，一個學說真的變成科學，取決於它開始成為一種典範。科學家們藉由教科書中的典範，來學著理解科學問題的本質，並試圖解決問題。而科學革命不過是一個典範取代另一個典範的結果。正因為「典範」這個詞彙太過實用，讓它在孔恩的書裡有著多種不一樣的意涵。根據一位學者的計算，《科學革命的結構》一書裡，「典範」一詞大概有二十一種意義。[8]不過即便如此，「典範」有一個孔恩本人不斷強調的最重要的意涵。這即是「典範」作為一種示例，而這種「示例」與「規則」**截然相反**。孔恩於一九六九年為《科學革命的結構》寫了一篇後記。在這篇後記裡，孔恩寫到這種典範「作為模範或示例，足以取代明確的規則作為基礎，來解決一些常態科學餘存的難題」。他指出這種作為示例的典範，在哲學上有著更深層的意涵，[9]儘管他並沒有真的解釋為何如此。在面對諸如非理性與邏輯不清晰的指控時，孔恩堅決地捍衛他的立場，認為這種藉由典範轉移所傳遞的知識是真正的科學知識。如他所說：「當我在論述根深於某種泛用示例的知識時，我並不是在說這種理解事物的方式，與根深於規則、法律或辨別標準的知識相比，要來得沒有體系或難以分析」。但時至今日，包含孔恩在內，還沒有人能成功說明這種有別於規則的知識到底是什麼。正如哲學家伊恩．哈金（Ian Hacking）所總結的，這種理解事物的方式，似乎是一種「獸性本能的困惑」。[10]

到了一九六九年，當孔恩談論應該如何調和典範型知識的規則與明確規則時，他那令人費解的解釋其實有著相當知名的哲學先例。維根斯坦（1889-1951）在他的《哲學研究》（1953）中曾著名地申論，即便是數學規則也具備著難以修改的模糊性。維根斯坦提問：人們要怎麼能夠在遵循規則的同時（哪怕是最具標準形式且具有演算邏輯的規則），又不至於落入必須解釋這些規則是什麼的無限循環。面對這個難題，維根斯坦提出的結論是，當我們遵循規則時，這是一種實踐；它顯示人們在特定的社群內會觀察前人示範如何遵循規則，進而循例而為，而不是先聽取其他人解釋規則是什麼，才進而遵守規則。「人們遵守規則、繳交報告、發出命令、弈棋遊戲，這些都是某種**風俗習慣**構成的使用模式或是制度。」[11]諷刺的是，維根斯坦的說法，很可能讓他在無意間將規則的定義退回到它最原初的意涵：規則是一種透過實踐而非教授所引導的模範。但對維根斯坦的讀者們（包含孔恩在內）來說，以數學演算法為代表的明確規則，與以典範或實踐為代表的規則是截然對立的。

正因如此，當人們得知從古希臘羅馬時期直到啟蒙運動時期，在古代與現代的歐洲語言裡，「規則」這個詞及其相關語彙的歷史，有很長一段時間其實與「典範」是同義詞時，人們可能會為此感到錯愕。[12]舉例來說，羅馬的百科全書式學者老普林尼（c. 23-79 CE）就稱頌古希臘雕塑家波里克萊托斯（Polykleitos, c. 480-c. 420 BCE）的雕像《持矛者》（*Doryphoros*）是一種「**canona**」（希臘文 **kanon** 的拉丁文），也就是值得所有藝術家效仿的男性美感的典範。老普林尼說：「（波里克萊托斯）創作出藝術家稱之為『正典』或『模範雕像』的作品。他們在創作時會臨摹《持矛者》的線條，彷彿那是某種標準格式，必須要以它為依據描繪才行。」[13]另一個例子是哈利卡納索斯的狄奧尼修斯（Dionysius of Halicarnassus, c. 60-c. 7 BCE）曾經讚頌西元五世紀前的雅典演說家呂西亞斯（Lysias, c. 445-c. 380 BCE），指稱他的演說是修辭學的 kanon，並在頌揚後的下一個文句裡解釋，之所以稱呂西亞斯為 kanon，正是因為他的演說足資作為完美的典範（paradeigma）。[14]如果我們把時間往後推移個兩千年，來到啟蒙時期的法國，我們可以看到《百科全書》的詞條中，對「Règle」與「Modèle」的第一個意涵所提供的例句：「我們救世主耶穌的一生，是基督徒的**模範**。」[15]在古希臘文和拉丁文的文法中，kanon 和 regula 這兩個詞與 paradeigma 一起被用來表示所有典範的範例，例如它們會被用來表示幾個世紀以來的學童們都耳熟能詳的拉丁文動詞位格變化的範例：Amo（我愛）、Amas（你愛）、Amat（他／她愛）等等。

乍看之下，這看來不過只是又一個有趣的例子，除了表現出語言非比尋常的特質外，沒有什麼更值得深入探討的特質。有時候隨著時間遷移，有些詞彙會被賦予與原意截然相反的含義。就像有個詞彙，曾經在歷史上某個節點的詞意是「A」，而在今天，它的意思可能是「非A」一樣。規則這個詞彙的歷史也是如此。曾經有一段時間，規則（無論是希臘文 **kanon** 或拉丁文 **regula**）的意思指的是模範或典範，而現在它被賦予了與模範和典範截然不同的意思。從這個角度來說，孔恩與維根斯坦所面對的都是這樣的現象。孔恩所提出的，要怎麼解釋典範卻又不會將典範化約成規則的難題，其實就是要怎麼不把「A」化約成「非A」。維根斯坦提出的，因為充斥悖論而發人深思的觀點（依循規則等同於約定俗成）也是如此。然而，考掘「規則」這個詞彙在前現代的語言學含義，遠比追溯詞彙的詞義如何從「A」演變成「非A」的發展史，還要來得豐富與發人深省。「規則」一詞所蘊含、為我們現代所熟知的意涵，本身**也是**前現代複雜含義的一部分。古希臘文 **kanon** 就是一個例子。當它被用來描述木工雕塑與建築相關的技藝時，它指的是對精雕細琢近乎苛求的態度。但在對應到其他領域（例如藝術、政治、音樂與天文）時，它又具備了象徵意涵。之前提到過，雕塑出《持矛者》的雕刻家波里克萊托斯曾經寫了一本失傳的著作，書名就是《**Kanon**》。據說在那本著作裡，他明文寫下了雕塑家在雕刻人體時應該遵循的比例，而它規定的人體比例依然可見於十八世紀的雕塑作品。（圖1.1）除此之外，波里克萊托斯用來描述人體典範的詞彙與概念，也藉由古希臘醫師暨哲學家蓋倫（**129-c. 210CE**）流傳於世。蓋倫引用了波里克萊托斯的文字，使得後世

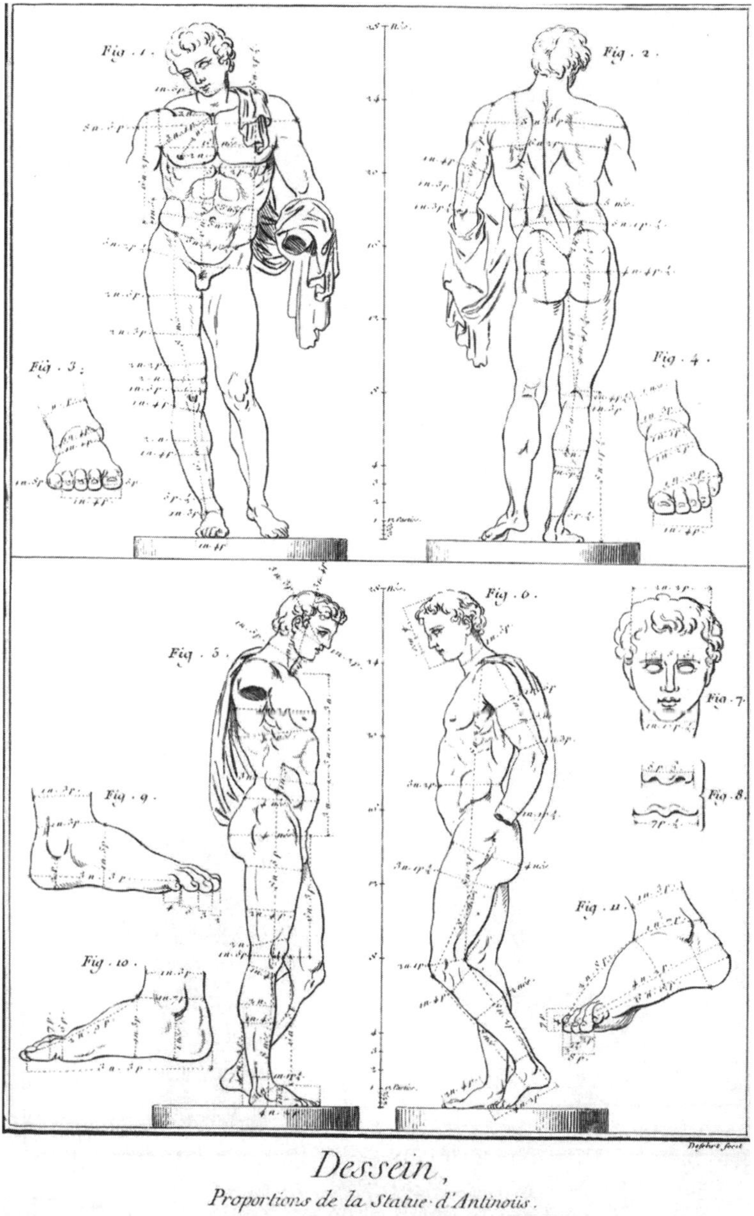

圖1.1　安提諾烏斯（Antinous）雕像的測量比例。圖片出處："Dessein", *Encyclopédie, ou Dictionnaire raisonné des sciences, des arts et des métiers* [Encyclopedia, or systematic Dictionary of sciences, arts, and trades], ed. Jean d'Alembert and Denis Diderot, vol. 3, 1763。

如安德烈・維薩留斯（Andreas Vesalius, 1514-1564）與其他歐洲近代早期解剖學家在描述人體時，依然沿用了波里克萊托斯的說法。[16]（圖1.2）在古代仰賴數學計算的學科裡，例如天文學與和聲學，**kanon** 這個詞彙的多種變形也時常出現。拉丁文 **regula** 所涵蓋的多種含義也與古希臘文 **kanon** 相似。[17] 這兩個詞彙的多種意涵，表現了數學的嚴謹。它被用來指涉幾何學的比例規則，也作為測量與計算的工具。而這些意涵又都是環繞著典範與模範延伸而來。簡單來說，從現代所熟悉的術語看來，在這幾千年的歷史中，在古代與現代的歐洲語言裡，「規則」及其相關字詞的意涵兼容了「A」與「非A」。這表示規則這個詞彙的歷史所展現的遠不僅只是語言的特質，而是發人深省又令人費解的現象。

本書的第二個目的，就是要重建「規則」這個詞彙在現代所失去的一致性。在第二章與第三章裡，本書將指出「規則」作為一種類別，長期以來可以使多種意涵同時並存且毫不衝突，哪怕在今天看來，這些意涵可能是截然對立的。從很多方面看來，本書的第二個目的似乎與第一個目的相反。本書的第一個目的是想要重建演算規則自十九世紀以降的發展。在發展個過程中，演算規則逐漸取代了典範型規則，成了人們認識規則的基本樣態。更有甚者，因為演算規則的特質，使得典範型規則的運作方式顯得曖昧不明、仰賴直覺、甚至無法訴諸理性分析。這種關於典範型規則的負面想像，正是孔恩在

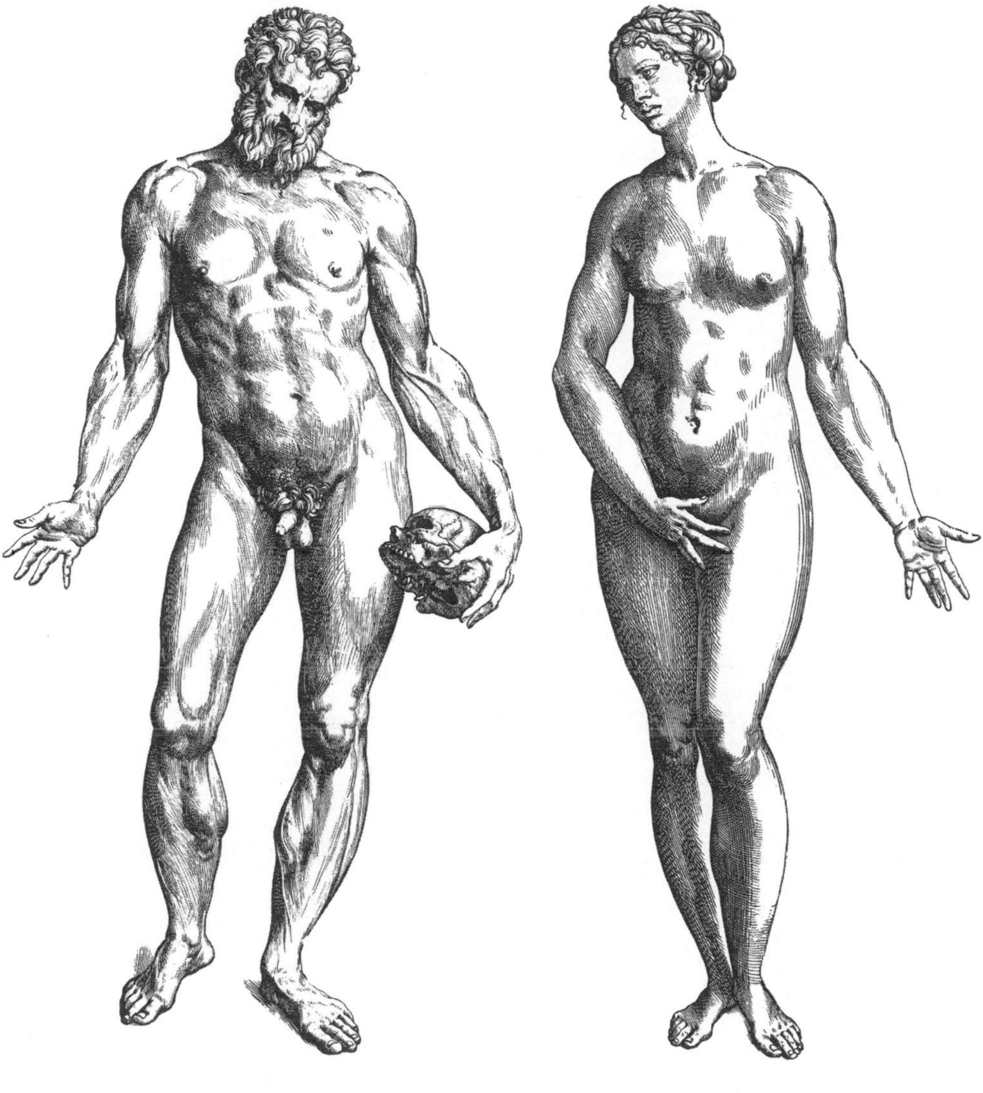

圖1.2　維薩留斯所描述的男女人體典範。圖片出處：Andreas Vesalius, *De humani corporis fabrica. Epitome* [Brief summary of On the fabric of the human body] , 1543。

試圖為典範作為自然科學成功發展的模式辯護時面對的阻礙。而這些負面想像也持續困擾著其他辯護方式，尤其是當人們試圖在更為機械性的檢測方式面前，捍衛判斷的特質的時候。從這個角度來說，哲學家康德曾宣稱為人們理解時間與空間本質合一性的先決能力，[18]如今被貶為「流於主觀」的特質，著實令人吃驚。在現代的修辭裡，「訴諸個人判斷的決定」往往表示著欠缺公共理性的基礎，與「個人心血來潮的決定」相去無幾。保有彈性空間的規則近乎等同於沒什麼效力的鬆散規則，甚至根本不足以成為規則。從更宏觀的脈絡看來，在「規則」這一詞彙的歷史中，將個人判斷從運用理性的結果，降格為耽溺於難以被理性窺探檢視的幽暗個人主觀表現，無疑是一部等同於現代理性觀念發展史的章節。而也正是這種現代的理性觀念，賦予了規則現代的含義。[19]

普世與各殊

規則往往衍生判斷，而這是因為人們在使用規則時必然會要調節普世性（universals）與各殊性（particulars）。首先，在應用規則時，我們必須要判斷**這個規則**是否包含**眼前**的各殊（具體）事物，也就是我們必須判斷這個規則是否適用，又或者我們必須尋覓另一個規則。這是非常常見的難題。一名在普通法體系中的法官，在思量判例是否適用時會面對這個的難題。一名醫生在面對類似的症狀，必須給出診斷時也會陷入同樣的處境。一個試圖運算新函數積分的數學學生也會有同樣的問題。而儘管多數時候，人們能清楚分辨哪個規則適用於眼前的情境（例如交通警察在應用交通法規來懲處違規車輛時，鮮少會為某個交通法規是否適用感到疑惑），但同時也有許多情境，是人們會面臨有諸多可應用的規則以供揀選。更有甚者，人們更常遇到的情況，是我們無法明確找到一個適用於眼前情境的規則。其次，即便有些規則與眼前的具體情境明確相符因此適用，規則鮮少會如此完美地對應。人們往往必須要稍微調整規則的範疇與內容，好讓具備普世性的規則得以完整適用於具體的情境。而正是在這個普世性與各殊性的空間中，人類文明的諸多專業學科得以生根發展：例如法律中的公義原則、神學與倫理學中的案例主義（casuistry）、醫學中的病例與公共行政中的裁量決策等等。

本書第三個目標要探討的是規則是如何在人們試圖調和普世性與各殊性時，被制定出來。為了達成這個目標，本書將會囊括不同種類的規則作為交互比較所需的資源。這包含了修道院的院規、遊戲的規定、國會的議事規範、烹飪的指南、交戰的原則、作曲時的技法與格律（如輪旋曲式與卡農）、轉換重量與度量時的標準、社交的禮節、交通疏流的規則、甚至是什麼樣的人在什麼場合可以配戴奢侈品的不成文默契等等。除此之外，還有諸如國際法與自然法這類具備普世宣稱的規則，它們既是許多普通且不那麼普世性的規則（例如成文法規）的理想型，卻同時又悖離理想型應有的樣態。與這兩種和人們生活距離較遠的普世性規則（無論是神聖法還是世俗的人類法）相比，成文法規更著重於在日常中被實踐的可能。這些令人眼花撩亂的規則（從精簡到冗長、從在地到全球、從各殊到普世）在在地挑戰著一般哲學對「普世」與「各殊」的分類。有些普世性規則比其他普世性規則涵蓋更廣的範疇，有些具體規則也比其他具體規則有著更為明確的內容。舉例來說，邏輯學中的肯定前件（若 p 則 q 的規則）與義大利城邦費拉拉（Ferrara）在一四六〇年頒布的法令都是規則的一種。但「若 p 則 q」的規則具備普世性，適用於所有的 p 與 q。相較之下，費拉拉對女性衣著上不可以配戴絲綢與貂皮的禁令則具備更為具體、更加冗長且更具地方特性的特質。[20] 這意味著在談論規則時，我們對於何謂普世與各殊，應該要有更為細緻的分類，以幫助我們了解在諸多串聯規則的普世性與各殊性的橋梁之間，存在著什麼樣的差別。有些串聯的橋梁簡單明瞭，就像繩橋一樣單純，但有些則可能是如同象徵現代工程的鋼骨結構大橋一般繁複。

讓我們先暫時延續橋梁的比喻。更準確地說，這本書所關注的是哪種橋梁將不同的規則連結到不同的情境。這些橋梁之間彼此的差異，會反映出作為典範的規則與作為演算的規則之間，在智識與文化前置條件的差異。這兩種規則在歷史長河中並存，哪怕作為演算法的規則在現代更為強勢，仍同時存續著。這也使得這兩種規則的前置條件不可能純然互斥。話雖如此，人類歷史發展中的某些趨勢會促使規則標準化，使得人們開始以既定的標準來認識什麼是規則。這些趨勢包含了從重量與度量、拼字到時區的標準化。這些人為強加的一致性，至少在具備穩定基礎結構和穩固國際協議這些特定歷史條件下，得以去模擬自然的普世性。另外，也有一些趨勢將規則從得以精確適用的範疇拓展到全球場域。這包含了人們必須要工作以維生這項應該只適用於工業社會的規則，如今幾乎全球適用；也包括了原本應該只屬於歐洲文明中，基督神學與自然哲學的自然法原則，逐漸被導入法理學與倫理學之中。這種使得規則更加訴諸普世原則（無論是市場經濟或普世人權），更疏於當地各殊情境與地方知識的現象，往往（但不限於）發生在現代的都會區。這種規則的興起，與十六世紀以降歐洲商業帝國開始在全球場域擴張疊合，絕非偶然。畢竟商業帝國的擴張，同時意味著帝國需要能夠超脫單一地域、得以被普世應用的規則。

一直以來，這些規則是否真的企及它們的制定者所希求的普世性與精確性，是人文學科中恆常辯論的課題。有許多經濟學家與社會學家對此抱持強烈肯定，而許多歷史學家與人類學家則以同樣強烈的態度否定。[21]身為歷史學家，我在這場辯論中所抱持的立場是，我認為即便歷史學家與人類學家是正確的，即便宣稱這些規則具備了超越地域脈絡而具備普世效力，並且對這些規則的詮釋同樣具備普世效力的說法只是一種幻覺，這依舊是一個廣為流傳且強大的幻覺，使得我們需要解釋為什麼人們會產生這種幻覺；尤其如果這確實與現實不符，解釋會更為迫切。這本書會同時討論社會學家與經濟學家、歷史學家與人類學家兩派的論點，檢驗哪些規則確實超脫了地域脈絡（以及哪些規則無法），也檢驗是什麼樣的歷史情境使得這些規則在超越地域脈絡的同時，在這個益發難以預料的世界中依舊能保有規則的穩定性、一致性與可預測性。然而，在這樣的世界裡，確保規則的穩定性、一致性與可預測性的歷史情境（無論是帝國、條約或是貿易），也都開始變得不那麼穩固。在今天的世界裡，即便是被認為最標準化、最可靠且適用於全球的規則，都可能在無預警的情況下突然限縮成地域規則。二〇二〇年 COVID-19 疫情爆發對國際航班的衝擊，徹底打亂了人們習以為常的飛行規則，就是一個例子。當一個被規則所管理的世界秩序成形後，規則的有效性仰賴於這個秩序的安定，正如同秩序的安定也仰賴著規則有效性的存續。

一段關於「不證自明者」的歷史

在學術界裡，關於規則的辯論橫溢氾濫。學者們不斷地辯論著規則是否太過繁冗又或者過度欠缺、規則是否嚴苛又或者寬鬆、規則何時適用，還有規則又是由誰來決斷、人們該如何適度地平衡規則所蘊含的可預測性，以及在使用規則時應有的彈性……等問題。這類辯論發生的頻率與內容激烈的程度，本身就是一種歷史現象，也是不同社會在是否增加或強化某些規則時的初步證據。而這些社會本身也是由難以勝數的成員交織組成，包含了高速公路上的司機、全國性投票中的選民、從氣象專家到農民、從卡車司機到從事長程貿易的銷售人員。規則內涵的秩序，使得它彷彿有意要將這些社會中的人們編排進嚴謹的芭蕾舞劇裡，然而有時候卻又彷彿人們只是各自在舞池裡恣意舞蹈，又或者，人們看似依循規則的井井有條，不過只是一場將人們的行動瞬間定格的靜態藝術。研究官僚體系的社會學家創造了諸如「緊張規則」（rule strain）或「挪移規則」（rule drift）的術語，來描述被規則高度規範的政治生態所存在的問題，[22]而機靈的公部門員工則濫用了最低限度工作的原則，使得謹守規則行事反而成為公部門低效率工作的肇因。[23]

不可否認地，人們總是會抱怨某些規則，以及這些規則的執行方式。然而，與過往的抱怨相比，現代人所面臨的困境有其新穎之處。現代人的抱怨並不是針對規則的內容，而是針對規則龐大的總數及其不可變通的特質，無論這樣的規則是政府的法規還是電腦搜尋引擎的演算法。我們現代人不可能沒有仰賴規則而活，然而，我們也無法與這些規則舒適共存。二十世紀的想像文學創生了「卡夫卡式」這樣的形容詞，那個年代的社會理論也提供了如馬克斯．韋伯所謂「牢籠」這樣的意象。這些都指向了現代官僚體系。二十一世紀的作家與理論家，則敢於構想一個由電腦的演算法滲透至人們生活每一個角落（甚至包含了我們的思維模式）的全新世界。[24] 現代規則獨具也最常被抱怨的特質（例如太過複雜、僵化、低效率、冗長），是否加深了規則內部那專斷的普世性宣稱與頑抗的各殊性之間的距離？是否加劇了秩序與自由之間的緊張關係？這種對現代規則的抱怨與認知，是事實還是只是個人的印象？人們制定規則與思考規則的方式，又經歷了什麼樣的歷史轉折，能夠幫助解釋我們現代人對規則的不自在？追索規則從作為典範的規則，如何演化成作為演算法則的規則，至少能從一個特定的脈絡回答這些問題。作為演算法則的規則將「審度判斷」的行為貶入凡塵，而那正是作為典範的規則用來橋接普世與各殊的橋梁。

這本書所描繪的「歷史」，將會涵蓋「歷史」這個詞彙在古代與現代的意涵。[25] 它是一種研究（enquiry），正如同希羅多德曾經使用 historia 一詞，來表示對事物進行龐雜彙整的探究一般。與此同時，儘管這一詞彙涵蓋了許多關於普世性的宣稱，它也指涉了許多具體各殊的情境。而這會使得本書的研究具備了亞里斯多德（384-322 BCE）使用 historia 時的意涵；亞里斯多德將之用來指向具體的個例分析，和更具備普世價值的哲學與詩學做出區別。最後，本書所描繪的「歷史」也會是現代人更為熟悉的形態，它敘述性地講述了一個隨著時間開展的故事。然而，從這三種歷史的含義看來，本書都將會是一部未竟的「歷史」。探究一個橫亙兩千餘年、包含多種語言的主題，必然會在材料的搜集上有所疏漏。本書所竭力張羅的各種具體事例，也必然只會是規則這個詞彙與意涵的宇宙裡，諸多可能中的一點碎片而已。就連本書所呈現的敘事，其範疇也令人遺憾地僅能限縮在所謂的西方傳統之中，而這僅只是因為這是我最熟悉的領域。話雖如此，我在寫作本書時盡力參考了比較研究，並希望只要有能相互發明之處，我便能借鑑其他傳統中對於規則的豐富想像。倘使讀者能因此被本書勾起興趣，開始探討在不同時空傳統下更多種類規則的意涵，那會更加令人振奮。從這點看來，本書同時是一份邀請函，邀請著讀者一同來探究並辯論規則最多元的可能。與前述原因相同，本書的歷史所涵蓋的時間範疇，也會有偏重不同歷史時段的情況。為了在長時段的歷史軌跡中追索規則的變化，我不得不在不同的世紀與歷史材料的種類中反覆跳躍，而這可能會讓同行的歷史學家有些不適；他們更習慣於專注在同一段歷史時期與同一個歷史地域。我希望他們能諒解本書的風格。因為唯有透過長時段、全景的視角，我才能夠凸顯出對比、聚焦於轉型的時刻，以及更重要地，將歷史作為資源來探詢我們現代人的思維習性中，習以為常地認為是不證自明的那些事物。

歷史（尤其是長時段的歷史）的用途之一，在於它能顛覆太過理所當然的事物，進而擴展我們的思維。生活在不同時代的人們，都會受限於特定時空背景下的概念環境，使得他們對事物的理解與想像有著某些想當然耳的認識；就彷彿未曾離家的鄉村居民受限於當地的地方風俗一般。在這樣的情境下，僅僅只是理性上知道我們的思維模式其實是歷史偶然機緣巧合的產物，未必有什麼邏輯上的必然性，往往不足以解除過往與習慣施加於我們思考事情時的枷鎖。我們基於歷史偶然所有的心靈世界，習慣將想像力囿於特定的向度裡。但每個時代視為理所當然（「人們怎麼可能有別種想法」）的事物，在另一個世代看來，往往會令人困惑不解（「那些人**到底**在想什麼？」）。也因此，我們必須時時從不同歷史時段與地域中取材，擷取那些被視為與我們熟悉的概念截然相反卻又栩栩如生的例子，以破壞我們對某些概念與意涵太過習以為常的用法：破壞那些在我們眼中被視為普遍與一致、特定且嚴謹、演算且機械、機械且無機、斟酌與個人主觀的事物。這些例子也能幫助我們重構那些已然被現代哲學肢解的對象，例如本書提及的規則與典範。從這點上來說，歷史與哲學有著同樣的目的。它們都是要澄清、擴展並開創概念上的多種可能。哲學有著它自己的挑戰，必須要開創新的概念，不僅只滿足於批判既有的認知。而來自過往的概念，往往無法勝任這樣的重任。無論再怎麼解釋，它們無法被用來滿足現代的需求，因為它們畢竟是過往時代的產物，有著本身的時空限制。然而，儘管歷史無法在現代復活那些過往的概念（就如同歷史無法使亡者復生），歷史能夠短暫地賦予它們新的生命，讓它們如同幽魂般在活人面前顯現，讓人們反思是否過分安逸於習以為常的認知。

2

古代的規則：直尺、模範與律法

▼三重語意群集

在地中海的濕地和中東的沙丘中存在著一種巨型蘆葦植物（Arundo donax），它如樹木般高大，莖幹則筆直如箭柄。（圖2.1）數千年來，它筆直的莖幹被當地的居民們用來製作成提籃、長笛、甚至度量桿。[1] 古希臘文裡的「規則」（kanon）一詞，就是源自於這種植物在閃米語中的詞彙（而這又與古希伯來文 qaneh 同源）。古希臘文「規則」一詞最早可溯及的意涵，正是用來指涉各種類型的棍棒；在往後則同時被用來指涉直尺。Kanon 這詞在古拉丁文的同義詞是 regula，不出所料，它們的意涵相近，都與長直木板和權杖有所關聯，更有甚者，它們也蘊含維繫或引導某些事物的象徵意涵（例如指涉規則的 regere，或作為君王的 rex）。而這種關聯性仍然可以見諸於英文 ruler 的兩種意涵。[2] 在古希臘文的文獻中，最早可追溯的 kanon 用法，見諸於建築相關的紀錄裡：石匠、木匠、雕刻師與建築師都會使用 kanon（某種直尺）來測量材料是否筆直，並確認尺寸相合。在試圖營造堅固、筆直、對稱的房屋、廟宇、圍牆或其他建築時，kanon 被用來確保營造過程的每個步驟皆精準無誤。數千年來，有著刻度的量尺或沒有刻度的直尺及圓規，成為建築工人與幾何學家的標誌性工具。（圖 2.2）由於規則這種最早與直尺有關、在字面上或隱喻上象徵著筆直不屈的意涵是如此深植人心，以至於古希臘喜劇劇作家亞里士多芬尼斯

圖2.1　巨型蘆葦植物。圖片出處：Otto Wilhelm Thoma, Flora von Deutschland, *Österreich und der Schweiz* [Plants of Germany, Austria, and Switzerland] , 1885。

（**Aristophanes**）在自己的作品裡設計了一個明顯荒謬的橋段，讓天文學家拿著一把「彎曲的直尺」，藉此博得觀眾的笑聲。[3]

在古希臘，**kanon** 這個從蘆葦植物衍生出來的詞彙，衍生出三種主要的語意群集。第一是精準度（而這往往是數學的精確性）、第二是供人模仿的模型或模式、第三是法令或律則。數個世紀以來，拉丁文詞彙 **regula**，以及現代歐洲語言中對 **rule** 一詞的不同變化（義大利文的 **regola**、西班牙文的 **regla**、法文的 **règle**、德文的 **regel** 與荷蘭文的 **regel**），都能追溯到古希臘文 **kanon** 一詞的語意。這讓我們更值得仔細追尋這三個語意群集的變化。

先就第一個語意群集來說。規則的意涵，從建築師與木匠手中的測量尺與度量桿，逐漸衍生出其他在計算與幾何學的比例測量等應用層面上的意義並不困難；尤其在古代要求精細運算與測量的科學，如天文學與和聲學中更是如此。舉例來說，畢達哥拉斯式關於和聲音程的規律，便被稱為「**Kanonike**」，而這個規則指出了什麼樣的弦長比例可以產生什麼樣的和弦；獨弦琴（這是一種有著可移動弦柱的單弦樂器）的演奏往往應用了這個原則，而獨弦琴又常被稱為 **Kanon harmonikos**。[4] 除此之外，正如我們在上一章提過的，古希臘雕塑家波里克萊托斯曾以《**Kanon**》為名撰寫一本現已佚失的著作，據說該

圖2.2　一幅約莫在1570年到1600年完成的插畫，用充滿寓意的方式描繪幾何女神形象，她身旁有著直尺和圓規的象徵符號。圖片出處：Johann Sadeler, *Geometria*, Metropolitan Museum of Art, New York。

書精確地記載了男性身形的完美比例，並引發了往後數個世紀的藝術家們試圖猜想並重建該書記錄的典範。[5]與這相比，如果我們看向 kanon 更接近於演算與計算的面向（而非幾何的比例），我們可以在古希臘的天文學中找到例子。身處亞歷山卓的天文學家托勒密（2nd c. CE）在他撰寫的《數學論》〔*Mathematical Syntaxis*，該書的另一個書名是《天文學大成》（*Almagest*）〕裡，提出了一份根據這本書裡的天體模型，可以如何演算天體數值（例如行星的位置），並提供演算方式的表格。托勒密後來將表格定名為「實用天文表」（Procheiroi Kanones）。[6]托勒密的這一份 kanones，對中世紀與近代早期的基督教與伊斯蘭教世界的天文學有著深遠的影響，並成為後世所有天文表與占星表命名的基礎。在中世紀，希臘文的 kanon 被阿拉伯文與波斯文轉譯成 qanun，並常見於其天文學著作裡。例如波斯的偉大學者比魯尼（Abu Rayhan al-Biruni, 973-c. 1050）所編纂的天文學大成，書名即包含了 Qanun 這個詞彙（該書的書名是 *Al-Qānūn al-Mas'ūdi*，《天文典》）。[7]直到十七世紀晚期，英文也仍然會使用 canon 這個由希臘文 kanon 演化而來的詞彙，來指稱天文表。[8]一直到十九世紀以數學演算為基礎的保險業興起以前，天文學一直是最需要密集演算的知識之一。再加上托勒密所繪製的表格（以及後世受他啟發的天文表）往往是為了供天文學者進一步計算之用。這表示從晚期古代開始，跨越中世紀直到近代早期的世界，歷史上有很長的一段時間，古希臘文 kanon 一詞的用法與計算有著緊密的聯繫；儘管這種計算是由天文學家與數學家所完成，而非如我們的世界一樣是透過機械。

第二種語意群集同樣涉及了 kanon（或 regula）這個詞彙的核心意涵。在這裡，kanon 被用來指涉衡量直線的標準。又或者，是作為從衡量直線標準衍生出來的象徵意涵，用來指涉公正與正確的標準。但在第二個語意群中，這種標準並不是作為丈量的規範，而是作為提供模仿的典範。再以波里克萊托斯為例，蓋倫認為他所寫的《Kanon》是一部在當時已經佚失、用來指引雕塑家如何按比例雕塑出理想男性身軀的著作。而我們在第一章提到的老普林尼則認為，波里克萊托斯實際雕刻出來的男性裸身雕塑《持矛者》，才是所有藝術家都應該模仿的 kanon。[9] 這種將 kanon 視為供人模仿再製的典型（尤其人類的理想型），約莫在希臘化時期（西元前四到前一世紀）開始出現。在一開始，這主要與修辭學的發展有關。修辭學往往將一兩位演說家的講詞當作口才卓絕的典範，正如老普林尼將波里克萊托斯的《持矛者》視為藝術表現男性美的典範一般。與此相仿，古希臘的傳記作家普魯塔克（1st-2nd cs. CE）曾經警告年輕讀者，不要將詩文中的角色看作美德的模範，這與詩人的意圖截然相反。[10] 在如此情境下，有一個希臘文詞彙常常與 kanon 互為光影，那就是paradeigma。Paradeigma可以單純具備「示範」的意涵，如亞里斯多德在《修辭學》中，就是使用這個意涵。[11]但它同時也可以表示具體的模型，而這慣見於建築的脈絡裡。[12]（圖2.3）柏拉圖（5th-4th cs. BCE）在《蒂邁歐篇》裡，就使用了後者這種供人模仿的模型一意，來區隔神聖工匠所製造的永恆模型，與人類工匠仿效這些模型所做成的工藝品。[13]

圖2.3　約莫西元前300年，古代伊特拉斯坎（Etruscan）的武爾奇神廟（temple Vulci）建築模型。圖片出處：Museo Nazionale di Villa Giulia, Rome。

就如規則與計算的聯繫淵遠流長，規則與典範或模範（模型）的連結也同樣長遠。這個聯繫直到一九七〇年康德談及何謂天才時，才劃下恢宏的終章。康德說，天才是「為藝術提供了模型（Muster），使得他人必須依循創造，並將模型作為判斷藝術優劣標準（Richtmaße oder Regel）之人」，換句話說，就是「為藝術提供規則（Regel）之人」。[14]在老普林尼將《持矛者》列為藝術家的典範後，過了一千八百年，在美學理論裡依舊盛行著將規則視為供人效法之模範（模型）的想法。

第三個語意群集，又比前兩者有著更長遠的歷史。在這個群集裡，kanon 的意涵與希臘文的 nomos 產生聯繫。如果在拉丁文，則是連結了 regula 與 lex 和 jus。要言之，即是將規則與法律連結在一起。在古希臘，Nomos 一詞有著法律或風俗的意涵（儘管其原意是土地或牧場的分配），而這與 kanon（有著維繫事物的繩結之意，也是英文 guideline 字面上的意思，指引如何行事才不越界的繩線），和另一個詞彙 horos（疆界）往往同時出現，構成嚴密的三角關係。這三個詞彙本身都有著類似的引申意涵，它們都指向某種未經允許不得逾越的限制。尤其是在早期的藝術（如建築與醫學），以及在後期文法學家的用法中，kanon 開始有著規則的意涵。[15]早期的基督教作家，例如亞歷山卓的克萊門特（Clement of Alexandria, 2nd-3rd cs. CE），偶爾會用 kanon 來指涉福音書。而到了西元四世紀，亞他那修（Athanasius, c. 298-373 CE）與其他天主教早期教父將 kanon 一詞的含義，擴及到一批他們認為受到神啟的聖經書篇，並因此稱呼這些篇章為「正典」（canonical）。[16]在同一個時期，位於以希臘文為主要語言的東羅馬帝國中，早期基督教會開始用 canon 一詞來指稱各種教會議會與會議制定的律令。這些律令涉及教會年曆、洗禮與聖餐禮，以及禁食日等教務。到了西元五世紀，這些律令（canons）被系統化地整合成教會法（canon law）。[17]而早在西元二世紀晚期，早期教父們在寫作時已經會用「真理的規則」的希臘文（kanon tes aletheias）與拉丁文（regula veritatis）來劃分正統與非正統信仰的疆界。[18]

自從羅馬皇帝君士坦丁一世（3rd-4th cs. CE）於西元三一三年頒布了寬容基督信仰的律令後，一些原本屬於教會法的術語開始與羅馬法交錯。西元六世紀由皇帝查士丁尼一世（c. 483-565 CE）編纂的《新律》（*Novels*）與《學說彙纂》（*Digest*）裡，便常使用 kanones 這個詞彙，並使其意義等同於 momos 和 kanon。[19]希臘文 kanon 與其他相關詞彙的關聯，也具體地反映在拉丁文的單字 regula 上。Regula 一詞一如 kanon，原本只用來指涉量尺，後來也更廣泛地被用來指稱規則。藉由與其他拉丁文詞彙產生連結，如 norma（可能源自希臘文 hnomon，指與地平線垂直的直桿，後來也指木匠用來衡量直角的器具），regula 一詞的含義開始逐漸擴張。從原本指涉營造建物施工時的長條木板，衍生成修辭學中的模範與文法和法律中的規則。[20]

然而，在羅馬法中，拉丁文的 regula 具備了一種希臘文的 kanon 未曾有過的特殊意涵，而這對後世人們如何理解規則有著重大影響。這意涵即是「法治」（regula iuris）。在羅馬法中 regula iuris 原本用來指的是針對特定案例或相關案例的彙編。在羅馬共和晚期，法學家會將相似案例的規則（regulae）彙整起來，作為相關判例的摘要。而案例之間的相關與否，則是彼此的案情是否相似作為依據。在皇帝查士丁尼所編纂的《學說彙纂》第五十卷（也是最終卷）裡，在〈古代法格言集〉分類下共計有兩百一十一條這類的規則。這些規則被記述在所謂的規則手冊（libri regularum）裡，供與羅馬帝國疆土內各地法律訓練不足的官僚參照應用。《學說彙纂》第五十卷所涉及的主題包含了城市的公民權、稅收、公共財產管理等與帝國各省總督職責相關的課題。中世紀歐洲評述羅馬法的學者則將這些規則視為羅馬法的普遍通則，並為其詳加註釋。[21]這種原本是提供給行政官員作為使用手冊的彙編，蘊含了許多往後將影響人們如何理解規則的要素。首先，試圖透過案例的相似性，藉此從過往判例中攫取判案的規則。其次，規則的地位，無論從其本質或適用性的範疇來說，都次於法律。第三，比起著重適用性廣泛的普遍通則，更加著眼於足資作為示例的個案。第四，規則的描述偏重簡明，且著重於規則的實踐效力。[22]正如羅馬法學家保祿（Paulus, 3rd c. CE）對《學說彙纂》最終卷其中一個段落評述時所說：「簡單來說，規則是一種陳述，指認眼前所議論的議題該當依循何種規範。法律並非從規則衍生而來。與此相反，是規則衍生自法律。」[23]普通法、案例主義，以及中世紀歐洲的學科分類，如理論學科（Liberal Arts）與實證學科（Mechanical Arts）都承繼了這些羅馬法中屬於「法治」意涵範疇的要素。它們都仰賴著足以付諸實踐的規則，而這些規則往往與更高的原則相似，卻並非自更高的原則推演而來。這些規則與更高的原則之間的關聯，是由類比衍生的示例所生。

某種程度上，生活在二十一世紀的我們依然能夠從輪廓上辨識出，那在古希臘羅馬時期將第一種與第三種語意群集分別與精準度與法律連結起來的用法。儘管我們不再使用與古希臘羅馬文化同樣的詞彙，來指涉天文表或直尺，但我們仍舊可以立即理解「規則」這個詞彙與測量和計算的關係。我們也能透過聯想的方式，把規則與所有必須一絲不苟地關注細節、並且要求精準執行的行為連結在一起。同樣地，在現代的法律與行政體系裡，規則與法律的關係依舊緊密，也依舊信守著保祿與其他羅馬法學家對法律位階粗略但有效的界定。更有甚者，我們能不費吹灰之力地，就將建築師與木匠奉行的規則，聯繫到天文學家與文法學家的規則，再串聯到法官與律師的規則，彷佛這些人所遵守的規則是一個環環相扣的鎖鏈。任何形式的規則都會治理、約束、明定、指引，或以其他形式確保某些行為成為習俗與常規的一環。規則明定了在什麼時候、什麼樣的人可以和怎樣的人一起做怎樣的事情，而規則的效力貫徹頭尾、強而有效。在古希臘羅馬時期，被用來製作成測量工具、象徵著狹長筆直的巨型蘆葦植物，在千年之後的今天，可能依舊象徵著規則的本質。量尺（rules）制定了規則，一如規則（rules）規畫了所有事物。

在規則的三個語意群集裡，唯有第二種語意群集會讓我們感到遲疑，哪怕如我們所見，即便到了十八世紀末，康德在《判斷力批判》一書裡，依然會使用這個語意群集來指涉規則。這個群集將規則與仿效、模範與典範串聯在一起。究竟這個語意群集發生了什麼事，使得它語意上的歷史延續性就此斷裂，不若第一與第三個群集般依舊緊密？為什麼模範與典範不僅僅從規則的同義詞清單上消失，更甚至成了規則的反義詞？將規則與典範視為兩種截然對立的思維模式，又是如何成為二十世紀哲學不證自明的主調；又是什麼使得這成為可能？在本書餘下的篇幅裡，尤其是第五章與第八章，第二個語意群集的衰頹將會是本書關切的重點。但在追溯其衰落之前，我們必須先向第二個語意群集的興起致意。作為模範的規則，在晚期古典和中世紀晚期有過一段輝煌的歲月，這尤其體現在《聖本篤清規》（Rule of Saint Benedict）是如何成為基督世界修道院社群的藍圖裡。

▼規則，就是修道院的院長

時值正午，在現今卡西諾山（Monte Cassino）的本篤會修道院裡，正值六時經敬禱的時刻。（圖2.4）這有可能發生在六世紀中期，在努西亞的本篤（480-547 CE）創建修道院不久後。也有可能發生在數百年後，位於坎特伯里或亞利桑那州本篤會修道院。無論在哪個地方、無論在哪個世紀，修士們在修道院裡的生活皆大同小異。[24]從復活節起直到五旬節間，在每天的第六個小時、或是餘下的夏季直到九月十三日間，每一個週三與週五的第九個小時，修士必須集合用膳：兩道熟食、佐以每日配給一磅的麵包，以及一赫密納（hemina）的酒（且只有一赫密納）。[25]用餐席間，修士們必須保持靜默，除了一名主禱的修士朗誦《聖經》經文。朗誦的內容約莫只有四到五頁的篇幅，且不是從《舊約》首七卷或《列王記》取材（這些篇章對纖細敏感的修士來說太過刺激）。遲到或早退的修士會受到兩次責罰；屢犯者則會被要求獨坐並不被賜予酒水。除了用膳時間外，沒有人能恣意飲食。在冬季，修士們必須在夜晚的第八個小時從床上起身守夜。修士們有著各自的床褥、在同一個寢舍裡著衣穿戴，寢舍的燈會點亮直到天明。所有修士都必須在每週固定執行一次廚房勤務，包含了洗滌所有的毛巾，並為其他修士準備一

圖2.4　聖本篤與修士們一同用餐。圖片出處：Giovanni Antonio Bazzi [Il Sodoma], detail of fresco *Life of Saint Benedic*t at the Benedictine abbey of Monte Oliveto Maggiore, Abbazia, Italy, 1505。

天一次的主餐。對於違反規定之人，以及依違規程度量刑的罰則，也有著同樣明確的紀錄：小至被禁止用餐，大至逐出修道院。[26]以上這些都是《聖本篤清規》的七十三章戒律（**praecepta**），它詳盡地規範了修道院生活起居的每個面向，甚至規定了每個時間點該做些什麼。如果說，我們要為微觀管理找一位守護聖人，那位聖人肯定會是聖本篤。

《聖本篤清規》（大約成書於五三五年到五四五年）並不是第一個管理修道社群的規則。群體修道與隻身步入埃及沙漠中的隱士修道不同，它起源於四世紀以希臘文為主要語言的東方教會，並由神學家約翰．卡西安（**John Cassian, c. 360-c. 435 CE**）引介到馬賽與西歐其他地區。《聖本篤清規》的內容，借鑑了幾套早期群體修道的準則，包含了聖巴西流（**Saint Basil, 330-379 CE**）和聖奧古斯丁（**354-430 CE**）的清規，以及最重要的、由匿名者書寫而成的《主的準則》（*Regula Magistri*，這有可能書成於五〇〇年到五三〇年間的普羅旺斯）。這些早期的指引準則，在長度、格式與細節上皆存在極大的差異，從如教義問答形式的《聖巴西流清規》，到長達九十五章的《主的準則》各自不一。[27]我們沒有任何證據可以指出，聖本篤本人認為他的準則是原創且是最完整、無需更動的。事實上，他曾謙虛地告誡，自己的教條只是為了初入修道院生活的新人所設計，其不足之處需要參照《聖巴西流清規》與其他天主教早期教父的書寫來完善。然而，在往後以迄今日的歲月裡，正是《聖本篤清規》將成為西方基督教世界中，所有修會社群規範的基礎章程。[28]《聖本篤清規》被應用的時間之長、其被使用與流傳的規模之廣，在制度史上幾乎無可比擬。歷史上存在著許多遠離塵世、建構理想狹小社群的嘗試，這些社群也都有著自己的規章制度。但這類的規章制度行使的年歲往往有限，與《聖本篤清規》無法相提並論。是什麼原因使得《聖本篤清規》具備如此的韌性與跨越時空的適應能力呢？

這個問題的答案或許會有些讓人意外。它就藏在《聖本篤清規》七十三章戒律的內容，以及這套清規實質上鼓勵人們，在實際應用時必須善用自身判斷衡量清規是否適切的特質裡。這乍看之下會有些自相矛盾，但這是因為我們現代人太習以為常地，將明確的規則與嚴格且無法變動的規則劃上等號。在我們的理解中，微觀管理的管理者與規範的督導之所以注重細節，就是因為他們想要盡可能排除人們必須自行判斷的空間。然而，哪怕《聖本篤清規》中有許多對繁瑣細節的陳述，它其實對人們在使用規則時應當自行判斷規則是否適用，留有相當寬容的餘地。讓我們重新再看一次修道院裡的用膳規則。在《聖本篤清規》對於每日攝取的酒量與測量方式都有明文規定之下，如果修士們已經喝完了他們被配給的一赫密納葡萄酒，這肯定沒有什麼含糊商議的空間了，對吧？但假使正好時值盛夏，而修士們在烈陽下於田地裡耕作了許久呢？《聖本篤清規》在每日攝取酒量的規則後，補充寫道：「當工作變得艱困，修道院院長有責任得以判斷，這條規則是否依舊適用。」另一個例子，是用餐時保持肅靜的規則：「任何違反沉默規則的人，都將受到嚴厲的懲處。」無論從語調或內容來看，這個規則都是絕對且無法動搖的。但在這句話之後，馬上出現了附註的例外條件：「除非在用餐間談話有其必要，如因為訪客來訪，或修道院的院長給予某人談話的許可。」[29]《聖本篤清規》充滿了類似的例外條件，它們往往立即出現在規則正文之後，而且幾乎等同於規則內文般詳盡。在《聖本篤清規》裡，沒有任何一條戒律不容撼動，也沒有任何一種違規的行為會嚴苛到不容許修道院的院長因時制宜。

修道院裡的生活，總是環繞著院長的角色，而院長的存在，猶如掌管所有規則的規則。修道院的院長是聖潔生活的化身（這在《聖本篤清規》裡被反覆提及了一百二十次），他擔負了管理所有修士起居、規範所有修道院活動的職責。修道院院長（abbot）一詞，源自《新約聖經》亞蘭語 abbas，其意為「父親」。而修道院院長的角色則被賦予了極其可觀的審度、裁奪，進而判斷的權力，聖本篤則稱呼審度與判斷為所有美德之母（64.17-19）。在這裡所指的判斷，是英文的 discretion，其拉丁文 discretio（這並不是一個古典拉丁文詞彙）所指的是辨別事物、並依據個別事物的特質做出裁斷的能力。[30] 在《聖本篤清規》裡，我們一再地看到每一條戒律是如何被明確定義，又一再地看到在這些明確定義之後，必然隨之而來提及修道院院長審度判斷的權力。再舉一個例子。《聖本篤清規》第三十三章，以清晰且毫無模糊空間的語氣指出：「沒有任何修士得以持有私人財產。修士絕對不能擁有任何私人物品，無論是書籍、寫字板或是筆。修士絕不被允許擁有任何私人財物。」除非修道院院長特許。又或者在第六十三章，在提到修道院裡的階級關係時，聖本篤以他一慣的嚴格定義開始解釋律則：「無論什麼情況，都不應該以年齡來決定階級關係。就像士師撒母耳（Samuel）與先知但以理（Daniel）雖然年紀輕輕，但在最終審判時，他們難道不應該為列在年長者之上嗎？」然而，在下一個句子裡，我們又見到熟悉的但書：「除非修道院院長在審度判斷之後有其他的理由認為」，應該要以年齡來取代常見的階級排序方式，即以加入修道院的日期先後來排序修士的階級（63.5-7）。

這倒不是說，修道院院長的判斷是獨斷的。與此相反。之所以強調修道院院長的判斷，是因為院長被要求要根據個別情境差異與修士個人的能力，來適時調整規則嚴謹的程度。而在基督信仰的世界觀裡，院長之所以要善盡如此職責，是因為在上帝面前，他將會為修士的平生修行負責。「在修道院裡，院長代表著耶穌基督」（2.2）。無論何時，院長都被要求要視情境調整《聖本篤清規》，以確保規則確實適用於個別情境，以飲食與酒水來說，院長可以因為「顧及體態較虛弱的弟兄」而放寬嚴格的餐飲分量規定（39.1）；修士不得食用四足動物的肉，但只要有修士生病，他們可以成為例外（39.11）；任何修士都應該獨自服廚房勞役，但體弱的修士得以在其他修士的協助下完成（35.3）；任何修士一旦犯了錯、或毀損遺失修道院財產，而沒有立即懺悔，都應當受到嚴厲的懲罰，但如果修士們是在不知情的情況下犯錯，並且當下並不知道自己的行為犯了過錯，那麼院長得以在不暴露其過錯的情況下，救治修士們因為犯錯而受創的靈魂（46.5-6）。《聖本篤清規》對每一條規則都預設了可能的例外，也設想了院長必須行使判斷與裁奪的權力，而這也意味著，《聖本篤清規》重視著每一個具體情境的個別情況。

在今天，我們對於規則絕對獨斷的語調是如此習以為常。我們所熟悉的規則，絕不鼓勵人們依據個別情境，行使判斷是否應該嚴格遵守規則的能力，無論這些情境是在紅燈亮起、在報稅的季節、在必須支付地鐵費用以進出地鐵閘門的時刻。這讓我們很可能會對《聖本篤清規》的書寫風格及其特質感到荒誕可笑。《聖本篤清規》可能會讓我們想起那些視寵物為家人的飼主，他們會堅定地對幼犬立下各種嚴厲的規則，例如無論如何都不可以到主人的床上來睡覺；除非牠們發出可憐的哭嗚、露出可憐又可愛的哀求般眼神或不斷地抓著房門前的地板，只為了想要進到主人的房裡。然而，《聖本篤清規》裡，並不容有一絲憐憫或動搖之處。那些在現代人的眼中，如鐘擺一般不斷擺盪在嚴格與放縱之間的標準，對前現代的認知而言，是制定出一套完善規則的唯一途徑。完善的規則，必須要同時具備具體嚴格的特質與得以因地制宜來如實實踐的靈活度。修道院的院長並不單單只是在照本宣科地執行《聖本篤清規》而已，他是規則具體實踐的典範，一如《持矛者》是男性美的典範一般。

考量到「審度判斷」（discretion）在制定規則與應用規則的歷史上，有著如此舉足輕重的地位，這個詞彙值得我們稍稍留步，來檢視其意義與歷史。審度判斷是更廣義的判斷（judgement）的一種形式，它並不包含所有形式的判斷。在強調審度判斷時，除了我們剛才提到對於什麼時候應該適度調整規則的嚴謹之外，判斷所必須涉及的內容，還包含了品味、審慎、對於世界如何運作的反思與人類心智狀態的觀察。儘管 discretion 這個英文詞彙有著拉丁文的字根（discretio），但這個拉丁文字根本身又是從另一個拉丁文單字 discerne 衍生而來，意味著「辨別與區分」。這和形容詞 discretus 有關聯，而 discretus 正是英文「離散的、不連續的」（discrete）的字根（儘管這個字在拉丁文的原意更趨於字面上的意涵）。[31]在五、六世紀開始的晚期拉丁文中，discretio 開始被賦予新的意涵。這包含了「審慎、小心、有能力辨別重要事物」等含義，而這些含義很可能與《聖經》的《哥林多前書》第十二章第十節的內容有關。在那個章節裡，聖保羅列舉了不同的屬靈恩賜，其中包含怎麼區別善靈與惡靈（聖熱羅尼莫（Saint Jerome）於四世紀將這個行為翻譯成拉丁文 discretio spirituum（辨別屬靈），而這個詞彙在往後於教會對所謂偽先知、異教徒與巫術的迫害中，將會扮演關鍵角色）。[32]在六世紀成書的《聖本篤清規》更加充分地使用了 discretio 新的意涵。而一旦這個詞彙的意涵開始確立並被廣泛使用，discretio 的詞義似乎自此維持相當程度的穩定。晚期拉丁文的 discretio，以及用它為字根，在其他歐洲語言所衍生的詞彙，都有著指認與辨別重要事物的含義。相應於此，中世紀的經院學者盛行使用拉丁文的 discretio 一字，他們在論證時的辯論風格，就是以提問、反對、回應為框架，傾向用敏銳的眼光去找出細微差異。例如中世紀重要的神學家湯瑪斯．阿奎那（1225–1274）在他的著作索引中列出了 discretio 一詞，而這個詞彙出現了至少兩百餘次，其含義的範疇從區辨善惡、辨別貪腐，乃至致死之罪行的刑罰等級、辨別氣味與品味，甚至將該詞彙的審慎意涵連結到謹慎與謙虛的美德、常識的判斷（而這涉及的範圍從外在事物對我們感官留下的感知，乃至亞里斯多德心理學中對統一感知對象的論述）等等。當然，其中也包含了《哥林多前書》第十二章第十節中，對辨別善靈與惡靈的描述。[33]這樣的語意範疇延續了四百餘年。一直到了十七世紀，德意志哲學家魯道夫・郭克蘭紐（Rudolph Goclenius the Elder, 1547-1628）編纂的《哲學辭典》（*Lexicon philosophicum*, 1613）裡，對 discretio 的陳述依然是：該詞彙的主要含義是「辨別或區隔一件事物與另一件事物的差異」；而該辭典是十七世紀主流的參考書目之一。[34]

Discretio 這個拉丁文詞彙，以及它在歐洲各地方言的同義詞，都存在兩種面向。這在《聖本篤清規》對修道院院長角色的重視中表露無遺。這兩面性在於，審度判斷一方面有認知上的要求，另一方面也有實踐上的要求。要能夠從瑣碎但關鍵的細節上分辨兩件不同的事物，基本上需要審度判斷在認知層面的運作，而這是超乎敏銳分析能力的。除此之外，審度判斷也需要仰賴經驗累積的智慧，這會教導我們，自己所做出的分辨在付諸實踐時，可能會造成什麼樣不同的影響；審度判斷所做的辨別，不會只停留在原則的層次。過於瑣碎的分類與區隔，往往是恪守陳規、只要求人們依照教條行事的風氣最主要的缺點。一個太過於強調辨別事務的心靈，有可能反而將所有分類都依照其組成的內容，分裂碎化成無數個個例，使得類別不再具有效力，也讓我們會需要有著與個案數目一樣多的規則，以對應個別案例。與此相反，審度判斷保留了規則既有的分類標準，就如同在《聖本篤清規》中，保有諸如用膳的時刻為何，以及勞務分配等分類標準。但與此同時，審度判斷在維繫分類之餘，強調了在既有的分類內做出適度辨別的重要性，一如修道院的院長要能夠辨別生病的修士需要獲取更多的養分、體弱的修士需要他人的協助以順利完成廚房的勞務。在這之中，當事人的經驗尤其重要。當事人的經驗將審度判斷與審慎等實務中積累的智慧串聯起來，而正是當事人的經驗（審度判斷的實踐層面）與某些具指導效力的價值觀（審度判斷的認知層面）結合，才讓這種辨別有其意義。在本篤會修道院的例子裡，具有指導效力的價值觀指的是基督信仰中強調同情與慈善的價值；在法律判決中，這種價值可能是公平、社會正義或是慈悲。無論何者，審度判斷的認知層面都結合了智力與道德認知。

審度判斷不僅僅只是涉及到認知。如果修道院院長無法將他的辨別能力付諸實踐，那這樣的辨別能力將沒有什麼實質意義。審度判斷的實踐面向，隱含了當事人有權自由判斷如何明確落實其認知層面洞見的意涵；而這一點在聖本篤準則裡屢見不鮮。審度判斷不僅只涉及心靈層面，它更涉及了意志層次。正如我們在第八章將討論的，到了十七世紀，人們開始連結審度判斷對個人意志的著重，與對個人任意獨行與專斷無常的批判；而這意味著審度判斷中的認知層面與實踐層面開始脫節。這也代表著擁有審度判斷權力的人，以及他們審度判斷時所應該仰賴、基於實務經驗積累的智慧，開始不受到他人的信任，進而使得人們質疑這些人享有審度判斷這項特權的合法性。一旦審度判斷喪失了認知層面的意涵，其實踐執行的權力就會遭受質疑。這個現象大致反映在英文 discretion 一詞的發展史中。這個英文詞彙最早是在十二世紀，由法文的 discrecion（這是拉丁文 discretio 衍生的方言）引入而成。大概從十四世紀末起，英文 discretion 的含義，開始具有認知層面的辨別能力和個人得以自由實踐辨別能力這兩個意涵。[35] 而儘管它認知層面的意涵逐漸走入歷史、遭人遺忘，它在實踐層面的意涵卻流傳下來，只是這個意涵也愈來愈有爭議；這也表現在我們現在對法院、學校、警察與其他權威機構所具備的審度判斷權力，產生的各種爭論。一如失卻實踐面向、只具備認知面向的審度判斷不具備實質影響力。失卻認知面向、只擁有實踐面向的審度判斷往往不過是專斷獨行。

在今天，行使審度判斷的權力，往往與忠實遵守規則有著對立的含義。與之對比的，在《聖本篤清規》裡，修道院院長行使審度判斷的權力是規則的一**環**；它既不違背規則的嚴謹、也不表示規則有所疏漏，才需要個人的審度判斷來補全。在現代的法學系統中（無論是英美法體系還是大陸法體系），法官在詮釋與執行法律時所擁有的審度判斷權力（術語是酌情權），往往被認為是源自古老的公義概念。常見的解釋是，法官需要這樣的權力，以確保當出現某些個案，如果如實執行法條字面上的含義，可能會違背法條的精神甚至造成不公義的結果時，法官得以行使酌情權作為緊急煞車來確保公義。[36] 我們應該有充分的理由相信，聖本篤相當熟稔羅馬法體系中，公義原則是如何被落實的。他引用了「公義的理由」來解釋在《聖本篤清規》中，什麼情境應該有較嚴格的懲處、什麼情境下懲處可以相對寬鬆。關於法律的公義與其道德案例主義的討論，會在第八章中有更進一步的說明。[37]現在更重要的是要去說明修道院院長在《聖本篤清規》中所扮演的角色，是如何在一個重要面向上，超出現代法學中法官在維繫公義行使酌情權時的角色。在現代法學裡，法官酌情權仰賴著法官的智慧，來決定在什麼情境下，以及多大程度上，法律或規則應該因應個案而有所調整，以確保公義得以落實。在古希臘羅馬的脈絡下，對亞里斯多德來說（之所以強調亞里斯多德，是因為他奠定了公義這個概念的基礎；公義的希臘文是 epieikeia），當法官在個案中行使酌情權時，法官實質上是在完善立法者的工作，因為立法者在立法時，並無法全面預見法律執行時可能會遇到的各種後果。亞里斯多德寫道：「因此，當法律確立了通則，而當某個個案成了通則的例外時，基於對例外個案的考量而修正通則的行為是正確的。因為這意味著法律作為立法者確立的絕對宣告存在疏漏或錯誤。立法者失敗了，他們無法確立完善的法律，並因為過度簡化理解現實情境，而在確立通則時犯了錯。在這樣的情境下，法官必須站在立法者的立場，構思立法者如果在場、如果立法者熟知眼前的例外個案，他會以什麼角度思考並修正通則的錯誤。」[38]在現代的法學體系中，某些憲法學派依然擁戴這樣的觀點。支持這個觀點的學派認為，最高法院法官的職責是探究立憲者在創立憲法時的意圖，並在不同時空背景下，解釋這樣的意圖應該如何被實踐。[39]亞里斯多德將這種法律的可變動性，與列斯伏斯島（Lesbos）的建築師用來測量物體曲狀表面的可彎曲鉛尺相比擬，認為這足以修正法律作為通則時，過於概括以致在具體實踐上所可能產生的缺陷。亞里斯多德眼中的理想法官，具體化了立法者，卻不是具體化規則。相較之下，聖本篤眼中理想的修道院院長，具體化了《聖本篤清規》。

亞里斯多德式的理解，容許規則經過審度判斷，依個案內容做適當的調整。但即便如此，它依然無法全然捕捉到規則的第二個語意群集的全貌，即作為典範的規則，及這些規則所具備、足資範例的特質。法官得以依其實務上的智慧，判斷在什麼情境下，作為通則的法律應該依個案內容有所調整。但法官本人不必然在私生活上也要成為正義與公正等價值的模範。事實上，我們現代之所以存在著重法治，並將法治的地位提高到人治之上的價值觀，正是因為這樣的價值觀告誡了人們不應該把規則人格化，更別提把某些人視為規則的化身。人們遵守法律，並不表示公民們必須將法官與律師，視作他們言行舉止的楷模；哪怕法官與律師有著比人們更深厚的法律知識，也比人們更了解這些規則。但在修道院的脈絡下，遵從《聖本篤清規》的修士們會擁戴修道院院長的言行舉止，將他視作規則的化身，並以他作為生活典範。修道院的院長進一步代表了耶穌基督，而這正是為什麼修士們會以「父！」來稱呼他。[40]在修道院裡，新加入的修士們會定期覆誦《聖本篤清規》，以確保他們內化並遵從清規裡的每一條詳細戒律。然而，如果沒有修道院院長身體力行地存在於修道院裡，《聖本篤清規》將不過是一條指示人們哪些事該做、哪些事不該做的行為表單；它將無法成為一種生活方式。僅只是服從清規上的戒律，並不足以讓人真的掌握修道生活的精神。這一點可以在《聖本篤清規》中，針對那些只有在行為上服從戒律，卻沒有確切掌握戒律背後信念的修士，提出的無數嚴厲批判見到端倪。一個命令應該要被遵守，而遵守的人不應該拖拖拉拉、不應該粗心大意或心不在焉（5.14），更重要的是，不應該「抱怨連篇」（4.39, 23.1, 34.6, 40.8-9, 53.18）。《聖本篤清規》中所指的「規則」，並不是那些鉅細靡遺的戒律（儘管在我們現代人看來，這才是規則的含義），也不是那些足以被審度判斷修正的戒律，而是整本《聖本篤清規》及其蘊含的精神。《聖本篤清規》的規則是單數詞，不是複數詞，它所指涉的是單一一個應該被效法的模範與典範。

效法模範

效法與審度判斷，是兩種不同卻息息相關的能力。審度判斷的能力在於辨別事物，舉例來說，以審度判斷來辨別該如何調整普遍律則或規則，以適用於各殊案例，就是應用判斷的一個經典例子。效法則有所不同，它的判斷並不是介於普世與各殊之間，而是於個例與個例之間。效法修道院院長的修士，與效法《持矛者》的藝術家都一樣，他們在仿效自己眼中的模範時，並不會鉅細靡遺地完整重現模範所展現的每一個細節，而是透過將自身效法的成果與其他個案做成對比，來將他們從模範中所習得的一切傳遞給新的個案。效法並不是全然的模仿。如果一個修士在效法修道院院長時，必須要模仿修道院院長日常起居的所有細節（包含走路的方式與習慣的手勢），這只會顯得可笑，而不會讓修士的生活變得更有修道院院長風範的美德。正如一個藝術家只是精美地複製了《持矛者》，他也不會留名後世。審度判斷與效法都包含了以對比為核心的理解方式，廣義來說，這種理解方式著重在分辨事物之間，其關鍵差異與相似之處在哪裡。這是一種以「準用」（mutatis mutandis，字面上的意涵是「已然做出必要的改變」）為原則的思維模式。在藝術與文學的領域裡，不同的創作風格與不同的創作種類，會決定一個創作者在創作時效法的對象為誰的譜系。在倫理與宗教的領域，效法的人格（而不是單一個人）為何，也有同樣的影響。要強調的是，取決於個案是否屬於某個系譜，並不是對特定風格或種類的明確定義，而是在特定風格之中足資典範為人效法的個案。舉例來說，在人們討論文學作品時，突然問道：「我們在討論的是一部史詩嗎？」往往會迎來靜默。相比之下，如果問道：「我們在討論的作品，與《吉爾伽美什》和《羅蘭之歌》相比，有哪裡相似又有哪裡不同呢？」則會因為類比的緣故，而產生討論的火花。

我們現代對於遵守規則的討論，往往聚焦在辨別規則與原則的差異。人們會認為，一套有著明確規則管理的體系，意味著一切都是透明清晰的。例如一個規則明確規定，一個學者需要幾篇文章才能升等。但也因此，這個體系很容易流於遭到有心人士玩弄利用。愈是透明的規則，在應用上也會愈發機械僵化，而應用上愈發機械僵化，也就意味著要玩弄機械也就愈發容易。再以學術發表為例，一個學者可以把一篇論點完善且篇幅扎實的文章，拆解成好幾篇論點瑣碎、篇幅極短的小文章去發表充數。這麼做可以滿足規則上對數字的需求，卻違背了當初設立規則時的精神。在既有的規則上添加更多規定，試圖避免這種情事發生，則往往只會變本加厲地加劇人們利用規則的手段。正因如此，認為原則更為重要的人們會宣稱，比起制定鉅細靡遺的規則，更好的方式是在原則上宣告預期達到的目標。以學術發表來說，這個目標是有傑出的發表紀錄與重要的原創性研究。原則的支持者認為，只要設立這樣的目標，然後讓有心想要追求更高學術地位的人們以此原則從事研究，會比表定規則更加有效。與那些反對原則、認為原則太過曖昧（因為原則並不會說清楚，要怎麼達到目標，以及要做到什麼地步才算達標）的人相比，擁戴原則勝過規則的人認為，就一套管理事務的體系（這一段所舉的是學術評鑑的例子）來說，體系是否公開透明，遠比體系的精神是否完整，還要來得沒價值許多。

有些人會習慣將模範與原則劃上等號。這是因為原則與模範都反對機械式地、僵硬地應用明確的規則，也由於兩者在行使上都講求當事人的判斷。但效法模範所涉及的判斷，與信守原則所涉及的判斷還是有著不同之處。原則是抽象也是普遍的，而模範則是具體且特定的。諸如「誠實是最好的處事方式」與「對他人友善」之類的原則，往往會需要轉譯成為具體的例子，才能被使用在不同的情境裡。因為人們總是會問，在眼前的情況下，怎麼做才稱得上「誠實」？在原則的場域裡，判斷所要做的是如何將「普世的」轉譯成「各殊的」。但以效法模範來說，判斷所要做的是透過類比的方式，將某個「各殊的」轉譯成另一個「各殊的」。在這裡，判斷並不需要從普世出發，進而轉向各殊，也無需將抽象的論述轉換成具體的事物。判斷所要做的是透過謹慎的類比，將兩個同樣具體、同樣特定的個案串聯起來。它會提問，這兩個案例之間，最大的相似點是什麼，又到底有多麼相似？無論是透過審度判斷還是透過效法的方式，在作為典範的規則裡所需要的判斷，都與將原則套用在具體事物上的判斷有別。

必須強調的是，無論是審度判斷與效法，都與我們所熟悉的兩大推演方法，也就是演繹法與歸納法有別。演繹法強調從第一原則推演後續事物，歸納法則是從相同的事物中得到結論。審度判斷與效法所涉及的判斷，其運作方式往往是不透明且難以被明確檢驗。儘管如此，這兩種能力卻無所不在，哪怕每個人對這兩種能力的熟練程度大不相同。小孩子們直覺上就是知道該如何效法父母的言行（但不是全然的模仿）；人們的日常社交裡，也常常體會到禮儀與倫理的規則，往往必須因為不同的情境而有所調整。這種從範例到個案、從典範到各殊的理解規則的方式，其實對人們的日常經驗來說，再為正常不過。它所蘊藏的謎題，並不是為什麼我們**要在**生活中這樣使用規則，而是我們是**如何**在日常生活裡，做到以這種形式理解並應用規則。這其實也是現代的謎題，而這個謎題則會引發「規則」這個詞彙的多重意涵。我們為什麼能夠像修士們遵守《聖本篤清規》般去遵守一個規則，而且我們遵守規則的能力，並不能夠被拆解成明確的步驟來加以分析（就像我們可以為特定數字的平方根是什麼，找到特定規則來分析一樣）？換句話說，我們要怎麼把效法典範的能力，轉化成執行演算法的能力呢？

我之所以說這是一個現代的謎題，是因為這個問題直到十九世紀之交才出現。就像我們將在第四章與第五章看到，這個問題的出現本身就是一個明確的證據，指出在更早的時代裡，「規則」這個詞彙的語意群集並非彼此衝突。這些語意群集所指涉的對象，無論是字面上或是象徵意義上的意涵，都是一套應當盡可能被如實遵守的標準，不管這個標準是天文學的計算、文法的典範，還是法律的律令。在第三章裡，我們會討論多數規則所採取的形式，也會討論其範例與各種例外。與此同時，我們也會指出所有的規則，在實踐上都會大幅度地仰賴當事人的判斷力，而這將進一步模糊了人們在遵守規則時所採取的兩種形式：明確地與曖昧地遵守規則。但也許更為顯而易見的是不同規則之間在範疇與效力上的差異。有哪些規則無論時空總是普世適用（這些規則非常稀有）、哪些規則在多數時候適用，以及哪些規則只是偶爾在特定空間、針對特定人士適用？

《聖本篤清規》大幅提升了作為典範的規則所適用的範疇。在其傳統意義上，這種規則只會被應用在藝術、文法與修辭學等學科。而《聖本篤清規》賦予了作為典範的規則，與其他兩個衍生自希臘文 **kanon** 與拉丁文 **regula** 的語意群集平起平坐的地位。事實上，在中世紀拉丁文裡，**regula** 一詞除了傳統的直尺與演算程序等含義之外，也有著管理信仰與修道院秩序的戒律之意，而這自然包括了由模範所樹立的指引方針。[41]直到十七與十八世紀，歐洲主要語言的辭典裡，都還會將這個意思條列在「規則」一詞的條目之下，也都會將規則與模範視為同義詞（在這樣做的時候，這些辭典往往會將「規則」視為單數名詞，而這又一次彰顯了《聖本篤清規》的影響）。[42]這些辭典在「規則」條目下，提供「規則」一詞用在藝術與宗教場合的例句時，往往會將詞源回溯到老普林尼與聖本篤。然而，到了十九世紀中期，規則所具有的模範的含義開始逐漸減少，甚至全然從辭典中消失。[43]在十九世紀末期，如果稱讚某個人是某件事物的「規則」，應該會讓人聽了格格不入。在吉伯特與蘇利文（Gilbert and Sullivan）合寫的著名喜歌劇《彭贊斯的海盜》（*The Pirates of Penzance*, 1879）裡，劇中人史坦利少將詠唱的歌詞**並不是**：「我是現代少將規則的化身。」

在今天，儘管我們不會再以「規則」來稱呼模範，也不會在普魯塔克的《希臘羅馬名人傳》或聖徒傳記中追尋規則，但時至今日，教導人們應該如何追尋生命價值的模範（就像「榜樣」（role models）一詞所指涉的），依然充斥在書店裡的傳記書與勵志書區。當詞語的意涵及概念開始分家時，這真的是一件嚴重的事嗎？每一個具備古老血脈的詞彙，隨著它被使用的地區益加廣泛，總難免會有凋零失落的含義，也會有如嫩葉新生的意涵。有些早已絕跡的詞彙用法，則可能如化石般被保留在某些今天依然常見的片語裡〔例如「事後」（after the fact）意指的是「某些行為發生之後」，而「自然史」（natural history）意指的是探究自然界的物件〕。在最新版本的辭典中被印上「古老用法」標籤的某個詞語的意涵，其實不過與裙撐或沙發椅套的消失一樣正常。

然而，模範作為一個從「規則」一詞消失的含義，卻有所不同。這有幾個原因。首先，因為這個概念依然健在，它並沒有隨著詞彙的意涵受到遺忘而消失。其次，以作為典範的規則來說，概念與詞彙的分離並不和平。「規則」這個詞彙不單只是不再具備模範或典範的含義而已，這個詞彙在現代最主要的含義似乎與模範或典範這兩個舊伴毫不相容。相形之下，模範與典範這兩個詞彙的含義相當穩定。幾乎所有古希臘 **paradeigma** 一詞在建築、文法或藝術的用法，都可以無縫接軌地用英文的典範、模範、範例來翻譯。唯有「規則」一詞的含義走上了分歧。在第五章、第六章與第七章裡，我們會進一步檢驗為什麼它走上分歧、又走向何方。這三章分別探討在算數、法規和普世律則上，人們如何試圖構思明確與嚴格的規則。但在這一章裡，標示出規則一詞在語意上的斷裂，並彰顯《聖本篤清規》的洞見，就已足夠。這些洞見分別是：鉅細靡遺並不總意味著僵化、例外本身可以是規則的一部分，以及效法與審度判斷有所差別。

▼小結：科學與工藝之間的規則

讓我們重新回到「規則」這個詞彙，以及它在其他歐洲語言中的同義詞所牽涉的語意群集的具體脈絡。所有的語意群集都涉及了同樣的關懷，也就是要如何在現實世界中落實某件事情。木匠與石匠用來衡量木頭與石塊的直尺、建築師用來取得贊助者認可並作為建築指引的小型建物模型、指導牧師應該如何執行洗禮的手冊與省級官員應該如何收稅的守則等等，都是如此。我們現代對「規則」一詞的理解，普遍受到邏輯推理與科學自然法則的影響。但「規則」這個詞彙最原本的含義卻與此不同。希臘人以「technê」、而拉丁文則以「ars」來理解這個詞彙，其包含的領域是醫學、修辭、建築、航海、軍事，與其他受到各自的律則約束、卻又必須呼應現實實踐必要的領域。現在被稱之為「人文」或「藝術」（arts）的領域，無法與現實的具體與不可預測性脫軌（與之相反地，希臘文的 epistêmê（拉丁文的 scientia）所關懷的是普世的必要真理）。以具體層面來說，在醫學中，醫師要治療的是眼前的病患，而不是病人這個整體。演說家要說服的是眼前的受眾，而不是聽眾這個整體。以不可預測性來說，即便是經驗最豐富的航海家，總難免會遇到狂暴的暴風與亂流；一如建築師總要因應施工現場的環境、材料的局限，甚至贊助者的品味來調整工法。這些都是介於超凡的科學與入世的技藝之間、講求如何落實的理由卻難以展示、可靠卻又非無懈可擊、具有特定規律卻又不宜稱普世效力的領域。它們要求參與這些領域的人必須動腦也動手，因為他們掌控了事物的形態與質料。

也許正因為亞里斯多德一方面是醫生之子，一方面又在柏拉圖式辯證哲學的堡壘中受教育，這使得亞里斯多德特別有感於「技藝」（arts）身處於各種夾縫之間的困境。他的諸多著作在討論應該如何區隔希臘文的 epistêmê 與 technê 時皆指出，這兩種知識的追尋應該不是兩個獨立的領域，而是一種延續。理想上來說，探索真理的「知識」（epistêmê）負責處理那些受普世必要準則管理的恆常不變「形態」（forms）（但要確立哪些定理是恆常不變的，卻又會讓知識的探索回歸到經驗的層次）。[44] 但同時，亞里斯多德也偶爾承認，「知識」的探求除了那些不變的「形態」之外，也必然會要處理可變的「質料」，因此必須軟化其對普世性的態度，使得普世並不等於恆常，而僅只是「最時常發生的」。[45] 一如他軟化了「知識」原意對確切的理解，他也固化了「技藝」（technê）原意對不可預測與意外的含義。儘管「技藝」的領域無可避免地必然會遇到一些難以預期的狀況（如航海家遇到突如其來的亂流），它依舊包含了一些足以推導因果關係的理性思辨過程，而這表示在那些不可預測的可能性中，仍舊有機會找到一定程度的總體性。舉例來說，某個藥物能夠有效治療某位膽汁分泌過多的患者，在多數情況下應該也能用來治癒其他膽汁分泌過多的患者。[46]對亞里斯多德來說，關鍵在於這兩種領域的知識，都與純然只仰賴經驗的手工製造不同；它們在本質上都仰賴思辨，也因此其內容都能被清楚地表達與傳遞。精於這兩種知識形態的人們，能夠透過教學的方式來傳遞知識內容，而不僅只是比手畫腳地指點工法。[47]

在今天，**epistêmê** 通常被翻譯成「科學」（science），而 **technê** 則被譯為「工藝」（craft）。但對本書的目的來說，這兩種翻譯都有誤導之嫌。科學在現代的意涵，不強調演繹，也不強調邏輯上必然的存在，而且現代科學絕對會處理物質與各種變化。至於工藝則將各種活動混淆在一起，包含了那些亞里斯多德與其他中世紀、近代早期歐洲的思想家會想要嚴格區分開來的事物。舉例來說，以中世紀或近代早期歐洲的標準而言，醫學與倫理可能不會具備幾何學在定理上的嚴謹度，但不管在智識上或社會地位上，它們都和卑微的手工產業有所區隔。如果用現代（當然在中世紀也是如此）的角度來區分，這些被全部囊括到「工藝」這個譯詞的領域，可以大略以一種形式來做出區隔：這個領域究竟是大學學科中會出現的領域（包含實用醫學與修辭學等技藝），還是屬於匠人工房的學徒所實習的領域？在十六與十七世紀的歐洲，有許多屬於後者的從業人員，以羅馬演說家西塞羅式的標語「化約成技」（reduce to an art）為名，趁著出版業的興起出版了大量的工作手冊，試圖將他們的知識提升到規則的領域，也藉此提高自己的收入與社會地位。這包含了礦業、工程、農業、染料與其他行業。[48]在同一個時期，無獨有偶地，「科學」（science）與「技藝」（arts）兩種知識類別相互從彼此的領域交流受惠，並徹底改變了兩個領域既有的範疇。[49]到了十八世紀中葉，「科學」接受了原屬於「技藝」的經驗研究與實踐精神（如觀察和實驗），不再執著於追尋普世不變的恆常法則，而是聚焦於具體知識，也視付諸實踐有所效益為目標；它甚至屏棄了邏輯作為展示其知識的理想模式，而改成以數學語言作為媒介。與此相反地，「技藝」擁戴了原屬於「科學」對明確規則的堅持，追求「成文且不變、獨立於反覆無常的意見之外的法則」。[50]這樣的發展逐步侵蝕了「技藝」（arts）作為一種知識形態的範疇，直到它成為我們今天所常見的「藝術」（arts），而當我們提到藝術時，我們常想到的是繪畫、雕塑、音樂與創作文學。

之所以突然提到 epistêmê 與 technê，是因為這有助於我們進一步理解「規則」這個詞彙的意涵。「規則」與「技藝」同樣身處於夾縫之中，它是如此貼近於實踐與各殊情況，卻又有著指向普遍性的含義。為了捕捉規則的這個面向，我們必須重返這些含義的故鄉，重返今天所謂「藝術」（或「技藝」）那已然失落的範疇。早在古代，藝術的範疇就有如手風琴一般，隨著不同哲學學派的認知而不時擴大或縮小。舉例來說，柏拉圖與亞里斯多德對 technê 的認知就有所差異，而斯多葛學派更是偶爾會將 technê 與理性和宇宙的秩序劃上等號。[51]在中世紀與文藝復興時期的拉丁文裡，ars 所包含的範疇同樣龐雜。它不僅涵蓋了更具理論意涵的人文學（人文學本身在當時就不只涵蓋了文法學與修辭學，它還包括了邏輯學、天文學、聲韻學、算學與幾何學，而所有這些學科都被亞里斯多德歸類成 epistêmê），更包含了強調實際應用價值的技術技藝（mechanical arts），而這又囊括了烹飪到軍事防禦工程等學問。[52]大概從十五世紀末開始一直到十八世紀，「技藝」這個領域的知識，成了生產規則的繁忙工廠。在這個時期中，從事各個領域的實務工作者開始自豪地宣稱他們的專業具有崇高的智識地位，也開始出版一本又一本的實作指引手冊。無論亞里斯多德對 technê 的看法在實務上如何有限，在文藝復興到近代早期歐洲這段時期，他對這個知識領域必須要能夠透過定則與格律，以教學的方式傳遞知識的理解，激發了這些所謂的「藝術小冊」（Kunstbüchlein）的出現。[53]至於這些小冊的讀者們，是否真的能從中學習到冶金、攻城、兌幣或打一局惠斯特牌，則是另一個問題。在下一章，我們將探討歷史上的人們如何發展出各種不同的策略，使得他們得以透過規則，來學習「技藝」領域的知識。

3

技藝的規則：動腦與動手的結合

▼深諳原理的手

紐倫堡，一五二五年。藝術家阿爾布雷希特．杜勒（Albrecht Dürer, 1471-1528）將一本供畫家、金匠、雕刻家、石匠、木工，以及「所有那些需要測量的人」使用的幾何學手冊，獻給他的人文主義朋友威利巴德．皮爾克海默（Willibald Pirckheimer, 1470-1530）。這本書適合工匠閱讀，而杜勒本人則是金匠之子，也因如此，這本書使用的語言是德意志方言，而非拉丁文。儘管如此，將這本手冊獻給著名的古典學學者，並在手冊中提及失落的「希臘與羅馬的技藝」，在在表明了杜勒希望藉由系統性地教授原則，將手工藝昇華為藝術的抱負。在他看來，那些僅藉由「日常實踐」來學習其工藝的畫家和工匠，「因為自己的無知，而像野外那些未曾修剪的樹枝一樣成長」，這使得他們流於鑑賞家們訕笑，而這一切彷彿理所當然似的。杜勒希望透過掌握圓規和直尺運作背後的幾何學，能有效促進這些「渴望藝術的年輕人」的心智和手藝。[1]（圖3.1）

杜勒給皮爾克海默的獻辭信，體現了某個在近代早期盛產的實用守則文本中，反覆出現的主題所發生的變化。在當時，有數以千計的書籍出版，試圖將各種手工技藝轉化為藝術：這些手工技藝不僅限於繪畫和木工，還包含了疏浚與染色、軍火製作與烹飪、譜寫卡農和測量木材等。這些書籍謹遵西塞羅的格言，認為真正的藝術可以

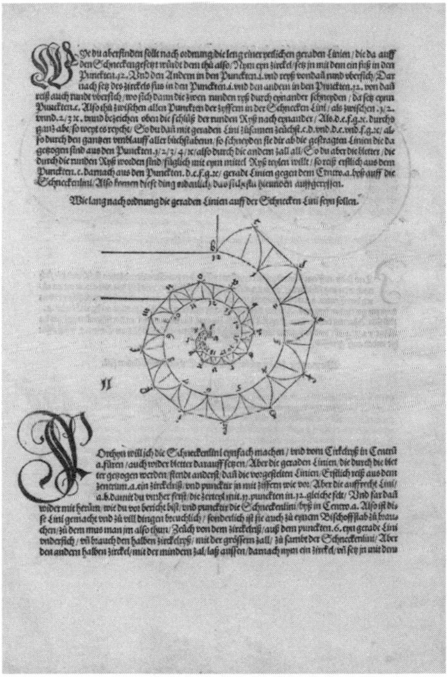

圖3.1　杜勒所繪的多邊形結構。圖片出處：Albrecht Dürer, *Unterweysung der Messung, mit dem Zirckel und Richtscheyt* [Instructions on measurement with compass and ruler] , 1525, fig. 11. SLUB, digital. slub-dresden.de/id27778509X。

被「歸納為規則」，而這些文字精練的書籍與杜勒的手冊相仿，大多是由當地方言寫成，並常常附有插圖，配置指引、箴言、教條、表格和圖表，以供有識之士致力於改善自身的處境，也供有意願雇用這些手工業者的君王們參閱。[2]近代早期歐洲宮廷之間競逐聘請藝術家、工程師、醫師、鍊金術師、廚師與其他手工技藝的實作者，是因為當時的君王相信，他們的技藝可以用來捍衛、滋潤甚或裝點宮廷，為社會和經濟的進展創造了新的契機。正如杜勒的職業生涯所示，技術精湛的工匠在各個意義上都具備高度流動性，他們受到歐洲各地宮廷的邀請，並深受教宗與君王寵愛。[3]

諸如杜勒這類的成功故事，伴隨著城市裡工匠識字率的提升，激發了手工藝者的抱負，也為那些在著作裡許諾要揭示成功人士的商業機密、並將過往流於紊亂的實作經驗彙整成明確可靠規則的作者，開闢了新的讀者市場。[4]將工藝知識擬定成規則，賦予了這些技藝及其相關知識應有的尊嚴與專業聲量，但這並不意味著將手工藝的知識帶離其實作場域（例如工坊）。杜勒試圖將他的手冊寫成一個「詳盡的導讀」，讀者可藉由「日常實作」來擴充導讀所涵蓋的知識，進而加深對技藝的理解並激發創新。[5]像杜勒這樣的書籍，所針對的讀者是所謂「技術技藝」（artes mechanicae）的實作者，這包含了從木工到烹飪在內的各種手工藝。[6]而在一開始，這種技藝與更具聲望「人文技藝」（artes liberales）相互對立。後者構成了當時歐洲大學課程的核心，但在近代早期歐洲，「技術技藝」的地位急劇上升。約莫在一六〇〇年的安特衛普，當地印刷的著名銅版畫系列《新發明》（*Nova reperta*）裡，讚揚了技藝高明的工匠所擁有的巧妙創新技術，這包含了油畫顏料的製程到印刷機的發明。[7]幾乎所有近代早期的藝術小冊與祕訣書札（books of secrets）都宣稱要指引新人掌握手工技藝的祕訣，這些著作也都假設讀者會在閱讀守則和製作方式，以及在實作中測試閱讀的內容之間反覆練習。[8]藝術家亨德里克・霍奇爾斯（Hendrick Goltzius, 1558-1617）於一五八三年製作的銅版畫《技藝與實踐》（*Ars et Usus*）裡寓意了這兩者之間的關係：「技藝」具備了身負羽翼的女性形象，頭戴桂冠，坐在地球上，被書籍與數學儀器環繞著，引導著具備男性形象的「實踐」，如何完成一幅繪畫（而繪畫本身就像書籍和儀器一樣，具備符號意涵，它代表手工技藝那精準策畫的特質）。這幅銅版畫的雋語，以拉丁文和荷蘭文並陳，許諾著技藝和實作的合作將帶來「財富和名譽」。霍奇爾斯自己身為一位多才多藝、聲名卓越且地位崇高的藝術家，為此格言所代表的成功公式增添了可信度；哪怕他的右手也因為實作而嚴重受創。

然而，這些書籍的讀者與作者，並不限於那些渴望改善自身境況的手工藝者們。在當時，學院內學者的研究與工匠的工坊間活躍的交流，最終不僅轉化了科學理論，也改變了工匠實作：伽利略與工程師和造船業者的合作，只是這種成功的混合案例中最著名的一個例子。[9]彈道學、工事防禦、礦業和冶金學等技術技藝，都是近代早期歐洲的君王極感興趣的領域，也吸引了伽利略、牛頓（1642-1727）、萊布尼茨等著名哲人的學術興趣。[10]然而，將實作歸納為規則，未必意味著進一步將規則歸納為理論。就像藝術本身在知識分類中處於一種中間地位，懸在手工藝的實作和科學理論之間一樣，規則也懸置在動腦與動手之間擺盪著。

或者，更精確地說，規則是將動腦的理解和動手的靈巧結合在一起。這種結合或許在一開始是一種不平等的合作關係，因為傳統上來說，從成功案例中得到更多聲望的往往是教條指引，而不是實作。正如杜勒所說，在十六世紀初，自己手冊的預期受眾（那些自學而成的手工藝者）固然精熟實際操作，卻只對原理有著粗糙的理解，而他們也因此淪為那些更深諳原理知識的人們的笑柄。然而，到了十七世紀中葉，學者對於實作者的訕笑已然薄弱。工程師〔如西蒙・史蒂文（Simon Stevin, 1548-1620）和艾薩克・貝克曼（Isaac Beeckman, 1588-1637）〕，金匠〔如溫茨・雅姆尼策（Wenzel Jamnitzer, 1507/8-1585）〕，陶藝匠〔如貝赫納・帕利西（Bernard Palissy, 1510-1589）〕和鐘錶匠〔如康拉德・達西波迪烏斯（Conrad Dasypodius, c. 1532-c. 1600）〕等技藝工匠的成就，吸引了君王的贊助，也獲得了自然哲學家如法蘭西斯・培根（1561-1626）、赫內・笛卡兒（1596-1650）和羅伯特・波以耳（1627-1691）的讚譽。在培根於一六二〇年所寫的有關科學知識「新邏輯」的論文中，他提出了一個著名的比較。培根將自然哲學自古以來的發展是如何停滯不前，與現代技術技藝的進展做出對比。在他看來，後者「不斷地蓬勃發展」。[11]而在培根的其他著作裡，他則呼籲了對「技術技藝的歷史」的重視，而他的呼籲將成為一六六〇年代創立的倫敦皇家學會與巴黎皇家科學院，在成立之初所開展的研究計畫（儘管最終未能完成）。[12]笛卡兒約莫在一六二六年寫成的《指導心智的規則》（*Regulae ad directionem ingenii*）中，尤其是在第XIV至XXI條間，涉及了如何解決特定數學課題，而在這裡笛卡兒所採用的解題方法，更近似於當時工匠手冊中常見的試探方法，而不是傳統上由雅各布・札巴雷拉（Jacopo Zabarella, 1533-1589）或彼得呂斯・拉姆斯（Petrus Ramus, 1515-1572）所著述的人文主義方法論。[13]對於培根和笛卡兒等作者來說，技術技藝早已成為構思問題的解決方案與日常反思的工具：它們的發明成為建構理論時重要的對比與模型的來源，穩定改善既有操作方式以及經驗實作，並成為靈感的啟迪，其有所限制的實踐規則則是理論知識仿效的對象。技藝的規則最終改變了科學的方法和目標。

這些規則究竟是什麼，它們實際上又是如何引導實踐呢？我們可以從以下幾個例子觀之一二。這是在法國國王路易十四（1638-1715, r. 1643-1715）治下，元帥塞巴斯蒂安・沃邦（Sébastian Le Prestre de Vauban, 1633-1707）於一七〇四年時描述要如何刨開敵軍祕密挖掘的壕溝時的詳盡說明：

> 在開掘的日子到臨時，衛兵們在下午兩三點左右集結，並在唸完禱詞之後就戰鬥陣形排位；將軍會視情況檢閱他們。工人們也聚集在附近，並備齊成捆木條（一捆捆綁緊的木枝用以保護壕溝側面）和鏟子，每個人都配置了鎬和鏟子。隨著夜幕降臨，白晝褪去，衛兵們開始進軍，每名士兵都帶著一捆木條和武器，所有衛兵均應依照同等規格配置。[14]

或者是英國實踐數學家雷納德・迪格斯（Leonard Digges, c. 1515-c. 1559）於一五五六年指導土地測量師如何使用直角器（cross-staff）的方法：「你必須站得筆直、身體和頸部擺正、雙腳併攏、雙手不要有過多位移、緊閉單眼，並始終以雙腳中央標記你的站立位置。」[15]又或者，如倫敦風流倜儻的查爾斯・科頓（Charles Cotton, 1630-1687）在一六八七年解釋如何為賽馬做好賽前準備的方法：「極盡溫柔地將您的馬引領至賽道，讓牠嗅聞其他馬匹的糞便，這樣牠就會被氣味誘導排便，進而清空腸道。」[16]還有一個例子，是一名匿名的法國貴族家庭廚師，於一六八九年向心懷壯志的廚師們所提供，關於製作萵苣沙拉的祕訣：「關於節慶時享用的萵苣沙拉，可以添加糖、麝香和龍涎香，並增添點綴其中的花朵。」[17]

這些規則的示例都或多或少帶點隨機性質，自近代早期歐洲關於如何圍攻城市、丈量木材和土地、如何在遊戲和比賽中得勝，或如何準備豐盛餐點的手冊中揀選而出，而我們可以輕易地從同時期類似的手冊中，再補充數以千計的示例：這可以是如何製作果醬、建造房屋、從礦井中抽水、治療疣、駐紮防守軍隊、譜寫卡農、開辦養豬場、透視繪畫、在議會中提出議案，以及如何在一般狀況下，有規律且有秩序地處理日常生活的事務。從當時以降迄今，指引類型的書籍一直在蓬勃發展，然而，在印刷業發展的初期，以及在手工藝必須先證明具備足以作為一門正當藝術的資格的時代，對於該如何達到目標的約定俗成做法仍舊變化多端。這其中涉及的規則可長可短，有時以格言或指令的形式呈現，有時又充滿細節或流於評述特定細項，有時以散文形式闡述或以表格形式分類。在大多數情況下，這類規則採用編號形式排列，哪怕食譜保留了其獨特的連貫敘事與散文格式。儘管存在各種各樣的多樣性，但我們仍然能從這些混雜的近代早期實作指南裡記載的規則和規定中，尋得一定的規律。

首先，這些規則總是以祈使句法來表述。無論其預期的讀者是法國王位的繼承人（如沃邦的情況）、不懂幾何的木匠和石匠（迪格斯的讀者）、一位「唯一認識的法官是馬夫波特（Groom-Porter）、唯一識得的律法是遊戲規則」的賭徒（科頓的讀者）、還是一位渴望有朝一日能管理貴族家庭廚房的廚房童工（匿名法國廚師的讀者），讀者都被默認為彷彿是某位師傅的學徒。作者書寫的語調深具權威，而這種權威的基礎是其對特定技藝所具備的卓越知識。

第二，這些規則談及的知識通常來自個人經驗，但往往被以普世適用的規則形式呈現。在今天的口語中，以「技藝」或「藝術」來指涉某個行動，往往是為了讓人們能注意到其內隱、直觀的特質（例如說「醫學既是科學也是種技藝」），或是為了著重指出個人在某種通常是微末追求中達至的精熟卓越（如「他在飲酒時所說的即興祝辭真是種藝術」）。相比之下，近代早期的技術技藝所自豪的「技藝」與「藝術」，正是使得它有別於純粹手工藝之處，後者往往被視為受到對原理毫無思考的慣例所支配，而這使得其成果往往飽受機運摧殘，而技術技藝則藉由制定明確的規則，將其實作背後的原理傳授給所有勤奮應用這些規則的讀者。想要理解中世紀和近代早期歐洲對科學、藝術和手工藝之間的區別，其中一種做法就在於聚焦在理解這三個領域各自對「確定性」的期許。在當時的理解中，真正的科學足以演示確定性，一門技藝（或藝術）至少能在多數情況下展現規律性，而純粹的手工藝則毫無章法可言。在實用手工藝中，機運有著最大的影響，在科學中其影響最為低微，技藝與藝術則介於兩者之間。近代早期所出版的諸多指引手冊裡，有許多書籍的書名與副書名都宣揚著它們如何提出了清晰、有系統的解釋：「在這本書裡，完整的技藝被以最為清晰的語言、最為完美的方法來表述。」[18]

第三，與它們的後繼者相比，十六和十七世紀的指引手冊很少為初學者而寫。它們假設了其學徒多少具備一些工藝實作的經驗。第四，這些規則許諾，掌握它們就能達到的成果是改善，而改善有兩個面向，首先是改善技藝本身，但同時也包括改善工匠自身的處境。按照這樣的許諾，如果人們在實作上實踐了一門受規則指引的技藝，而不是粗糙的基礎手工藝，人們將能砥礪其生產的成果與自身作為實作人員的處境。在十七世紀末和十八世紀，隨著歐洲各地重商主義政府試圖藉由提高出口產品的品質來填補國庫，技術技藝這種關於改善與改善自身的論述，與公共效益的論述相結合，而同樣地，各國政府試圖藉由制定規則來實踐提高出口產品品質的目的。[19]

規則因此被注入了高度的期望與宏偉的承諾：規則將一般行業昇華為藝術、將低下的工人升格為受尊敬且頗具名聲的工匠、將劣質貨物提升為高檔商品、將政府債務轉化為盈餘、將無言的直觀轉化為明確的規則、將無數的細節轉化為扎實的總論。這些近代早期對規則的期許，蘊含了社會、經濟，乃至認識論的層次，也引發了現代的質疑。我們將規則與繁文縟節、煩瑣壓人的官僚主義、自以為是的知識分子，以及其他被指責打壓創新、阻礙市場運作、使實踐知識因為理論而慘白的種種事物聯繫在一起。我們對於將實踐的隱性知識轉化為明確規則的想法，抱持深刻懷疑。[20]在許多語言裡，我們很常見到將「如何實作的知識」（那些因為熟能生巧、深深刻入肌肉記憶而無須多加反思、下意識就能完成的技藝）與「為什麼如此的知識」（那些有意識地對技藝進行反思的知識）對立起來的論述，而這種對立加深了兩者之間的隔閡：例如法文中的 connaître 與 savoir 對立、德文中 kennen 與 Wissen 的對立，以及英文中內隱（tacit）與外顯（explicit）知識的對立。在兩者之間，實作究竟應該如何被轉化為抽象規則，然後再從抽象規則反轉回實作呢？

厚規則

讓我們回到近代早期歐洲的規則。這些規則在主題、長度、格式和細節方面各不相同，但它們都夾帶著關於如何應用規則的豐富建議：這些建議的形式包含了提供示例、指出例外、附帶但書、舉出模型、以及提醒注意事項等等，而幾乎所有情境下，這些規則都會呼籲聖本篤認為修道院院長要具備的核心美德：審度判斷。這些規則是所謂的厚規則，與那些僅明文限制特定要執行的內容，而無進一步說明詳述的薄規則形成對比。讓我們回想一下，在《聖本篤清規》中，不只將規則的例外視為制定規則必須考量的一部分，甚至詮釋規則的人（修道院院長）本身即是規則的化身。讓我用另一種方式來表達這點，《聖本篤清規》的文本並不是獨立存在的；如果沒有一位值得肩負院長職務的人身居院長之位，《聖本篤清規》將永遠不夠完善。然而，無論《聖本篤清規》在以拉丁文為普世語言的基督教世界有多大的影響力，人們可能會合理地反駁說，它的規律幾乎無法與數學規則的嚴謹度相提並論。數學規則（例如如何解二次方程式或找到函數的一階導數的運算）是現今最為簡單的規則，它簡潔而無需修飾。但數學規則在近代早期的同等規則、那些更近似希臘文 kanon 和拉丁文 regula 的原始含義（即直尺）、關於精確測量與計算的規則，又是如何呢？

將規則與精確性（尤其是數學意義上的精確性）聯繫在一起的做法，可以追溯到遠古文獻，而且時至今日，當人們反思有關規則是什麼，以及它們如何運作時，這種聯繫依然存在。我們甚至可以說，這是無所不在的。儘管這種聯繫可能不是近代早期歐洲人對**規則**的主要定義，但它從未消失於歷史洪流中。也因此，我會轉而討論一些最著名的中世紀和近代早期商業運算與測量規則。在這個領域裡，沒有任何單一文本可以與《聖本篤清規》相提並論，無論就規則的權威性與影響力來說皆是如此。故此，我在此說明時所仰賴的證據將更偏重於呈現證據的數量，而這些證據也會顯得發散。但縱然如此，我們會發現，有些規律依然隱隱浮現。

在中世紀晚期和近代早期歐洲的商業演算中，最常用的結帳規則之一是「三的法則」（Rule of Three）。以下是《商人的刻度》（*Kadran aus marchans*）一書對這個法則的解釋：

> 三的法則：之所以稱之為三的法則，是因為運算時總會有三個數字，即兩個相似的數字和一個相反的數字，如果有更多的數字，則必須將它們都化約為這三種數字。

這看來令人費解，是嗎？十五世紀的商人在讀到這個說明時，可能也會有所疑惑。但在說明之後，隨即出現了一個示例：

> 也就是說，如果三個亞維農弗羅林硬幣（Avignon florin）的價值，等同於兩個皇家法郎硬幣（royal franc），那麼二十個亞維農弗羅林硬幣將等於多少皇家法郎？[21]
>
> 〔答案：（2×20）÷3 = 13 1/3〕。

在看過該文本所提供的半打這類型示例後，商人可能不僅能夠轉換幣值，還能斷定貨物的價格：如果四厄爾（ell）長的絲綢價值二十弗羅林硬幣，那麼十厄爾長的絲綢價值多少？這位商人既不需要學習代數，也不需要學習歐幾里得的比例原理，就可以將一個示例延伸推演到另一個例子；他也不會因為示例中主題的轉變，例如從貨幣交易到衡量絲綢價格、或重量單位轉換成度量單位而感到困惑。這些規則的一般性，不在於其直白陳述（這種陳述通常令人費解的），而在於以規則的示例為鑑，藉由示例回過頭來理解規則陳述的閱讀方式。任何一個在最近看過小學數學教科書的人，都會認得這種書寫方式。與《聖本篤清規》的情況相仿，我們所辨別的規則本身不是獨立存在的：示例是規則的一部分，規則之所以具有一般性，是因為各種示例中的具體細節可以類比到更多的情況。

讓我們再來看一個計算和測量領域的例子，重溫一下迪格斯於一五五六年以英文寫成、關於測量的論文，該論文許諾了它將會教導關於如何測量木材、石材、玻璃和土地等對象的各種最為確切與充分的規則。[22]迪格斯譴責那些「固執己見」、堅持使用虛假測量規則來丈量木材的匠人，並自詡他身處於幾何學「無誤基礎」的蔭庇之下。然而，他用來替代工匠虛假規則的無誤規則，不僅幾乎全然透過示例來表述，更有甚者他還警告讀者，必須藉由審度判斷來簡化計算過程：「要正確地量測木材的尺寸，就像要在偶數中得出所有奇數一般，是讓人難以容忍的可笑、甚至是不可能的。智者會審慎地判斷要怎麼使用這種測量準則，使其丈量結果達至一定程度的精確度就足矣。」[23]

十七世紀初的威爾斯作曲家埃爾威・貝文（Elway Bevin, 1554-1638），用同樣的思路，解釋了該如何撰寫音樂的卡農，而他仰賴的方法，是當時仍被認為是數學分支的學科，即和聲學。貝文藉由大量示例來指引著潛在的作曲家。卡農在現今被認為是音樂作曲中，最受規則約束、甚至最具演算特質的格律，但貝文所提供的示例是從簡單明瞭的內容開始（例如只需要改變休止符，就可以改變聲部歌曲），到提供以下如此複雜的示例，他將創作卡農比作

「世界的結構，因為世界由四個元素組成，即火、風、水和土……同樣地，卡農也由四個不同的卡農所組成……」；而貝文的範例，完全沒有一絲要正式化的跡象。[24]（圖3.2）即使在這些手冊中，數學科學（包含了算術、測量、和聲學）也主要是透過示例，而不是規則來編寫。

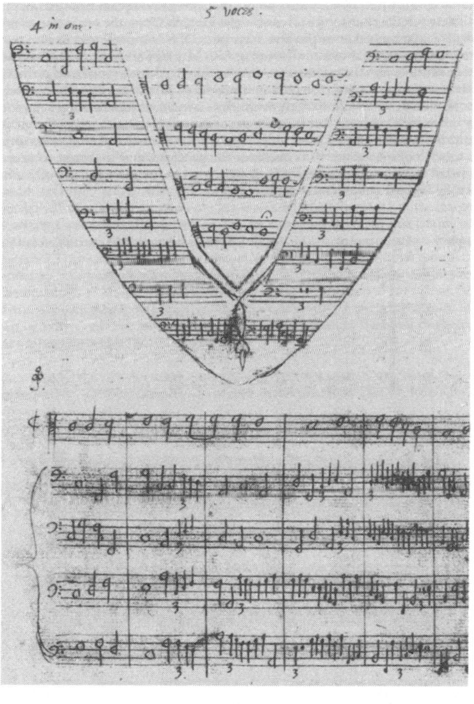

圖3.2　貝文撰寫的卡農樂譜。圖片出處： Elway Bevin, *Briefe and Short Instrvction of the Art of Mvsicke, to teach how to make Discant, of all proportions that are in vse*, 1631。

或者應該說，這些示例是規則不可或缺的一部分，有時甚至是明文規則的一種替代品。儘管可能沒有單一的示例，能夠像修道院院長那般理想地體現《聖本篤清規》一樣，但這些示例庫的用途在於傳授和概括規則，就像典範模型一樣。以科頓所撰寫的《賭徒大全》（*Compleate Gamester*）這部綜合性著作為例，它除了提供賽馬致勝的小技巧外，還傳授了撞球、棋類、各種撲克牌遊戲、鬥雞等許多充斥在倫敦、也是科頓所謂「迷人魔法」

的博弈方式。科頓在各方面顯得非常熱心：他鉅細靡遺地描述了詐賭之人如何在其他賭客忙於擲骰子時，偷偷奪走他們外套上的金扣子；告誡著要如何不讓衣袖拖到桌上，並使菸灰濺灑於撞球桌上；教導著如何藉由公雞在棚中啼叫的頻繁程度，來判斷它們的勇氣。各種各樣的「秩序」、「法則」和「規則」被列舉出來並適用於各種博弈遊戲，其中有許多我們很容易識別為遊戲的規則，例如，如果你的手指觸碰了某顆棋子，那麼你就必須下這只棋。但科頓也警告讀者，有些遊戲只能藉由經驗來掌握，例如，困難至極的「愛爾蘭遊戲」，「只能透過觀察和實踐來學習」。而這甚至包含了西洋棋，這是該書最冗長的章節之一。科頓曾考慮過「西洋棋和跳棋都可以按照某種規則進行遊戲」的想法，但在提供了大約二十頁的詳細指引之後，他得出結論，說：「我還可以置入更多的觀察以理解這高貴的遊戲，但為了避免書寫過於冗長，我不得不捨棄它們。」[25]

不僅是科頓的著作如此，在十八世紀接連再版的遊戲指南中，愛德蒙．霍伊爾（Edmond Hoyle, 1672-1769）試圖使他的讀者不僅是熟悉規則，而是精通遊戲。因此，在他的指南裡，我們所謂的遊戲規則（例如，惠斯特紙牌遊戲開局時，每位玩家手上要發多少張牌），和如何贏得遊戲的技巧（例如，「如果你手上有皇后、小丑和三張小王牌，並且有一個好的套牌，請先打掉一張小王牌出牌」）之間的界線顯得模糊。霍伊爾不僅為他的讀者提供了計算玩家的搭檔擁有某些牌的勝算，還包括了一套「試圖欺騙並擾亂你的對手，並向你的搭檔展示自己的遊戲技巧」的規則。[26]藉由心理學與算計的合謀來擊敗對手，即使在西洋棋中也是如此。科頓的手冊確實提供了每個棋子的價值，從兵卒到王后，但在下一瞬間，他立即勸告讀者：「此外，你應該要觀察的是，你的對手最常動用哪一只棋，這表示他最善於以此發動攻擊。如果有能力的話，千萬要先從他手中奪走那只棋，哪怕這意味著你必須犧牲同等價值或是價值更高昂的旗子，例如以主教換掉對手的騎士之類的。因為這麼一來，你可以事先挫敗對手的布局，並變得與他一樣狡慧。」[27]

在十七和十八世紀，遊戲規則逐漸被標準化。這首先發生在賭場，如巴黎的 **académies de jeu** 和倫敦的 Ordinaries（一種有博弈業務的小酒館），而後被一系列的遊戲手冊接手標準化的過程，如科頓和霍伊爾的手冊。[28]然而，標準化並不一定意味著規則與實作之間的斷裂。就像人們如果要掌握數學和測量中的規則，必須要透過示例來理解一樣，掌握惠斯特紙牌或西洋棋的規則，也需要觀察和經驗。我想再次強調的是，規則不是全然獨立的：模型、示例、提示和經驗觀察支撐並補充了規則的內涵。這不一定是因為規則模糊不清、不具體或內容相似。相反地，這是因為抽象規則的通用公式，無法全面預測在實作中所面臨的所有具體情況。通則和具體情況之間存在落差，並不是什麼鮮為人知的事；近代早期規則中引人注目的是，這些規則往往包含了用來填補這一落差的內容。

在技術技藝中，現實實作的機運往往被視為所有規則的敵人。規則存在的目的，是要確保手工藝品不至於在實作中，受到物質環境變幻無常的特質影響，乃至損害。而在當時的人們眼中，這種物質環境的特質體現在對普遍形式的抵抗和物質本身多變的特性。冶煉工匠知道鐵的特性會隨著礦區之間的差異而有所不同；廚師和藥劑師也小心翼翼地指定其食譜中關鍵原料的來源。尤其是隨著遠東（Far East）和遠西（Far West）的長途貿易路線拓展，將新的原料和精煉產品帶入歐洲市場之後（包含了秘魯樹皮、印度棉花、中國茶葉、巴貝多糖蜜等）。地名本身是確保商品質量和獨特性的證明，而這是現代法定產區（appellation d'origine contrôlée）制度的前身，該制度證明了香檳確實來自法國香檳地區。在當時與現今相仿，這些商品的稀有性和高價格意味著仿冒品和替代品湧現，而這是工坊創新發展的意外機緣。[29]在其他行業場域中，機運本身已然內建於這些場域裡。博弈遊戲本身是最明顯的例子，但這也包含了戰爭、商業投資與政治經營。幸運女神的形像根深柢固地植入在近代早期歐洲人的想像中。她的存在意味著某種不穩定的象徵（無論是轉動的車輪或是隨時可能破滅的泡沫），而她將以此威脅著要推翻人力所能及的最完美計畫，宣告無規則的統治即將來臨。（圖3.3）

圖3.3　幸運女神手拿車輪及代表名聲的棕櫚葉，而她背後那艘揚帆啟航的帆船，則象徵著充滿風險但有利可圖的冒險。圖片出處：Hans Sebald Beham, *Fortuna*, 1541, Rijksmuseum, Amsterdam。

戰爭中的規則

幸運女神的幽靈環伺著近代早期探討如何進行戰爭的論著（如沃邦撰寫的著作）。如果要說災難性的混亂在人類活動中所帶來的風險，沒有任何領域比戰爭要來得危難；也沒有任何其他領域，比戰爭更能凸顯不確定性與機運的作用有多麼重要，無論這種重要性是好是壞。然而，在近代早期歐洲各種試圖將無秩序的機運化作規則得以掌握的技藝的著作中，恐怕也沒有任何一個文類比致力於撰寫如何建造軍事防禦工事的著作，對其書寫的規則來得更有自信。這一部分的原因在於，在近代早期歐洲，軍事工程被視為一種混雜多種數學運算的學科（其所涵納的數學知識「混合」了各種形式與物質條件，從光學計算到砲彈軌跡都在其中）。就像力學或光學一樣，防禦工事在很大程度上受到幾何學的啟發，也愈來愈受到彈道運動的理論力學（rational mechanics）影響。事實上，許多有關這一主題的論著都直白地以幾何學的介紹開始，並將近代早期堡壘所具備的星形多邊形的特徵，視為另一個直尺和繪圖工具的構造，例如佛羅倫斯軍事工程師博納尤托．洛里尼（Buonaiuto Lorini, c. 1547-1611）於一五六九年的論著就是如此，而他是帕爾馬諾瓦（Palmanova）九角星形堡壘的建築師。[30]

然而，攻城戰和規則之間的關聯性，遠不止於近代早期堡壘城市所呈現的星形幾何。（圖3.4）與以騎兵主導的野戰相比，到了中世紀晚期，武裝長弓和長槍步兵的時代來臨，而在十五世紀末和十六世紀初炮兵（特別是大炮和地雷）的出現，也對中世紀的城池帶來了毀滅性的打擊，並將歐洲戰爭的焦點從戰場轉移到了堡壘。這種攻城戰又被稱為如何部署戰場位置的戰爭，不僅容許並且積極要求縝密的計畫，而這包含了從長時間供應駐軍的後勤和運輸重達數噸的大炮（加

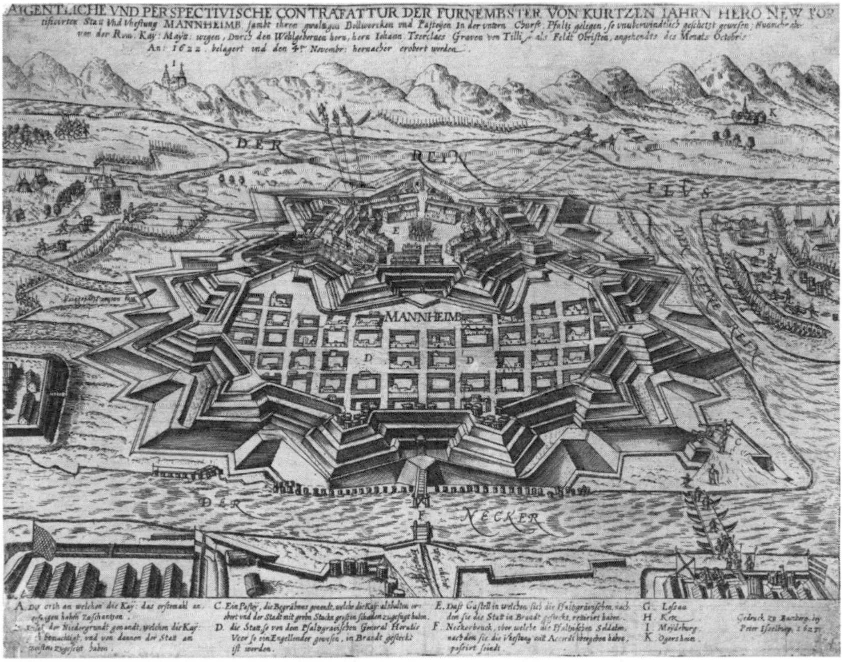

圖3.4　曼海姆城（Mannheim）的堡壘。圖片出處：Peter Isselburg, *City and Fortifications of Mannheim*, 1623, Landesarchiv Mannheim。

上火藥和炮彈的重量），到攻擊和防禦的物理學與數學計算。後者的精確性可能很容易被誇大。儘管近代早期的戰爭論著中有許多表格，聲稱可以精準計算出必須在什麼位置設置大炮，以及在給定距離上擊中城牆的角度，但實際情況是，十七世紀的大炮只有在近距離才足夠精準。[31]儘管如此，與混亂的野戰相比，攻城戰確實是軍事上秩序的典範，因為野戰混亂到要衡量哪一方是勝方都是個挑戰。正如沃邦所撰寫的，即使是最偉大的指揮官也無法掌握「變幻莫測的幸運女神，她常常出其不意地與他們為敵；但在攻擊和防禦堡壘的過程中，機運的作用要遠遠小於謀略和技術。」[32]

在將實作轉化為技藝的近代早期著作中，試圖最小化機運的嘗試是無處不在的。就像在實踐醫學和占星術這類時人眼中的「低級科學」一樣，技藝和手工藝的從業者不僅在形式上要面對那些要求人們遵從的規律，也要面對物質條件那難以應對的個別性，例如某個病人有著特定的黏液（phlegmatic）體質與久坐僵直的毛病、某個胡桃木塊具備著獨特的紋理、木節與翹曲。在醫學、木工以及軍事工程這些領域中，這種個別性之所以重要的原因是相同的：它代表了物質對形式的抵抗。正如沃邦的導師，布雷斯·帕更（Blaise de Pagan, 1604-1665）在提及將數學應用於軍事工程所具備的局限時寫道：「如果防禦工事的科學是純然由數學所構成，則其規則將是純粹可證的，但由於它（防禦工事）以物質作為對象，以實作經驗作為其核心基礎，這使得它最重要的原則有賴於推測。」[33]在這種個別性的國度裡，機運是強大的存在，而規則顯得無能為力。有鑑於沃邦有著四十八次成功的攻城戰經驗，他試圖將自身多年的軍事經驗，至少化約成一般性的原則，如果這些通則還不能稱得上是規則的話。命運女神或許永遠不會從戰場上消失，但至少她可以被稍加約束。

沃邦為了限制機運的努力，涵蓋了攻城戰的各個方面，從最初的偵察（最好是由首席工程師本人獨自騎馬完成，他還應該略施賄賂來減緩當地人的口耳流言），到艱苦的挖掘壕溝（需要多少農民、使用什麼樣的鏟子、挖掘需要耗時多久），一直到攻堅時刻。[34]他制定了詳細的表格，指定了壕溝應該有多深，要爆破特定高度和深度的城牆所需要的火藥量為多少，以及保衛一座堡壘所需的扁豆、米、牛肉、鹽醃鯡魚、奶油、乳酪、肉桂等糧食多寡，更不用提大炮、炸彈、灰漿、錘子、剪刀、木材、烤麵包的烤爐等必要器具，這些都是根據堡壘的稜堡數量（從四個到十八個）來陳述計算的。在他的書裡，還提供了三十一幅水彩畫補充了有關如何挖掘壕溝的詳細描述，其中包括在什麼情境下，要用哪些工具的特寫和詳細的圖示。

在他的三十條編號為「總則」的指引中，沃邦強調了工程師的責任是要監督壕溝和大炮等火炮的每一個細節。他警告說，如果這些指引沒有在正確的時間、一字不差地遵從的話，「一切都將淪為混亂」。[35]沃邦深知戰爭中的混亂是什麼樣子，他也承認自己的攻城行動遠遠不夠簡潔：「讓我們坦白地承認，我們大多數的攻城行動都進行得非常不完美，我們大多數的攻擊都非常混亂，而且不必要和不合理地危害了君王的臣民、他的榮譽和他的國家。」但沃邦並未放棄為攻城戰制定規則，也不曾將它視為毫無希望、難以達成的志業。相反地，他呼籲要制定「更確切也更符合現實的規則」，這些規則將「使攻城戰更有秩序、更少流血」。[36]

然而，儘管沃邦對細節有如此嚴格的要求，但他既不是一位崇尚先驗體系再將之應用於實踐之人，也不會拘泥於無謂多餘的精準度。他指出，指揮官必須要像老鷹一樣，緊盯著那些被徵召挖掘壕溝的農民，以免他們挖得不夠深，但壕溝壁的傾斜角度，只要用肉眼確認就足矣，因為「這只是短期所需，不需要做得太過精細」。[37]人們尤其需要注意的是當地地形的特殊性；定期修建的堡壘，可以依循書中規則指示來對其展開攻擊或防禦，但不定期修築、只是臨時所需的堡壘則要偏離規則；在戰鬥激烈之時，還要分神進行精確的測量，可能會非常危險。即使是手冊裡記載得極為詳細的表格，也不是要人一字不差地遵循，而只是作為輔助記憶和核對工作內容的工具。[38]藉由緩解人們記憶所需承受的負擔，規則和表格使人們的思維能夠根據特定情況，自由行使其判斷力和聰明才智。作為一名軍事工程師出道，沃邦自豪地意識到，工程師和天才這兩個詞彙有著共同的詞源，即「ingenium」，而這意味著擁有隨機應變的卓越才能。[39]

與其他近代早期的規則相仿，這種軍事規則也附帶了例外和經驗，沃邦的規則並不是獨立存在的。近代早期的規則並不是統計概括，也不是在最可能發生的情況下人們該如何作為的歸納。在當時，統計數據尚未被系統地彙整；概率分布幾乎沒有在人們的思量裡。甚至，我們可以猜測，即便沃邦和其他近代早期制定規則的人們擁有這些計量工具，他們仍舊不會覺得這些數據會有多大的價值。如果可能性的機率分布近似於一條平坦的直線，沒有明顯的峰值或急遽收束的尾端，統計概括對實踐的指示往往效果拙劣。這意味著任何一種可能性，與其他可能性之間不存在得以辨別的差異，而平均分布並不足以構成好的實踐指引，這使得依循如此所制定的計畫流於樂透一般，交由機運來決定。此外，統計數據的收集必然假定在運算的類別內具有同質性。例如為了確定立法代表權，對所有公民進行的全國人口普查，必須將與選舉權無關的特質排除在外（例如身高和體重），儘管這些特質在其他統計過程中可能非常重要。由於付諸實踐的成功或失敗與否往往取決於細節，而這些相關細節的內容有通常隨著實際情況有所變化，使得多數近代早期技藝的實踐無法提出一個粗糙的統計學方法，或是亞里斯多德的普世性。對這類薄規則來說，近代早期實作者的世界存在太多不穩定的因素，也太過細微。唯有厚規則足以應對命運女神拿來對付實作者的招式，而這是因為厚規則由一層一層的細節包覆而成，這些細節分別對各種可能發生的情況提出說明、修正與示例。

正如亞里斯多德所指出的，具體情境的細節無窮無盡。[40]但厚規則的目的不是預先考慮所有細節。相反地，它們所著重的是規則在實作時，可能遭遇到會偏離規則的情境與適用規則的例外，這兩者所涵蓋的範圍與類別為何，以標示規則可以預期在哪些領域中具備效力、在哪些領域中起不了作用，以及需要多少修正，才能讓那些典型示例也能適用於特定規則。厚規則提醒了實作者必須關注的細節，以及該如何適時調整規則，以適用實際情況。它藉著表現出在許多情況下會需要實作者的聰敏與判斷來激勵讀者。要列舉所有這類情況是不可能、也是毫無意義的；標誌這些情況的存在並模擬幾種解決方案就足夠了。而實作者的經驗將足以處理其餘未被列入示例的情境。近代早期的規則手冊鮮少是為了毫無實作經驗的初學者而寫，也沒有任何一本手冊是為了操作機械來執行事務而作。如同前面所提過，即便在談運算的規則也不純粹只講演算而已。就像杜勒和迪格斯討論的工匠一樣，這些手冊設想的受眾，至少都是已經接受學徒培訓的實作者。它們的重點不是教導對技藝毫無認識之人，而是將實作者的水準從反覆操作的例行公事，昇華為對技藝的反思。

甚至遊戲手冊也不是自成體系的；在某些時候，想投身惠斯特橋牌或愛爾蘭橋牌的玩家，必須要確實置身牌局才能掌握規則。厚規則不斷指向經驗的重要，因為那既是其讀者的起點，也是他們的目的地。規則不能取代經驗，只能對經驗進行系統化彙整並拓展經驗適用的範疇。但光是能做到這點，就已經體現厚規則的功效：那些藉由技藝的規則這枚透鏡折射而出的經驗，比大多數於自家工坊中窮忙於各種細節的工匠所擁有的經驗，更有秩序、更聚焦，而且最重要的是，也更能廣泛地適用。[41] 一六一九年的一本規則指南裡，涵蓋了「所有的職業、技藝、貿易、商業和手工藝」，並在卷首插畫概括了它們的基礎：在畫家、印刷工、獵人、木匠、麵包師傅和其他工匠的小圖示下，是兩個更宏偉的人像，即「Diligentia」（「勤勞」的拉丁文）和「Experientia」（「經驗」的拉丁文），也就是所有技藝的規則中必不可少的基礎。（圖3.5）

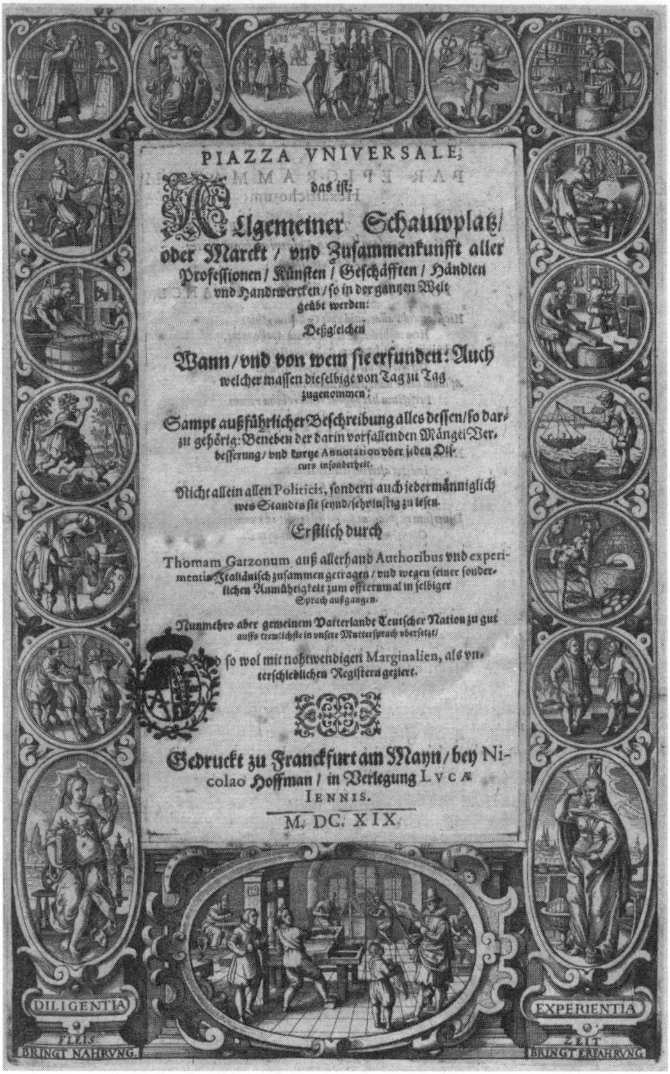

PIAZZA VNIVERSALE;
das ist:
Allgemeiner Schauwplatz/
oder Marckt / vnd Zusammenkunfft aller
Professionen / Künsten / Geschäfften / Händlen
vnd Handwercken / so in der gantzen Welt
geübt werden:
Deßgleichen
Wann / vnd von wem sie erfunden: Auch
welcher massen dieselbige von Tag zu Tag
zugenommen:
Sampt außführlicher Beschreibung alles dessen / so dar-
zu gehörig: Beneben der darin vorfallenden Mängel Ver-
besserung / vnd kurtze Annotation vber jeden Dis-
curs insonderheit.
Nicht allein allen Politicis, sondern auch jedermänniglich
wes Stands sie seynd / sehr lustig zu lesen.
Erstlich durch
Thomam Garzonum auß allerhand Authoribus vnd experi-
mentis Italiänisch zusammen getragen / vnd wegen seiner sonder-
lichen Anmühtigkeit zum offternmal in selbiger
Sprach außgangen.
Nunmehro aber gemeinem Vatterlandt Teutscher Nation zu gut
auffs trewlichste in vnsere Muttersprach vbersetzt/
vnd so wol mit nohtwendigen Marginalien, als vn-
terschiedlichen Registern geziert.
Gedruckt zu Franckfurt am Mayn / bey Ni-
colao Hoffman / in Verlegung LVCÆ
IENNIS.
M. DC. XIX.

圖3.5　一幅繪有多種技術技藝實作者的卷首插畫，而這些技藝都受到「Diligentia」和「Experientia」的引導。圖片出處：Tommaso Garzoni, Frontispiece, *Piazza universale, das ist: Algemeiner Schauplatz oder Marckt und Zusammenkunfft aller Professionen, Künsten, Geschäften, Händeln und Handwercken* [Universal piazza, or general showplace or market and meetingplace of all professions, arts, businesses, trades, and handiwork], 1619. SLUB, digital.slub-dresden.de/id265479053。

在前現代的規則書裡，有一種類型的規則書與其他類別相異。它不致力於普世化其規則、甚至也沒有試圖將其部分內容擴展成一般性規則。而這種書就是食譜，食譜幾乎全然關注在細節，不在意普遍性。[42]也因此，食譜引發了一種與其他規則書不同的問題，也就是如何在實踐中應用規則：如何將實踐融入規則之中。十七世紀的食譜所預設的讀者，往往是那些已經在廚房有著完整學徒經歷且在貴族家庭的廚房工作，而後希望藉由閱讀食譜學習如何製作最新潮的法國醬汁和甜點，來提升自身地位的讀者。但到了十八世紀，食譜的讀者益發針對初學廚藝的廚房女傭，或者至少是能識字的家庭女主人。[43]這種類型的食譜有著明確的目的，旨在提供全然獨立、自成體系的規則，儘管這些規則也根植於蛋、麵粉、糖和奶油等具體食材之中。

有兩本英國烹飪書，一本出版於一六六〇年，另一本出版於一七四六年，有助於我們生動地來對比這兩個時期的食譜差異。羅伯特·梅（Robert May, 1588-c. 1664）的《烹飪大師：廚藝的技藝與奧祕》（*The Accomplisht Cook, Or the Art and Mystery of Cookery*）是專門為已然完成學徒訓練的「廚師們，以及那些已經掌握烹飪技藝的年輕實作者」所寫。梅詳細地介紹了自己身為作者的資格：他是貴族家庭的主廚之子，在倫敦和巴黎都曾擔任學徒，之後在倫敦的隆利勳爵（Lord Lumley）家做過廚師，而在他因為英格蘭內戰避走他鄉時，還曾為同樣流落異鄉的「肯特、薩塞克斯（Sussex）、埃塞克斯（Essex）、約克郡等各大貴族」下廚。梅向讀者擔保，自己將傳授給他們不僅是來自他個人「長時間的經驗、實作，以及與當時最優秀的人交流所積累而成的成果」，還有「新的專業術語」（主要都是法文），以幫助那些在高級料理烹飪已然遠遠落後於歐洲大陸標準的英國人。[44]

梅似乎正是瑪麗・凱蒂爾比（Mary Kettilby, 17th c.-c. 1730）在她那本提供了約三百種佳餚的食譜中所批判的那種傲慢的烹飪書作者。她宣稱自己的食譜「可口、實用、易懂，比某些烹飪大師的食譜來得好。這些大師為烹飪技藝所制定的規則是如此古怪和奇特，以至於人們難以斷言，究竟是閱讀大師的食譜讓人心累，還是依據這些食譜實作更讓人懊惱。」她的讀者並不是那些想成為貴族家庭主廚的廚師，而是「年輕且毫無廚藝經驗的女士」以及「鄉村客店廚房的女僕」。[45]然而，凱蒂爾比還向讀者保證，她的烹飪和醫學食譜也傳遞了「那些優秀廚師們的偉大知識和長期經驗」，這些廚師已然為廚藝做出貢獻。與梅不同的是，凱蒂爾比試圖為沒有經驗的人濃縮經驗，而不是為已經在大師

的廚房擔任學徒的人書寫。她的規則旨在自成體系，或者用我們現代食譜的語言來說，她旨在提供傻瓜式的廚藝指南。（圖3.6）

我所指出的這種對比，究竟是如何具體體現在食譜中呢？以下是梅的烹飪書和凱蒂爾比的烹飪書中，兩個關於甜點的食譜，而它們都取自相似的原料（警告：以下內容不適合對食物油脂感到恐懼之人）：

梅的食譜：

煮布丁

將三個蛋黃與玫瑰水及半品脫的鮮奶油混合後，與一塊核桃般大小的奶油一起加熱，等奶油融化後將之打拌混合，加入肉豆蔻、糖和鹽調味；然後加入足量的麵包碎屑，使它變得像麵糊一樣濃稠，再灑上足以放滿一先令硬幣大小的麵粉。取出一塊雙層布，沾濕並撒上麵粉後，包裹麵糊後將布束緊放入鍋中；煮沸後，將其取出放在碟子上，撒上奶油、葡萄醋和糖。[46]

凱蒂爾比的食譜：

圖3.6　一幅畫著女主人將食譜交給她的女僕的卷首插畫。圖片出處：Mary Kettilby, *A Collection of above Three Hundred Receipts*, 1747。

炸奶油

取**一夸脫**的優質鮮奶油，**七個**蛋黃，一小塊檸檬皮，一個磨碎的肉豆蔻，**兩匙**雪莉酒，**兩匙**橙花水；而後在燉鍋上抹奶油，然後將鍋子放在火上；**用一個小的白色攪拌器，一直往同一方向攪拌**，同時輕輕地撒入麵粉，直到它**變得濃稠和光滑**。在調煮到適當稠度後，可以倒在起司盤或瓷盤上；用刀**均勻**地鋪開**（約半英寸厚）**，接著切成菱形小塊，放入滾燙的香甜脂肪中炸熟。[47]

為了方便比較兩者的差異，我用了底色標記不同的計量方式（包括諸如「核桃般大小」的類比），並使用粗體字標記了烹調步驟的提示（例如，如何判斷布丁煮好了沒）。顯而易見地，梅和凱蒂爾比在測量食材的描述上沒有明顯不同（考察同時期其他烹飪書也足以確認這種寫作方式在當時是常態），兩者的差別在於對技巧和對判斷料理是否完成的敘述。提出這個對比的目的，並不是要否認烹飪食譜在長期演變中，朝著提供更多（和更精確）測量數字方面的發展。舉例來說，當一位編輯要在一七八〇年重新出版一份一三九〇年的烹飪手稿時，就曾經抱怨該手稿「很少具體指出食材的數量，反而過於仰賴廚師自身的味覺和判斷來決定所需添加的食材多寡」。而這體現了人們在閱讀食譜時預期得到的資訊，在這四個世紀之間產生了變化。[48]我之所以提出這樣的比較，有幾個重點。首先，我想指出，經驗豐富的廚師與沒什麼經驗的廚師之間的差異在於對烹飪步驟的知識有別，而不是對食材數量的掌握；其次，這種所謂的內隱知識可以被明確具體地呈現。一本烹飪食譜是否能夠完全成為傻瓜式指南，當然取決於「傻瓜」對烹飪知識的掌握程度如何，就像完全明確具體的敘述，取決於對食材、測量、烹飪用具和烤箱的標準化敘述一樣。我們現代將不可化約的內隱知識和全然詳盡的外顯知識，視為非此即彼、無法共存的辯論，遮掩了這個近代早期的對比之間所呈現的可能性之光譜。即使沒有規則是完全獨立的，有些規則也比其他規則更為獨立一點。

近代早期烹飪指南所提供的最後一個要點是：更多明確性不必然等同於更大的特定性。以甜點為例，來看一個來自漢娜．格拉斯（Hannah Glasse）極為流行的烹飪書《烹飪藝術，變得簡單易懂》（*Art of Cookery, Made Plain and Easy*，初版於一七四七年出版，最新版本則於一九九五年出版，這本書是要寫給那些「任何能讀得了書的僕人」），[49]有關如何製作布丁的**普遍規則**：

> 製作布丁等食品應遵守的規則：

在煮沸布丁時，我們必須非常小心地確保袋子或布必須非常乾淨，不能染上肥皂味，應該先浸泡在熱水中，然後灑上麵粉。如果是麵包布丁，布袋要綁得鬆一點；如果是麵糊布丁，則必須綁得更加緊實，並確保在放入布丁時水是沸騰的，也應該時不時在鍋中移動布丁，以防沾鍋。[50]

這次不需要以粗體字來凸顯食譜中對烹飪步驟的指示，這整段文字都與步驟有關。格拉斯的規則明確指出了梅認為讀者應該知道的一切（例如，不時地移動布丁以防沾鍋），甚至涵蓋了凱蒂爾比認為不值一提的事情（例如，不應該使用帶有肥皂味的布袋）。然而，值得注意的是，這些規則也是普遍適用的，它的內容不是關於如何烹煮杏仁、橙子或無花果等特定口味的布丁，而是關於如何煮布丁本身。格拉斯的烹飪指南展現的是，食譜正在演變成一本在現代含有貶義的烹飪手冊：傻瓜也懂的手冊。增加特定性和量化精確度是將隱含的知識變得明確的一種方式，但不是唯一或最有效的方式。相反地，任何曾經苦苦翻閱過那些充斥冗長細節的說明手冊的人都知道，手冊中存在著過多特定性與精確性，會再次將外顯的知識轉變為內隱知識。

近代早期技術技藝的規則，對於我們現代對內隱知識與外顯知識的討論，提供了豐富的教訓。這兩種知識之間的差異，最早是由化學家暨科學哲學家麥可・博蘭尼（Michael Polanyi）在他的著作《個人知識》（*Personal Knowledge*, 1958）所提出。他指出，內隱知識包含了從如何騎自行車，到如何讀取X光晶體圖像等個人由經驗所具備的知識，而這與能徹底明確說明的知識（尤其是科學知識）相對立。後者是客觀的、每個人皆能習得的知識。博蘭尼的宗旨在於，在客觀、非個人、面向所有人的知識和完全私人的主觀知識之間，開闢一個中間領域，其不受到邏輯或經驗證據所約束。而這個領域被視為是真正的、並且是基礎的知識，但這種知識仍然是個人的；正是他書名所示，這是「個人知識」。[51]正如知識社會學家哈利・柯林斯（Harry Collins）在他對內隱知識這一類別所做的深入分析中所觀察到的，博蘭尼所提出的兩極對比，指出介於最深層的內隱知識（如利用正確的手勢來操作實驗室設備以使其正常工作），和如何找到立方根這種可以清楚且無歧義地由計算機程序來運作的外顯知識之間，實際上包含一系列的可能性。內隱知識與外顯知識的鮮明二元對立，假設了後者既是可能的，也是更優越的。柯林斯指出：「內隱的概念是基於外顯的**觀念**而存在的。」[52]

近代早期技術技藝的規則提供了一個例子，展示了思想和實踐之間的世界，**不必然**要分裂為內隱知識和外顯知識。厚規則將內隱知識和外顯知識交錯混合：它們預設了實作經驗，但也認為僅僅依靠經驗無法產生最優秀的結果。規則中積累了許多示例、觀察乃至異常情況，引導實作者關注與其工藝相關的細節，也凸顯實作的模型，並界定了所有規則的局限。近代早期的規則書中，並沒有讚賞那些實作技藝中無法透過明確規則來傳遞的技能，哪怕它們不斷地訴諸實作經驗。相反地，撰寫技術技藝的規則書的作者不斷強調，學徒在工坊中透過實作所學會的內隱知識本身，並不足以使他們達到最高水準的精湛技藝。厚規則篩選、彙整並擴展了學徒的經驗，然後再把他們送回工作台上，以獲得更多的經驗。只是這一次，他們的經驗是藉由規則的反思透鏡折射而成。就像那些只有浸泡在水中才能開花、緊密折疊的紙花一般，唯有沉浸於經驗裡，厚規則才能產生效力。

烹飪書的案例也教導了我們有關薄規則的模糊性，這些規則可以針對那些已經全然掌握技藝相關知識的人，也可以面向那些對此幾乎一無所知的人。對於那些已經具備相關經驗和詞彙而遵循規則的人，規則可以只有簡潔的指令，如「將蛋白拌入白醬」，而無需進一步解釋。進階烹飪書可以為已經熟悉廚藝的讀者，過濾掉那些專為新手所提供的厚規則中具備的額外提示，而這並不是因為那些提示是內隱知識的一環，僅只是因為對這些讀者來說顯得多餘。然而，對於那些沒有太多經驗的讀者來說（無論是完全的新手，或甚至極端一點的情況，機器），薄規則提供了標準化、例行化的敘述，能把他們手頭上的工作細分成數個簡單易循的步驟。只有這種類型的薄規則符合現代意義上所謂的明確規則，也因此預設了某種機械化勞動的理解，無論這種勞動是由人力或機械所完成。這是我們第四章與第五章的主題。

▼小結：曖昧模糊的規則

技術技藝是一個充滿活力的領域。儘管在過往，人們曾經有許多嘗試，想列舉出其中的七項技藝並將之列為正典，使其得以類比於七種博雅藝術，但這些技藝過於多元也各富有創意，使得它們難以像傳統人文學那樣以三藝和四藝（trivium and quadrivium）的形式來制定。聖維多休（Hugh of Saint Victor, c.1096-1141）於一一二五年曾經將毛紡、導航、農業、狩獵、武器製造、醫學和劇場稱為七種技術技藝，但到了中世紀晚期和文藝復興時期，這個清單擴展到包括烹飪、捕魚、園藝、藥學、畜牧業、商業、金屬工藝、建築、工程、繪畫、陶瓷、雕塑、鐘錶製造、書寫複印、測量、印刷、政治、軍事策略、博弈、煉金術、木工等等，這幾乎包含了人類活動（vita activa）的各種面向。[53] 技術技藝在近代早期這段期間的擴張，除了見證市場的擴大和專業化以外，也證實了一度被視為微末和卑賤的職業逐漸上升的社會地位。近代早期的作者們反覆引用了新發明，如羅盤、印刷術和火藥，以及工程、建築、繪畫、雕塑等領域裡令人印象深刻的成就，這些技藝的成果妝點了歐洲各大廣場和宮殿，也展現了技術技藝的豐富多樣性和優越性。

技術技藝與科學、技術技藝與受機運與常規所支配的手工藝製作兩者之間的關係，也同樣富含動能。在近代早期這個時期，這三角關係中的每一個領域都有著劇烈變動，而技術技藝位居中軸，處於必然具備普世性的科學與具備偶然特殊性的手工藝之間。儘管技術技藝必然沉浸在物質世界的特質，使其無法宣稱它具備形式的普世性與必然性，但技術技藝制定和遵從規則的能力，也使得它超脫了手工藝的體力勞動。當培根試圖展示他名為班薩勒姆（Bensalem）的烏托邦中的先進發展時，他藉著其中所羅門之家的官員之口，向因為海難漂流至此的歐洲水手們自豪地宣稱：「我們還具備著你們所沒能掌握的技術技藝，並利用這些技藝來製造如紙張、亞麻、絲綢、織物等物品，在我們的王國裡，有許多這樣的物品為人們廣泛使用；如果這些製品是源於我們的發明，我們也掌握了它們的形態與原則。」[54]培根所謂的「形態和原則」是近代早期歐洲對「規則」一詞的同義詞，他藉此強調這些技藝是有資格冠以藝術之名的。技藝的規則使得技術技藝具備認識論上與社會地位上的崇高性，也讓那些掌握技藝之人得享聲譽與利益。

在十六與十七世紀，科學、技藝或藝術和手工藝之間的關係如何流動，以及「技術或機械」（mechanical）這個詞的含義如何流變，都是顯而易見的。在古希臘文和拉丁文中，「mechanice／mechanica」這個詞彙指的是任何一種可以用來增加人類的力量，進而克服自然阻力的器械，這首先是指古代的基本器械，如杠杆和滑輪。然而，到了十三世紀，拉丁文也開始將它與較粗糙的體力勞動聯繫在一起，這些勞動由社會階層最低的人所實行。這些勞動對人類生存得以維繫是必要的存在，但也玷污了勞力和勞動者的地位，而這或許帶有一絲基督信仰中亞當所受到的詛咒的回音，當亞當和夏娃被驅逐出伊甸園時，他被判定必須以額外的勞動來賺取飯食。與「liberal」（這個詞彙所具備的「自由」意涵，意味著不受他人支配）相對，「mechanical」是一個愈來愈常與不自由的勞力產生聯繫的詞彙，它意味著勞動者必然受到上位者的支配與使喚。在當時的口語中，它與粗糙和骯髒的手產生聯想，進而擴及到包括所有社會底層的象徵。[55]然而在十七世紀，實作與理性的技術相結合，伴隨著技術技藝的崛起，使得這個詞彙重新煥發光彩，並將它置身於當時的新科學的核心位置。牛頓在《自然哲學的數學原理》（1687）的序言中寫道：「以不夠精確的方式工作的人是不完美的技師；如果有人能夠以完美的精準度工作，他將是所有人中最完美的技師；因為幾何學的基礎，即對於直線和圓的表述，正是屬於技術的場域。」[56]

最後，技術技藝介於動腦與動手、理解和實作技巧之間的中間和流動位置。技藝的規則處於於普世性和各殊性、內隱性和外顯性之間，也總是在兩者之間來回擺動。由於在哲學意義上，普世性和各殊性的對立相當古老且對人們的思維有著強大的影響，使得在一般性（但不是普世性）規則和特定性（但不是單一性）案例之間來回擺盪的技術規則，似乎也顯得內涵了不穩定性。但正如翹翹板的目的並不是要固定停留在一上一下的位置一樣，技術規則的目的也不是要傾向於一個極點並就此停滯。正因為它充斥著示例、例外、解釋、模型和問題，技術規則完全是在反思和實踐之間來回擺盪。它所教授的是一種介於中間位置的一般性陳述，使得實作者的雙眼對模型、類比與典型範例更加敏銳，也讓規則的清晰術語更容易為人謹記。正因為這種一般性從來都不是普世性，使得示例、乃至例外的存在也都不表示純然的異常，而吸收了這些厚規則的讀者也會學習到在應用這些規則時的局限。

當我們在描述人們對於在什麼時候，以及應該如何調整規則，以適用用眼前的情境（甚至什麼時候會因為情境所需而揚棄規則）所具備的知識時，**審度判斷**也許是一個過於平淡的術語。即便是最絕對、甚至被冠上了「公理」（axiom）之名的技藝規則，也總會在幾句話後不可避免地被一個顯著的例外所推翻。例如，沃邦在他的規則書裡，確立了一個聽起來確實像是在攻城戰時不證自明的公理：總是要攻擊要塞最脆弱的地方。但僅僅幾段文字之後，他隨即對此公理提出反例，在瓦隆先（Valenciennes）的攻城戰時，首先攻擊的是昂贊（Anzin）的城門，這不是因為那裡的防禦工事最為脆弱，而是因為當時有一條鋪設好的道路使人們更容易抵達昂贊，這大幅增加了運輸大炮和其他重型軍火的便利性。這就是藉由例外來「證明」規則的方式，在此「證明」具備了其傳統意涵，即「測試」（正如俗諺裡「想要證明布丁的存在，在於測試是否吃得到布丁」）。而在這個例子裡，它藉由實踐來測試一個規則的適用範疇。示例與例外也標誌出與規則相關，需要被注意、衡量並利用的細節（例如，什麼是一條好走的道路）。這些細節也可以作為類比的踏板，將發散的案例串聯回到規則，並串聯彼此（這與串聯規則一樣重要）。就像翹翹板一樣，審度判斷的關鍵在於維持平衡。

厚規則確立了薄規則的前提條件。其應用範圍必須被明確界定，材料和測量必須標準化，工作必須分解為最小的步驟，並且最小化受到機運影響的範疇。正如我們將在第四章中所見，薄規則不一定是簡短的規則。相反地，薄規則試圖預測一切狀況的期望、微觀管理的心態，或盡可能減少審度判斷的要求，可能導致它充斥過多細節。薄規則的特質在於它預設了穩定性與標準化，而這適用於應用規則的情境與規則的使用者。設計給電腦執行的演算法是最薄的規則。而這絕對不是因為這個規則是最簡化的規則，恰恰相反，程式語言可以極為繁複冗長。之所以如此，是因為這些演算法預設了執行與應用情境的全然一致性。薄規則是否真的有效地被付諸實踐，是一個程度的問題，取決於使用者及使用規則的世界是否一致，以及是否穩定。[57]薄規則將技術的意涵回歸到其古老的意涵，即程序化。但它與原意有著極其不同的原因。在一開始，工作之所以是技術性的，是因為工作只按部就班地處理特定事物，而在今天，工作之所以是技術性、機械性的，是因為它是由只處理普世適用事物的機械所完成。

任何書面上的規則，都不足以僅憑其內容就傳授一門技藝。規則的內容足以重整並模仿實作經驗，但無法取代它。十六和十七世紀的使用手冊，是針對那些已經掌握其技藝要領的實作者，鼓勵他們回到作坊、戰場或廚房，將其從實作中累積的經驗轉化為技藝。技藝的規則始於經驗，也止於經驗。即使是十八世紀為新手所撰寫的烹飪書籍，也必須藉由親身實踐來調和規則與實作；有了規則將前人的經驗化成明確的文字，可以加速學習、免於耗費太多時間在試錯上，卻無法消除失誤的存在。事實上，哪怕是製作得最好的 YouTube 影片也不可能排除製作過程中的錯誤，因為這種仰賴手動實作的技藝，其經驗累積動用的不僅僅是雙眼的閱讀，而是其他感官的體驗。在感官體驗、頭腦理解和身體實作中取得平衡，需要時間和反複練習；在實作中判斷應該如何操作的能力，也需要當事人經歷了不同的情境才有可能琢磨淬鍊。近代早期感知的經驗是分層的：許多個別的感覺和許多不同的細節，最終在記憶中沉澱成普遍經驗。因此，經驗是一個需要時間的過程，而不是像靈感般閃過的偶發事件。

讓我們最後再回到霍奇爾斯的《技藝和實踐》寓言。背後長著羽翼的「技藝」用左手指向某個事物，將「實踐」的注意力集中在一個關鍵細節上，就像一條厚規則會用其示例和例外來引導實作者那樣。她跨坐在地球上，象徵著她的指引將有著廣大影響，也將會帶來聲譽。而實作者更靠近背景的風景，乍看之下似乎相當普通，但仔細觀察會發現那是一座風車，而這是霍奇爾斯在自己的家鄉哈倫（Haarlem）附近常見、屬於荷蘭地方文化的各殊特質。地球和風車將普世性和各殊性的元素結合在一起。在畫面右下角，散亂的書籍和器具略微分離，而這些都是「實踐」在「技藝」的指導下已然掌握的。在一旁有一個沙漏，其中一粒粒的細沙象徵著時間的流逝。如果沒有時間和經驗的緩慢沉澱，技藝的學習和實踐的勤奮都將徒勞無功。厚規則藉由呈現示例、提出解釋和陳列例外狀況，喚起在時間長河中動腦與動手兩者之間的緩慢匯合。

4

在機械運算之前的演算法

課堂之間

眼前的場景是一間教室，而這間教室可能所在的時空，與我們的話題無關。[1]這間教室可能在西元前一七五〇年左右、古巴比倫的尼普爾城（Nippur）內的一座屋舍裡，在教室中的學徒正俯身在寫著楔形文字的黏土板上學習如何成為文書官；它也可能落在大約西元一五〇年時、漢代的太學，在教室中的貴族子弟正在使用算籌習解計算問題，而這是「六藝」之一的算術所必須精通的能力；它也可能位處於約莫西元一五〇〇年時、諸如像比薩（Pisa）或奧古斯堡（Augsburg）般繁榮商業城市中，某名文藝復興時期被人頌揚的算數大師的家裡，渴望成為商人的學徒們正在掌握印度半島數字[2]和分錄記帳的技藝，並努力將數字記錄在裝訂的分類帳上；或者它也可能是現代的任何一間小學，孩子們正在教室裡仔細研究乘法表，無論是在空白紙上還是在裝置螢幕上。從古代美索不達米亞所保存迄今、最古老的書寫文件到最近的世界，演算法最自然而然的歸宿似乎就是教室，傳遞演算法知識最為自然的媒介是教科書，無論這是寫在黏土、紙莎草、棕櫚葉、竹簡、羊皮或紙上。數千年來，演算法與計算機及那使「演算法」一詞成為數位時代象徵的大多數應用成果無關。演算法首先是關乎計算的，而不是關乎計算機械與器具，我們對演算法那漫長而遠大的歷史有所認識的主要依據，是傳遞演算法知識的教材文本。

為了理解在二十世紀之前的演算法是什麼，我們必須先牢記一個背景，即當時數學邏輯和電腦科學的發展，將演算法這種在歷史文獻中幾乎總是探討如何解決具體問題、實際應用的規則，轉化成極為抽象、成為現代數學與電腦程式語言基礎的通則。如果我們只用演算法晚近的發展，來理解它幾千年前來的歷程，我們會遺漏那些曾經構成演算法的基礎、如今卻已經與人們對演算法的理解毫不相容的特質。

當代對演算法的描述強調了它們的抽象與普遍性，但從歷史的角度來看，演算法幾乎總是以具體性為基礎。它不是一個遞歸函數，例如 $\phi(k+1, x_2, ... x_n) = \mu(k, \phi(x_2, ... x_n)\ x_2, ..., x_n)$，[3]而是一種在給定直徑的情況下該如何計算圓形農地面積的方法，或者在只有不均等的情況下要如何有效分配一定數量麵包的方式。自從一九二八年數學家大衛・希爾伯特（David Hilbert, 1862-1943）提出了「決策問題」（Entscheidungsproblem）以來，演算法一直是數學證明的標準之一，該問題要數學家們必須指定一個程序，可以在有限的步驟內確定是否可以從給定的公理集中，推導出任何表達式。[4]但從歷史上看，演算法常常與證明的公理理想形成對比，人們往往用帶有貶義的形容詞「僅只是」用來描述演算法，以此來強調歐幾里德風格的證明與「僅只是演算法」之間的差異。在它們漫長的歷史中，演算法一直是數學課程的基礎，而不是數學的巔峰。它們之所以是基礎，是因為其為所有後續數學研究的前提。演算法是學生們首要的學習內容。

在這一章裡，我們會討論演算法在中世紀與現代觀點之間差異中的另一個對比，而這個對比將會是這一章的重點。在過往，演算法是由人來處理的，而不是機器。計算的機械化過程是一個漸進的過程，始於十八世紀末。那時候，人們開始將分工原則應用在那些負責計算的人們身上，當足以量產的可靠計算機於十九世紀中葉問世時〔如湯瑪斯計算器（Thomas Arithmometer）〕，這個過程也並未就此宣告結束。[5]在那之後將近一個世紀裡，無論在天文台、保險公司、人口普查機構還是戰爭武器的計畫中，但凡需要進行大規模計算的地方，總會需要人們與機器協力運作來應用演算法，而這是我們將在第五章所論及的。一直到二十世紀的最後二十五年，計算與演算法的執行才在預先編程的電子設備上，實現了近乎完全自動化的成果。然而，早在十九世紀初，即便演算法可以可靠地在計數機（更不用提電腦）上執行之前，這種類型的計算方式開始被人們以「機械的」來表述。這個形容詞凸顯了一種新的觀點，即將演算法視為一種人們幾乎不需要理解其運作邏輯（或僅需要最低限度的知識）就能遵循的規則，而且人們可以完全標準化地遵循著，無需視個別情境來調整規則的內容。根據我們在第三章所介紹的「薄規則」與「厚規則」的差異，則在十九與二十世紀裡，演算法成為最薄的規則，而薄規則也成為所有規則的典型。

這一章的目標，首先是重建前現代的演算法是什麼，以及它們在實踐中是如何運作，其次是追溯演算法在成為電腦之前，如何實現機械化。這兩個目標所涉及的研究，在時間和地理框架上是不對稱的：演算法在許多文化中已有數千年的歷史；而演算法的機械化過程卻只發生在近兩個世紀內，尤其主要是在經濟、政治和科學現代化的背景之下。然而，儘管它們的時間表不同，但這兩個研究都在追蹤一個不斷變化的目標：無論是「演算法」還是「機械」，兩者的定義都是不斷改變的，而它們最終的匯流則解釋了為什麼薄規則會變得可行。

什麼是演算法？

英文的詞彙「algorithm」（以及其他歐洲方言中的同源詞）是穆罕默德·花拉子米（Muhammad ibn Musa al-Kharizmi, c. 780-c. 850 CE）他的名字的拉丁化版本。他是一位波斯數學家、天文學家和地理學家，所撰寫關於印度半島數字、代數、日晷和天文表的論文，以及他對托勒密地理學的修訂，對中世紀歐洲和中東的相關科學產生了重大影響。在十二世紀，他關於印度半島數字的計算論文被翻譯成拉丁文；最古老的現存拉丁手稿以「Dixit Algorizmi」（「花拉子米如是說」）作為全文開端，而「Algorizmi」的變體也成為第一個用來表現印度半島數字（0、1、2、3、4、5、6、7、8、9）如何進行計算的術語，最終也成了用來指涉加法、減法、乘法和除法這四個基本運算的用語。[6] 十三世紀流行的拉丁教材，例如維樂迪的亞歷山大（Alexander de Villa Dei, 1175-1240）的《運算公式》（*Carmen de algorismo*）和約翰·薩克博羅斯（John de Sacrobosco,

c. 1195-c. 1256）的《通俗算法》（*Algorismus vulgaris*）等，成了當時歐洲大學的基本教科書，而這更有助於將這個詞彙定義為四個基本運算的同義詞。[7]

目前字典上常見對演算法一詞的定義，會因應其應用領域（數學、醫學、資訊科學等）不同而有所差異，但與最初將該詞和使用印度半島數字進行運算聯繫在一起的狹義聯想相比，大多數現代定義擴大了該詞彙的意涵，包括在計算或解決問題中所使用的任何一種逐步推演過程。一本關於電腦程式的制式參考書精確地捕捉了該詞彙的口語和技術含義，在其對「algorithm」這個詞的定義中包含了以下內容：「演算法的現代含義與食譜、過程、技術、程序、例行公事等非常相似，但『演算法』的字面意涵仍稍有不同。它除了是一套有限的規則、是為了解決特定類型的問題而提供一系列的操作之外，演算法還具有五個重要特點：有限性、明確性、輸入、輸出、成效。」[8]這五個具體特質在邏輯、數學和資訊學等領域各自存在大量的技術文獻來分析它們，而這些領域的方法並不總是一致的：例如，假設有一個在第n步終止的循序程序，其中n是一個非常大但不是無限大的數字，這可能足以滿足數學家對有限性的標準，但對於必須考慮計算時間的電腦程式工程師來說，這可能就不太令人滿意。然而，從歷史的角度來看，在二十世紀之前，「演算法」一詞的核心含義是藉由計算的循序程序來解決具體問題。

在詞語出現之前，事物已經存在。在古巴比倫、埃及、印度、中國等地的古代數學傳統中，存在著包含數值問題和複雜解法的文本，而這些解法顯然具備演算法的特性。這種演算法特性在該詞於西元一二〇〇年左右被納入中世紀拉丁文和其他語言後逐漸形成。以下是幾個簡要且不完整的例子，表現出人們如何使用「演算法」這個詞彙，來回溯統合更古老的幾種應用問題：來自古埃及的問題（西元前約一六五〇年）是假設有一百個麵包要分配給十個人，其中五十個麵包要分配給其中六個人，則另外五十個麵包要如何分配給剩餘的四個人；[9] 西元前一一〇〇年左右，古巴比倫預測朔望月長度的規則也是演算法應用的一環；[10] 西元一世紀時中國抽取平方根和立方根的程序；[11] 以及十二世紀以梵文書寫、探討關於如何確定一塊由四個不同重量和純度的金塊混合而成的金子的純度等等。[12] 以上這些問題以及用於解決它們的方法（這通常仰賴現代學者的博學和洞見才能重建），都可以清晰地歸納到現代演算法更廣泛的類別中：透過運算來解決數學問題的程序。

然而，在提出和解決這些問題的個別知識文化中，這些問題是否也屬於現代所謂的「演算法」這個類別呢？那些費力重建這些傳統的學者對這一點略有懷疑，哪怕他們也確信這些方法在現代意義上可以被視為演算法的一環。研究巴比倫數學的歷史學家吉姆．里特（Jim Ritter）指出，古代數學文本的經典是在十九世紀由歐洲學者首次確立，而當時的普遍假設是，無論歷史脈絡如何變遷，數學一直以來都是數學，這表示現代的數學定義（和以代數呈現的表現方式）都可以毫無問題地應用於不同的歷史傳統。然而，里特談到，當我們在討論古巴比倫數學問題的文本時，為了要更清楚解釋現存由楔形文字寫成的數學文本，我們不僅應該考慮其他數學文本的上下文，還有來自古代近東的其他「理性實踐」文本，而這些文本包含了關於醫學、占卜和法律的阿卡德時期黏土板。為什麼要這麼做呢？因為所有這些文本都表現出明顯的語意和語法相似之處，而且都根植於同一群專業文書官階級的實踐之中。研究現代數學的歷史學家可能不會認可更廣泛的程序性文本類別，但也許「這種分類對古巴比倫人來說是有道理的」。[13]

對研究其他數學傳統的歷史學家來說，他們對以現代視角閱讀過去，也表達了類似的擔憂。在古代中國和梵文數學問題文本的例子中，有許多數學經典似乎已經具備了我們今天所謂的「演算法」特質，儘管它們的形式和內容並不與現代的類別完全一致。例如，古代梵文文本以詩的形式呈現數學規則，並將問題設定為謎語；天體知識，包括天文學和占星學，也是許多這類經典的一部分。此外，在梵文文本中，還可以找到與現代數學類別以外的主題有關的排列組合算法，包括音樂、建築、韻律和醫學等領域。[14]古巴比倫（2000-

1650 BCE）將運算嵌入在土地測量的實踐中，這些實踐藉由公平分配和公平管理資產「來實現社會公義」。[15]將這些前現代的運算方式從它們原始的脈絡中剝離出來，往往會產生一種矛盾的效果，一方面使現代人更加對它們感到熟悉（因為它們明顯具備了在現代意義上的數學特質），但另一方面也使它們變得更加神秘。

古埃及、古代中國和中世紀梵文、阿拉伯、波斯和拉丁文的文本都提供了可以轉換為現代代數記號的演算示例。但是書寫這些文本的文書官是否是以現代演算法的概念來理解它們呢？或者反過來看，為什麼他們的表述、符號和程序對現代人來說如此晦澀，以至於以代數來翻譯這些文本，之於**我們**理解他們有其必要性（當然這種翻譯絕非一帆風順，這是唯有歷經數十年的專業研究後才有可能達成的）？除此之外，甚至這些古代數學文本在實際進行運算的背景，也令人難以捉摸：哪怕這些問題的解法是具備演算程序的，但這些文本中鮮少有確切地從A步驟到B步驟的詳細說明。研究梵文數學的歷史學家阿嘉特．凱勒（Agathe Keller）就強調，在梵文文本中固有的一種「在陳述演算的敘述與實際執行演算之間的複雜關係」，而這導致了重構梵語數學思維時的多種可能性，因為在當時的教學環境下，這種複雜關係之間的步驟可能是由教師口述所提供的。[16]在這些傳統中的多數情況下，人們也很難尋得數字是如何被使用的明確證據。即使有一些罕見天才可能是在腦中進行所有運算，但大多數數學計算依賴於一些物質媒介，例如在灰塵或蠟板上劃下的符號、在算盤上被移動過的算珠、繫在繩子上的結或更短暫的表格數組。早在計算機發明之前，就存在了各種幫助運算的技術。有時候，這種計算的手工藝會在文本中留下一些微弱的線索：研究古代中國數學的歷史學家林立娜（Karine Chemla）指出，即使在最古老的文獻中，也經常使用動詞的「置」來指涉運算，這是指運算時在盤面上放置算籌的行為；人們假定「實作者知道如何在盤面上排列數值」。[17]

運算是如何被物理性地執行，會對演算法本身造成什麼樣的差異呢？從廉價掌上計算機大量普及的這幾十年開始，運算的實際運作過程已經高度黑箱化。我們的手不過只需要按幾個按鈕，就得以得到運算的結果。但在此之前，無論哪一個時期和哪一個歷史文化，教授運算的教師們似乎都一致認為，理解運算意味著學生們的手與腦都必須一同協作，逐步實際參與運算的過程。這所涉及的手動作業（例如，算盤與鉛筆和紙，或操作單詞與數字）對人們如何理解運算是否真的有重大影響，仍然有待討論，哪怕有一些富啟發性的心理研究顯示出兩者之間有正向關係。[18]然而，當一個新詞語（「演算法」）被創造來表示使用印度半島數字進行運算，並且隨之誕生了一個新的職業（計算大師）來教導人們如何使用新的符號進行運算，這就表明在計算系統之間的認知過渡，並不是微不足道的。舉例來說，花拉子米手稿最古老的拉丁文翻譯「花拉子米如是說」，雖然是以對新奇的印度半島數字的解釋為開頭，但那之後就立即轉回當時人們更熟悉的羅馬數字，並以羅馬數字完成該手稿剩餘的計算。[19]任何必須更新電腦程式的人，都會對這種回歸到熟悉的方式感同身受，儘管這在演算能力和效率方面可能是目光短淺的。

將前現代演算法翻譯成現代代數符號的困難和必要性，表明了原始歷史背景對於理解這些古代運算有多麼重要。「翻譯」這個詞彙帶有透明和忠實的聯想，而它幾乎無法忠實反映這個過程的困難程度。了解相關的語言和符號系統僅僅是開始而已；當時人們在運算時的整個思維和運算模式，必須要像馬賽克石磚那樣，從常常殘缺不全的原始文本中拼湊在一起。教室的原始口頭語境必須透過史家的直覺和推斷來理解和推估，並且必須用合理的猜測來填補過往文本中，被視為理所當然而省略說明的部分。幾乎在所有情況下，前現代演算法幾乎無法滿足現代「明確性」（definiteness）的任何標準。例如，我們來看看一個古老的巴比倫楔形文字黏土板，其中的一部分現在保存在柏林，顯示了如何計算數字的倒數[20]（倒數在巴比倫除法中具備關鍵作用，該除法分為兩個階段：首先計算除數的倒數，然後將其乘以被除數）。下面是數學家奧圖．諾伊格鮑爾（Otto Neugebauer）對五個可辨識的問題之一的翻譯和補充（在括號中的文字）：

數字是2;13;20。（它的倒數是多少？）
請按以下方式進行。
形成3;20的倒數，（你會得到）18。
將18乘以2;10，（你會得到）3（9）。
加1，（你會得到）1;30。
將1;30乘以18，你會得到27。
是以倒數為27。（這就是其運算方式。）[21]

這種翻譯與重建當時數學語言的工作，一點都不簡單。除了解讀阿卡德楔形文字並填補其中四千年內遺失部分的困難之外，巴比倫的符號系統存在歧義：2;13;20可能表示(2×3600) + (13×60) + 20，也可能表示(2×60) +13 + 20/60。在當時，所有數字都由兩個符號的組合表示，一個是垂直楔形符號，另一個是所謂的**Winkelhaken**（鉤形：想像一下字母V順時針旋轉九十度），數字所在的位置決定數字的數值（60^n，其中n = 1、2、3、……），但沒有單位。要得到那些原本有刻在黏土版上、卻隨時間淡去的數字，必須要以其原本的演算方式來重建，才能得到結果。而這本身就存在循環論證的明顯風險。

即使克服了這些困難，我們仍然不太清楚這些逐步的指令所傳達的是什麼意思。數學家亞伯拉罕·薩克斯（Abraham Sachs）提出了這個程序的代數翻譯，[22]其中初始數字為 $c = 2;13;20$，c^{-1}表示它的倒數；a 和 b 是 c 分解成的部分：「$c^{-1} = (a + b)^{-1} = a^{-1} \times (1 + ba^{-1})^{-1}$。」

對於現代讀者來說，這種用代數重新表述的方式讓人感到非常欣慰。在提供了帶有現代符號的現代數學語言翻譯之後，我們終於對原本晦澀難解的指令有了初步的理解。

但這是否是巴比倫文書官理解計算的方式呢？幾乎可以肯定不是。如研究美索不達米亞數學史的歷史學家克里斯汀·普魯斯特（Christine Proust）所指出的，這種運算的代數版本，並未能夠澄清古巴比倫文書官及其學生實際應用的計算方法。它沒有提供任何關於為什麼選擇這些具體數字，而不是其他數字的線索。它也沒有解釋為什麼這些步驟以這種格式呈現在黏土板上。正如她所指出的，這些數字並不是隨機選擇，而是為了方便那些必須使用的文書官員，用他們手上的標準倒數表進行計算而選擇。這些計算工具可能會被更精簡的計算技術所補充，比如算盤或其他計數設備。此外，將初始數字 c 分解為 $a + b$ 可以有多種方式，但其所選擇的數值也會對應於倒數表中給出的數值。

另一份古巴比倫文書，編號 CBS 1215，提供了與相同運算相對應的數值計算，但這份文書中沒有任何口頭指示，也以不同的空間布局呈現。它明確區分了初始數字（左）和其倒數（右）的因子，將部分乘積置於中間。甚至在古巴比倫的實踐中，這種不一致也表明了制定運算的文書官，在不同計算表的功能中呈現不同運算方式的意圖。再次強調，我們必須謹記這些黏土板是為了滿足不同教學脈絡而製作的。普魯斯特指出，黏土板VAT 6505可能是一個學校的練習題，而在CBS 1215中，相同的素材「被發展、系統化並重新組織，其目的可能有別於建構一組練習題」，而是包括藉由反轉步驟順序來「對既有的運算進行功能驗證」。[23]儘管將這種運算轉為代數版本，會使它對現代人較具一般性的啟發意義，但也從本質上抹除了古巴比倫運算的格式、特定數字的選擇，以及某些模組或「子程序」（如因數分解），而這些都提供了關於古巴比倫運算實際如何使用和解釋的重要線索。

薄規則在現代意義上來說，是理想的通用規則。它們不會被示例與例外所拖累，也不涉及具體細節；它們不受限於脈絡。與之相反，正如我們在第三章所見到的，厚規則來回穿梭於原則和實踐之間，每一個原則都有更細項的但書，並定義另一個原則。薄規則的目標不同，它是能夠獨立成立並且宗旨明確。原則上，它們的定義必須一目了然，避免在規則上多做評述，也避免解釋規則。它們不必動用審度判斷來分辨情境，並依據特定情境調整規則內容。它們的普遍適用預設了這些規則所涉及的案例類別都是明確的，而類別內的所有個案皆是相同的，不會隨著脈絡不同而有所變化。薄規則本身不需要簡明扼要（電腦程式的規則可以延續好幾頁，算數與計算也是如此），但它必須明確清晰而毫不模糊。代數是薄規則的自然語言，因為它既通用又明確。正因如此，無獨有偶地，從十七世紀德意志博才多學的萊布尼茲到十八世紀法國哲學家艾蒂安・孔迪亞克（Étienne Bonnot de Condillac, 1714-1780），再到十九世紀末的義大利邏輯學家暨數學家朱塞佩・皮亞諾（Giuseppe Peano, 1858-1932）等人在內，這些提倡人工通用語言的學者一直將代數與計算視為最具普世性、也最不模糊的語言模型。[24]借用溫莎公爵夫人（**Duchess of Windsor**）的話來說，現代的演算法不能太薄。

我們應該如何看待前現代演算法的具體特點呢？這些運算幾乎總是鑲嵌在以下四個層面：首先，它屬於特定的問題文本；其次，它屬於個別計算技巧和工具庫；第三，它屬於特定教學情境，而這些教學情境會將文本不清晰之處表明清楚；第四，它屬於更廣泛、循序說明的程序，這些說明根據文化的不同，可能包括食譜、儀式或操作手冊。我們有辦法能夠像用現代代數重構古代運算敘述的方式一樣，從這些環環相扣的層次中提取出薄規則嗎？又或者，前現代的演算法其實只是偽裝成薄規則的厚規則，最多只能具有第三章中描述過的技藝規則的有限普遍性呢？這些問題的答案，取決於我們如何重新思考普遍性的概念，而這一次，我們不能依賴代數這個助手。

除卻代數的普遍性

前現代關於演算涉及數字的最著名例子之一，本身並沒有提及數字；事實上，無論是一般性地提及「數字」這個詞彙或概念，或具體的數字都不曾出現在這個例子裡。這是由歐幾里德（c. 325- c. 270 BCE）在他的《幾何原本》中提出，用於確定任何給定的大小是否可以精確地（即沒有餘數地）用來測量另一種規模大小的方法，以及如果這是可行的，則能夠進而用來找到能夠測量這兩者之間最大公因數的方法。[25]用現代數學的術語來說，歐幾里德式的演算法（這個詞彙第一次出現是在二十世紀）是一種確定任何兩個不相等的數字是否互質的程序，如果不是，則足以找到它們的最大公因數。[26]然而，在原始文本中，相互比較的「大小」不是由離散的數字表示，而是由連續的線來標誌，至於該方法的證明〔有時被稱為「輾轉相減」（anthyphairesis）〕是幾何學式的。就像歐幾里德的其他證明一樣（例如，任何三角形的三個角的和等於兩個直角，或者由任何與平行線相交的直線所定義的交錯角將相等），這種方法在特定領域內具有具體性（它適用於線段，而不是抽象數字），但在該領域內卻又是完全具備普遍性的。正如**任何**三角形的三個角的和（等腰三角形、正三角形、不等邊三角形；無論其面積有多大或多小）都必然等於兩個直角一樣，在歐幾里德的《幾何原本》第七卷中演示的這種輾轉相減法，適用於**任意**兩條不等大小的線段。當然，用來說明這些命題的圖表中的實際線段，將具有可以用數字測量的具體長度。[27]但證明中的任何部分（通過矛盾法進行）都不依賴於數字的具體性。

普遍性會有不同類型與程度上的差異。在二十世紀，數學家以嚴格的形式化術語重新詮釋了歐幾里德的幾何學。有些人專注於《幾何原本》的第七至第九卷，將它們重新命名為《歐幾里德的算術篇章》（arithmetic books of Euclid）。[28]另一些人則在考慮其中隱含的代數結構時（特別是在第二卷），認為這些結構構成了幾何學證明的基礎，[29]而這一觀點被一些歷史學家斷然拒絕，引發了一場數學史上的激烈爭辯。[30]然而，不論這些以現代代數和數論（或電腦程式）[31]術語，重新詮釋幾何學證明的歷史準確性存在多大爭議，這種重新詮釋確實藉由擴大了它們應用於數學對象的範圍，從而提高了命題的普遍性。德國數學家莫黑茲・帕什（Mcritz Pasch, 1843-1930）在《論新幾何學》

（*Vorlesungen über neuere Geometrie*）一書中，為這些擴大詮釋的成立打下了基礎。他堅持認為，為了確保演繹的嚴密，歐幾里德式幾何學必須盡可能地擺脫它源於感知的基礎，他說：「如果要使幾何學真正成為演繹法則，那麼其推斷過程必須在每一個步驟都要能獨立於幾何概念原有的**意義**，正如（這個過程）必須獨立於以圖形來標示的手法一樣。」[32]延續著帕什的觀點，希爾伯特在其《幾何學基礎》（*Grundlagen der Geometrie*）一書中，將這種普遍性的詮釋推向了新的高度。他堅持認為，無論幾何學是關於點、線、平面還是群論，這些都是幾何學的各殊情境，但這種各殊情境對於從公理中推導出的形式關係的邏輯有效性驗證是沒有影響的。[33]普遍性變成了某種抽象推演，而從這種角度看來，歐幾里德命題的對象甚至不需要是數學的，更不用說是幾何的了。

根據這些具備極高標準的普遍性觀點，即使是最具普遍意義的前現代運算法則，例如歐幾里德的命題VII.1-2，也似乎過於狹隘而具體。然而，無論是藉由代數還是邏輯，形式化都不是實現普遍性的唯一手段，數學對象的普遍性也不是唯一一種普遍性。二十世紀致力於將歐幾里德幾何學納入算術、代數、數論和邏輯來推廣，旨在確保數學的普遍性和嚴謹性，而不是要解決現實中涉及演算的問題，但後者才是大多數前現代（以及許多現代）運算的原始目標。現代的努力，當然也不包含培養學生以幫助他們在實踐中解決問題，而大多數前現代關於運算的文本都處於這種教學背景中。[34]因此，關於普遍性的問題必須被重新提出：什麼樣的普遍性標準適用於解決問題，尤其是在教學與現實問題的背景之下？

姑且不論前現代算數文本彼此之間在其他方面有多麼不同，至少在這些文本中可以看出兩個引人注目的特點：首先，它們絕大多數都是關於解決具體問題；其次，涉及同一個算數的具體現實問題有很多種。讓我們回想一下在第三章中所描述的中世紀法國商業算術的教材：儘管三的法則是用普遍方式來陳述，但讀者們被期望能藉由解決一個接一個的具體問題來掌握這個法則，而這些問題涉及貨幣匯兌、定價不同長度的布料、將利潤分配給投資者等等。這種形式的書寫仍然主宰著大多數初級數學教材，以至於具體問題本身形成了獨立的類型：還記得你的初級代數教材中，所有有關火車和浴缸、用來教你怎麼解二元一次聯立方程式的問題嗎？又或者對於那些在便宜的掌上計算機普及之前受教育的人來說，還記得你們是如何從許多具體的數字中實際抽取平方根，一遍又一遍地反覆練習的經驗嗎？對於所有這些程序，都有一般的代數算法；計算機可以編程執行所有這些程序；即使在沒有代數和計算機的情況下，也可以被口頭方式來具體陳述，就像我們在三的法則的例子所看到的那樣。然而，實際的學習（包括從一個具體問題，推廣到下一個同樣類型但內涵又有不同的具體問題的學習過程）發生在細節繁瑣的情境中，由人們手握鉛筆（也可能是筆、木條或者算籌）運算而成。儘管這個過程可能且往往確實會產生更普遍的規則，但這些規則是對所學知識的總結，而不是指導如何學習特定算數的指南。學生在解決關於三的法則或試位法則（Rule of False Position）[35]的問題時所執行的是一種歸納：不是從特定事例歸納出一個普遍性的概括結果，而是從特定事例歸納出特定事例。

約翰·彌爾（John Stuart Mill, 1806-1873）主張所有歸納都是從特定事例歸納到特定事例，他認為三段論證的前提（或數學公理和公設）僅僅是自古以來數百萬個特定觀察的縮影。[36]但對於我們的目的來說，我們不需要去接受彌爾關於所有概括的概括。我們只需要認識到，某種形式上從各殊推演出各殊的歸納，描述了初學者實際上如何學習運算，而這從古埃及到當今世界上幾乎任何一個小學教室都適用。它確實會產生一些概括陳述，但是這種概括陳述本身屬於一種各殊的類型，它更像是自然史中的分類，而不是邏輯上的普遍性。在認真研究了一打或更多有關貨幣匯兌、在不同勞工之間分配一定數量的麵包，或以不同速度行駛的火車到達時間的具體問題之後，學生將不知何故地識別出這種類型內略有不同的新問題，即使它與貨幣、麵包或火車無關。就像初出茅廬的博物學家一開始要將每個個體的鳥類或植物，與指南中的紅頭啄木鳥或毛地黃的形象仔細比較一般，在經過多次實踐後，他將能夠一眼識別出這些物種，而這將不受個體變異或季節性色彩的影響。因此，經過許多個別算法示例的辛勤演練後，學生們也能夠識別出相同類型問題中的另一種示例，哪怕該示例的具體內容與之前處理過的同類型問題完全不同。

正如我在第二章所描述的，至少在某些前現代的演算傳統中，還存在著與自然史以和被理解為模型或範例的非數學規則之歷史，更進一步的相似之處。自十六世紀以來，當首次透過木刻、然後是鐫刻的插圖，在印刷的自然史論著中大量出版時，博物學家一直在努力通過典型的形象來代表植物學或動物學的屬的本質，而這通常是某種既有印象的綜合或理想化，它既具體各殊又具備普遍性：其足夠具體到能讓人毫不含糊地辨識眼前的研究對象是這個屬，而不是另一個屬，以便可以用於識別標本的目的；但它又必須要有充分的普遍性，不能包括個體變異或偶發特徵（例如，非比尋常的花瓣數量或被咬過的葉子）。[37]林立娜提供了一個來自古代中國數學的類似示例，在這個示例中，特定的問題成為了一個「範例」，探討了用於解決其算法的「擴展」：這是一種用來界定在文本和評論中提出的諸多版本問題之操作範疇的方式。[38]範例的功能不同於從特定各殊案例到特定各殊案例的歸納；它們體現了一個問題的類別，和解決這類別的運算所需的一個單一且仍然具體的問題。

這種分類，無論其對象是鳥類還是數學問題，並沒有實現普遍性，只有體現了物種和類別。然而，就像自然史的分類學一樣，人們對許多物種和屬的長時間觀察，尤其是廣泛的觀察，會揭示結構上的相似之處，從而將物種歸併到屬，屬歸併到科，科歸併到目，然後不斷向上昇華到愈來愈總括的分類。深入研究教科書中的運算分類，似乎會產生一種相似的擴展和以致趨於統一的傾向，因為在長時間解決實踐問題的運算過程中，將會出現規律性。普魯斯特在古巴比倫的 CBS 1215 號黏土板的計算中發現這種體系化的工作；[39]而林立娜認為西元三世紀的劉徽對中國經典《九章算術》的注述中，藉由「形式類比」的方式，也提出類似的普遍化，該評論中創造了普遍性的詞語，用於收集相同程序的所有具體示例（例如，「齊同」是指尋找分數的公分母）。[40]在評論古代阿卡德運算文本中缺乏普遍規則時，里特將這種推論方式與英美法學進行了比較。英美法學傳統的律師們根據對當前案例的類比來連結判例，里特因此將阿卡德的演算文化描述為「數學實踐發展和交流的替代方法之一，是藉由一個典型示例來系統性地覆蓋可能領域。普遍性並不是透過推展『規則』或『法律』，而是藉由既有的結果中插入新的問題來達成。」[41]

識別這種類比的關鍵前提，是充足的技巧和足夠的示例。在討論演算的脈絡下，技巧和示例之間的界線常常變得模糊。幾乎所有運算都是由其他運算所組成，從算術的基本操作開始，擴展到更高級的技巧都是如此，例如尋找倒數、將分數簡化為公分母或計算三角形的面積。儘管很少有前現代數學文本（包括大多數古希臘文本）像歐幾里德的《幾何原本》那樣，藉由定義、公理和公設來打造一個高樓大廈般的體系，但大多數至少是某種隱含的建築論述。[42]首先，地基是奠定在基本運算和等式的形式之上；而後，每個後繼階段都依賴於先前作為基礎的階段。確定教科書位於哪一個「樓層」的一種可靠方法，是注意教科書中**未加說明**的內容：因為這表示該教科書預期了學生已經具備相關的知識。林立娜將這稱為運算在「細節選擇方面的一致性」的「細微度」（granularity），而這是一個概略的指標，顯示最初作為示例所呈現的多少個運算內容，已經內化為學生的技巧。[43]來自這個演算高塔「較低樓層」的示例也可以被當作「模組」或「子例」，拼裝在「較高樓層」的複雜運算之中，就像作曲家可以重新利用早期音樂中曾出現過的某段主題和段落一樣。

記憶在這之中扮演了重要的角色。哪怕在識字率相當高且具備各種小道具的文化中，人們也脫離不了關於運算的記憶。即便今天可能每個人的口袋都有一個電子計算機，我們也無可避免地會記住乘法表、記住等式（2 + 7 = 9，9 × 9 = 81）、記住方法（如何解一個二次方程式）和記住技巧（如何操作計數板），這些穩定成為運算高塔最底層的地基，支撐著其他的一切。換句話說，化為記憶的運算相當於鋼琴家的手指練習或織布工的基本圖案，首先需要辛苦學習、然後練習、直到這些技能成為我們的第二天性，最後吸收到直覺的潛意識領域中。

我之所以用「吸收」這個詞來描述這個過程，有其重要意涵，這個詞彙首先與身體如何吸收食物有關。自十八世紀以來，在印刷書籍愈發容易、書籍出版也愈趨豐富的文化中，記憶力在知識菁英中的聲譽已經急劇下降。對於擁有良好圖書館的學者來說，古希臘的記憶女神已不再是所有繆斯女神之母。儘管文藝復興的人文主義者可能仍然背誦成千上萬句拉丁和希臘詩句，並在心中建立「記憶宮殿」，但啟蒙時代的哲士，如狄德羅（1713-1784），可以聲稱擁有包括他自己的《百科全書》在內的綜合性參考著作，而這足以在文明陷入災難時保存一切值得為人們所知的事物，從而使過往那仰賴技藝的博學壯舉變得多餘。[44]分析和評論的能力，在記憶力衰落的年代崛起成為人們稱頌的新星；而記憶則逐漸淪為「死記硬背」的負面形象。隨著記憶形象的淡化和印刷的盛行，有關記憶如何運作的形象也發生了變化。對於著重心智能力的啟蒙時代作家，如大衛・哈特雷（David Hartley, 1705-1757）來說，他們想像記憶是將人們的感知刻印在空白的紙面上，就像印刷機的印刷木版或金屬鑄造字體一樣。[45]相比之下，中世紀的抄寫員將記憶，尤其是人們如何記憶事物的過程，比擬成咀嚼、反芻和消化。[46]我們幾乎可以從字面上去理解，記住一段文本或一個數字表，就像讓它吸收成為自己身體的一部分一樣。

對於記憶的命運，關鍵的轉變不是從口頭知識傳統轉移到文字知識傳統，而是從稀缺、昂貴而因此只有少數人擁有的文本，到豐富且以合理價格大量販售的文本。研究中世紀音樂史的歷史學家安・博傑（Anna Maria Busse Berger）描述了以拉丁語為主要語言的歐洲在發明了五線譜後（大約於西元一〇三〇年），音樂記譜的普及可能實際上強化了人們吸收式的記憶，而不是使記憶成為多餘。書面文本可以被反覆仔細閱讀，直到形式和內容的每一個細節都被讀者吸收，並且未來還可以回到文本查看書頁內容，以確定記憶是否準確。她引用了聖維多休寫給學生、關於如何背熟詩篇的建議：他們應該積累一生的寶藏，以備不時之需。為此，他們應該總是使用同一份用來記憶的文本，以注意詩句並「同時留意字母的顏色、形狀、位置和排列」。[47] 與中世紀的算術和文法教學雷同，年輕的唱詩班成員可能會背誦大量的聲樂詩歌，就像其他學生在十七世紀甚至往後時代裡，背誦拉丁文動詞和名詞變化，或是乘法的口訣一般。

在以上這些情況下，背誦和強調無止境重複的教學方法，催生了主要目的是教會人們如何解決具體問題的教科書，而這些教科書幾乎產生了與其所記載的問題一樣多的規則。普遍規則包含了許多具體問題，但豐富的背誦示例庫可以通過類比，擴展到新的情況。就像自然史一樣，分類出現了：新術語被創造出來，以供人們選擇模式和類型。這是一種更適合解決問題，而不是證明定理的普遍性形式的知識。這尤其適用於這種環繞現實問題的世界，問題本身就像世界一樣，太不可預測也極為具體，以至於普遍性難以取得實際效果。

根據現存的歷史證據，在整個前現代世界，不分文明傳統，菁英教育中強調記憶的程度都極其相似。研究古巴比倫數學的歷史學家伊利諾．羅伯森（Eleanor Robson）觀察到，現存刻有乘法表的數千塊楔形文字黏土板（與文書官學校製作為教材的原始數量相比，這只是其中一小部分），「在本質上是一種口頭、背誦式數學文化培訓的拋棄產物」，而印度和歐洲中世紀的歷史學家則解釋說，韻文文本（包括數學文本）的大量存在就證明了其目的是為了讓人們用來記憶。[48] 自漢代以來，中國經典教育模型（包括數學經典）也強調記憶作為掌握材料的第一步。[49]

現代教育學視記憶為不受歡迎的，並經常將其拿來跟原創性、分析、理解等與獨立思考相關的優點來做對比。特別是在像當代數學這樣，追求統一洞察和抽象概括的領域中，記憶一份長長的列表和特定數值的表格，更不用說具體問題的解法，都會引起輕視。如今，像十八世紀偉大的數學家里昂哈德．歐拉（Leonhard Euler, 1707-1783）這樣的心算高手更有可能被稱為蛋頭學者，而不是優秀的數學家，後者在今天往往會強調自己在算術方面毫無天分。在課堂學習的脈絡裡，記憶被隔離在真正人類智慧的行使之外，被貶低為「死記硬背」（機械地重復）或「鸚記」（動物般不斷地模仿，直到內化為止）。記憶的現代隱喻，從照片底片到電腦儲存檔案，都強調了被動性和忠於機械操作的面向。培養記憶的知識傳統充其量看起來像奇特的東西，就像卡牌高手的某種炫技，而它最壞的表現則是威權主義的象徵。也難怪在接受這種教育思維、且習於這種思維中針對知識善惡之分野的人們心中，會對充滿具體要去背誦內容的文本感到不滿。

然而，即使現代歐洲語言也保留了記憶的另一種不那麼貶義的隱喻：「背誦」（learn by heart），如德語的 auswendig lernen、法語的 apprendre par coeur。這個詞經常用於對音樂、詩歌或經典文本（例如《獨立宣言》、莎士比亞的獨白、聖經詩篇）的記憶，「背誦」淡淡地呼應了對內化的聯想，即將材料完全內化為自身所擁有的一部分。即使在今天，「背誦」所達成的成就往往是儀式性的，例如為節日講演而背誦了一段適當的文章，但它也被視為一種值得欽佩而不是任人嬉笑的成果；它體現的不是心智的奴性。是什麼導致了人們對死記硬背和背誦之間存在感受上的差異呢？它們終究都指向相同的認知實踐不是嗎？死記硬背往往帶有機械化的制式色彩，意味著被記憶的材料仿佛一本未曾被翻閱的書一樣呆滯不動，而積極背誦所記憶的材料，則似乎已被納入人們的內心，被視為自我的一部分。一首小提琴奏鳴曲或一首詩如果被背誦並反覆排練，將以深刻的方式在學習的過程中被逐步**掌握**，也因此在某些層面上會比從樂譜演奏或從紙上讀取資訊的方式更為人所理解。這種沉浸式理解，就像沉浸式觀察一樣，揭示了類比、也形塑了分類：例如音樂領域中的賦格曲、詩歌中的史詩，與數學中計算平面圖形面積的運算，都是這種理解的結果。

記憶的知識庫、類比和分類共同實現了一種不符合現代數學理想（即嚴格演繹和形式表達的抽象普遍規則）的普遍性。與這種理想相反，對於前現代的運算文本來說，這主要是指數學，但也包括其他旨在實現特定目標的逐步指令序列（無論是食譜還是儀式），更重要的可能是與自然史類同的模型，正如熟悉特定地區的植物和動物的觀察者，可以識別出足以支持分辨物種和屬的分類的相似性、共同結構和特徵一般。隨著人們的觀察庫愈發廣泛，他們的分類也會愈有規模。近代早期歐洲植物學家面臨數千種新來自國內與異國的新植物，進而開始全面修訂植物分類學；卡爾．林奈（1707-1778）的分類系統仰賴種植著來自遠東和遠西異國植物的植物園，以及一個由他的學生所組成的網絡，這些學生四散並航行到世界各地，將觀察陳述和標本送回他們老師所在的烏普薩拉

（Uppsala）。[50]只有對細節進行深入和比較觀察的大規模考察，才使得林奈的《自然系統》（*Systema naturae*, 1758）一書中那讓人歎為觀止的普遍性成為可能。[51]深入且廣泛地沉浸到特定問題和運算的記憶庫，即使不使用代數這種具備普遍性本質的語言，也證明是得以達至分類普遍性的重要養分。

姑且不論這種自然史的分類，事實上任何帶有經驗主義色彩的事物，在現代數學家眼中都是不受歡迎的。正如我們在帕什和希爾伯特的案例中所見，這種對於以經驗觀察為基礎的本能知識判斷的疑慮（例如，將力學引入幾何學的直覺），加上希望形式化和公理化能夠保證嚴謹性的想法，催生了一個研究計畫並最終形成一種教學方法，也提高了純數學的地位，使它遠高於應用數學、使抽象高於具體，同時使普遍性高於各殊性，而這正是布爾巴基（Bourbaki）《數學元素》（*Éléments de mathématique*）叢書所體現的，而這書系甚至完全沒有納入演算法則。[52]相比之下，前現代運算的目的在很大程度上是偏向應用的。即使那些文本中的具體問題有時是虛構的，但它們首先旨在教導學生如何在現實世界中解決真正的問題。此外，實際執行這些運算的抄寫員、知識分子和商人也必須要能夠在舊有熟悉的教科書問題和同樣具體的新應用之間，找到類比的橋梁。他們必須能夠一眼辨認舊問題和新問題之間的類比，而這就像經驗豐富的自然學家，會認識到鯨魚是哺乳動物而不是魚，這些人也會認識到：「啊！這其實就是一個列車問題，哪怕這個問題的內容與列車無關。」普遍性的抽象規則非常不適用於這個目的，儘管它們對其他目的可能會很有功效。[53]代數表達是一種強大的工具，可以揭示潛在的統一結構，但它不會提供這些結構如何能被實際應用的線索。要與現實實踐產生連結，所需的不是像代數那樣的X光機，而是可以無限擴展的鎖鏈：從一個具體事物到另一個具體事物的歸納。在這一節的開頭，我提到前現代運算文本有兩個顯著特徵（具體的問題和大量的問題），而到這裡，我們對這兩個特徵之所以存在有了充分的理解。在具備充分的具體性之後，這些具體性所共享的普遍性自然從中而生。

研究古代數學的歷史學家楊斯．霍伊魯普（Jens Høyrup）主張，現代數學家（以及某些受其影響的歷史學家）會貶低前現代的運算法則，認為它們是藉由「典型的情境來說明規則」，而不是藉由嚴格的數學證明來傳授數學知識，而這是因為現代批評者奉行「數學泰勒主義」（mathematical Taylorism），將理論和實作分了開來。從數學泰勒主義的角度來看，前現代運算文本那些「外顯或內隱的規則」似乎是「不具智性的機械式背誦學習」。[54]但正如我們所見，記憶不一定就意味著如此；「背誦」這個說法能激起一系列積極的聯想。然而，在它們漫長歷史中的某個時刻，運算以及其所實現的計算逐漸機械化，而這甚至在有機器發明來執行運算之前就已經發生。這一刻發生在十八世紀末或十九世紀初的某個時候，這是數學泰勒主義的一種形式，是一種嚴格而讓人警惕的勞力分工，將運算轉化為低薪助理所進行的半技術分工。這一刻是運算演變成其現代意涵的時刻，也使得運算的意涵開始變得簡化。

電腦之前的計算

在一八三八年八月的某天早上，十七歲的愛德溫．鄧肯（Edwin Dunkin, 1821-1898）和他的兄弟展開了他們在格林威治皇家天文台身為「計算人員」（computer）的工作，該觀測所由皇室天文學家喬治．艾瑞（George Biddell Airy, 1835-1881）擔任主任：

> 我們準時於上午八點到達崗位。我坐在一張高腳椅上，身前是一張放在八角房中央的大桌，不久後，一本巨大的書籍被放在我面前，這本書與我預期的大不相同。這本有著印刷表格的大開本書籍是專為計算林德瑙表格（Lindenau's Tables）中所記載的水星赤經（right ascension）和北極的距離而設計的。……主要負責計

> 算的湯馬斯先生沒有給我太多指引，而我則開始用顫抖的雙手進行第一次數值計算，我深自懷疑自己所做的是否正確。但是，在安靜地研究表格中給出的示例之後，這種緊張感很快就消失了，當我結束當天的工作時，也就是晚上八點之前，一些較為年長的計算師傅稱讚我取得了成功的進展。[55]

這項紀錄註明了兩名被派出去外面工作以支持寡母的男孩、高腳椅和巨大的分類帳、歷經十二個小時讓人眼睛痠痛並疲憊不堪的演算工作（中間只有一小時的午餐休息時間來緩解），以及將計算細分為好幾個步驟、如同在工廠量產大頭針一般的標準化印刷表格。這幾乎可以說是狄更斯小說中的一幅小插畫，而艾瑞和他的前任工作者約翰・龐德（John Pond, 1767-1836），不管在當時的人們或在後世歷史學家眼中，都被塑造成如同狄更斯小說中的人物，如《艱難時世》中的邦德比（Bounderby in *Hard Times*）或《聖誕頌歌》中的史克洛奇（Scrooge in *A Christmas Carol*）。[56]

無論是自中世紀以來亞洲某些地區的天文台，或是十六世紀以降的歐洲天文台（或十九世紀以後的保險公司與政府的統計機構），這種進行大規模運算的工程，在現實中有相當多種變化，就像不同的歷史和文化背景中所存在的工作內容一樣多元。唯一的不變之處是，大規模運算無論是用於減少天文觀測、計算預期壽命，還是從統計犯罪到貿易等各方面的數據，都是一項吃重勞力的工作：第一位皇家天文學家約翰・弗蘭斯蒂德（John Flamsteed, 1646-1719）稱其為「比打穀更辛苦的工作」。[57]在可靠的計算機器發明出來以及大量流傳之前，甚至是在這些機器發明之後，天文學家和其他責任重大的計算人員所面對最重大的挑戰，在於如何組織安排涉及諸多運算的工作，並一遍又一遍地反覆執行。而這種結合了如何最好地去組織勞工並用最高效率來執行運算的實驗，最終改變了人類的勞動形式和演算的含義。

讓我們回到年輕的愛德溫・鄧肯，他正坐在格林威治皇家天文台八角房的高腳椅上。愛德溫的父親威廉・鄧肯（William Dunkin, 1781-1838）也曾是一名「計算人員」，一直到二十世紀中葉，這個詞彙主要指的是人，而不是機器。威廉曾經為艾瑞的前輩，也就是前任皇家天文學家內維爾・馬斯克林（Nevil Maskelyne, 1732-1811）和龐德來計算《航海年鑑》（*Nautical Almanac*）裡面的表格，這是供全球化的英國海軍和商船使用的導航工具，自一七六七年以來一直在皇家天文學家的指導下製作。由於格林威治天文台本身的經費資源，無法支應計算《航海年鑑》所需的勞動力，馬斯克林籌組了一個有給職計算人員的網絡，這些人員分布在英國各地，根據一套「原則」或演算法則執行數千次的計算，然後填入到預先印製的表格中。他們將演算（參考十四種不同的表冊）分成一個個步驟，但這個過程卻絕不是演算機械化的過程，這仰賴了大量的人力。[58]這種發包式的演算工作並不新奇：早在十七世紀末，弗蘭斯蒂德就向他的助手亞伯拉罕．夏普（Abraham Sharp, 1653-1742）發包了一些要執行的演算工作。[59]預先印製表格以指引天文學的運算也不新奇，這在明代中國就已經發生，而耶穌會士們甚至沿用了這種方法。[60]但必須指出的是，馬斯克林的工作方式（涉及一名計算人員、一名反向操作的計算人員與一位比較兩者之間數值的人員，以檢查每月的計算結果），是將演算工作融入到早已存在、由家庭分工致力完成某些細瑣工作的體系的過程，而這種工作體系往往涉及整個家庭的成員。每個計算人員都會被分配到一小部分的演算工作，進而完成月球一個月的位置或預測潮汐變化的計算工程，一如農舍織布工會被分配到紡織成品的一部分圖案，並彼此各自完成自己的織工，以整合成完整的織品。

正如十八世紀中期的製造業體系，早在以蒸汽為動力的紡織機發明之前，就開始有許多工人被聚集在同一個屋簷下受到密集的監督管理，進而逐步取代家庭紡織工作坊一樣，[61]這群責任重大的演算人員的工作發展，也在得以完成運算的機器問世前的半個世紀裡，經歷了類似的軌跡。威廉和愛德溫．鄧肯父子作為英國皇家天文學家的計算人員，本身體現了工作細瑣分工到大量製作之間的過渡，而這個過渡時期是尚未機械化的勞力體系。威廉．鄧肯，一名來自康沃爾（Cornwall）的礦工，大部分的職業生涯都在馬斯克林的網絡中擔任計算人員，待在他位於特魯羅（Truro）的家中工作。當一八三一年，《航海年鑑》所需的計算工作開始集中到倫敦，由特定人員監督指導時，威廉是唯一留在這個過渡系統中的舊演算網絡成員，並與家人一起搬到倫敦。他的兒子愛德溫回憶起那痛苦的轉變：「然而，我父親從未對這種生活和習慣上的巨大變化感到滿意，可想而知，隨著我們必須從一個住處（我父親自己的房產）搬遷到另一處，我們的生活也必然有了轉變。我常常聽到他惋惜自己失去了在特魯羅工作時，所能擁有的半獨立工作地位，取而代之的是現在每天坐在辦公室裡的固定工時，以及被年齡和工作習慣上都比自己更為年輕的同事環伺。」[62]

愛德溫．鄧肯作為計算人員的經驗，始於一個與他父親所嫌棄的文書環境相似的地方：所有計算人員都聚集在同一個房間裡、有固定的工時（他開始於格林威治天文台工作後不久，工時明顯縮短許多）、有更多的監工和等級制度，不同等級的計算人員和助理有著不同的工資，以及最低級別的年輕人時常流動、轉換工作跑道。儘管有這種系統性的工作內容，艾瑞建立的「系統」（正如它被時人所稱呼的），不能稱得上是一個計算人員構成的工廠。撇除機器並不存在於這個系統裡不談，系統內的勞力分工相對鬆散，人員晉升的可能性也相對高上許多。像愛德溫這樣的年輕計算人員被期望能分擔他們份額的夜間觀測職責，儘管威廉・鄧肯對他作為一名計算人員的社會晉升前景非常不滿意，以至於勸阻兒子不要追隨自己的腳步，愛德溫最終還是成為英國皇家學會的會士和皇家天文學會的主席。[63]調查了一下艾瑞在格林威治的計算人員和助理，顯示這些人有不同的出身背景，從以最低工資雇用的十幾歲年輕計算人員（這些人往往待不久），到直接從大學聘僱的助理（通常具有較強的數學能力），而這些助理的薪水足夠支持一個中產階級家庭的生活方式。[64]馬斯克林的預印表格和艾里的「預錄」（precept）將演算工作（以及查詢多個表格的工作內容）結構化為清晰而嚴謹的程序，以適用於發包給分散在國內各地工作人員，或集中在辦公室裡有人定時督察的情況。但是就工作內容而言，兩者都不太像亞當・斯密（1723-1790）所強調的大規模分工或無止盡地重複執行相同任務。無論是在字面上還是在比喻意義上，這時期的計算工作都還沒有被「機械化」。

艾瑞的「系統」實際上處於十九世紀的人們如何分配人類計算人員勞動力的兩種極端方法之間。其中一個極端是由美國哈佛大學數學教授班傑明・皮爾斯（Benjamin Peirce, 1809-1880）所主導、在美國仿效《航海年鑑》的計算工作。西蒙・紐康（Simon Newcomb, 1835-1909）後來成為著名的天文學家，但在他二十二歲開始擔任《航海年鑑》

的計算人員時，在數學方面的知識基本是自學成才，而他發現自己的工作環境相當隨性：「在這間（《航海年鑑》的）辦公室裡的政府工作，比我聽說過的任何政府機構都來得不嚴謹。理論上，每位助理都被『預期』要每天在辦公室工作五個小時……但實際上，工作基本上是在助理自己選擇的地方和時間內完成的，真正要緊的是只要能是按時完成工作即可。」他的一位同事，哲學家昌西・萊特（Chauncey Wright, 1830-1875）將一年的工作量集中到兩三個月內完成，這幾個月內他每天熬夜到深夜，「靠著雪茄來提振精神」。[65] 難怪紐康在參觀英國時，如此讚賞艾瑞的「格林威治體制」。他認為，這一體制的成果在其專業領域的價值和重要性方面，乃至「在任何地方完成的成果都無法超越」。[66]

與美國《航海年鑑》辦公室的自由風氣相對立的，是法國大革命期間啟動的以10為底的對數計算計畫，該計畫旨在展示公制（metric system）的優勢。這是演算人員遇到現代製造方法的時刻，雖然在當時還沒有發明出自動演算機器，但演算人員的工作內容已經可以被重新視為機械化的勞力，而不是智識勞動。一切都始於經濟學史上最著名的場景之一：大頭針工廠。

《百科全書》關於大頭針的文章，以大頭針那體積微小卻富含多樣性的特質為開頭：「大頭針是所有機械作品中最微小、最普遍、最不值錢的部分之一，但卻也是最受迫切需要的組件之一……大頭針在進入市場流通之前，需要經歷十八個製作步驟。」[67]文章的作者帶領讀者一步步探訪這些步驟，從來自漢堡和瑞典的金屬線捲，到以十二個為一組來完成的大頭針，並將之黏附上紙條。此外，還有一篇更詳細的文章，有著經過精心雕刻的插圖，說明了整個製程：我們了解到切割釘頭的工人必須如何坐著、如何握住工具，才能達到每分鐘切割七十個釘頭的速度完成工作，也了解到一名經驗豐富的刺繡工（負責將大頭針插在紙上）如何每天做完四萬八千根大頭針。每個步驟裡，負責作業的工人工資和材料成本列在一張表格裡，並計算出利潤。[68]（圖4.1）

圖4.1　大頭針的製造過程。圖片出處：*Encyclopédie, ou Dictionnaire raisonné des sciences, des arts et des métiers*, ed. Jean d' Alembert and Denis Diderot, *Recueil de planches,sur les sciences, les arts libéraux, et les arts méchaniques, avec leur explication* [Collection of plates on the sciences, the liberal arts, and the mechanical arts, with their explanation, supplement to the Encyclopédie], vol. 4, plate 1, 1765。

在《國富論》（1776）中，亞當．斯密受到《百科全書》等多方面資料的影響，以製釘工業來展示分工如何提高工人的熟練度和工坊的生產力；[69]法國工程師賈斯帕．普羅尼（Gaspard Riche de Prony, 1755-1839）受到亞當．斯密對分工的描述影響，決定「像生產大頭針一樣生產我的對數表」；[70]英國數學家查爾斯．巴貝奇（Charles Babbage, 1791-1871）親自檢查了普羅尼在巴黎的對數表手稿，並得出結論，即不僅只是對數表，所有的心智工作都可以被機械化。[71]在這條從《百科全書》到亞當．斯密，再從普羅尼到巴貝奇，交織了大頭針工廠的事實與理想的傳承過程中，分工的含義在不同階段產生了變化。對於我們這一章的論旨來說，普羅尼和巴貝奇之間的對比，對於重新思考機器、機械和規則來說，有著最具啟發性的意義。

作為法國不動產登記處（cadastre，官方負責土地劃分的製圖和測量單位，這些資料是用於稅收用途）的主管，普羅尼在一七九一年被指派要負責創建新的對數表，該對數表要基於法國大革命時期政府所引入的十進位公制。[72]由於新的對數表旨在宣傳新的法國體制在理性測量和理性治理方面的優越性，該計畫的內容膨脹到了令人嘆為觀止的規模：它要計算一萬個正弦值，其精確度要到小數點後二十五位，以及至少十四位小數點的約二十萬個對數值。新的對數表將不僅取代舊的六十進位對數表（有許多可以追溯到十七世紀）；它們還將成為，用普羅尼的話來說：「有史以來，人們所執行過或甚至想像中，運算最為廣泛和壯觀的里程碑」，宛若人類計算工作中堪比建造古夫金字塔的工程。[73]

普羅尼確實是按照金字塔的方式，組織並分工規畫了這一大規模的計算壯舉。（圖4.2）在金字塔的頂端是一小撮高度熟練的「數學家」，他們制定了將指導整個計畫運作的分析公式；在他們之下，有一支由七八名具有分析知識的「計算人員」小組，他們將公式轉換成數字；形成金字塔的寬闊底座部分，則有七十到八十名「工人」，這些人除了會加法和減法之外，不具備其他數學技能，而他們將負責

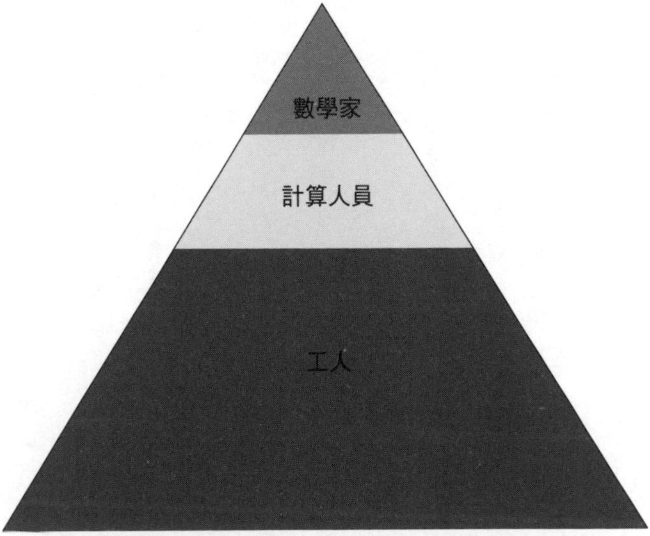

圖4.2　普羅尼對數工坊的金字塔形分工。

執行實際的計算工作。[74]（普羅尼曾暗示，他從前貴族家庭雇員中招募了他最底層的計算工人，這些人逃過了革命激進分子的追捕，並發現「在這個工坊中有著保障和庇護……多虧了分工的體制他們能不必成為學者，就可以在科學的保護下安全地生活。」）藉由普羅尼形容為「純機械」的方法，工人們每天要執行約一千次的加法或減法運算，以便對錯誤進行控制。在一七九〇年代的政治和經濟動盪時期，普羅尼的對數工廠試圖在幾年內完成了這項計畫，其中填滿了十七卷的手寫表格，而這些表格至今仍保存在巴黎天文台。[75]

在這個艱鉅的計算計畫中所使用的最複雜器械是羽毛筆。在普羅尼和他同時代人眼中，使計畫「機械化」的是金字塔底部的勞動性質（或者說是勞動者的性質）。普羅尼在一段話中反覆強調，最愚蠢的工人在他們無止盡的加法和減法中所犯的錯誤最少：「我注意到那些犯錯最少的紙張，往往是來自那些智力最有限的人，因為計算對這些人來說，可以說是種自動運作般的存在。」[76]這一觀察與早期有關分工對勞力影響的記述出現矛盾。《百科全書》與亞當．斯密筆下的大頭針製造商，並不會因為制式化的工作而變得愚鈍。相反地，斯密認為反覆操作有限度的工作內容，會促進工人的巧思和靈活思路，因為工人們為了完善技能會發明操作的捷徑。[77]普羅尼本人似乎對這一與直覺相反的發現感到驚訝：無智識能力的勞工如何能提高富有思想的計算之準確性呢？但對於深受新工業化的英格蘭政治經濟學影響的巴貝奇來說，普羅尼的對數計畫證明了，即使是最複雜的計算也可以被真正地機械化。如果無智識能力的工人可以如此可靠地執行工作，那麼為什麼不用更加無心智的機器來替代這些工人呢？[78]

當巴貝奇反思普羅尼的表格及其教訓時，他的分析機和差分機（Analytical and Difference Engines）計畫也正逐步成形。普羅尼的表格原本預計要出版印刷，卻因法國政府的財政崩潰而停止，至今尚未完整問世。[79]在一八一九年，巴貝奇訪問了巴黎，當時正值卡斯爾雷勳爵（Lord Castlereagh, 1769-1822）啟動了一項由英國倡議的計畫，要與法國政府共同分擔普羅尼表格的出版費用。即使出版計畫最終破滅，但巴貝奇獲准在巴黎天文台調閱了大開本的手稿，而這彷彿試映般的經驗讓他受益匪淺，成就了他自己後來於一八二七年出版的對數表著作。[80]幾年後，在他的著作《機械和生產的經濟》（*On the Economy of Machinery and Manufactures*, 1832）中，巴貝奇引用了普羅尼的對數工坊，藉此證明分工原則也可應用於心智工作的證據。他強調了普羅尼的觀察，即計算人員擁有的數學知識愈少，計算就愈正確，並總結說，無論工作內容是大頭針還是對數，分工都藉由將工作所需的技能水準攤平，從而擴大了利潤空間，一如普羅尼的金字塔一樣：「如果一個熟習調整針頭、轉動輪軸技能的人，一天的工資要八或十先令，而如果這樣的工作內容可以被分化，變成只要六先令就能完成，那麼我們應該盡可能如此作為，正如我們應該避免指派一名熟練的數學家來完成最初階的運算，因為這將造成成本的損失。」[81]

普羅尼製造的對數表和使其成為可能的差分法，並不是巴貝奇分析機和差分機的唯一靈感來源。喬瑟夫－馬里．雅卡爾（Joseph-Marie Jacquard, 1752-1834）於一八一八年部分自動化了複雜圖案的織造，而這一發明也給巴貝奇留下了極深的印象，他甚至擁有一張用雅卡爾的卡片機編織的肖像畫。[82]（圖4.3）然而，儘管雅卡爾的卡片機一旦安裝完成，將起到一定程度的編織過程

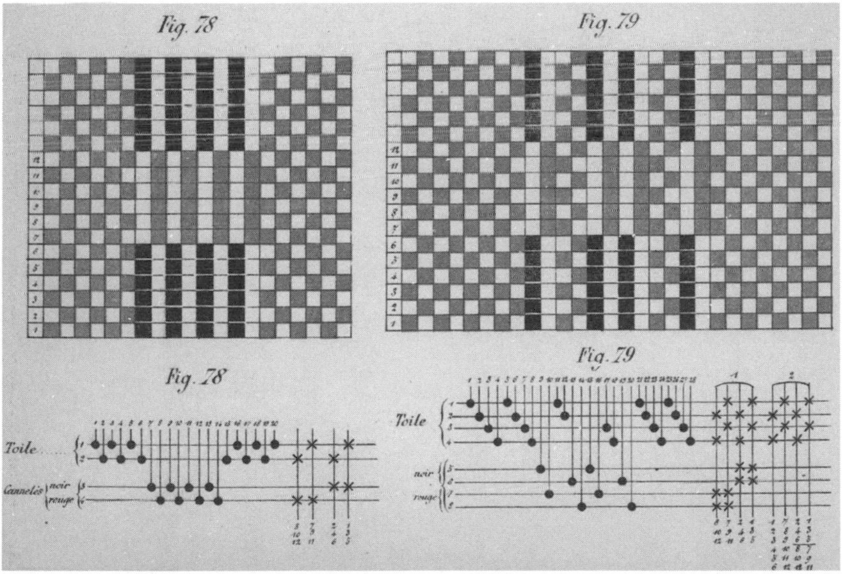

圖4.3　轉換為雅卡爾式卡片的織布圖案。圖片出處：Constant Grimonprez, *Atlas tissage analysé* [Analytical textile atlas, 1878, fig. 178。

自動化（但並非全部）的程序，但它們並未取代發明圖案的設計師、將圖案轉換成數百張卡片的轉錄員，以及在織布機穿上合適織物和顏色的絲線的織布工。[83]當然，計算機的發明也無法全然取代人類操作員，無論這種計算機是查爾斯・科馬赫（Charles Xavier Thomas de Colmar, 1785-1870）那得以實際運作的四則計算機（Arithmometer），還是巴貝奇那只存在於理想的分析機，又甚或是IBM的打孔卡片。直到二十世紀，computer一詞仍然指的是工資較低的計算人員，而在一九二〇年代，這些人員主要是女性。她們在天文台、人口普查機構和軍事計畫中負責演算工作（其中一些有著機械的輔助），例如第二次世界大戰期間的曼哈頓計畫就是如此。[84]

這種演算人員與機械計算機之間的模糊界限，可以追溯到普羅尼製作對數表，或更確切地說，追溯到巴貝奇對普羅尼計畫的詮釋。機械化計算首次成為可能，不是因為當時機械能夠可靠地進行計算，而是因為制式化的演算人員能夠機械性地完成演算工作。直到十九世紀初，**機械**一詞通常指的是最低階的手工勞動，其被視為純粹體力勞動，不需要智識成分。機器的存在是為了輔助，甚至可能替代這些機械化工作的人們。相比之下，計算儘管繁瑣，卻往往被視為智識勞動，哪怕在巴貝奇建造了第一個「差分機」的原型之後，當時人們也認為他那將「機器運轉用來替代智識勞動的程序」，從而獲得「在一般方法中無法企及的速度和精度」的想法感到驚訝。[85]在某些方面，這種對普羅尼底下機械化工作的人們，以及巴貝奇的機器所宣稱能獲得之結果的懷疑，持續了幾十年。直到一八七〇年代，仍然有一位蘇格蘭作者藉出手工計算並核對了一張對數表，進而以智識計算之名，對普羅尼的表格和新興的四則計算機提出質疑，他聲稱「我們必須回歸健全的事實，即我們不能將自己的智識能力委託給對機器，並對機器、公式、規則或教條說：『我懶得思考了，請為我思考。』」[86]不過一旦計算可以由沒有太多智識、全憑機械化勞動的工人執行，對於像巴貝奇這樣充滿想像力的思想家來說，這似乎邁出了重要的一小步，使人們邁向了由輪軸和齒輪來運轉的無心智機械及嚴謹規則的時代。

小結：薄規則

當我們得以想像機器能完美執行運算時，演算法才開始變得機械化。這裡使用「想像」一詞是有用意的。在二十世紀末之前，巴貝奇從未實現的「分析機」一直是一個幻想，它是一台用來思考而不是工作的機器。真正的機器會發出吱吱聲，偶爾還會卡住不動；有時候它們的輪子無法運轉齒輪無法咬合。十七世紀帕斯卡和萊布尼茨設計的計算機原型太不可靠，以至於只能淪為古董；[87]巴貝奇的分析機也從未越過原型的階段，只是一個用來娛樂賓客的玩具。[88]就像前現代文本中的厚規則一樣，機器需要調整和判斷，即使只是為了確定機器什麼時候會故障，進而產出歪曲的大頭針或得出錯誤的總數。但是想像中的機器不受摩擦和磨損的影響；沒有灰塵或濕氣會干擾它們的內部運作；它們永遠不會故障。在這場發現新的規則嚴謹度的旅途之中最重要的部分，是這些想像首次變得可以捉摸，哪怕它們的實現仍遙不可及。

在十八世紀的英語中，「嚴謹規則」（rigid rule）這個慣用語最常用於道德勸說，例如「嚴謹的榮譽規則」或「嚴格的禮儀規則」或「誠實和正直的規則」。這些規則之所以嚴謹，是因為違反這些規則是不能容忍、削弱道德秩序的罪行。相比之下，「機械式的規則」通常指的是手工或技藝層面上，實際操作機械的規則或自然法則（與「機械哲學」相關），又或者更帶有貶義的，是任何試圖將文學作品歸納為規則的企圖：例如，亞歷山大．波普（Alexander Pope, 1688-1744）就嘲笑了那些為史詩詩歌制定「機械式的規則」的法國作者。[89]當手工勞動的規則被轉移到頭腦的智識勞動時，對「機械式的規則」的蔑視達到了高峰，這意味著社會地位的下降以及技能的喪失。「機械」所指的不僅是機器，還指任何被認為是無知覺、重複和低下的勞動方式，也指向執行這些勞動的人，就像莎士比亞所自傲的《仲夏夜之夢》中的「粗俗的工匠」（III.ii）。

直到十九世紀末，執行運算都被視為智識工作。這種工作的地位取決於文化背景、演算的複雜性，以及需要執行的計算量和標準化程度。即使在古文明的諸多抄寫文化中，學童的計算、教師的教材，以及對運算的評註，在社會地位的聲望排名上也有很大不同。然而，即使在十八世紀，傑出的天文學家和數學家也忙於計算工作。法國數學家暨自由主義革命家孔多塞（1743-1794）甚至聲稱，新法蘭西共和國的公民可能會藉由學習算術來對抗教士和政治家的詐欺行為。[90]在他看來，從1到10的數字序列不應該透過死背，「而應該通過智力和理性來教授；沒有什麼是要交給機械化的例行性工作的」。孔多塞堅持表示，演算是「我們的心智能夠進行的三種智力操作的基礎；**思想的形成、判斷和推理**」。[91]

直到十七世紀中葉，當國家行政、數學和航海表格，以及天文觀測所需的計算規模益發龐雜時，像弗蘭斯蒂德這樣的智識工作者開始感到困擾。十七世紀仰賴密集計算的行業主要是天文學（包括航海）和行政（帕斯卡發明計算機的目的是為了幫助擔任盧昂政府官員的父親），這些領域都留有大量的文獻作為證詞，表明計算被視為吃力不討好的苦差事。約翰·納皮爾（John Napier, 1550-1617）的對數和算籌〔「納皮爾之骨」

（Napier's bones）」成果，也是為了應對不斷增加的計算負擔而出現的。[92]然而，人們要耗費整個世紀的時間與經驗的累積，才能逐漸發展出有標準程序的勞力分工組織，讓已然沈重的計算勞動拆解成足以為個人所負擔的任務。儘管巴貝奇著迷於普羅尼對數生產金字塔的最底層，但金字塔上兩層的工作對完成任務至關重要；就像馬斯克林的「原則」和艾瑞的表格對格林威治天文台和《航海年鑑》所需計算的分配一樣。數學家和天文學家不僅需要想出公式，還需要將多個複雜算式轉化為得以逐步登錄數值的程序。他們不得不將整個過程想像成一個大型的大頭針工廠，包括裡面的地位和工資的逐層分工。

底層薪資低微的計算人員，無論是學童、失業的工匠，還是（後來的）女性，至少在一個重要面向上與那些在前現代世界學習運算的學生有所不同：他們不再需要行使連結新舊應用的類比推理能力。他們拿到問題的同時，也得到了預設好的解決方法，而這歸功於馬斯克林、艾瑞、普羅尼等人分解和標準化演算所需的勞動程序。這些人不再需要像前現代演算教材那樣，歸納從某個特例到另一個特例的結果，也不用去歸納不同運算法則的類別，而這些都是過去的數學家所擅長的工作。現在這些人要處理的問題已經被預先分類，並且附加了對演算程序的詳盡說明。沒有計算人員需要問這是什麼類型的問題，或者需要用什麼算式來解決。計算人員也不太可能遇到各式各樣的問題和算式。

他們對演算的經驗與前現代的數學家有很大不同。這群人的規則確實簡單了許多。

這些規則之所以簡單，並不是因為它們脫離了脈絡，而是因為它們的脈絡已經被明確訂定。厚規則中充滿不可預測和多變的元素，包括那些前現代的開放性應用的演算法則，都在普羅尼、艾瑞和其他計算「系統」設計師的努力下被消除了。就像有些實驗成果必須要在精心控制的實驗室環境中才能呈現，是因為那些成果在混亂的現實世界環境下是無法落實，這些以計算人員為主軸的計算「系統」之所以能成功，其重要前提在於分析和組織方面的卓越努力。在這兩種條件下，潛在干擾計算人員的因素都已被識別並排除。如此重構當時格林威治和巴黎的天文台如何執行計算，就可以看到當時的條件是怎樣讓這個薄規則所適用的小小世界變得安全，並提供了廉價勞動力來執行這些規則。

這些規則之所以是薄規則，還有一個原因，是因為它們已經被切割成可能的最小步驟；對於普羅尼的對數計畫來說，演算被切割到只剩下加法和減法。這在數學和政治經濟學上都是一項成就：將一個複雜問題分為解析方程式、數值版本，最終是實際計算；並同時將解決問題的勞動分為三類數學能力各有不同的工人。只有最低級別計算人員的工作被稱為「機械式」。使得演算變得機械化的是勞力分工，而不是機器，並且也讓大規模執行演算的機械化程序成為可能。

5 計算機器時代下的演算智能

機械式地遵從規則：巴貝奇與維根斯坦的對決

二十世紀哲學著作最著名卻也是最難以理解的篇章之一，是維根斯坦所寫下的論證。他用了一個數學例子來證明，哪怕是運算的規則也不能夠被人機械式地遵循著。在這個例子裡，一位老師要求學生延續著以「0、2、4、6、8……」為起始的數列，而這個數列已經藉由每次增加兩個數值的方式，一直累加到了1000。於是乎，學生寫下了：「1000、1004、1008、1012」。老師認為學生誤解了題旨，犯下了錯誤，但維根斯坦不同意：「在此情況下，我們可以認為對於這個學生來說，他對老師所下指令的理解，與**我們**應該如何理解這個指令一樣自然，即『從 0 開始加 2，直到加總成 1000，再從 1000 開始加 4，直到加總成 2000，而後從 2000 開始加 6，直到 3000，以此類推。』」維根斯坦甚至對機器是否能夠機械式地維持同樣的精度運轉也感到懷疑，他說「我們是否忽略了機器零件可能會彎曲、斷折甚至燒融的可能？」，而這種懷疑讓他得到一個結論：遵循嚴謹的計算規則更像是遵循一種習慣，而不是執行某種機械式的運動。[1]

維根斯坦所舉出、看似不證自明的數列延續也可能存在意料之外理解的例子，這並不是他自己的原創理解，但他給予了這個例子一種顛覆性的解釋。在一個多世紀前，那位我們已然在第四章遇見的英國數學家、發明家暨政治經濟學家巴貝奇早已預見了維根斯坦那不受拘束的數列，甚至發明了一台真實的機器來展示它。一八三二年，巴貝奇命令工程師喬瑟夫・克萊門特（Joseph Clement, 1779-1844）製作了一個小型版本（大概是一個由青銅和鋼組成的立方體，長、寬、高各約兩英尺）的差分機，其目的正是要展示演算。巴貝奇經常在倫敦的家中舉辦晚會，邀請政治經濟學家納索・西尼爾（Nassau Senior, 1790-1864）、天文學家約翰・赫歇爾（John Herschel, 1792-1871），以及阿歷西・托克維爾（Alexis de Tocqueville, 1805-1859）等著名的外國訪客參加。在小點心和馬德拉酒交錯、在舞廳中起舞的空檔裡，客人們將被一系列最新發明的科學珍品的展演成果所娛樂，而這些成果包含了電池到一些最早的照片。差分機是這一系列科學表演的壓軸，使這些富含教育性的娛樂達到了高潮。用巴貝奇的話來形容，它所展示的是一種計算的奇跡。[2]

差分機可以被編程用來計算代數函數，例如 $2 + x = n$，其中 x 得以取自然數的值，從0開始。然而，它還可以被編程用來運作不同的方程式，在序列中的某一點生效；比如，在 $x = 1000$ 時，在那之後，函數將變成 $4 + x = n$。差分機生成的數列看起來會像這樣：「2、4、6、8、10、12、……994、996、998、1000、1004、1008、……。」在《第九部布里奇沃特論文》中（*The Ninth Bridgewater Treatise*, 1837；這篇論文是巴貝奇涉入神學領域的一次大膽嘗試），他將差分機計算中這種預先編程的驚喜比作神蹟。他指出，正如比桌面式差分機更大、更好的版本可能編程出得以生成數以千計的連續平方數數列，並在數列的某個關鍵節點打斷這個序列，插入一個立方數，而不違反「機器運作的完整表達方式」，神也可能在創世之時就預見並規定了所有自然律則的顯著例外。[3]

當然，維根斯坦的觀點與巴貝奇截然相反。巴貝奇利用他的計算機來顯示，即使是明顯的異常也不違反規則，而這表示規則是可以被機械式地遵循的。但維根斯坦主張，即使機器也不能機械式地執行規則。[4]我們並不清楚維根斯坦是否曾經讀過巴貝奇的著作；即使他讀過，這也不是他第一次翻轉並顛覆某個引人注目的維多利亞時代例證。有一位英國博學家法蘭西斯．高爾頓（Francis Galton, 1822-1911）利用他的複合照片技術揭示了人類的類別特質（例如典型的罪犯會長成什麼模樣）作為一種對人類分類的視覺本質。維根斯坦則利用複合照片來削弱本質的觀念，提出了所謂「家族相似性」的概念。[5]然而，即使維根斯坦從未遇見巴貝奇及其差分機，他也仍舊生活在巴貝奇所設想的世界中：在這個世界裡，肩負計算艱鉅責任的是真正的機器，在仰賴這些機器工作的場域裡日以繼夜地運轉著，而這包含了天文台、政府普查局、會計辦公室等需要大量計算工作的場域。巴貝奇並沒有創造這個由算盤、計算機和制表機組成的世界；他的差分機和分析機從未超越設計草圖的試行階段。但是，受到普羅尼對數計算計畫的啟發，巴貝奇比其他任何人更加願意去重新想像那個將計算逐漸機械化的過程，而這是第一個由無心智能力的機器來執行人類心智與精神活動的嘗試。

由於我們現在處於一個人工智能、智慧型手機和適用於任何人和任何事的演算法蓬勃發展的時代，而這些機器與發明都培養了人們對於發明一台足以模仿、乃至超越一切人類智慧的電腦的夢想（和夢魘）。也正因如此，巴貝奇將運算的能力從人的大腦轉移到機器上的發想，對我們來說似乎是有預見性的。我們甚至可以將人類的大腦想像成一種機器，而這種想像是當代許多認知科學的基礎。更糟糕的是，我們可以想像機器發展出自己的思想，而且這種思想往往有著不太好的結果：我們也許還記得電影《2001太空漫遊》（*2001: A Space Odyssey*, 1968）中的電腦 HAL 的所作所為。但是，在巴貝奇認為無心智能力的機器足以計算，到我們對於可能會被機器智能所取代的焦慮之間，存在著將近一個世紀、由電腦與人類共同合作的時期。這段時期大約就落在一八七〇年到一九七〇年，人類找到了如何將複雜計算進行勞力分工，讓即便是幾乎沒有程式運算能力的機器，都得以執行這些計算。而在背後操作這些機器的，也是人類。這是運算的現實面，也是維根斯坦在柏林技術大學（Technische Hochschule in Berlin）和曼徹斯特大學攻讀工程學時可能親身遇到的現實，也許這種經驗正是他對這些機器是否有自主性深感懷疑的原因。他說：「如果計算對我們來說，是如同機器一般的行為，那麼進行計算的**人類**就是機器。」[6]

在人類和機器一起進行大規模計算的幾十年裡，計算跨越了人腦與機器之間的界線。這不是因為負責執行計算的機器被視為具備了某種智能，而是因為計算本身已經成為一種機械化的心智活動，正如我們在第四章中看到的那樣。然而，人類的注意力之於機器是否得以進行有效和準確的計算，仍然至關重要。夾雜在人類憑藉自身智識，費力地親手計算整整一冊的計算書〔一如十七世紀初的天文學家約翰尼斯・克卜勒（Johannes Kepler, 1571-1630）為得出火星的軌道所做的運算〕，到後來二十世紀末可以編程執行這類計算的電腦人工智能的發展之間，是人類與機器合作的混合智能。

這種混合智能具有雙重演算特質。正如我們在第四章中所看到的，演算一詞具有狹義和廣義兩種含義。其最初的狹義意涵，指的是使用印度半島數字所進行的計算：使用「0、1、2、3、4」等印度半島數字所進行的加法、減法、乘法和除法。在更廣義的意義上，大多數現代對演算一詞的定義，包括了計算或解決現實問題中所牽涉使用的任何一步步推演的程序。這兩種廣義和狹義的定義，在演算法智能發展的歷史中都曾出現過，其主調是以狹義的意義進行演算。但將計算轉化為程序和工作流程的方式本身，就是以廣義的含義來進行演算，即將一個複雜的任務分解為一系列明確有限的小步驟，並具有精確定義的輸入和輸出環節。烹飪食譜、IKEA組裝說明書，以及任何其他逐步詳細說明的程序，即使沒有涉及計算，也都類似於這種延伸意義上的演算。演算更廣義的含義同樣適用於製造大頭針和計算對數，或者說，同樣適用於笛卡兒著名思辨方法的第二步驟：「將我所面臨的每個難題都劃分為盡可能更多的細項，並且逐一以令人滿意的方式解決它們。」[7]這其實就是「分析」的基本意涵，即解開或拆分。

十九世紀末至二十世紀初，隨著計算機器的發明和廣泛流通，也改變了演算的狹義和廣義定義，使之成為了用於計算的演算和用於組織個別計算的演算。機器也改變了演算的意義和運算人員的身分。但機器並沒有徹底改變運算所帶來的心智負擔，而這才是它們被發明時的初衷，即用來減輕人們進行運算時的心智勞力。相反地，機器將這種負擔轉移到了其他人的肩上；或者更確切地說，將之轉移到了其他人的腦子裡。從十六世紀以來，必須負責大量計算的勞力這件事情一直是天文學家、測量師、行政人員和航海家抱怨其工作內容的主因，因為哪怕時代變遷，這些計算一成不變地是如此單調乏味，甚至還因此啟發了對心理疲勞和注意力下降的全新心理學研究課題。至少，在計算機器被廣泛應用的第一個世紀裡，機械式的運算未能全然成功地驅逐了機器中的靈魂，而這個有著負責運算的心智能力的靈魂深感疲憊。

▼「先有組織，再機械化」：人類與機器勞力的變遷

如果正如普羅尼和巴貝奇所宣稱，演算在本質上是機械式的，那為什麼實際上由機器執行這種機械式的勞力，需要耗費這麼長的時間才成為可能呢？尤其當我們考慮到

《航海年鑑》等講求密集計算的工作領域，對機械式的演算有著如此迫切的需求時，這個問題就更加值得追索。自法國數學家帕斯卡在一六四〇年代試圖銷售他的計算機器以來，歷史上出現了許多設計巧妙的計算機發明（或至少是發明的雛形），但這些發明並未取得顯著的成果。從十七、十八到十九世紀，發明家們嘗試各種設計和材料，但他們的機器仍然難以製造、昂貴、且使用上不怎麼靠得住，這些發明更像是妝點皇室珍藏的逸品，而不是供人日常使用的器具。[8]對於要執行冗長、複雜計算的目的而言，蘇格蘭數學家納皮爾發明的對數表可能更為實用，他的對數表及用拉丁文寫成的對數表敘述說明，在一六一四年出版問世，直到一八九九年間就至少再版了七次，並激發了許多表格的計算，包括巴貝奇本人的對數表。[9]在十九世紀裡，我們在第四章所見到的愛德溫·鄧肯這些計算人員就不斷使用著這些對數表，他們每一次的計算都包含了查對表格的步驟，以確認計算是否正確。[10]包含中國古代使用的算籌、算盤、所謂「納皮爾之骨」（刻有乘法表的算籌）、記號、熱納亞算籌（Genaille rods）等計算器具，在商業上無處不在，但這些器具並不適用於天文和航海等需要進行長時間繁瑣計算的領域，因為這些器具僅適用於涉及數字相對較少的演算。[11]在一部最為全面的十八世紀數學儀器論著中，這些計算器具和計算設備甚至不曾被提及，而這也間接表明了它們對實際從事運算的人員來說，幫助是多麼有限。[12]

第一台牢固可靠並成功大規模製造和量產推廣的計算機，是由法國商人科馬赫於一八二〇年申請專利的四則計算機，但這個機器直到一八七〇年代才開始被人們廣泛使用。（圖5.1）即便如此，它的主要受眾（當時的保險公司）仍時常抱怨這個計算機經常故障，而且操作起來需要相當的技巧。[13] 然而，到了一九二〇年代，在法國、英國、德國和美國等地製造的計算機，已經成為保險公司、銀行、政府普查局和鐵路管理機構等場域的標準工作設備。然而，當時於一九三三年的一項針對可用計算機的全面調查報告也承認，對於從事科學研究目的的演算工作來說，「藉由書寫和數字表輔助的心算」仍

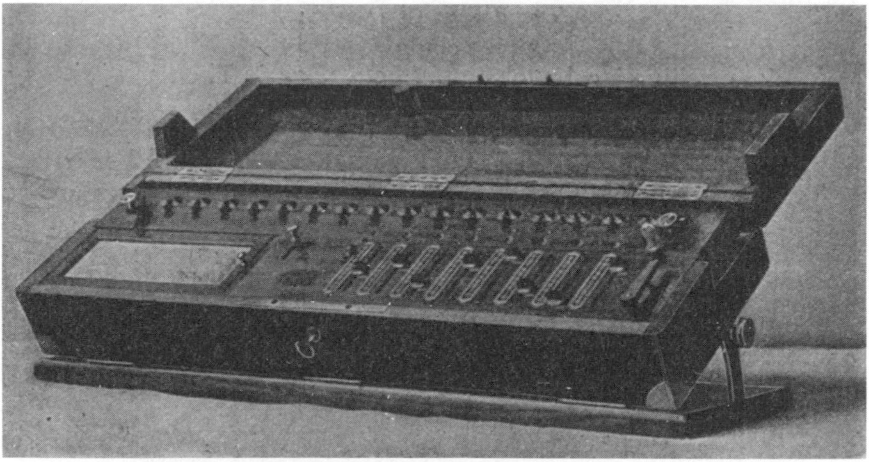

圖5.1　湯瑪斯四則計算機。圖片來源：Maurice d’Ocagne, *Le Calcul simplifié par les procédés mécaniques et graphiques* [Calculation simplified by mechanical and graphical procedures], 2nd ed., 1905。

然占有主導地位。[14]

這幾乎是英國《航海年鑑》開始正式引入計算機，由計算機來負責基礎計算的時刻。[15]作為最古老和定期出版的航海指南之一，英國《航海年鑑》基於繁瑣的天文計算，並且是最早將計算機引入其正式工作內容的機構之一，而它也成為一個特別具有啟發性的例子，展示了在人類和機器共同工作的情況下，要如何進行繁複計算所需要的勞力組織方式。此外，雖然英國《航海年鑑》進行的計算主要涉及天體的位置，但這些計算有著極為現實的目標：它們是為了能夠安全迅速地引導世界上最強大的海軍和商船隊穿越海域，串聯起大英帝國的國土。因此，《航海年鑑》的年度數字必須按嚴格的時間表製作，其製程更像身處商業企業而不是天文觀測所中，有著與時間競賽的壓力。是以《航海年鑑》力求將科學計算所期望在精確性方面的高標準，與商業計算所期望的效率相結合。這是一個有著明確截止日期的繁複運算工程。

回想一下年輕的愛德溫・鄧肯，他坐在格林威治皇家天文台八角房的高腳椅上，面前擺放著艾瑞預先印製的表格，四周是輔助他查找數值的書籍，他需要在被分配到的計算工作中，按照適當的步驟查找數值。艾瑞的計算系統在很大程度上依賴於分工和表格，但完全不依賴於機器。八角房是如此寂靜，只有初級計算人員和高級助理各自忙於計算和查找表格時，筆尖劃過紙張和翻找書頁的聲音。從這樣的八角房，來到格林威治海軍學院那擁擠的辦公室裡，聽到滿是嘈雜敲打計算機的聲響，其中的轉變肯定是令人震驚的。在一九三〇年向海軍部請求更大辦公空間的緊急請願中，監督萊斯利．康姆里（Leslie Comrie, 1893-1950）描述了現場的情況：「我們有一台大型的寶來計算機（Burroughs Adding Machine）在不停運轉，它的噪音是如此之大，以至於在它運轉的房間裡，已經到了人們無法集中注意力的程度。為了其他工作人員的利益，這台機器必須有一個專屬的房間。」

辦公室為什麼這麼擁擠呢？因為使用這些機器，使得原先分配給「外部員工」的工作（退休員工及其親屬、牧師和尋求增加收入的教師），現在應該分配給「一般的初級市場勞動力，並讓這些人們配備計算機」，而不是分配給「那些只知道對數的老式高薪演算人員，而他們經常在自己的家裡工作。」這些低薪工人需要「更密切的監督」，而昂貴的機器也不可能離開辦公室。[16]那些在督導的嚴厲目光下操作新機器的廉價工人是誰呢？他們不再是像愛德溫．鄧肯那個時代、是剛從大學畢業的男孩，而是半打未婚女子（當時，英國公務員規定禁止雇用已婚女性），她們通過了「英語、算術、一般知識和數學」的考試競爭來取得工作。[17]

諷刺的是，這些機器引入時的初衷是要削減成本、節省勞力、加速生產，尤其最重要的，是要減輕運算工作對人類思維所造成負擔。而至少其最初所產生的影響，是增加了更多的工人、花費更多的錢、干擾了生產，並且增加了思維的負擔；尤其是對負責重新組織計算方式，以將人類和計算機整合成無縫接軌、高效且無誤序列的督導者而言。以康姆理監督最熱衷於租用的何樂禮製表機（**Hollerith tabulating machine**）為例，至少要租用該機器六個月，才能製作一個月球星曆表（即計算指定時間內月球所在位置的作業）。除了租金本身約二百六十四英鎊外，還需要另外支付一百英鎊購買一萬張打孔卡的費用，以及額外的「四個女孩的工資，聘期為六個月，還有其他兩個女孩的工資，聘期又是六個月」來負責進行數字輸入和操作機器，而這又增加了二百三十四英鎊的開支，還不得不提因此增加的九英鎊電費。這總計為六百〇七英鎊，相比之下使用舊方法進行相同計算時，每年的開銷是五百英鎊。現在，不再是計算來自七個不同表格的一萬個數字的總和，而是需要在三十萬張卡片上打下一千二百萬個數字，才能使該機器成功進行運算。（圖5.2）監督人員必然預料到，向海軍部提交這些數字時會引起長官們皺眉不滿，所以他馬上指出，這些「沉重的初始成本」將隨著後續「速度和準確性提高，以及使用製表機為人們減輕的思維負擔」而變得合理。[10]

大約在一九三〇年左右，人們對「一台真正的計算機」的一個定義是，「在其操作中壓制了所有可能需要涉及真正思考的工作內容。」[19]但正如所有被外力強行壓制的內容，往往會以不同的方式重現天日一般，演算對人們思考所造成的負擔與引發的心智疲勞，總是會以另一種方式浮現。除了負責在紙片上打孔的女工所必須忍受的疲勞外，我將反覆強調的一點是，我們還需要重新思考，那些製作《航海年鑑》所需的數百萬次計算的勞力分工，以及設計這樣的勞力分工對人們心智所造成的負擔。正如

圖5.2　大約是在1925年左右的美國人口普查局，一位操作人員正在使用何樂禮製表機在紙片上打孔。圖片出處：National Archives, U.S.A。

我們所見，至少自十八世紀以來，天文台主任和星曆表的監督一直將計算工作拆解為多個步驟，並使每一個步驟與相對應運算人員的數學技能程度相匹配，這些人從學童到劍橋大學甲等數學競試合格的榮譽學生都有。這種致力於運算工作內容合理化的努力，並沒有隨著艾瑞的系統在十九世紀中葉退燒而消失。一直到二十世紀初，為了節省工資開支，《航海年鑑》不斷實驗性地雇用人數更少的正職員工，同時錄用臨時約聘演算人員，而這些演算人員通常只負責階段性任務。就像當時多數的女性雇員一樣，他們的薪資通常比「內部」員工來得低廉。[20]

然而，隨著一九三〇年代新的「內部」員工湧入以便操作新引進的計算機，監督和副監督發現自己面臨着監督工作上的危機：新員工和新機器要如何與舊的員工及他們那已經太過熟稔的工作方法相融合呢？根據記載，在當時有一對難相處但工作價值無以匹敵的丹尼爾兄弟，他們是唯一受信任的員工，可以校對其他演算人員的表格，但同時也被認為「性情不適合監督下屬」和「（工作）習慣太刻板，無法適應機器的使用」。此外，當時有兩位負責使用布倫斯維加計算機（Brunsviga calculating machines）的史塔克斯小姐和巴勒斯小姐，將以太陽為中心的坐標轉換成地球為中心的坐標，而她們需要向負責該機器的監督學習，接受三個月的私人授業才能學會怎麼操作儀器。[21]在當時，哪怕引進了新的機器與工作人員等大量投資，《航海年鑑》的工作進度仍舊落後了計畫整整十二個月，而監督康姆里在向海軍部長官解釋這件事情時，指出監督為了使操作者能夠恰當使用儀器所進行的準備工作，占據了「整個（計算工作）的二到三成」。在這之前，「要計算月球的星曆，只需要告訴一為名叫道肯的碩士，接著在四到五個月之後，將他的計算結果送給印刷商即可」，而現在這項工作必須要分派給「六到七個人，而每個人可能會分別收到一百到一百二十幾種指令。」

但底線終究是底線：最終，新的方法省下了兩成的成本。如果《航海年鑑》不打算回到其德國同行的豪華人員配置方案（那裡雇用了十一名博士），那麼更便宜的員工（即女性）、機器，以及最重要的那位持續有創意的監督，將會是必要的。新的演算至少在兩個層面上顛覆了舊的運算方法。首先，這些機器很少按照人類曾被教導過的方式來進行運算，它們甚至不按照理論數學所提及的解法來執行計算。例如，塞根計算機（**Seguin machine**）不是以重複進行加法來執行乘法，而是以將數字視為十次方的多項式來進行。[22] 最佳的心算規則，並不一定適用於機械運算，而不同的機器也會使用不同的演算法則。利用機器進行計算時，人們需要重新思考關於算術的演算規則。其次，要將計算的心理、機械和手動等面向結合起來，往往需要監察人員發明新的演算程序的規則，例如將像月球凌日（lunar transit）這樣的問題分解成更小、明確的步驟。當我們見到康姆里在抱怨時，[23]我們幾乎可以確定，他以及在他之前和之後的所有監察人員，都會抱怨自己大部分的時間都被行政職責消耗掉，他所渴望回歸的並不是這種科學工作，哪怕他最終還是獲得劍橋大學的天文學博士學位：「我的思想應該擺脫這種行政負擔，這樣我就可以更好地利用時間，來設計如何改善計算的程序，並整理和監督其他員工的工作。」[24]在這裡，我們所見到的是人類的分析智識能力被集中到具備雙重演算本質之處：人們重新反思計算和分配勞力分工的方式，以適應新的機器和據稱是已然制式化、機械式工作的工人；而這一切都是在削減成本之名下進行。

在需要密集計算的行業，例如鐵路建造上，更加迫切地必須證明購買昂貴的機器和雇用更多勞工來操作機器，確實有助於刪減成本。在格林威治為了《航海年鑑》忙碌的人員們正在進行天文計算、試驗何樂禮和其他計算機來簡化天文計算的同時，法國巴黎—里昂—地中海鐵路公司（French Chemins de Fer de Paris-Lyon-Méditerranée, C.F.P.L.M.）也引入這些機器，來追蹤貨物運輸和移動庫存。在一九二九年的一篇文章中，這間公司的會計主管，也是法國頂尖工程學校巴黎綜合理工學院（École Polytechnique）的畢業生喬治·博爾（Georges Bolle, 1868-1955）解釋了新機器所帶來的經濟優勢「確實是無法估計」，而這之中預示著工作流程的每一個細節，都必須被事先仔細地計畫，從如何以最大程度來利用何樂禮打孔卡的四十五列序列，到為經常運輸的貨物設計圖示，以加快機器操作員對資訊的編碼。操作機器的員工所接受到的訓練和監督變得至關重要。監督者對操作儀器過程的每一個細節都會進行嚴格的審查，甚至包括審查貨物類別的編號：「每一個細節都必須進行細膩的審查、討論，並在不同工作中進行權衡。」就像《航海年鑑》所展現的，使用機器意味著必須將工作場域集中起來（當然是在巴黎），並雇用符合「守秩序、謹慎、專注和善良」的資格且最便宜的勞動力（當然是女性）。廉價勞動力的經濟優勢是如此之大，以至於博爾得出結論，放棄舊方法所必然牽涉的所有困難（其中最不重要的是機器本身的成本），與廉價勞動力所能帶來的利潤相比都相形見絀。但這些收益，只能藉由大規模的組織改組才能實現：「用機器所解決的每個問題，都需要細心地思考研究，並經過大量的反思、觀察和討論，以確保某個計畫或專案的運行有著良好的組織，確保一切運作有序。」[25]或者，用他簡潔的座右銘來說：「先有組織，再機械化。」[26]

▼機械式計算與審慎的心智

無論在設計、材料、動力、精準性上存在著什麼樣的差異，從十七世紀開始到二十世紀中葉間發明的所有計算機器，都允諾著要降低人類智識在演算時所承受的負擔；是分憂解勞，而不是要取代人類的智識能力。[27]從機器計算能力中得出的推論並不是機器具有智能，而是至少有些智能是機械式的，即這是一種無思維的活動。但這是一種奇特的無思維活動，一種需要深刻注意力和記憶的活動。這最具體地體現在一系列的心理學研究中，這些研究一方面專注於那些擅長計算的學生，另一方面專注於操作計算儀器的操作人員。這兩個群體可能曾被認為是光譜的兩端：對數字極為敏銳的天才，對比那些數學能力低下的庸才。但計算機的普及使得計算所需的心智活動的價值也下降許多，可是這卻不會消除傳統上與之聯繫在一起、致力於單調事物的注意力的價值。因此，心算高手和計算機操作人員的心理特徵，以一種奇妙的方式融合在一起。

十八世紀和十九世紀初的數學史上，有幾位心算高手後來成為著名的數學家，包括歐拉、卡爾・高斯（Carl Friedrich Gauss, 1777-1855）和安德烈—馬里・安培（André-Marie Ampère, 1775-1836）。[28]有關他們早期在心算方面驚人成就的軼事，被傳頌為數學天才早慧的特徵。但到了十九世紀末和二十世紀初，心理學家和數學家們開始相信，這種所謂的「早慧」是異常的。偉大的數學家很少是長於計算的天才，而這些天才更罕見能成為偉大的數學家。值得注意的是，這些論點在有關計算機的論述中占據了一席之地。如果計算是一種機械式的活動，那麼擅長計算的頭腦可能會不可避免地僵化：「因為把偉大的計算能力看作優越數學素養的指標是一種真正的異端，儘管這種誤解是如此普遍。……把這兩件事混為一談是一種嚴重的判斷錯誤，就像將彈鋼琴的卓越手技，與音樂作曲方面的非凡天賦混為一談一樣。」[29]如果我們意識到，當時最新型的計算機器，往往配有供操作人員得以輸入數字的鍵盤，而這些人常被類比為是在鋼琴上彈奏和弦，那麼這個比喻將會變得非常具有啟發性。[30]（圖5.3）無論是心算還是機械式計算，這兩種強調快速精確的計算能力，在現在看來更像是某種技巧，而不是創造力。

阿爾弗雷德·比奈（Alfred Binet, 1857-1911）是法國巴黎索邦大學心理學教授，也是實驗性智力研究的先驅。他在一八九〇年代對兩位在巴黎雜耍團裡長於計算的表演者，於自己的實驗室進行了長時間的追蹤，這兩人分別是義大利人雅克·伊諾迪（Jacques Inaudi）和希臘人佩里克利斯·迪亞曼迪（Pericles Diamandi）。根據測試結果，以及他對那些曾提及心算能力超乎常人的天才的歷史文獻考察，比奈得出了一個結論，即儘管這些人之間存在著個體差異，但他們構成了一個「自然家庭」（natural family）：他們是自然界的奇蹟，出生在以前沒有這類天才的家庭中；他們在貧困的環境中長大；早在年幼時就展現了計算的才華，但除此之外，在其他方面的智力發展上都很平庸，甚至落後於正常人；即使成年後，他們看起來也像是「不曾變老的孩子」。相比之下，像高斯這樣的數學家在年輕時，就以心算的才能使父母和老師們眼前一亮，但據說隨著他們數學天賦的成熟，這種心算能力也逐漸消失了。比奈甚至質疑那些計算天才的成就，是否僅僅是一種屬於「數字專家」的傑出表現。在與蓬馬歇百貨公司（Bon Marché）的四名出納員進行比試時，比奈底下其中一位計算天才在小數點的乘

圖5.3　正在使用華爾計算機（Wahl machine）的操作人員。圖片出處： Louis Couffignal, *Les Machines à calculer* [Calculating Machines], 1933。

法中輸給了最優秀的百貨公司店員，儘管他在解決涉及更多數字的問題時的能力，遠遠超過了他們所有人。比奈得出的結論是，計算天才真正令人驚奇的是他們的記憶力和「注意力集中」的程度，至少在牽涉到數字時是如此。[31]

正是這種對既單調又單一的主題得以高度集中注意力的能耐，使得當時的人們預期那些操作計算機械的人員能夠連續數小時不間斷地工作。演算人員需要面對的那些難以承受的注意力負擔，長期以來一直是他們與雇主之間的一個爭議點。儘管艾瑞在一八三八年極力增加計算生產率，但他將演算人員的工時從十一個小時縮短到了八個小時。在一八三七年，他試圖要求演算人員加班一小時以完成哈雷彗星軌跡的計算時，甚至引發了這些人的抗議。他們抗議說，即使是每天朝九晚五的常規工時都已經「超出能忍受必須持續計算的壓迫感和乏味算式應用的時間長度」。[32]在一九三〇年，即將卸任的《航海年鑑》主管菲利普．科威爾（Philip Cowell, 1870-1949）給他的繼任者康姆里的建言是：「任何努力工作五個小時的人，都不可能再完成更多任務」，並在括號中補充道：「這可能與你的機器大不相同。」[33]

確實，對於機器來說是不同的。但即使是對效率著迷的法國鐵路公司的博爾也認為，操作何樂禮製表機的理想工時應為每天六個半小時，且每個月只能連續工作十四天，每天需要打完三百張卡片的配額，其中每張卡片有四十五個欄位，而這已經是一個人所能承受的最大限度。[34]正如一九三一年一項針對法國鐵路操作員，在操作艾略特－費希爾計算機（Elliot-Fischer calculating machines）時，所表現心理狀態的心理學研究所指出的，肢體動作可能會隨著練習變得自動化，但「對工作的注意力必須持續和集中。操作員被迫不斷檢查她的機器，驗證紙上的名稱，確保計算的要素正確。」每個計算都涉及了十六個獨立的步驟，從將紙張插入機器，到在下一個計算之前清除所有數字都是其中一環。在探討操作員心理狀態的心理學家看來，要長時間保持這種高度注意力水準是不可能「不休息」。[35]（圖5.4）一八二三年，英國天文學家法蘭西斯・貝利（Francis Baily, 1774-1844）在評論將巴貝

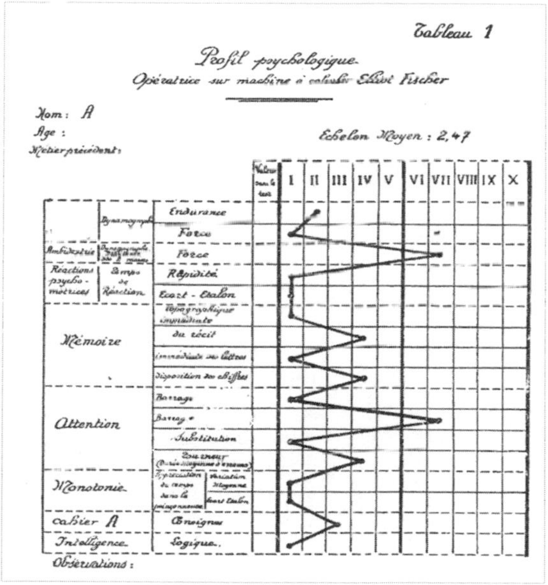

圖5.4　最會使用艾略特－費希爾計算機的操作員，她們的測試結果呈現出在活力和注意力的巨大差異。圖片來源：J.-M. Lahy and S. Korngold, "Séléction des operatriccs de machines comptables [Selection of calculating machine operators]," *Année psychologique* 32 (1931): 131–49。

奇的差分機運用於計算數學和天文表格的優勢時，設想了「機械的不變作用」得以如何解決「將計算人員的注意力，限制在數千次連續加法和減法的乏味和單調反覆操作」的問題。[36]一個多世紀後的一九三三年，計算機仍然被定義為要用來抑制心智勞力。[37]然而，那些曾許諾要減輕注意力與心智勞力的計算機，最終反而加重了這種勞力負擔。

有了這種分憂解勞的承諾在前，機械式的計算變得極度注重注意力（至少根據當時的標準來說是如此）。二十世紀初的心理學家們一致認為，能夠自發性地為了枯燥卻又必要的工作，集中自身的注意力，是人類有意識地行使其意志來行動的本質，這也因此是人類意識最為崇高的表現。[38]法蘭西學院（Collège de France）專精比較和實驗心理學的教授提奧多－亞芒・希伯（Théodule-Armand Ribot, 1839-1916）認為，是否能在枯燥的工作中保持注意力，是文明人和野蠻人的分野，也區隔了正派的公民與「流浪漢、職業小偷和妓女」。就像那些追蹤計算機操作人員的心理學家一般，希伯強調了人們自願集中注意力本身，伴隨著一種致力於勞動的感受，而這是一種「催生使器官快速疲勞」的異常狀態。[39]因此，計算是心理學家給予實驗對象的例行任務，以測試其自願集中注意力的強度，以及對心理疲勞的抵抗力。[40]結果表明，隨著受試者變得疲勞，他們的注意力波動益發劇烈，不但思慮開始飄移，犯下的計算錯誤也不斷累加。在教室或實驗室的情境中，對枯燥工作的畏懼隨著人們的疲勞而增長，據稱有時甚至達到「輕微瘋狂」的程度。[41]在以機器進行計算的情境中，操作人員的疲勞也造成了注意力的波動而導致錯誤發生。但正如一九三三年一部有關最新計算機的論著中所強調的，在那個時代裡，機械的運轉不可能排除操作人員：「在對現代機器的比較研究中，不考慮操作人員干預（計算）的方式是不可能的。」[42]人們所能做的是重整並分配計算的工作，以盡可能減低操作人員自身的審度判斷，但同時又能最大化她在面對單調任務時堅持不懈的注意力：機械式的計算使人益發慎重地看待事物。

▼演算法與智能

在這一章的初始，我們比較了巴貝奇和維根斯坦如何對待同一個數學序列，卻得出截然相反的結論。巴貝奇認為，當差分機給出一個明顯異常的子項時，它其實只是忠實地、機械式地遵循其齒輪結構中刻畫的規則；正如自然界中，干預自然法則的神蹟自始至終都被神聖的工程師（上帝）刻在自然界這個機械的構造一樣。規則沒有例外，這就是為什麼機器可以執行它們。在維根斯坦的理解中，老師認為學生提供的異常子項是一種錯誤，而不是一種神蹟。他對於表面上的異常是否真的違反了規則，與巴貝奇一樣持懷疑態度。然而，對於維根斯坦來說，這個例子顯示了機械遵循規則的不可能性，因為規則無法被明確地給定。切斷規則無窮無盡解釋的唯一方法，是將規則理解為一種習慣或機構，而不是一種演算法。維根斯坦不僅懷疑人類是否能機械式地遵循規則，他甚至還懷疑機器是否能機械式地遵循規則。

這兩個關於機械式地遵循規則的故事，究竟涉及了哪種機器？又或者根本就不涉及任何機器？就像我們在第四章中提到的普羅尼對數計畫所見，「機械式的」這種表述方式可以指涉那些沒有機械參與其中的計算。使用這個包羅萬象的用語（通常帶有貶義），可能會模糊掉由不同材料（如木頭、象牙、鋼、矽）製成的機器之間的差異，這些機器也具有不同的零件（如齒輪、槓桿、鍵盤、配重、剎車），使用不同的演算法（如多項式乘法或重複加法、求差或重新計算每個值），並執行不同的操作（從簡單的加法和減法，到何樂禮製表機的四十五欄目計算）。這些差異至關重要：經常卡住或故障的機器是不牢靠的，即使是最複雜的設計也有賴於熟練的工匠與合適的材料才能實現。就算有著政府大舉撥款挹注，人類也要到二十世紀後半葉才有足夠先進的精密加工技術，來建造出巴貝奇的差分機和分析機。[43]

巴貝奇和維根斯坦都沒有活到廣泛使用差分機和分析機類型的電腦的時代。最成功實現差分機模型的計算機器，是由瑞典人喬治．舒茲（Georg Scheutz, 1785-1873）及其兒子愛德華．舒茲（Edvard Scheutz, 1821-1811）於一八五三年建造，但這台機器從未量產。[44]一份一九〇五年關於計算機的研究，將巴貝奇對分析機的願景歸類為「不切實際」。[45]巴貝奇的天才設計與二十世紀下半葉的電腦之間，沒有一條線性的路徑。介在這兩個點之間的是將近一個世紀、採用了不同方法的機械式計算。對於規則的歷史而言，這一點至關重要，因為人們對於存在一種毫無瑕疵、得以被人完美遵循的規則的理想，一直以來都是建立在演算這個特殊的例子上，因為演算規則是所有規則中最薄的規則。即便在「機械式計算」實際涉及機器之前，它也是在指這個理想，而這個理想在巴貝奇和維根斯坦的對比中具體呈現出來，即是否存在著一種沒有任何含糊與妥協空間的規則？這種規則在表達上清晰而明確，在執行上自動且無缺陷。但正如我們在第四章中所見，演算法，甚至計算所需的演算法，未必要追求這種薄規則的特質。許多古文明的數學傳統，是以解決現實問題為中心而有各自的演算法則，這些法則更像是技術技藝的厚規則，這些規則也確實是從示例中發展而來。唯有到了十九和二十世紀，計算才成為不需要範例的規則的典範、成為一種不需要模仿的規則的模型，不需要多加解釋的規則的內容，或因地制宜調整規則使其適用。機械式計算這一類別，給人某種錯覺般的連貫性，這並不是因為人們使用機器計算時，所使用的機器是一致的，而是因為與之相對的另一種類別：需要高度注意力集中的計算。

由於物質、概念和經濟上的原因，第一個廣泛應用機械式計算的時代，是由操作這些機器的演算人員（女性）所主導的。自一八九〇年代起，格林威治、巴黎和麻薩諸塞州劍橋的天文台等地開始積極招募女性。在接下來的幾十年中，女性可以說從天文台到武器計畫等各種需要大量計算的工作場域都無所不在。[46]（圖5.5）雖然一些機構，如哈佛大學天文台，利用了女性在天文學

圖5.5　大約1955年在美國加州帕薩迪納噴射推進實驗室（Jet Propulsion Laboratory, Pasadena）工作的女性演算人員。圖片出處：Courtesy NASA/JPL-Caltech。

和數學方面的高級培訓，但女性勞動力的主要吸引力在於其薪資低廉：即使是擁有學士學位的女性，其薪水也遠遠低於男性同行。[47] 事實上，引入計算機的主要動機通常是為了降低成本，正如我們在英國《航海年鑑》辦公室和法國鐵路工業中所看到的那樣。政治經濟學家巴貝奇肯定會贊成這種做法。[48]

但巴貝奇作為自動化智能的先知，會同樣為此感到印象深刻嗎？顯然，「機械式的」和「心智能力的」工作之間的界線已經變得模糊，但這在普羅尼的對數計畫中就已經是如此，而當時還沒有引入任何實質的計算機器。然而，引進計算機對天文台和保險公司辦公室日常工作帶來的影響，似乎並沒有使這些機器顯得更加聰明（沒有讓這些機器發展成現代意義上的人工智能），而只是使人類演算人員的工作顯得更像機器。這種轉變的標誌之一，是社會上對計算天才的觀感急劇下降：到了十九世紀末，這樣的天賦不再是某種數學天才的早慧象徵，而淪為一種雜耍表演的主題。計算能力不再與人類的智識能力相關；它也不賦予計算機類似人工智能的特質。

計算機在大規模計算的工作中並未消除人類智慧。相反地，人類智慧在新的演算思維引進時面臨了雙重挑戰。在機器齒輪和槓桿中建立的演算算法層面上，計算必須以既不對應於心算、也不對應於數學理論的方式為人重新理解。對於人類思維而言最佳的方案，對於機器而言並不必然如此，而隨著機器內部零件變得益發複雜，這種差異也更加顯著。在需要將人類和機器在長時間計算序列中，取得某種協調的工作部署層面上，無論是在《航海年鑑》還是法國鐵路公司的辦公室中，以前用整體方式構思並由一名演算人員負責執行的工作，必須被分解為最小的組成部分、給予嚴格工作排程，並分配給能夠最有效地執行該步驟的人類或計算機器；而這裡的「有效」所意味的並不是更精確甚至更快完成計算，而是更便宜的成本。從某種意義上說，為計算而組成人機生產線時所需的分析智識，與任何機械化製造所需的適應過程沒有什麼不同：織布機的運作方式與人類織布工不同；紡織廠中工作的人類勞工和機械勞動的排程，也需要用全新並違反直覺的方式來重新分配工作內容。然而，從另一個意義上來說，這種為了使人類與機器在計算工作中得以合作，在分析層面的智識要求本身就是一種預告，提前揭示了曾經被稱為「營運研究」，以及後來叫作「電腦程式設計」的工作。[49]

操作人員與計算機的互動，也以更微妙的方式影響了智識能力。無論計算被理解為智識成就還是身體勞動、無論計算是由誰執行、無論是皇家天文學家還是學童計算人員，它都講求人們必須極度細心，即便其工作內容相當乏味。從克卜勒到巴貝奇的時代，演算人員都抱怨計算天文表所帶來的壓力；自納皮爾和帕斯卡以降，計算裝置和機器的發明者也都承諾，機器的發明能舒緩這種單調卻又要求演算人員必須時時謹慎的心智負擔。練習可以加快計算速度，但不能讓其變得自動化和成為一種無意識的勞動（像是重複的身體動作就可以辦到），否則會增加計算錯誤的風險。這種在注意力與計算精準度之間的聯繫，讓普羅尼都深感驚訝。他發現最不聰明、最「自動化」的演算人員所犯下的錯誤也最少。後世批評普羅尼對數表的人們拒絕相信這種看似不負責任的工作者，實際上並未導致更多的計算錯誤。[50]而更可靠的計算機在普及之後，不僅貶低了計算在人類智識活動中的地位，還切斷了注意力和精準度之間的關係。到了二十世紀初，自動化已然成為無誤計算的保證，而不再是個障礙。這扭轉了數個世紀以來不穩定計算機的歷史。在此之前，計算機的演算結果往往需要演算人員人工檢查，要一直到一九二〇年代在設計、材料和建造的改進，才使自動計算和準確計算成為一體。[51]

然而，這些計算機器之間仍然存在重要的靈魂：人類操作員。即使是最熱衷於新一代計算機的擁護者也承認，計算機的效率和計算的準確性，往往取決於輸入數字、拉動操縱桿、打孔紙片、清除紀錄的人是否嫻熟又專注，能夠精準有序地操作儀器。操作人員可能不再實際負責計算，但其任務所需的謹慎與注意力，與最初促使計算機發明的那種智識與精神勞動一樣令人疲憊。顯然，操作人員的精神疲勞是如此不堪負荷，以至於他們的工時不斷地縮減，而這反而違背了最初引入計算機的經濟鐵則。與其他形式的重複工廠或文書工作等會使操作人員受制於機器節奏的工作不同，使用計算機涉及的姿勢，無法讓人精通到變成無意識肌肉記憶的程度。這與打字機不同，人們沒有辦法在心神飄忽的狀況下，十指仍舊下意識地在鍵盤上敲敲打打。正是這種不尋常的例行性與對注意力從未改變的高度要求之組合，使得計算（無論是否涉及機器）都變得如此耗費精力。即使是最可靠的計算機，也沒有辦法從大型計算中消除人們的心智勞動與注意力的需求。它們只是將這些心智勞力轉移到其他工作細項與對應的工作者身上。

▼小結：從機械智能到人工智能

計算機對人類智能提出了新的要求，但它們是否為人工智能鋪下坦途？也許可以這麼說，它們擴大了演算法的範疇，迫使人們重新思考如何在不同層面上優化大型計算，無論是從計算機的內部到工作流程的組織，再到對操作者與機器之間講求謹慎態度的互動。但是，從將計算變得更加演算法化，即按照標準化、逐步的程序進行，到將智能變得演算法化還有很長的路要走。為了實現這一目標，我們首先必須認為將智能化為一種計算是可能、也是可取的。雖然有一些歷史先例支持這樣的願景，使計算和組合數學成為所有智識活動的模板，但計算機並沒有推動這個目標。[52]相反地，使演算機械化的效果，是將其排除在智識活動之外。要使人工智能或機械智能不再成為自相矛盾的詞組，我們需要徹底重新理解演算與智能。而這是一條從喬治．布爾（George Boole, 1815-1864）、戈特洛布．弗雷格（Gottlob Frege, 1848-1925）、大衛．希爾伯特、伯特蘭．羅素（Bertrand Russell, 1872-1970）、阿爾佛列德．懷海德（Alfred North Whitehead, 1861-1947）、庫爾特．哥德爾（Kurt Gödel, 1906-1978），再到艾倫．圖靈（Alan Turing, 1912-1954），他們以數學邏輯鋪設而成的道路，這群人確保了智能與數學邏輯基礎的聯繫有關，而不是大規模辦公計算的日常例程。[53]

計算機器的時代所培養出來對智能的理解，超越了對計算本身的重新概念化（狹義的演算概念）。演算智能還培養了將複雜任務和問題分析轉換為逐步序列的能力（廣義的程序性演算概念）。這種計算機器時代之於演算智能的二元性，在第二個層面上的影響可清晰見於人工智能的早期發展史中。在一九五六年的一篇開創性論文中，艾倫．紐厄爾（Allen Newell, 1927-1992）和赫伯特．西蒙（Herbert Simon, 1916-2001）開發了一個電腦模型來證明邏輯定理，並指出他們的系統「與通常用於計算的系統演算相比，更加仰賴於啟發式的方法，這源於觀察人類如何試圖解決問題的方法。」[54]紐厄爾和西蒙的第一個邏輯理論家（Logic Theorist）程式模型，讓人聯想到從普羅尼的對數計畫以降所有大型計算機構的分工方式：索引卡片被分發給西蒙的妻子、孩子和各個研究生，以便使「每個人實際上成為LT（邏輯理論家的英文縮寫）電腦程式的一部分」，並以此證明羅素和懷海德的《數理原理》（*Principia Mathematica*, 1910）第二章前六十個定理中的大部分定理。[55]這是從人類序列到電腦程式的過渡時刻。幾十年後，西蒙堅持認為，儘管「沒有那些大工廠的製程方法、沒有得以生產科學真理的產線」，但他有信心，那適用於勞力分工的分析方法（將複雜問題分解為更簡單的問題）可以用於模擬發現科學真理的關鍵事件。[56]電腦的子程序在最初只是勞力分工的一種概念延伸（以及與之相關、讓智能去技能化的結果）。[57]

巴貝奇並未預見到，甚至科學發現也可能有一天從富有心智的工作，降級為某種機械勞動，而西蒙可能也沒有料想到現今試圖創造「無理論科學」（theory-free science）時對大數據的演算法利用。[58]這些發展取決於那與過往計算機器時代相比，無論在類別（靈活且可長時間編程）和程度（速度和記憶體方面取得了巨大進步），以及設計和材料方面都大不相同的電腦。與之相似，還有一個發展是讓人工智能不再是一個矛盾詞彙的重要因素，即將演算法的狹義與廣義定義都同時黑箱化，編排進電腦程式裡無法探訪的代碼之中。這點與機械計算的生產線形成鮮明對比。這種新的生產線可以見於任何一個開放式辦公室裡，在一排排桌子上安排操作人員和機器的空間陣列中。在這樣的辦公室裡，將複雜任務分解為微小步驟的程序，對大多數電腦使用者來說是隱蔽的。電腦產生最終演算結果的過程，開始變得像人類思維過程一樣不透明，也因此更有可能成為與人類智能相等，或甚至超越人類的新形態智能。只有在這些創新和它們帶來的極大計算能力的背景下，從無心智的機器轉向機械思維才有意義。

但過去那個計算機時代並未船過水無痕地消失。那個時代裡，人類第一次與機器合作試圖解決問題，而這些問題必須適應於人類和機器使用的演算法則。人類被迫順應機器那無以迴避的工作節奏，甚至使得人類變得愈來愈像機器。一直以來，這都是對工業化最亙久彌新的批判主題之一，從湯瑪斯・卡萊爾（Thomas Carlyle, 1795-1881）到亨利・伯格森（Henri Bergson, 1859-1941），再到卓別林（1889-1977）的電影《摩登時代》（*Modern Times*, 1936）都是如此。與之相對，計算機器藉由要求人類持續專注來紀律化操作人員，而不是讓其工作成為某種例行習慣。即使是活在數位時代的人們在面對電腦螢幕時，都還會重複體現這之間的差異。我們的手指可能會像行走般自然而然且無意識地敲打文字發送訊息，但即便如此，數位裝置的演算機制本身也會要求我們必須保持一定的注意力。不夠專心的結果是，我們可能按錯一個按鈕，就會把某個機密郵件發送給整個聯絡人群組，又或者我們可能會下訂成錯誤的物品，或是在線上報稅時填錯表格。

即便是在這個電腦的時代，不夠專注也會付出慘痛的代價。輸入了錯誤的數值與單位的結果，可能會讓一枚造價一億二千五百萬美元的火星氣候探測者號（Mars Climate Orbiter）飛向外太空。[59]對我們來說，我們日常習於互動的演算法往往顯得不可知也不可修正，就如同在計算機器時代的機器之於操作人員一般。現代與過往並沒有太大的差異，即便是最薄的規則，也需要一定程度的謹慎與注意力才能成功地遵循它們，哪怕我們並不需要理解這些規則是如何運作。

6 規則與規定

法律、規則與規定

法律、規則和規定之間，存在著一種變動但又對人們影響深遠的分工關係。大約在一五〇〇年到一八〇〇年期間，這三種規範的區別逐漸清晰，形成了一種以範疇、具體性和穩定性為層次的等級制度。在頂點的是法律，其制定的內容是普遍性的，管轄範疇廣泛，權威崇高。在十七和十八世紀，最普遍和最具權威的法律是自然法則，比如十七世紀末自然哲學家牛頓在其《自然哲學的數學原理》中所制定的自然律則，以及法學家雨果・格勞秀斯（Hugo Grotius, 1583-1645）和薩繆爾・普芬多夫（Samuel Pufendorf, 1632-1694）所撰寫、旨在尋找歐洲海外擴張時代於國際通用的人類行為規範的自然法。自然律則和自然法都宣稱其出自上帝，或至少從人性本質中獲取最終權威。當時的專制君王也愈來愈渴望在其領土上頒布具有普遍性和一致性的法律。[1]在此之下，是自然界和人類界的規則：例如，夏季普遍比冬季暖和的天氣規則，或者在沒有遺囑的情況下要如何將遺產分配給繼承人的法律規則。規則比法律更具體、範疇也更窄。[2]在金字塔底部的是規定，其範圍更加有限，數量更多，且極其詳細。第七章將討論這之中最具普遍性的法律，即自然律則和自然法；這一章則要處理光譜的另一端，即地方法規或規定。

如果說法律展示了規則最崇高的一面（如「法治」（rule of law）一詞所示），那麼規定就是勞苦功高、負責實際完成事務的規則。法律是具有遠見的望遠鏡，瞄準星辰；而規定是聚焦細微處的顯微鏡，專注於細節。在理想情境下，法律的數量相對稀少，也鮮少需要修改；規定則數量繁多，需要不斷更新。法律追求普遍性；而規定則著眼於細節。規則的含義由兩者共同界定。但如果說法律在聲望上占主導地位，那麼在現代社會的日常經驗中，規定在規模上占主導地位。一般公民很少與法律相衝突；而我們幾乎每天都會與規定打上照面。

在管理一個複雜的社會（例如一個現代城市）時有許多需求，負責管理從交通到照明，再到飲食和自來水供應的一切事務，這些需求使得規定不斷增加，以至於古典自由主義者將整個政府都等同於密集如蚊群般煩人的規定，而不是保障安全的根本制度（更別提法治了），而這使得他們批判這種細微管理的政府。他們希望這套體系消解。而這種日常生活所見規定的密集程度，已經讓規則的含義偏離法律，轉而成為規定，而這兩者是以規則為名的光譜的兩極。在過去五百年的歷史中，最為熟悉的規則已變得更像是「紅燈停」（不再是「不可殺人」）這種關乎牛活細節的指令。

這種轉變反映了人類共同體生活中，經濟、人口、技術和政治的變遷，而這尤其體現在大都會的高密度條件下。這一章將凸顯從中世紀盛期（High Middle Ages）迄今，使規定大幅增加的三個轉捩點。首先，快速的貿易擴大了財富，點燃了新的欲望。當一個城市成為遠距離貿易網絡的節點時，如熱那亞、佛羅倫斯和威尼斯等十四世紀的城市，新的財富會使人迫不及待地消費新進口的奢侈品，如絲綢、緞子、天鵝絨、金銀飾帶和鈕扣。時尚的誘惑和它所象徵的社會地位威脅著貴族家庭的財富，也顛覆了社會秩序。囂張的商人比公爵更耀眼；學徒工匠和浮華的學生為了誰的帽子更時尚而爭吵不休。

其次，蓬勃發展的城市使得人口朝都市聚集，而這使得舊有的街道和衛生基礎建設變得捉襟見肘。在大約三萬人口（例如一六〇〇年一個相當大小的城市，如維也納或波爾多）、五萬人口（如熱那亞或馬德里的大都市）、以及二十五萬人口（如伊斯坦堡或倫敦的巨大城市）的差異之間，城市的複雜程度也有所不同。[3] 一旦一個城市跨越了五十萬人口的門檻，如倫敦和巴黎在十八世紀上半葉已然企及的規模，即使是行人交通也可能堵住狹窄的街道；再加上馬匹、馬車和驢車，將使一切更為混亂。盧梭（1712-1778）只是成千上萬個巴黎行人之一，而在公路上奔馳的馬車撞倒了他。[4] 在十七和十八世紀晚期歐洲最大的城市裡，市政當局努力將蜿蜒的中世紀小巷轉變為寬闊的大道，將市場攤位和行人從街上清理出去，為馬車鋪平道路，並減少與疾病傳播相關的人類和動物排泄物的臭味。

第三，是從十七世紀至今，民族國家在政治上的統一（過程中也包含了透過武力），使得國家以前所未見的規模達成其領土內的一統，這不僅是就法律而言，而是在文化現象上也是如此。學校開始傳授國家語言，並盡可能排除地方方言；語言和文字的統一象徵著國家的團結。公民對特定文字的拼寫方式，曾屬於非正式和個人化的範疇，在人與人之間可能有所不同，甚至同一個人在同一張紙上的書寫也可能有所差異，但現在以正確的方式拼寫文字，已然成為一種塑造國族情感的媒介。從十六世紀歐洲方言興起到現在，國家耗費了龐大的心力以確立人們用特定規範來拼寫文字。

這一章包含了三個個案研究，其中每一個都選擇了一種爆發性的規範現象，也體現了其中一種轉變：首先、歐洲城市從約一三〇〇年到一八〇〇年經歷的經濟繁榮，主要仰賴於奢侈紡織品，也促進了禁奢法規的出現；其次、於一六五〇年到一八〇〇年間，為了應對巴黎人口急劇攀升而設計的交通和衛生規定；第三、拼寫文字的改革，體現了從伊麗莎白時代的英格蘭到啟蒙時代的法國，再到十九世紀末新統一的德國迄今，各地逐漸興起的語言愛國主義。這些例子顯示了規則作為規定，試圖在理想的普遍秩序和現實生活中的最微小細節之間架起橋梁，哪怕程度各異。普遍原則是：開支應該慎重，避免過度。具體表現為：不要把兒子教育和女兒嫁妝的錢，花在明年肯定不再流行的天鵝絨飾邊上。普遍原則是：城市街道應該乾淨，交通暢通無阻。具體表現為：不要把夜壺裡的排泄物倒出窗外，也不要在街上打球。普遍原則是：一個國家的公民應該能夠自由而清晰地、以共享的統一語言來交流。具體表現為：將「航行」這個詞拼寫為「Schiffahrt」，單字裡應該有三個 f，而不是兩個。規定是規則的具體實踐。

然而，就算再怎麼協調一致、不斷進行以期能促進規定的行動，也不總是足以使規定生效。這三個個案研究被選來說明，規則在實踐中的成功和失敗。像大多數規則一樣，規定以命令式的口吻發出，要求人們做什麼，又不該做什麼。但與許多規則、甚至許多法律不同，規定並不渴求崇高的普遍性。無論其自述如何，規定並不宣稱它擁有原則所具備的道德高點。相反地，規定著眼於最細節處。規定的默認立場是抗衡：就像稅務會計人員一樣，規定假設幾乎每個人都想要操縱規則，並且必須預見而後封閉每一個可能被鑽的漏洞。法律可能會描繪出一個理想政體的遠景，並試圖實現它；相比之下，規定總是被動的，是對顯著濫用的回應。法律的命令是永恆的，是針對所有人的；而規定的命令則是根據當前的時刻，也是針對個人的；哪怕是那個正在揮霍購買天鵝絨飾邊的人、把夜壺裡的排泄物倒出窗外的人，或者仍然拼寫得像一個巴伐利亞人的人。

即使嚴格執行，這些帶著壓制性質的指令，並非總能夠產生預期的結果。歐洲的禁奢法是五百年來悽慘、失敗的案例；交通和衛生法規則最終取得了部分成功；而多虧廣設公立學校，拼寫慣例已然根深蒂固，即便是廣告中也是如此，哪怕這些廣告也隱然破壞了慣例。規定作為最明確、最詳細和最不自然的規則，唯有被內化為隱含的標準、成為第二天性的慣例時才能成功，這是一種矛盾。某些規定確實成功地成為真正慣例的明證，就是那些提出想改革規定的滿腔憤慨，一如我們在拼寫的案例中將見到的那樣。規定作為地方性、各殊性、慣例性的規則，幾乎可以說是不受歡迎的。它是否變成理所當然的標準，又或者沒能成功成為標準，將是貫穿這一章三個個案的問題。

▼規則的五百年失敗史：與流行為敵的戰爭

在由各種怪奇規則所構成的園地裡，最為奇怪的就是禁奢令的設立：這些規則試圖在人類生活的所有面向中，嚴格禁制人性奢侈的傾向（它的拉丁文字根 sumptus 即是消費的意思）並譴責消費。在許多文化中，從古希臘羅馬到中世紀歐洲，再到德川日本和當代的蘇丹，政府試圖禁止人們在婚喪宴會上展現奢華，並限制他們對昂貴服飾、珠寶、馬車和其他地位象徵的消費，無論這是基於謙遜、節儉、虔誠、等級制度、愛國主義還是單純的良好品味。[5]這些規則的奇怪之處在於兩點：首先，它們具體到令人發狂的程度；其次，就算失敗的案例屢見不鮮，這種法規總是頑強地存活下來。沒有任何規則在細節方面規定得如此詳細，也沒有規則像禁奢令一樣，在在顯示其所宣稱的目標有多麼無法企及。但也正因如此，我們需要解釋為什麼它在人類各地的歷史中反覆出現。

禁奢令通常採取某種容易更新的規定或法令，而不是以訴諸不變的法律形式出現。對於研究規則的歷史學家來說，它們提供了一種規則失敗的極端案例。就中世紀和近代早期歐洲而言，在五百多年的時間裡（約一二〇〇年到一八〇〇年），這些規定不僅未能消除過度消費（照現在的說法可能會稱為炫富消費），甚至可以說它加劇了本來要解決的問題。這些法規在禁止最新的時尚和奢侈布料（如金蕾絲、短上衣或天鵝絨飾邊）時，描述得非常具體，而這無意中引發了一場競爭，設計師們紛紛設法發明尚未被規定禁止的下一款更加奢華的小裝飾品。[6]官員們只能徒勞無功地追逐時尚，不斷發布和重新發布總是比最新款式晚了至少一季的新規定。但這是為什麼禁奢令以容易修改的規定為形式，而不是穩定的法律。正如英格蘭國會在一三六三年的法令中指出的，關乎誰可以穿著金銀布料的法令，「可以隨意修改」會比針對這些事項立法要來得更為可取。[7]官員們幾個世紀以來一直在不停地做著徒勞無功的工作，以至於在往後的規定裡，幾乎可以聽到他們精疲力竭的呻吟：時尚的潮流是否永遠沒有結束的一刻？一六九五年薩克森王國發布的禁奢令內文，直接抱怨時尚的快節奏本身就是一種罪惡，並懇請自己的官員及其家人將來不要在穿搭上再有顯著變化，「要一勞永逸地維持目前的穿著方式」。[8]馬圖斯・施瓦茨（Matthäus Schwarz, 1497-c. 1574）是奧古斯堡富格家族（Fugger）的銀行會計，也是一位時尚達人，他所收藏的服飾清單裡，呈現了當時時尚變化的快速程度（和奢華程度）。[9]

更糟糕的是，這些旨在鞏固社會秩序的法規，在規定誰可以在什麼場合穿什麼衣服

圖6.1　奧古斯堡的時尚達人施瓦茨展現他的最新穿搭，有著開衩的袖口和毛邊。圖片出處：*Das Trachtenbuch des Matthäus Schwarz aus Augsburg* [The costume book of Matthäus Schwarz of Augsburg, 1520–1560]. Leibniz Bibliothek Hannover, c. 1513。

的同時，反而為試圖提升社會地位的人們提供了詳盡的仿效指南。[10]例如，一二九四年法國的「反奢侈令」禁止所有市民階層的人穿貂皮，但這反而讓想要模仿上層階級穿搭的人有了參考。[11]無怪乎這些法規的序言裡，往往流露出一種惱怒到近乎歇斯底里的情緒，許多法規被多次頒布卻毫無效果。一四五〇年，法國的查理七世（Charles VII, 1403-1461, r. 1422-1461）回顧了他的前任君王所頒布的一系列為廷臣沾沾自喜的禁奢法律時，悲嘆道：「全世界再也沒有一個國家，像法國人這樣在服飾和裝束上如此畸形、多變、令人髮指、過當且定不下來。」[12]

確實，禁奢令與所有生活經驗相違背，這一點是任何曾經處理過高中校服規定的人都知道的（無論這些人是老師還是學生）。當局只需禁止貂皮飾邊（熱那亞，一一五七年）、開衩袖（費拉拉，一四六七年）或鞋尖長度超過一個手指寬度的「尖頭」鞋（蘭茨胡特（Landshut），一四七〇年），就會讓聰明人重新定義違禁品（「這個袖子不是刻意開衩的！只是剛好被東西割到了。」），又或者，下一季的時尚使去年的禁令失去了意義（「尖頭鞋早已過時了！」）。（圖6.2）

那麼，為什麼這些無效的規定會持續如此之久呢？對於經濟史家來說，這個謎團著實令人費解：為什麼市政當局要阻礙消費，從而抑制繁榮的基礎呢？對於那些因為奢侈

圖6.2　曾經流行一時的尖頭鞋。圖片出處：*The Translator Presents the Book to Charles the Bold. Quintus Curtius, Fais d'Alexandre le Grant* [Deeds of Alexander the Great, 1470], Paris, Bibliothèque nationale de France, MS fr. 22547, fol. 2。來源：gallica.bnf.fr / BnF。

品貿易（尤其是絲綢和天鵝絨等紡織品）而繁盛的城市來說，這尤其是一個令人困惑的問題（因為商品和財富集中在城市，禁奢令幾乎是城市現象）。這群歷史學家對這些顯然不合理的立法感到驚愕，並援引宗教的壓抑作為解釋。但也有異議的聲音指出情況更加複雜。奢侈品本身很少受到禁止；佛羅倫斯或熱那亞的官員並不打算殺死下金蛋的母雞，對金蛋本身也沒有任何意見。[13]此外，在某些情況下，違規者支付的罰款可能會增加城市預算，提供與現代城市交通罰款或營業稅一樣穩定的額外收入。[14]社會史家和文化史家對此有了更直白的解釋，因為至少有一些奢侈品法規顯然是為了穩定社會等級制度，並鞏固社會差異的象徵，無論是男人和女人之間、侍女和女主人之間、市民和農民之間、學生和工匠之間。但同樣地，更深入和更廣泛的觀察也削弱了這個解釋。並不是所有的禁奢令都是按照社會類別來頒布，即使是按照社會類別訂定的法規，也可能是重整而不是鞏固現有的社會階級。[15]

禁奢令所宣稱的動機是如此多元，而它們試圖抑制的特定奢侈形式也是如此，這使得我們很難簡單概括其目的與內容。在不同的時空裡，禁奢令以各種形式顯現，例如禁止在餐桌上過度鋪張的規定，在一三二七年的英格蘭法律就規定各階層每一餐只能有兩道菜上桌；[16]或者在葬禮上不該過度表達哀悼情緒，比如一二七六年波隆那（Bologna）

禁止婦女在服喪時哭著撕裂衣服和扯掉頭髮；[17]又或者禁止炫耀奢靡，比如一五六三年法國皇家法令威脅那些利用羊毛或棉花填充，使蓬褲更加膨脹的裁縫師將被罰款二百里弗爾（livre）；[18]又或者禁止引進與當地產品競爭的進口商品，比如一七一二年符騰堡（Württemberg）的法令控制進口瑞士生產的棉布。[19]這些規定的動機也同樣多元：可能是對上帝的恐懼（特別是在戰敗和瘟疫爆發後）、拯救良好家庭不會因為試圖跟上潮流而破產、對社會暴發戶侵犯更高階層之人的榮譽和尊嚴所產生的憤慨、確立性別（穿著異性服裝幾乎是唯一會受到體罰的禁奢規定）、[20]維護男女的美德標準、抑制奢侈和輕浮、乃至經濟保護主義。一般來說，宗教、社會和經濟上的正當理由會在同一文本中堆積起來，就像一六九五年薩克森法令中那包羅萬象的書寫風格一樣，它從不會只提供一個原因，而是一次提供兩個、甚至許多個理由：女性穿著半透明披肩既是不虔敬、不適當、不實用，而且還不健康。[21]有時候，同一件物品出於某個原因被禁止，之後又會因為完全不同的原因被重新禁止。一五六三年法國皇家法令禁止配戴金鈕扣（「不管含不含琺瑯」），因為這是一種奢侈的潮流，到了一六八九年，又有一條法令禁止了同樣的物品，因為時尚愛好者們正在熔化硬幣來製作金鈕扣，從而減少了貨幣。[22]

然而，從規則史家的角度看來，所有這些多變的規定裡，有兩個相對穩固的特質：

首先，它們的制定內容對細節的講究近乎苛刻，但在執行方面確保有相當的彈性；其次，即便面對幾個世紀的失敗後，統治者們往往拒絕放棄制定更多的禁奢規定。禁奢規定可能是一個反覆失敗的例子，但其失敗的原因裡蘊含了對於稱為規定的這個規則子類別的特別含義。

如果我們追溯幾十年乃至幾個世紀裡的禁奢規定，我們會發現，它們體現了一個明顯的趨勢，那就是規定愈來愈具體。沒有任何一位時裝雜誌《Vogue》的編輯在報導時裝秀的時候，能比最顛峰時期的禁奢令來得更加詳盡。在歐洲城市裡，這一趨勢通常與奢侈品貿易的興起，和與印度和中國等遠方商埠的商業接觸增加相吻合。最早的法令相對簡短且不具體。例如，一二七九年由菲利普三世（Philip III, 1245-1285, r. 1270-1285）頒布的法國法令規定，每餐菜肴限定為三道，餐點「非常簡單」，但也允許甜點上桌，只是甜點只限「水果和起司」，不包括「餡餅和蛋糕」；[23]而一二九四年關於服裝的法令則更為冗長，但在方法上仍然是普遍性的，例如年收入六千里弗爾以下的貴族，每年所能購買的新衣數量為「不得超過四件」。[24]然而，到了十七世紀，被禁止的奢侈品清單增加到包括金鈕扣、進口蕾絲和馬車等物品，並且對這些物品的細節有著細緻規範。但這些禁令與從前的禁令一樣，都被人們忽視。路易十四（1638-1715, r. 1643-1715）在一六七〇年頒布的法令，列舉了他自己統治期間前前後後發布過的禁奢法令：它們分別是在一六五六年十月二十五日、一六六〇年十一月二十七日、一六六一年五月二十七日、一六六三年六月十八日、一六六七年十二月二十日、一六六八年六月二十八日、一六六九年四月十三日頒布。[25]每一個法令都比前一個更加冗長、詳細，但正如一六七〇年法令的前言所坦承的，這些法令也更為無效。

從熱那亞、奧格斯堡再到巴黎等地，中世紀和近代早期歐洲的市政制度中，禁奢規定的日益增多和冗長，可視為經濟成長的一個粗略指標。可供購買的奢侈品愈多，誘惑也就愈大，也會有愈來愈多的暴發戶商人家族威脅著舊貴族家族的壯麗氣派。新的紡織品及新的時尚逐漸成為禁奢規定的焦點：一四六三年萊比錫的法令只規定了絲綢和天鵝絨，但到了一五〇六年，又增加了十二種物品，包括緞子和塔夫綢，而這其實也體現了萊比錫居民日益增長的財富和消費意願。[26]長途貿易的支柱和最具誘惑力的奢侈品，如絲綢、天鵝絨、緞子、錦緞、金線織品和其他豐富的織物，創造了財富和時尚。它們還改變了禁奢規定的走向。從古希臘羅馬對奢侈盛宴和喪禮的限制開始，禁奢規定試圖遏制奢侈和豪華的擺設，這最初只是出現在葬禮、婚禮和洗禮儀式上。雖然這些場合繼續受到監控，但從十二世紀開始，以義大利北部為起點，個人服飾已經成為禁奢規定的焦點。究竟是誰的服裝和飾品受到審查，在各地區皆不相同。在一二〇〇年到一五〇〇年間由義大利城邦頒布的大多數禁奢規定，限制了女性的服裝；法國的法律似乎更關注那些自傲的男性貴族；而巴伐利亞人則緊盯著每個人和每項事物。[27]立法背後的動機也同樣多樣，但幾乎在所有情形下，維護社會階級外顯可見的象徵和阻止不必要的消費，在官方對於為什麼要禁制奢侈品的說法中，都占有突出的地位。

這些規則與第三章討論過的同時代使用說明手冊，至少有三個重要差異。首先，它們不是引導人們「該怎麼做」，而是禁止人們「不該怎麼做」的規則，清楚地說明了哪些鞋子、帽子或飾品被禁止，以及是針對誰和在什麼情況下禁止。其次，它們是經常會被強制執行的法令，而不是用來提升自我的自發性服從規則的指南。第三，它們試圖將人們的自我判斷縮小到極小程度。禁奢法令充斥著各種細節，但它們不是厚規則。制定它們的立法者希望執行法令的人或服從法令的人，都在解釋、特例和裁量方面有著詳盡說明，以免於人們過多的自我詮釋。它們也不像我們在第五章中所遇到的關於演算法則那樣的薄規則。理解並遵循它們需要對各地的情況有大量背景知識。時尚史家各自有著整部辭典，記載了各種時效甚短卻不可或缺、某個時代用來描述特定服飾的晦澀術語。[28]但禁奢規定在一個面向上與厚規則和薄規則相似，或者確切地說，是在同個面向上相似：

它們都充滿了細節。像第三章的厚規則一樣，它們沉迷於具體細節；像第五章的薄規則一樣，它們旨在嚴格遵守細節，要求最少限度的審度判斷，這些規定必須要按照有關襟口、袖長和天鵝絨飾邊的具體細節來執行。

制定規則者和違規者陷入了一個無止盡的循環，其中包括頒布禁令、逃避禁令、創新和重新修訂禁令，而這就是所謂的時尚。如果今年的法令禁止了長而尖頭的鞋子，明年同樣極端且昂貴的款式將會出現高跟鞋和鞋釦。等到當局跟上最新潮流的時候，裁縫師、鞋匠和他們的顧客都已經轉向了下一種風格。這些日益詳細的禁令浪潮可能意外地加快了時尚的節奏，因為供應商創造了新奇之物，顧客也樂於接受，以保持永遠比當局禁令快了一步。[29]結果有點像是一個不斷修訂的稅法，用來填補由聰明的會計師所發現的漏洞，而他們將利用每一個還沒被明確禁止的歧義和可能：這是如此複雜的細節糾葛，以至於在實踐中變得更加模稜兩可和難以執行。當法國官員提出要來澄清一五四九年禁奢法令時，當時人們提出的問題提供了關於天鵝絨帽和社會地位的一種詮釋：「天鵝絨帽和天鵝絨鴨舌帽是否包括在禁止的『天鵝絨蘇格蘭帽』中？（是）」；「『技工』一詞是否適用於零售商、金匠、藥劑師和巴黎其他主要行業，技工的妻子是否可以穿著絲質飾邊和其他裝飾？（是的，雖然他們都是技工，但他們的妻子可以穿絲質飾邊和袖子）。」[30]

這是一種無預期後果的法律的典型例子。當官員試圖藉由堆積具體細節來限制個人對規定的判斷與解釋時，他們也不經意地鼓勵了創新和詮釋。

因此，禁奢規定很難執行，哪怕我們有著強而有力的證據顯示，官員偶爾試圖以各種手段來執行它們。早在一二八六年，波隆那似乎已經成立了一個特殊的管理機構來處理違反禁奢令的行為；許多城市提供檢舉人多達罰款一半的獎金；而一四六五年的威尼斯法律承諾給予舉報揮霍的主人和女主人的奴隸自由。[31]但官員們遇到了頑強的阻力。除了舉報雇主和親近的人所面臨的社會風險（因為這些人通常來自有權勢和富有的家庭），違規者也會反抗規定。他們拒絕支付罰款，有時甚至侮辱或襲擊官員，而官員們也因此難以招募，甚至他們自身也會因逃避職責而受到罰款。[32]即使他們避免了侮辱和傷害，官員們也要面對一連串的抗議和藉口：「這老東西怎麼會違規！早在那些法規出現以前我就在用這個東西了！」「這怎麼會是絲綢？這只是羊毛的仿製品！」「我有資格在我的袍子上繫緞帶：我有神學博士學位。」[33]一六九五年的薩克森法典警告法官，那些違反其二十六頁詳細規定的人會編派各種「對法規的曲解和欺騙性的藉口」。[34]禁奢令的具體性引發了對細節和解釋的爭論。

事態的複雜程度，並沒有因為規則本身所做的區別和例外情況的增加而變得簡化。

雖然一些城市，如帕多瓦（Padua），將禁奢規定應用於所有居民（無論其社會地位如何），但許多其他城市在禁止飾品和可以佩戴它們的人的階級之間，進行了極其微妙的區分。[35] 一六六一年的法國法令規定，女性可以佩戴（僅限國內生產的）蕾絲花邊和其他寬度不超過兩英寸的裝飾，「這可以環繞在洋裝和裙子的正面與底部，以及袖子的中間」，並給了男性更詳細的指示；[36] 一六六〇年的史特拉斯堡（Strasbourg）禁令對居民的兩百五十六個階級進行了區分，並詳細說明了每個階級所被允許和不允許佩戴的物品。[37] 要實行這樣的區別肯定是一個惡夢：誰要去檢查蕾絲花邊寬度為是否超過二・二英寸、又或者出現在袖子的錯誤部位上？誰有權決定那位穿著貂皮裝飾斗篷的女士屬於社會第一百三十五還是第一百三十六階級？此外，這些規則本身還引入了一些例外情況。一四五九年的威尼斯法令指出，當外賓來訪時，為了展現城市的繁榮，允許女性暫時免受禁奢規定的限制；[38] 一五四三年的法國法令在開始執行前，提供了三個月的寬限期，以便公民可以穿上新購買的華麗服飾；[39] 波隆那、帕多瓦和萊比錫都對在他們的大學就讀的外國學生提供了豁免權。[40]

不足為奇的是，細節眾多、細微差別、頻繁修訂、眾多例外情況，以及無情的公眾抵制，種種因素加起來的綜合效應使執法變得極其困難。這些因素的組合，在個別案例中導致負責的官員必須行使相當大的自由裁量權。如果我們對中世紀和近代早期義大利所流傳迄今，對於執法相關的史料進行深入研究，我們會發現違法者似乎很少支付全額罰款，法官經常放寬規定，以便「設計一個柔軟、適應現有情況的靈活裁量媒介，而這必須小心和慎重地執行。」[41]正因為規定之詳細，使得一六九五年的薩克森禁奢令將官員的裁量權提升為一項原則，指示官員應以警惕和寬大的名義行使。一方面，法官應該留意「當前法令中未明確禁止的新的時尚鋪張行為……因為法律無法涵蓋所有事物，也無法預見未來的新發明」；另一方面，任何不是因「傲慢自大，而是認為這（衣物）不適合他的地位」而違反禁令的人應受到寬容對待。[42]儘管旨在藉由令人卻步的詳細細節，來消除違規者和某些特殊理由來解釋規則的自由裁量權，但禁奢規則，就像我們在第三章中遇到的技術技藝規則一樣，需要官員在實際應用於特定案例時行使裁量權。然而，與第三章的厚規則相比，這種裁量權完全是單方面的。就像在第二章中討論的《聖本篤清規》一樣，裁量權是有權者的特權：是官員，而不是違規者，得以決定是否要在個案中通融或懸置規則。

在十八世紀，歐洲的禁奢規定已經逐漸式微（雖然在其殖民地未必如此），[43]舊的規則不再被執行，也沒有新的規則出現。研究奢侈品立法的歷史學家指出，一七九三年法國大革命是宣布人們擁有隨心所欲穿著權利的分水嶺。然而，即使這項法令也包含了限制：服裝必須符合公民的性別，佩戴三色綵帽是強制性的。[44]禁奢規定在我們現今的世界也仍然存在，其中絕大多數用來規定女性可以穿著的服飾，這可能是以宗教或是節制之名，例如二〇一九年十一月蘇丹革命後廢除的規定；也可能是以世俗自由政體之名，例如法國二〇〇四年禁止在公共場所佩戴任何顯眼宗教符號的法律，而這是對幾十年來關於穆斯林女性是否可以在學校佩戴頭巾的辯論之結果。[45]明確規定服裝的場域在學校、軍隊、醫院和學術典禮中都依然存在，這包含了帽子、長袍和兜帽在內的彩色禮袍。

此外，針對在什麼場合應該穿著什麼服飾的隱含規定，也依舊強勢。如果你對此感到懷疑，只需要試著穿著泳裝參加面試，或是穿著燕尾服參加烤肉派對就可略窺一二。無數關於女性在公共場域中地位的抗議和辯論，不論是在街頭上還是在網路上，都清楚地體現了那種對違反隱含服飾規則的人施加制裁（有時甚至是暴力制裁）的情緒仍然存在威脅。現代社會可能以無節制的消費和得以自由穿著感到自滿，人們可以隨心所欲地穿著任何喜歡的服裝。但穿著的權利從來都不是無條件的；甚至在不受書面規定限制的情況下，也從未平等地讓所有人享有。

這個漫長而奇特的禁奢規定史，告訴了我們關於這些最微不足道的規則的性質。首先，細節和具體性永遠無法消除模棱兩可和解釋，相反地，一旦有動機和機會，人們總會鑽漏洞導致解釋出現，就像中世紀的市政府試圖管理服飾時所發現的狀況，以及現代政府試圖完善稅法時所學到的經驗。其次，規則的失敗，即使是幾世紀以來都被承認的失敗，也不能成為放棄管理的充分理由。我們不會指望政府就此向逃稅者妥協。對於服飾穿著的規定，也不是一勞永逸地被埋葬於過去。只要出現與政治密切相關的聯繫，比如毛皮衣物對動物的殘忍、棉花和廉價服裝與血汗工廠工作條件之間的關係，就能重新引起人們對禁止特定服飾的關注。新頒發的禁令可能不會像近代早期歐洲城市所頒布的禁令那般全面，但即使它是基於大眾普遍同意的原因，也不會變得更容易執行。幾乎每個活在中世紀和近代早期歐洲的人都會同意，過度奢侈是不道德和浪費的，但他們對於自己身上穿的蓬褲或金飾是否算是奢靡的問題，卻存在激烈分歧。第三點也是最後一點，由於執行上的困難，隱含規範比明文規定更能夠實現其所預期的結果。往往只有初來乍到的人，需要被告知某個社交場合的隱含服裝規範，而違反這種規定的情況往往罕見或是刻意為之（例如，瑪琳・黛德麗（Marlene Dietrich）在一九三〇年的電影《摩洛哥》（*Morocco*）中為了戲劇效果而故意穿著男士的晚禮服）。

對於規則史家來說，禁奢規定帶來的難題是，為什麼它們有著幾近瘋狂的細節和如橡膠般可塑的可修改性，以及它們從未達到隱含規範的地位？它們永遠無法成為第二章所提到的那種作為典範的規則，也無法成為第三章的厚規則（甚至是第四章的前現代演算法則）：如果一個模範或例子在幾個月內就過時了，那又怎麼稱得上範例呢？如果大量具體細節不能像厚規則中的例子那樣，通過類比來變得普遍化，那麼這些具體細節有什麼益處呢？如果禁奢規定的制定者能夠停止時尚的發展，就像一些宗教社群所做的，明文規則可能已經硬化成為隱含規範。但這樣的勝利通常是以鐵的紀律，以及與其他社會隔絕開來為代價，就像阿米什人（Amish）的情況一樣，因此這樣的勝利通常是罕見又脆弱的。相比之下，交通規則最終確實獲得了勝利，儘管其進展緩慢而不穩定，對人類行為的掌控也始終不牢靠，一如所有城市居民都知道的，交通法規究竟有多麼脆弱。

無法治城市的規則：啟蒙時代巴黎的交通規則

「規則涉及一個人必須做的事情；而規定則涉及一個人必須如何做事。」[46] 十八世紀歐洲啟蒙運動那偉大的《百科全書》中「規則、規定」這一條目的作者，試圖針對這一難以捉摸的區別提煉出其本質。他致力於確定規則和規定之間區別這件事的時間和地點，都不是偶然：十八世紀中期的巴黎，是當時歐洲試圖藉由無與倫比的警察權力和大量規定來控制城市的混亂中，最受推崇也最受譴責的地方。以下是從一六六七年到一七八九年大革命前發布的數千條條例中挑選出的幾個例子。

巴黎，警察條例，一七三二年六月二十二日：有人無視一七二九年的法令，依然將馬車租給十七歲以下的司機，或在街上騎乘已定為馱獸的騾子和馬，致使行人受傷。[47]

巴黎，警察條例，一七五〇年十一月二十八日：有人無視一六六三年、一六六六年和一七四四年的法令，巴黎人仍然不在早上七點打掃門檻，仍然把夜壺的排泄物倒在街上，仍然用糞便和磚塊堵塞街道，並且普遍「完全不遵守當局反覆發布的法令、條例和禁令」。[48]

巴黎，警察條例，一七五四年九月三日：有人無視一六六七年、一六七二年、一七〇〇年、一七〇三年、一七〇五年、一七二二年、一七二四年、一七三二年、一七四六年和一七四八年的法令，巴黎人仍然在街上玩耍，危害過往行人，打壞街燈。「服務生、工匠、打工的人和其他年輕人」這些罪魁禍首被勒令停止他們的行徑，並支付二百里弗爾的高額罰款。[49]

這些規則是從一六六七年，巴黎警察局長（Lieutenant de police of Paris）辦公室創立之際，根據皇家法令的詞句，用來「確保公眾和個人安寧，清除城市中可能導致混亂的一切，促進繁榮，讓每個人都按照其地位和身分生活」，[50]並且是直到一七八九年法國大革命爆發為止所發布的成千上萬條警察條例的典型代表。逮捕和懲罰罪犯在警察的優先事項中排序較低；更重要的工作，是從消防到街道清潔、交通到照明等涵蓋各個面向的警察條例，這些條例源源不絕，試圖管理城市生活的每一個細節。[51]沒有任何不服從的行為能夠逃過警方的注意：堵住聖保羅街（rue Saint-Paul）的魚販、在法蘭西喜劇院（Comédie-Française）表演時發出噓聲的暴徒、罵行人的馬車夫等等。這些規則在數量、範圍、細節和野心上都是前所未有的，旨在控制城市範圍內的每個人和一切事物，並將以混亂聞名的巴黎變成一個人人總是遵守所有規則的地方。從前巴黎人對規則所能實現的願景從未如此全面和堅定。

然而，這與城市的真實生活形成了荒謬的對比。如果有一件事是巴黎人和遊客都能夠一致認同的，那就是啟蒙時代的巴黎是一個骯髒、臭氣沖天、擁擠混亂的地方；在當時和現在一樣，要過馬路就得拼命。一位十八世紀中期的德國遊客抱怨道：「無蓬馬車、有蓬車和街頭小販的喧囂聲連綿不斷……骯髒的街道、各式各樣可怕的蒸汽和不健康的臭味瀰漫。」[52]巴黎本地人路易－薩巴斯欽・梅西耶（Louis-Sébastien Mercier, 1740-1814）在他的《巴黎景象》（*Tableau de Paris*）中，描述了十年後左右的巴黎，其中有驚恐的行人為了逃避馬車，在狹窄巷道上飛奔的可怕場景，並譴責了這種車輛的「野蠻奢華」。[53]在他的烏托邦小說《二四四〇年：從未如此的夢》（*L'An 2440: Rêve s'il en fut jamais*, 1771）中，梅西耶想像了未來的巴黎，對於他這位時間旅人來說，巴黎人變得有禮貌、勤奮，並放棄了高級時尚，轉而穿著堅實、樸素的服裝。街道變得寬闊、明亮，對行人來說非常安全（包括君王也已經放棄了他的御用馬車）。[54]值得注意的是，他認為巴黎需要大約六百五十年的時間才能實現這些對城市生活的改善。與此相比，巴黎警察局長不斷發布的那些繁瑣且無止盡的規定，似乎遠遠不足以控制啟蒙時代的巴黎。

然而，這些規則還是源源不斷、數以千計地出現，每一條都比前一條更加堅實，也更被期望會為人們嚴格遵守，而這樣的期望則由罰款或更嚴厲的處罰所支持。只有在字裡行間，對之前明顯無效的一長串法令的沉悶重述，以及序文中的惱怒語氣透露出，這一切都未必完全按照期望來進行。在屢屢失敗的規則面前，制定規則的人的頑固和重複僵化的態度令人印象深刻。相比之下，即使是禁奢令也在拼命努力跟上時代的腳步，就像服飾經常被改動以追逐最新款式一樣。啟蒙時代巴黎的規則狂熱代表了一種新型規則的出現，與我們在第三章中遇到的十五和十六世紀的厚規則形成了鮮明對比。後者在被制定時，幾乎總會考慮到其在實踐中所必要的調整，而制定規則者則從一開始就預料到了例外情況。這些早期的規則在制定上是如此富含彈性，與後來的巴黎條例截然相反，它們既不像在第四章所見的格林威治天文台中，或第五章的英國《航海年鑑》中關於演算的薄規則那樣，認為上下文可以永遠保持不變。十八世紀的巴黎是一個充滿新奇、新企業和人們奮鬥向上的地方。巴黎當局如此自信地認為，他們可以制定成功的規則，就彷彿特定事物總是會符合普遍規律，就彷彿巴黎人總會按照他們所規定的方式行事一樣；儘管有如此豐富在執行規則上失敗的經驗，這背後的答案依舊是一種對秩序的迷人幻想，而這種幻想讓巴黎警察深陷其中。

圖6.3是取自一份一七四九年提交給路易十五（Louis XV, 1710-1774, r. 1715-1774）的巴黎警察官員手稿，由畫家加布里埃爾・聖歐班（Gabriel Saint-Aubin, 1724-1780）精心繪製，展示了牌照的發明。它的作者法蘭索瓦－雅克・吉約丹（François-Jacques Guillote, 1697-1766）是一位常駐巴黎的警察官員，也是《百科全書》編輯狄德羅的朋

圖6.3　為巴黎的馬車和馬匹來編號的計畫構想。
圖片出處：François-Jacques Guillote, *Mémoire sur la réformation de la police de France* [Memoir on the Reformation of the French Police, manuscript presented to Louis XV, 1749], reproduced from *Mémoire sur la réformation de la police de France. Soumis au Roi en 1749*, ed. Jean Seznec (Paris: Hermann, 1974)。

友，[55]他在同一篇論文中提出了要為巴黎房屋來編號，甚至是每個房子內每個樓梯的編號，以及每個樓層的每個公寓的字母編號。他建議發行一種身分證，讓警方能夠追蹤巴黎大約五十萬居民的出入情況。他想像中的一台能翻動紙張的巨大機器，讓警方能夠在數百萬份文件中，以轉動輪子的方式找到正確的文件。（圖6.4）他希望建立一個有著精細網絡的警察系統，「讓每個人都能自由行善，也讓作惡極其困難。」[56]他對於一七五〇年左右蓬勃發展、發展迅速且惡名昭彰的巴黎市規範非常著迷。也難怪研究監視概念的哲學家傅柯對十八世紀巴黎的中央警察制度非常著迷。吉約丹的論文是一場對城市生活各方面（從交通到收集垃圾）監視和控制的幻想演繹。[57]

當然，一看到十八世紀巴黎警察實際付出的努力，就可以確認這純粹是一種幻想。當時的證詞見證了街道的骯髒、惡臭和擁擠，因為手推車、馬車、馬匹、驢子、行人和市場攤位爭奪著泥濘小巷中的空間。而這

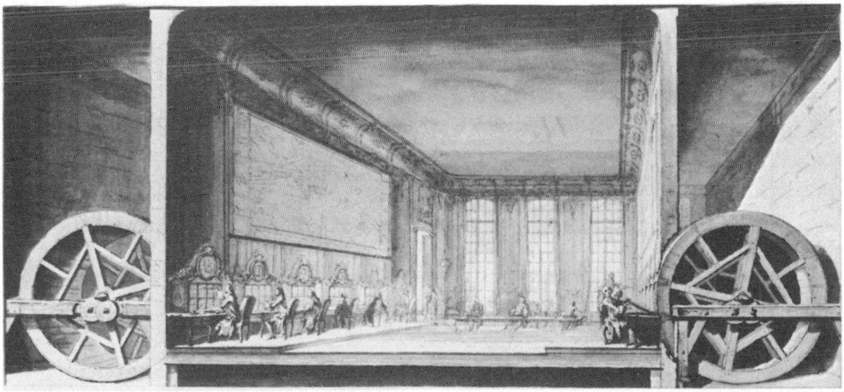

圖6.4　在吉約丹的構想中，用來檢索警方檔案的機器。圖片出處：François-Jacques Guillote, *Mémoire sur la réformation de la police de France* [Memoir on the Reformation of the French Police, manuscript presented to Louis XV, 1749], reproduced from *Mémoire sur la réformation de la police de France. Soumis au Roi en 1749*, ed. Jean Seznec (Paris: Hermann, 1974)。

些小巷堆滿了垃圾，通常中間還分隔著一條理應將垃圾帶到塞納河中的骯髒渠道。[58]人行道是在當時十分罕見，[59]正如人行道的法文 **trottoir** 和 **montoir** 所暗示的，這些高高的步道最初的目的，是讓騎手更容易上馬。[60]在街上漫步的行人們都生活在被速度飛快的馬車，或是可能剛完成工作飛奔而歸的騾子給撞倒的恐懼之中。從十六世紀末到十九世紀中葉，巴黎的警察和市政管理者將他們的主要任務視為征服公共空間，而這通常歸結為保持街道清潔，並清除障礙物好讓交通順暢無阻。（圖6.5）

那麼，要如何做到這一切呢？巴黎就像許多近代早期歐洲城市一樣，於十七世

圖6.5　巴黎新橋（Pont-Neuf）交通堵塞的一景。圖片出處：Nicolas Guérard, *L'Embarras de Paris* (Pont-Neuf) [Paris Congestion, c. 1715], Musée du Louvre。

紀末擺脫了束縛它的中世紀城牆，同時，它的人口和商業活動也在急速增長。北大西洋貿易收入的增加引發了一場建築熱潮：到一七七九年，巴黎估計擁有五萬棟房屋、十七個廣場、十二座橋梁、九百七十五條寬度從約兩公尺到二十公尺不等的街道，人口約為六十五萬左右。[61]它從一個在一五九四年只有八輛馬車的城市，到一六六〇年有約三百輛，在一七二二年時則有大約一萬四千到兩萬輛馬車。[62]除了在城市重新規畫的城牆上新建了一些寬闊大道之外，大多數街道都是彎曲狹窄的。房屋雜亂無章地排列，每個建築都面向不同的方向，占據了彼此之間的少許空間。[63]吉約丹思索的是要將城市打掉重建的念頭。[64]

然而現實中，是巴黎警察負責整理這場混亂。從十七世紀末開始，巴黎警察負責幾乎所有城市管理的工作，不僅要保證市民的安全，還要保證他們的舒適和便利。阿姆斯特丹常常被當時的觀察者視為近代早期警務的典範，從廣義上來說，這種警務不僅保障安全，還保障福利和秩序。阿姆斯特丹因其清潔、漂亮且統一的街道立面、高效的汙水系統、寬敞的廣場、夜間燈光照明、嚴格管制的交通和收容所而受到讚揚，這些措施使無家可歸的人無法進入公眾視線。阿姆斯特丹確立了一個巴黎和倫敦遠遠無法達到的標準。[65]（圖6.6）到了十七世紀末，西歐的大都市相互競爭，試圖矯正、照亮、清潔、拓寬、（和最重要的）整頓他們的街道，並賦予警察實現這些改善工程的巨大權力。在一六六七年巴黎警察局長職務設立之後，大約有五十名在城市各區報告的警官，每天收集成千上萬份按時間和字母排序的檔案。警察成為了法國絕對主義官僚制度的先鋒，受到整個歐洲的讚賞和恐懼。[66] 政治經濟學家暨巴黎警察檔案館館長雅克・佩歇（Jacques Peuchet, 1758-1830）將巴黎警察局長描述為「警察機器的核心；

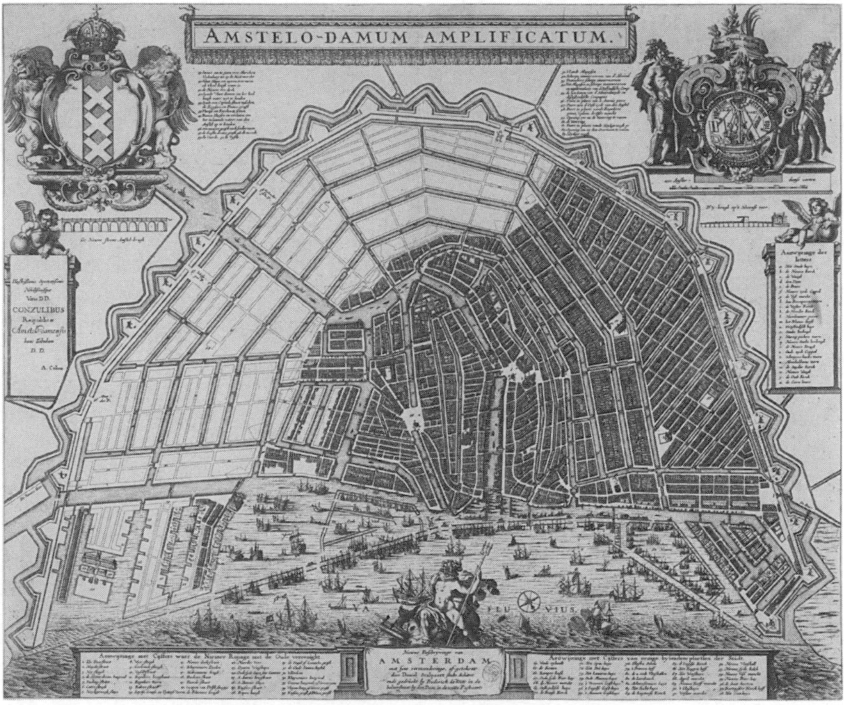

圖6.6　阿姆斯特丹的地圖，展現其為一座對稱擴張的城市。圖片出處：Daniel Stalpaert, 1657, Rijksmuseum, Amsterdam。

所有周圍的規範都以他為圓心，只有他能使它們運轉」。[67]吉約丹對監視和文書工作的幻想聚焦於巴黎警察，並非偶然。

多數這些文書是由法規所產生的，[68]法規規定了一切，從誰可以擁有家庭實驗室（只有藥劑師和化學教授可以）、駕駛租來的馬車的最低年齡（十八歲），到合法慶祝皇室誕辰的方式（可以在窗戶上點蠟燭，但不能向空中開槍）、可以並排拉行的馬或騾子的最大數量（兩匹）、金銀應該如何使用（僅限於硬幣，偶爾可以給大主教用於十字架）、沿主要幹道種植樹木的間距（至少要相隔十八英尺），以及無數禁止阻塞街道的規定（包括垃圾、雪、手推車、動物、磚塊、攤位或球賽）等等。[69]按照年分順序來逐年閱覽這些法規，偶爾可以瞥見經常被歷史學家視為啟蒙時代里程碑的事件：例如，一七三二年聖梅達爾（Saint-Médard）墓園因據稱有患者奇蹟痊癒而關閉，或者一七五二年《百科全書》被列禁書的事件。但這僅僅是巴黎警察日常法規工作中的滄海一粟而已。這些法規的範圍和細節令人驚嘆：它們是一種英勇的嘗試，試圖預見、對抗和規範每一種可能對公共安全和良好秩序構成挑戰的情況。正如孟德斯鳩（1689-1755）所說：「『他們』永遠在關注細節……注重規定而不是法律。」[70]

但顯然所有這些官僚的遠見、監視和記錄多是徒勞。所有違規行為都會被罰款，有些甚至會被判入獄，而那些鄰里專員對違規行為的每日報告則提供了當時監督和執法的證據，即使是對微小的違規行為也是如此。每逢週二和週五，巴黎警察局長在大夏特萊堡（Grand Châtelet）聽取案件，例如，對「住在哈萊街（rue de Harlay）的特魯克小姐罰款三百法郎」，[71]因為她穿著一件印有紅玫瑰的走私印度棉布（即印花布）裙子，或對寡婦吉拉爾罰款一百蘇（sue），因為她在一月的晚上九點將夜壺倒在街上（當然，事先大喊『下面小心！』並不被視為辯護的理由，這是對過路人的警告）。[72]更嚴重的違規行為（如超速騎行），以及累犯案件會受到更重的罰款，而基於鄰里專員通常會拿取罰款的一部分，他們有動機找到並起訴罪犯。

然而，這些法令被重新頒布的次數之多，其內容往往與早期的法令完全一字不差（除了厭煩的序言反覆哀嘆，必須重述這些規定之外），這是它們無效性的證據。請回憶我一開始提到的例子：一七五〇年十一月二十八日的警察條例關於清潔街道的規定，完全照搬了一六六三年、一六六六年和一七四四年的法令（巴黎人仍然沒有在早上七點醒來打掃門檻）。[73]禁止在巴黎街頭遊戲的法令在一六六七年到一七五四年間重新頒布了十七次之多。[74]一項一六四四年的皇家法令再次禁止進口蕾絲花邊，並絕望地寫道：「過去的經驗表明，我們以及歷任君王所制定的所有規則都是徒勞的，並且沒有被妥善執行，只是展現了人們對他們的權威、地方官員的軟弱和這個世紀風氣腐敗的蔑視。」[75]

面對無法讓巴黎人挖雪、放棄蕾絲花邊、停止在街上玩球，或在指定時間把垃圾放入指定容器等規則的羞辱性失敗，警察機構的反應是發布更多更詳細的法規，加倍加強監視和報告。吉約丹向路易十五提出的論文建議要有更多的警察督察、更多的報告、更頻繁地記錄和觀察每個人和每件事。回過來看，這看起來像是一個規則失敗的顯著例子，當時則被解釋為對規則進行修復的呼籲：如果現有的規則遇到了阻力和例外情況，解決辦法就是編織一個更緊密的規則網，修補漏洞並抓住違法者。這種官僚制度反射性的反應，對我們來說如此熟悉，以至於我們幾乎沒有質疑它的怪異之處。為什麼對失敗的規則的反應是重複舊的規則並制定新的規則呢？是什麼樣對秩序的幻想、對規則的遠見，使得無論多麼相反的證據，都無法動搖那以世故聞名的巴黎警察局長、一個見識過一切並了解每個人秘密的人？可以說，巴黎警察局長是法國乃至歐洲最重要的官僚，他們拒絕向巴黎人的頑固屈服。

究竟為什麼在面對一次又一次的失敗以後，還會對制定規定這件事如此固執不已？為什麼這麼多條例既沒有被廢除也沒有被修訂，而只是被原封不動地重新發布（除了再次撰寫那脾氣暴躁的序言），即便大多數巴黎人顯然對它們毫不在意？在面對種種令人遺憾的失敗，序言中對失敗的解釋範圍從試圖和解（根據一七三五年重發的一份火災規則的序言，人們可能只是忘記了以前的法令），[76]到憤怒（人們將金幣和銀幣熔化製成鈕扣，來滿足自己的虛榮心是不可容忍的）[77]都有。巴黎的歷史學家記錄了巴黎人的抵抗和法規無法控制混亂的不足之處，但很少提及法規本身令人困惑的固執和僵化。[78]

十五和十六世紀的規則狂潮同樣充斥著法規，同樣自信於正確的規則能解決所有問題，從學會游泳到得以企及不證自明的真理。但是早期的規則充滿了示例，在示例裡遇到例外情況時也非常靈活。禁奢規定很少成功，但其失敗並不能歸咎於規則面對抵抗時過於僵化。真要說的話，反而是禁奢規定對情境變化的**反應過度**，以及執行上過於靈活（且零星），以至於難以發揮作用。相比之下，旨在為啟蒙時代的巴黎帶來秩序的警察法規在制定上是僵硬的，如果依夏特萊刑警法官的檔案來看，其執行過程也始終如一。[79]這就好像巴黎警察患有某種強迫性神經官能症，注定要年復一年地重複同樣徒勞無功的規則，無法或不願意適應情況。

讓他們如此固執的原因之一，在於十七世紀末開始的歐洲大都市之間的競爭，這種競爭在十八世紀不斷升級：阿姆斯特丹、巴黎和倫敦不僅相互競爭，而且相互模仿，進而默許確立新的一級都市標準，這包含了城市應該有什麼樣貌、什麼喧囂、什麼氣味。

旅人和官方代表報告了阿姆斯特丹新的消防栓和街燈系統，這些系統很快被倫敦和巴黎所模仿。[80]巴黎的奢侈品櫥窗陳列在聖奧諾雷街（rue Saint-Honoré）上，同樣也出現在倫敦的時尚購物區。城市相互競爭著，爭奪最暢通的交通、最壯觀的公園和步道，以及最乾淨、最明亮的街道。[81]例如，當瑞典女王克里斯蒂娜（Christina, 1626-1689, r. 1632-1654）於一六四九年頒布了一項法令，要升級斯德哥爾摩的街道時，她指出這些便利設施屬於「富裕城鎮的恩惠和便利」。[82]即便所有這些改變所描述的目標，都是為了城市居民的舒適、安全和便利，但當局也極其關注外國人的評價。例如，當巴黎警方再次禁止商販在新橋擺設攤位時，他們不僅僅是指出攤位造成的交通擁擠，還指出攤位擋住了「最壯觀、也是最受外國人讚賞的景色」。[83]

將所有這些措施，包括交通管制、消防、清潔街道和美化景觀都捆綁在一起，視為「現代化」的嘗試，是一種誘人的陳述。而這確實也是城市史家習於描述的說法，提到十七世紀晚期和十八世紀，都是從中世紀城牆環伺到不斷擴張、成為人口繁盛的商業都會的過渡。但更準確的說法是，這些城市之間的競爭正在創造現代性的第一個樣態，這種現代性與科學和技術（十九世紀版本的現代性）幾乎沒有什麼關係，但與秩序性、可預測性，以及可想而知的規則有著密切的聯繫。當梅西耶想像未來的巴黎時，他並沒有預見交通和通訊技術的奇跡。在二四四〇年，巴黎人仍將乘坐馬車和走路出門，但他們將以有秩序的方式來生活。比起努力實現一個尚不存在的現代性願景（當然不是以「現代性」之名），啟蒙時代的巴黎及其競爭對手們正在追求已經在阿姆斯特丹那外觀統一的市容、高效的汙水系統、暢通的交通，以及夜晚燈火輝煌的街道中所瞥見的景象。在這樣的城市裡，人們日常生活中可被預測的範疇大幅拓展，至少在城市範圍內是如此。荷蘭人在同一時期，還開創了基於數學的年金、樂透和保險計畫，以限制機遇在人類事務中的作用，而這並非偶然。

在政治經濟學家阿爾伯特・赫緒曼（Albert O. Hirschman）廣受讚譽的著作《激情與利益：資本主義在其勝利之前的政治論述》（*The Passions and the Interests: Political Arguments for Capitalism before Its Triumph*, 1977）中，他描述了啟蒙思想家〔如伯納德・曼德維爾（Bernard Mandeville, 1670-1733）和亞當・斯密〕如何重新定義了貪婪和自利追求。這些思想家認為，即使自私的舉動並不能使人們變得具備美德，但它確實使人們變得可以預測，這就是利益相對於野心、憤怒和欲望等波動激情的最大優勢。利益起初是「平靜的激情」，非常適合馴服狂暴的激情，最終幾乎成為有德行的品德，因為它們促進了商業活動並穩定了社會生活。[84] 赫緒曼沒有解釋的是，**為什麼**這種良性利益的信仰（正如他的副書名所宣告，是早於資本主義的勝利，而不是正當化資本主義的目的），會在何時何地出現。畢竟，激情自古以來就被哲學家和道德家譴責為理性和美德的敵人。此外，為什麼認為較為平靜的利益，能夠克制惡名昭著的狂野激情這件事會具有說服力呢？最後，為什麼可預測性比真正的善良更好呢？

在回答這些問題時，至少部分答案就藏在對利益不斷提升的探討中，這也部分回答了為什麼巴黎警方如此固執地發布和重複發布成千上萬的規則，而沒有做出調整，更不用說承認失敗了。在這兩種情況下，哪怕只取得少部分的成功，無論有多麼片段和脆弱，也激發了可能達到完全成功的希望。市政當局不像厚規則那樣向立即的經驗低頭，而是寄望於經驗最終會屈服於規則。在某些地方（雖然為數不多但人口眾多）以近代早期歐洲標準，已經實現了驚人的秩序和可預測性，並且在言論和圖像上都得到了廣泛宣傳。阿姆斯特丹在這些城市改善理想的願景和修正中扮演了主要角色。但即使在混亂的巴黎和倫敦，也正在形成由上至下或由下至上，強制實施的規範所帶來的微觀秩序體系。即使是最簡單的交通慣例也被視為新穎的創新。梅西耶的時空旅人觀察到，二四四〇年的巴黎交通保持向右行駛的規律：「這種避免阻塞的簡單方法是晚近才發現的；這證明了所有有用的發明都是隨著時間產生的。」[85] 一七八六年，倫敦的遊客被建議行走在這座擁擠城市的街道時，要貼著右邊的牆壁行走，「這麼做你將不會受到干擾，每個人都會讓路給你。」[86] 一八三一年，在梅西耶的書出版五十年後，但在他認為巴黎人最終會發現這種簡單方法並付諸實行的六百年前，巴黎警方發布了一項法令，指示交通保持向右行駛。[87] 變化來得緩慢，但並不像一位熟悉十八世紀巴黎混亂交通的觀察者所預測的那樣緩慢。

在巴黎，自一六六八年到一七〇五年間在城市的舊城牆上建造了從聖安東尼門（**Porte Saint-Antoine**）到聖奧諾雷門（**Porte Saint-Honoré**）的寬闊大道，成為了這種微觀秩序體系之一。（圖**6.7**）它們在整個十八世紀都受到遊客和居民的廣泛讚譽，梅西耶在一七八〇年代仍然對它們讚賞有加。這些城牆大道藉著種植的樹木來分隔出車道，是巴黎歷史上第一次將馬匹、馬車和行人的交通區分開來。在乾燥的季節，會在灰塵飛揚的小徑上灑水；在潮濕的時候，則是會撒上沙石；無論何時，它們都受到廣大民眾的歡迎，成為了一個寬敞安全的散步場所。一七五一年某項法令的開頭，就自豪地宣告這些城牆大道有多麼好，並斷言警方打算「清除所有阻礙，以滿足公眾期望的吸引力和舒適度」，並確保它們持續保持「舒適且徹底的整潔，這對於沿著城牆大道乘車或步行的人們的滿意度有很大的貢獻。」[88] 在城牆大道上，已經創造並維持了一個秩序的綠洲，與巴黎其他地區的混亂相比，這只是一個小小的成功。儘管如此，這種成功培育了一種野心，即秩序的綠洲是可以擴大的。

新的城牆大道象徵著十七和十八世紀市政當局對秩序和可預測性在另一個方面的著迷。隨著十七世紀後半葉新的攻城戰術使中世紀城牆變得過時，如巴黎、倫敦和阿姆斯特丹這樣的城市可以超出其舊有的界限進行擴張。它們確實進行了擴張，而且速度驚人。阿姆斯特丹在一六〇〇年有大約五萬人口，到了一七〇〇年增至二十三萬人口；同一時期，巴黎人口從二十一萬增加到五十一萬五千人。在法國大革命前夕，多達六十三萬人居住在這個城市。倫敦的增長曲線甚至更為陡峭。這些城市幾乎快要爆炸了，沒有物質基礎或社會習慣可以

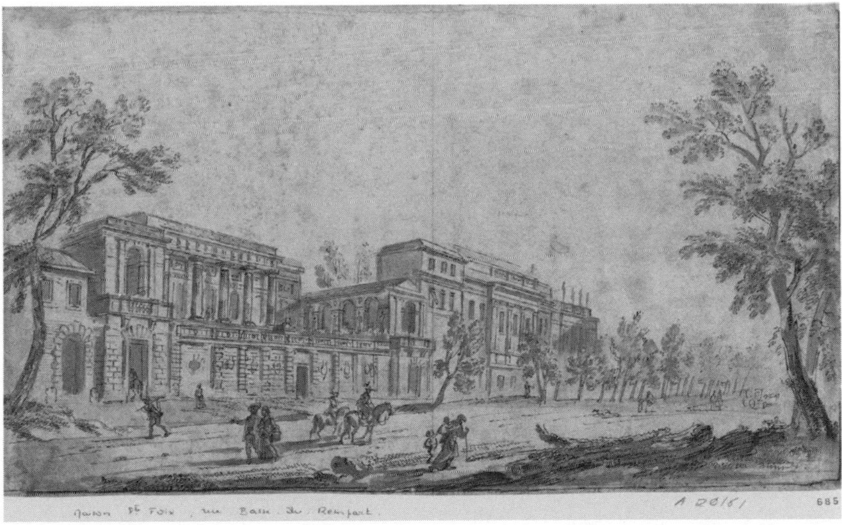

圖6.7　在重新利用的城牆上鋪設的城根大道〔Boulevard Basse-du-Rempart，也就是後來的卡普辛大道（Boulevard des Capucines）〕。圖片出處：Jean-Baptiste Lallemand, *Boulevard Basse-du-Rempart*, mid-18th c.。來源：gallica.bnf.fr / BnF。

承受如此多的新來者，卻不受壓力影響。十八世紀的職業年鑑顯示，隨著人口和繁榮的增長，行業變得愈來愈專業化和相互依存。[89]有二到四倍的人們摩肩接踵地走在狹窄的街道上，他們還把排泄物從窗戶拋出去、擠滿了官方和非官方市場、用磚塊造了新的住處而堵住了大街、駕著馬車穿梭於人群之間，並且用比以往更多的方式與更多人互動。在這種高密度的移動和社交環境下，人們對可預測性的重視是可以理解的：這些半美德的偉大之處就是赫緒曼所說的利益。

即便是在狹窄的範圍內，可預測性的野心一旦實現，也可能變得令人上癮，這是我們這個自我宣稱控制狂的時代再清楚不過的。小小的成功滋養了高傲的野心。至少有一些經常重複發布的規定，逐漸深化為習慣、甚至行為規範。可以想見這樣的轉變進展緩慢。第一個要求巴黎房屋業必須建造廁所，以防止居民將排泄物拋向街道的法令於一五三四年發布；像許多其他法規一樣，這直到一七三四年之前都一再重申，違規者到了一七六〇年代仍然經常被罰款。[90]新希波克拉底學派（neo-Hippocratic）將傳染病與汙濁的空氣聯繫在一起，反過來說像城牆大道這樣的寬闊街道能讓空氣自由流通，因此提供了有益健康的循環，而這樣舒適的體驗似乎逐漸在整個人口中扎根。警察法規因此一方面受到厭惡、對感染的恐懼和羞恥感支持，但另一方面也源於對新鮮空氣和開放空間的渴望。[91]即使是那些對醫學理論一無所知的人，也應該會理解一項一七五八年的皇家法令的措辭，該法令指示居民將垃圾和「排泄物」堆積在遠離居住區的地方，以免這些垃圾場「汙染空氣導致疾病產生」。[92]

在十八世紀早期，尤其是在倫敦、阿姆斯特丹和巴黎等繁榮城市的背景下，人們的期望逐步攀升：一個受警察良好管轄的城市不僅是一個安全的城市；它會是一個有秩序的城市，街道寬闊而筆直、房屋有編號且面向相同的方向、夜晚有成千上萬的燈火閃耀、消防部門會及時到達並使用有效的幫浦、馬車有許可證且馬車駕駛不會威脅行人、居民在規定時間和地點處理垃圾等等。成功總是局部且斷斷續續。巴黎人花了將近兩百年的時間才內化了這種城市秩序的願景，將法規轉變為規範，而這些規範總是很脆弱，如反覆出現的街頭暴動和永遠阻塞的交通所證明的那樣。每一種新的交通工具（馬車、自行車、輕軌、汽車、地鐵）都顛覆了既有的交通法規和慣例，並引入了新的法規。註冊在案的法令變得更厚實了：一八九七年巴黎交通警察法令有四百二十四項條款和兩百多頁。[93]新鋪設的道路和水利技術，複雜如現代下水道系統，簡單到垃圾桶的標準化（這是由塞納省長歐仁．普貝爾（Eugène Poubelle）於一八八三年頒布的法令所確立，而他的名字從此與垃圾桶同義），[94]都發揮了作用。對我而言重要的是，局部的成功滋養了對全面成功的希望。十八世紀早期巴黎的**相對**有序性（其第一條筆直寬闊的大道就與中世紀巷道的迷宮形成了對比），激勵了吉約丹及其同事警官們要求對城市生活的更多面向進行更多控管，並在面對阻力時得以堅持下去。

像阿姆斯特丹、倫敦和巴黎這些近代早期城市的歷史，提供了關於法規逐漸獲得接受並最終在某種程度上內化為規範的見解。例如，一五二一年的阿姆斯特丹大火和一六六六年的倫敦大火，創造了打造新建築和新規定的機會，例如要求用不太易燃的磚塊和瓦片代替木材和茅草。從亨利四世（Henri IV, 1553-1610, r. 1589-1610）到路易十四，法國的專制君主們藉由巴黎的壯麗來膨脹自我，他們偏愛寬闊的林蔭大道、宏偉的廣場和像盧森堡花園或杜樂麗（Tuileries）花園一樣的莊嚴花園。

最有效去加速城市持續變革的方式，似乎是同時具有共和與專制特徵的市政府。阿姆斯特丹市政當局制定了比起巴黎警察局長或專制君主敢於設想的措施，還要嚴厲許多的法規，但他們的法規卻也因此獲得市民的服從。阿姆斯特丹當局拆除了整個社區來為新的運河和街道挪出空間、完全禁止馬車進入城市、要求家庭安裝鉛管來處理排泄物，並趕走了街道上無家可歸之人，有時候甚至採取了令外國遊客震驚的嚴厲手段來達成目的。[95] 為什麼阿姆斯特丹人會遵守這些嚴厲的法規，而巴黎人卻抵制了更溫和、更中性的法規？城市史家認為因為荷蘭人長期團結以對抗他們共同且永恆的敵人（海洋）的歷史，從而鞏固了「更宏觀的視野，將公共利益置於個人公民福祉之上。」[96]然而，同樣兼具專制與共和的制度，在沒有洪水威脅的情況下，也於法國大革命時期的巴黎取得了類似的服從，比如在法國大革命時期和帝國時期，推行了吉約丹在幾十年前所設想、有關統一建築立面尺寸和方向，以及房屋編號的法規就是如此。[97]

人們只能推測，為什麼共和政權的專制方法，在促使公民遵守法規方面能取得更佳的成功。也許共和政權在公民眼中享有更大的正當性，因此人們更樂於服從，或者是它對自身正當性的信仰，成為實施更嚴厲執法的理由。無論原因如何，即使共和政體下專制變革的成功也是不穩定和片面的。至今還沒有人成功地控制巴黎的交通。讓我們拿梅西耶對二四四〇年巴黎的想像，與比他晚九十年寫出的另一部關於巴黎未來的幻想做個對比。這是由儒勒．凡爾納（Jules Verne, 1828-1905）所著的《二十世紀的巴黎》（*Paris au XXe siècle*, c.1863）。凡爾納的想像只跳躍了一個世紀，來到了一九六〇年的巴黎，但這座城市的面貌比梅西耶筆下相距六百五十年的差異，有著更多的變化。梅西耶描述的馬車和快樂的行人不復存在。無聲、迅速的輕軌列車在城市中穿梭；汽油動力的汽車完全取代了馬車；通信是透過「照片電報」（一種傳真機）發送；耀眼的電燈照亮了商店和街道。梅西耶筆下品行變好的市民也失去蹤影。到了一九六〇年的巴黎，就算技術有著奇蹟似的躍進，但人類的本性仍然相同，被自我滿足所麻痺、被貪婪驅使：「一九六〇年的人們不再對這些奇蹟感到驚訝；他們冷靜地享受著，卻沒有更加快樂，因為在他們急迫的神色、繁忙的步伐和美國式的匆忙中，可以感受到金錢的魔鬼無情地推動著他們前進。」[98]梅西耶對未來巴黎的想像是一個烏托邦；凡爾納的幻想是一個反烏托邦。將這兩種幻想，以及所有至今仍然身處其中的巴黎人串聯起來的事物，是對於如何為巴黎混亂的交通帶來秩序的著迷。

▼過於成功的規則：如何拼寫

一九九六年，德國陷入了騷動。德國各邦長官特別會議召開了，與此同時，媒體陸續刊登了頭版頭條和憤怒的社論；群眾的憤怒以寄給報章編輯的信件、抗議和對新規則的日常抵制等形式爆發，而這一切都與政治、經濟、甚至與是否應該在高速公路上設置速限的長期辯論無關。讓全國人民血壓飆升的是一項拼寫改革的建議，這影響了德語中甚至不到一%的詞彙：例如，**Ballettänzerin**（芭蕾舞女演員）這個詞的拼法應該是兩個

t還是三個t？[99]最終，在一九九八年，約五百多名教授聯合向德國憲法法院（German Constitutional Court）提出訴訟，指責新的規則違反了他們受憲法保障的權利。[100]

對拼寫規則的堅持，並非為德國人所獨有。二〇〇八年，英國大學教授建議在為學生評分時，應該忽略常見的拼寫錯誤（例如，應該拼成「superseed」或「supercede」，而不是「supersede」），引發了激烈的反應：「我只有一個念頭，『我們所知的世界被中世紀運送成堆屍體的手推車送入地獄』。我很少對我們所享有的文明感到絕望……但是當一位大學教授提出應該對學生最常見的二十個拼寫錯誤從寬處理時，我擔心情況可能已經朝著末日的方向發展。」[101]法國政府在一九九〇年提出的拼寫改革引發了「蓮花戰爭」（**la guerre du nénufar**，蓮花的法文之前拼寫為**nénuphar**），最終迫使法蘭西學院從最初一致支持修正的立場中退縮。[102]二〇一九年，一位法國女性主義者建議改變一個規則，該規則規定指涉到混合群體的代詞性別自動是陽性（例如，「所有的女人和男人」（tous les femmes et hommes）」，而這即使在左派中也引起了憤怒：索邦大學退休語言學教授丹尼耶·馬內斯（Danièle Manesse）自稱「毫不妥協的女性主義者」，但她同樣堅決反對這人所提出的新規則。[103]

拼寫改革者在他們的信念上和拼寫保守派一樣堅定。至少從十九世紀以來，簡化拼寫協會，特別是在以英語為母語的國家，一直得到了社會上的支持和資助。愛爾蘭裔英國劇作家蕭伯納（George Bernard Shaw, 1856-1950）曾說過，如果莎士比亞將自己的名字拼為七個字母而不是十一個字母，他就可能有時間再寫幾部戲劇。蕭伯納在遺囑中留下了一筆可觀的遺產，全數作為一個設計新蕭式字母表競賽的優勝獎金，他希望這個字母表最終將讓英語使用者能夠輕鬆且有效率地拼寫單字。類似的精神也在二〇一〇年中再現，當時有一群示威者身穿印有如「Enuff is enuff, but enough is too much」和「I laff at laugh」標語的蜜蜂服飾，在全美拼字比賽（U.S. National Scripps Spelling Bee）外示威，這項比賽自一九二五年以來一直致力於鼓勵正確的拼寫。[104]

拼寫規則是太過成功的規則。儘管在某種程度上，每個人都知道辭典中的正字法是最常規的慣例，是歷史和習慣的無序結果，但任何試圖使英語擺脫一堆無聲字母（例如 night 中不發音的 gh，更不用說 knight 了）、德語擺脫古怪的大寫字母規則（不僅是名詞，還有在某些情況下的代詞）、法語擺脫古老音標符號的嘗試，都會引起一種極端的憤慨，其憤慨程度通常會讓人以為是只有當無辜的人遇害時才會表現出來。這不僅僅是一個現代現象。自從印刷術的出現和十六到十七世紀民族方言的興起以來，西班牙語、義大利語、法語、英語、德語和其他語言的改革者一直試圖以純淨、理性、一致性、愛國主義和對學童與外國人苦於掌握閱讀和寫作的單純善意之名，來合理化正字法。對此類改革的抵制在十六世紀就像在二十一世紀一樣激烈。與管束服裝和交通的規定相比，拼寫規則已經充分內化為規範，違反這些規則可能會損害社會地位、可信度和事業。闖紅燈當然對公共安全更危險，而不知道「its」和「it's」之間的區別可能會在某些圈子引起更多的憤慨。拼寫規則是如何成為規範，又為什麼會成為規範呢？

對於大多數現代歐洲語言來說，拼寫的辯論始於近代早期，並且（至今）與印刷、方言相較於古希臘文與拉丁文等古典語言的地位上升、基礎教育的擴展，以及語言民族主義密切相關。印刷技術使辭典的大量生產成為可能，而辭典則引發了權威問題：誰有權力訂定拼寫規則、發音和定義，以及如何執行這些規則？就像現在一樣，方言和口音使語言變得多樣化；拼寫既反映又放大了這些差異。此外，近代早期印刷廠的排序和排版實踐可能會鼓勵創造性的拼寫，好填滿一行的空間。在十六世紀的書籍中，包括拼寫規則書在內，同一個字有不一樣的拼寫是很常見的。然而，現實和意識形態的壓力都促使拼寫朝著大方向的統一來發展。在現實意義上，教育學（或許還加上提高印刷效率的利益），促使所有人都遵循清晰、易記的拼寫規則。在意識形態層面上，書面語言的統一，就像法律的統一一樣，成為政體在征服和帝國主義時代試圖主張其獲致新領土主權的象徵和實質意涵。對於藉由起義和革命以實現國家主權的地區來說，比如一七七六年的美國，或者像一八七一年的德國那樣遲來又動盪不安的地區來說，拼寫的統一作為一種愛國主義的均衡，對抗著歷史、地理、方言和宗教上的分裂。美國的格言「合眾為一」（**E pluribus unum**）首次出現，是在韋氏辭典中，而不是在聯邦立法裡。

在英語和法語的脈絡中，拼寫爭端的第一槍（至今仍在進行中）是從十六世紀開始。十五世紀末和十六世紀初的西班牙和義大利人文主義者已經出版了文法書和辭典，試圖至少穩定和「淨化」其方言的書面形式，例如安東尼・內布里哈（Antoni de Nebrija, 1441-1522）的《卡斯提爾語文法》（*Gramática Castellana,* 1492）或佛羅倫斯秕糠學會（Accademia della Crusca）的《秕糠學會辭典》（*Vocabulario degli Accademici della Crusca,* 1612）中對托斯卡尼地區義大利文的彙整。[105] 一五六九年，倫敦紋章院的切斯特紋章官約翰・哈特（John Hart, c. 1501-1574; Chester Herald of the College of Arms）出版了《拼寫》（*Orthographie*）一書，其副書名為「以正確順序書寫與以自然形式描繪音聲的方法與理據」，而這是對英語拼寫混亂的尖銳批評，提出了藉由重新組織字母表（例如，消除 u 和 v 兩個字母的歧義，然後將其中一個用作母音，另一個用作子音）來徹底改革其不合理性和不一致性，從而使拼寫嚴格地按照發音的方式進行。哈特認真對待了他在副書名中所暗示的在描繪形象和拼寫之間的類比：就像藝術家應該盡可能忠實地描繪肖像主人一樣，書寫也理應要能反映發音。「而且，能最準確地分辨言語不同音調的作家，也是最能用筆來描述和描繪的作家。」[106] 哈特正確地預料到他的著作將會遭遇激烈的抵制，也因此在序言致意那些「猶豫不決的人」。哈特將拼寫的傳統主義者比作那些忽視他們臨摹對象的實際特徵和服飾，只是在肖像額頭上寫下其父母名字（象徵著對詞源學的過分尊重）的畫家，逼真地描繪他們如何錯置了臨摹對象的眼睛和耳朵，甚至錯估了頭部大小。他進一步說，當臨摹對象對這些變形提出異議並要求解釋時，這些代表傳統主義者的畫家回答：「因為這麼作畫是這個國家從遠古以來一直維繫的傳統，所以我們也會繼續這樣作畫。正因這個傳統普遍為人所接受，所以也不需要更正。」[107]

我之所以長篇引用哈特的文字，不僅是為了讓讀者具體見到他在為語音拼寫辯護時是怎麼陳述論點，還是因為這些論點注定會在許多語言中為改革者一再援引迄今。此外，我也想要讓讀者們感受到傳統十六世紀的拼寫方式，其內容雖然古怪但仍然可理解，即使是在哥德字體中印刷出來也是如此。但現在請看一下使用哈特提出的新字母表和拼寫來印刷的頁面。有了哈特的語音字母表（十六世紀的讀者必須要記住它，或者在頁面之間來回翻閱），現代讀者可以艱難地唸出每個單字的發音，也無庸置疑地會熟能生巧，發出完美的音。但第一印象（也許第二印象也是如此）將會認為，這是一種外國語言，既非現代英文，也不是伊麗莎白時代的英文。（圖6.8）然而，無論提出的改革多麼合理，無論哈特反對僅僅因為傳統存在就必須延續的論點有多麼尖銳，這種與陌生的新拼寫初次接觸時的震撼，至今都是哈特及其後繼的改革者所必須克服的最高障礙。他很清楚自己的新字母表和拼寫規則對讀者的影響，因為除了常見頌揚作者和作品的拉丁文序詩之外，他還附上了一首由書籍排字工人用英文韻文的形式寫給讀者的批註。「在你讀完這本書之前，你可能會得到我的鼓勵，／我很不情願成為這本書的工人，／然而最終我還是開始了這項工作。」然而，到工作結束時，最初不情願的印刷工人已經被說服了。「我的感官完全專注於採取和保持新的目標」（儘管敏銳的讀者可能已經注意到，排字工仍然沒有學會將 u

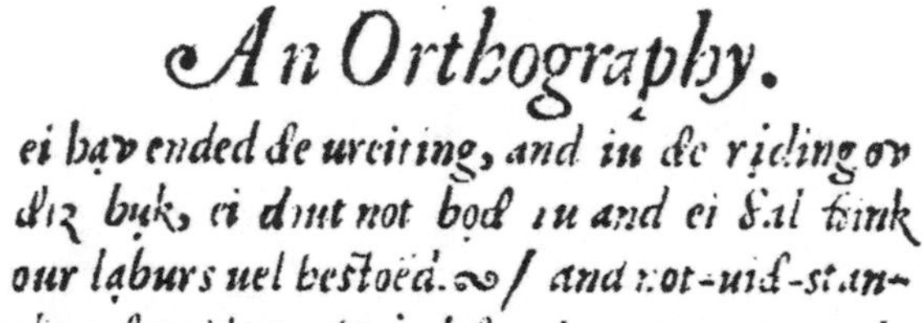
An Orthography.
ei hav ended de ureiting, and in de riding ov
diz buk, ei dout not bod iu and ei Sal tink
our laburs uel bestoed. / and not-uid-stan-
ding dat ei hav devizd dis niu maner ov urei-
ting for our /ingliS, ei mien not dat /latin
Suld bi-writn in dez leters, no mor den de
/grik or /hebriu, neder uld ei ureit t' ani
man ov ani Stranz nasion in dez leters, but
buen az ei-uld ureit /ingliS. / and az ei-uld
gladli konterfet hiz spiG uid mei tung, so-uld

圖6.8　使用哈特的合理化英文字母表和拼寫所印刷出來的頁面。圖片出處：*Orthographie*, 1569。

用作母音，v用作子音。）[108]

排字工人對感官的呼籲是非常恰當的。首先，哈特主張口語高於書面文字，耳聞勝於目睹。拼寫規則就像寫實的肖像畫一樣，應該追求與原型幾乎無法區分的形象。以文字來說，這即是發音。在讀者數量不斷增加的時代，特別是在新教地區，當信徒自己閱讀聖經的能力成為一個動員口號時，即使在寂靜的孤獨中閱讀的體驗也被想像成一個內心聲音的合唱。藉由清除教堂中的圖像和雕像，瑞士新教無論是在蘇黎世的烏利希・茲運理（Huldrych Zwingli, 1484-1531）或日內瓦的喀爾文（1509-1564）都有效地神聖化了牧師布道時的聲音。用一個時代錯置的類比，像哈特這樣的改革者，他們對於拼寫的構想更像是錄音而不是速記的技術：拋棄無聲字母、消除多餘的雙子音、消除形聲相似的重複字母 c 和 k、將 **game** 變成 **gam**；將 **bille** 變成 **bil**；**crabbe** 變成 **krab** 等等。新的規則將最大程度地使初學者受益。哈特承諾，任何以英語為母語的人，在他的語音系統上學習閱讀的時間，將會比其他任何方法省下四分之三的時間，至於外國人將能弄清楚正確的英語發音。[109]但正如我們在下文將見到的，發音是一個棘手的問題。

閱讀最終是關於視覺而不是聽覺的。隨著十六和十七世紀印刷品的大量出現，拼寫與視覺之間的聯繫加劇了。哈特的著作耗費將近三分之二的篇幅後，才敢將他改革過的正字法展示給讀者，他深知這會讓他們「非常厭惡和煩惱」。[110]理查・馬爾卡斯特（Richard Mulcaster, 1531-1611）是倫敦泰勒斯學校（Merchant Taylors' School）的校長，也是一本於一五八二年發表有關更為溫和英語拼寫改革的著作的作者，他將書寫與閱讀（而不是口說）緊實地聯繫在一起：「因為只有在書寫得到紀律之後，閱讀才有可能正確，我們所看到的除了寫在書上的文字之外，還有其他什麼事物？」[111]〔請注意動詞「看到」（to see）形式的重複，以及馬爾卡斯特消除了可能多餘的字母 e，拼寫成 seing 與 se。〕印刷廠中用於分類和排版的姿勢，可能加強了排字工對整個詞彙的整體認識，而不是一個字母一個字母地認識，這將從而導致了記憶化、標準化的拼寫，至少在同一個印刷廠內是如此。[112]三個世紀後，一八七八年，在《法蘭西學院辭典》（*Dictionnaire de l'Académie française*）的第七版裡，這本書作為法語拼寫問題的最高法院，強調了拼寫的「相貌」特徵，並藉由詞源系譜將單詞與其起源聯繫起來，然後得出結論：所有激進的拼寫改革都注定會失敗。因為誰有權力推翻「那些讀寫者的習慣呢？」[113]在拼寫問題上，眼睛和耳朵之間的戰鬥將已經識字的人與剛開始學習識字的人對立起來。前者像認出面孔一樣整體和一覽無遺地認出單詞，而後者則是逐字母發音，試圖將口語念出的詞彙對應到表述口語發音那不忠實的書寫肖像上。

在近乎五百年的歐洲語言拼寫規則的變革歷史中，尤其引人關注的是支持和反對的論點幾乎沒有多少變化，而且推動改革的成果微乎其微。主張簡化和合理化的改革者取得的勝利屈指可數，好幾個世紀以來發生的變化進展緩慢。具有諷刺意味的是，最早的一項改革不但沒有受到地方官方授權，更不用說國家範圍的影響，也沒有強制性的學校教育，但卻被證明是最激進和持久的改革。私人設立的秕糠學會（其學會名稱或許取自將小麥脫殼的聯想）於一五八三年在佛羅倫斯成立，旨在淨化和編纂義大利托斯卡尼地區方言，也成功地將托斯卡尼方言提升到整個義大利半島方言的地位，至今仍享有盛譽。它也創造了與歐洲任何語言最接近的音標拼寫（唯一可能的例外的是芬蘭語）。儘管其具有古典訓練的人文主義成員在其一六一二年的辭典中，於確保能為條目提供希臘文和拉丁文的同源詞時，犧牲了「ph」（希臘字母Φ的音譯）在**filosofia**等單詞中的古希臘文詞源，以達到拼寫的一致性。[114]即便是德國改革者在他們於一八七六年民族主義熱情最巔峰的時刻也不敢如此大膽地忽略詞源。但就算其他近代早期改革者稱讚了秕糠學會的努力，並且有些人（一六三五年設立的法蘭西學院）致力於效法其宗旨，但幾乎沒有人能夠擁抱它對一致性的無情信念，也沒有人能夠取得與其同等的成功。像是英國的哈特和法國的路易·梅格雷（Louis Meigret, c. 1510-c. 1558）這般激進的精神，吸引的是更多的嘲諷者而不是追隨者。梅格雷花了五年時間說服一家印刷廠接受他的《法語文法》（*Tretté de la grammaire françoese*, 1550），而我們已經在哈特的例子看到，排字工人是多麼不情願地承接這項工作。[115]

更典型且最終更成功的人是像馬爾卡斯特這樣的溫和改革者，他試圖平衡所謂的「聲音君王」和他的顧問「理智和習慣」之間的矛盾需求。在馬爾卡斯特的延伸寓言中，任性的聲音君王「性急且專橫」，想要根據他反覆無常的指示來統治所有的拼寫。但他被理智和習慣約束，理智制定了「書寫領域的普遍法則」，捍衛了規律和一致性的特權，而習慣則維護實際用法，「不是人們常常或大多數人所做或所說的，而只是那些最初就基於最好且最合適的理由而存在的事物。」馬爾卡斯特辯護道，聲音過於動態和多變，無法成為穩定拼寫的最終基礎。有哪個地區的口音，可以必然確信將在一場正確發音的比賽中取得勝利？誰能阻止在倫敦這樣的城市中所見的音系變化；不過短短十年或二十年間，繁榮的國際貿易已然擴大並修改了當地語言？理智永遠無法消除語言中的不一致性、例外和新奇之處，也因此必須以習慣作為其原材料。由此產生的三方妥協是一種「技藝，將所有這些**習慣**所制定的漂泊規則彙整成一體，將它們排列在書寫中，使**理智**、**習慣**和**聲音**都明白自身局限。」[116]

馬爾卡斯特對「拼寫的技藝」的規則與第三章描述的技術技藝規則十分相似：在普世和各殊之間來回擺盪，藉由示例進行調解，並以例外進行修正。由於聲音的動態性和習慣的慣性，理智作為規則的倡導者偶爾必須放鬆其約束，就像技術技藝的規則必須適應經驗的變化和物質的頑固性一樣。儘管語言，特別是其書面形式，顯然是人類創造的產物，但馬爾卡斯特賦予它一種「有靈性的本質」，使它以一種近乎有機的方式變化。[117]他的後繼者將援引語言的「天性」來給予它生命，與古希臘文和拉丁文等死語形成對比，並賦予了一種特有的形式。[118]與舊版本相比，《法蘭西學院辭典》第七版更歡迎來自哲學、工業和政治的新詞彙，但也「無情地排除了那些似乎組成不佳、違反類比和法語天性的新詞彙」。諷刺的是，它選擇了「actualité」（「時事」），如今是法文完全可以接受的詞彙）作為一個恰當且應當被拒絕的新奇之例，因為它與法文的「天性」不一致。[119]

像馬爾卡斯特這樣，將語言視為被某種「靈性」賦予生命的溫和改革者，將神秘主義與實用主義結合在一起。馬爾卡斯特指責哈特等激進改革者的教條主義，聲稱每種活的語言「祕密的神祕」都可以擊潰「他們所有的規則，不管有多麼普遍或是多麼確切。」因此，馬爾卡斯特自己的拼寫規則充斥著例外情況。規則規定了子音不應重複；除了一些「ff」和「ll」的情況。規則規定了所有外來詞彙都應根據英語語音發音；除非那些學識淵博的人想炫耀自己的多語口音。一致性原則將「mere」拼寫為「mear」，類比於「hear, fear, dear, gear」；但是拉丁文字根 merus 則成為「普遍原則」的「隱藏例外」。拼寫是一門技藝，而不是一門科學，雖然技藝可以辨別出「最適合為他人效仿的模範」，但沒有一門技藝能夠將所有具體情況都強行納入嚴格的框架裡。[120] 與技術技藝的經驗相對應，有靈性的語言對於拼寫技藝來說，同時是規則和例外的來源。

後世所有對活的語言拼寫進行規範化的嘗試，都不得不順從馬爾卡斯特的「靈性」論述，這讓每一條規則都有例外情況。第一版的《法蘭西學院辭典》（1694）提倡歷史拼寫，因為揭示了法文詞語的起源，並堅決抵制「某些個人，尤其是印刷商」試圖引入新字母或淘汰舊字母的嘗試，例如消除 temps（時間）或 corps（身體）中無聲的「p」，而這兩者都是拉丁詞源（tempus, corpus）的遺產。但是所有規則都有例外：在 devoir（義務、債務）中無聲的「b」消失了，儘管它也有拉丁文血統（源自 debitum）。即使是強大的法蘭西學術院，其成立就是為了像絕對君主一般統治法文，也承認「必須認識到實際使用情境才是拼寫的主宰」，並毫不懷疑地對於像梅格雷和路易．利斯拉什（Louis de L'Esclache, c. 1600-1671）這樣的激進改革者，[121] 預告了「沒有人想遵守的規則」終將失敗。[122] 德文也許是自十九世紀末以來最常也最一貫被改革的現代歐洲語言，但仍然無法清除其大寫規則中的例外情況。[123]有一個為人熟悉的英語拼寫規則是「『i』必然會出現在『e』之前，除非是在『c』之後，或當作『a』發音，如『neighbor』和『weigh』」，其實這僅適用於英語最常見的一萬個詞彙中的十一個單字，並且被像weird和seize這種常見單字例外反駁。[124]馬爾卡斯特的八條英語拼寫「普遍規則」中的最後一條被他比作幾何公理，宣告了所有技藝規則的極限：「沒有技藝規則可以做到完美的規範，它必須留下許多特殊情況供日常練習。」[125]每一條拼寫規則必然有例外的這種規則，成為了像英國作家暨辭典編纂者塞謬爾・詹森（Samuel Johnson, 1709-1784）那樣的拼寫溫和派口號：「每一種語言都有其例外情況，雖然不方便且沒有存在的必要，但在人類事物的不完美中，我們必須容忍。」[126]

與其他技藝一樣，源自經驗的實踐可以藉由精心選擇的示例加以補充。馬爾卡斯特書中對英語拼寫的長遠影響，可能更需要歸因於他附上的八千個常用詞彙列表，這是為了那些「無法理解規則的原因」的人所附。馬爾卡斯特打算用他的示例來證實他的規則，儘管有時與規則相矛盾。（例如，「though」在整本書中拼寫為「tho」，有意排除了無聲字母，但在列表中還是出現為「though」；也許是印刷工人的報復？）[127]正如近代早期拼寫改革者所認識到的，辭典是強制實施拼寫規則的最有效手段。現今的辭典使用者可能首先會查詢其定義，其次才是詞源，但從十六世紀中葉法國人文主義印刷商羅伯特・艾蒂安（Robert Estienne, 1503-1559）那具有里程碑意義的拉丁語和拉丁語－法語雙語辭典開始，這種參考書還用來確定和規範拼寫。馬爾卡斯特稱讚了義大利人、法國人和西班牙人在這方面的努力，並明確提到艾蒂安的《拉丁語詞彙庫》（*Thesaurus linguae latinae*，最終版在一五四三年出版）作為未來英語辭典的模範；[128]《法蘭西學院辭典》的第一版也以艾蒂安的《法語－拉丁語辭典》（*Dictionaire françoislatin*, 1540）作為其法語拼寫的借鑑。[129]

但是誰賦予辭典權威呢？非常少數的辭典得到了官方支持。但即便得到支持，也無法統一拼寫或消除其他拼寫方式。最著名的《法蘭西學院辭典》，旨在「給予我們的語言規則……使其純淨、有說服力，並能夠處理技藝和科學」，並於一六七四年獲得了對其辭典的皇家專利，也是如此。[130]其他地方的拼字保守派大大誇大了法蘭西學院之於穩定書面語言的真實力量。在一七一二年，強納森・史威福特（Jonathan Swift, 1667-1745）擔心英語的變化會打破文學傳統的連續性，並使自己的作品對未來的讀者來說變得難以理解，於是他向當時大不列顛財政大臣牛津伯爵（Earl of Oxford, 1661-1724）公開呼籲，應遵循法國的良好榜樣來建立一個淨化英語（包含拼寫）的機構，然後制定一個辦法，以便「在如此必要的改革之後，將我們的語言永遠固定下來。」[131]但是法蘭西學院本身並不抱有這種認為自己有能力阻止變化浪潮的錯覺，更遑論與詞語使用的潮流抗衡了。當《法蘭西學院辭典》的第一版在歷經六十年後，於一六九四年問世時，它已經面臨法國文法學家塞薩爾－皮耶．希舍萊（César-Pierre Richelet, 1626-1698）所著的辭典的競爭，該辭典於一六八〇年在日內瓦出版，使用半改良的法語拼寫。儘管法蘭西學院堅持使用反映詞源的舊拼寫方式，並遵循艾蒂安《法語－拉丁語辭典》的示例，但它在其他方面卻「選擇了常用的語言，就像它在誠懇的人們（honnestes gens）的日常社交中所發現的那樣」。[132]

那些誠懇的人是誰呢（請注意，honneste（誠懇的）一詞中的「s」在後來被半改良的拼寫法用抑揚符號取代，變成了honnête）？他們是有教養、有歷練的人，儘管不一定有學問，但在宮廷圈子裡很有影響力，而且即便不是貴族出身，也對像劍術和騎術這樣的貴族活動很熟悉。史威福特對於將英國宮廷作為他的語言標準感到絕望，聲稱在查里二世（Charles II, 1630-1685, r. 1660-1685）頹廢的統治時期，它已經失去了作為「正確語言的適當性和正確性」的典範地位，但他也期望受過良好教育的貴族（包括女性）來指導語言（不要吞嚥母音）和拼寫。[133]史威福特希望在某個時刻（他的時代）藉由最好的人對語言的最佳用法來確立規則，然後永遠保持下去，就像琥珀中的一隻蒼蠅一樣。相比之下，法蘭西學院將自己與其選定的菁英人群不斷變化的習慣綁在一起，而這些菁英的拼寫習慣又會隨著他們讀過的書籍中印刷工人的拼寫方式而有所改變。因此，沒有任何法語拼寫的規則是永恆的，所有規則都充斥著例外：例如，一七四〇年的版本終於去除了許多無聲字母，但保留了 **mêchanique** 中的 h。[134] 到了一七四〇年的第三版，法蘭西學院作為十八世紀歐洲最高的語言權威，已經放棄了「以不變的原則為基礎的系統性正字法，對永遠保持不變的規則之追求。在語言方面，實用性遠比理性更強大，並且很快就會違反律則。」[135]

在拼寫問題上，**誰的**用法會被宣稱為權威，實際上是一個關乎何時、何地和為何使用的問題。早在主要印刷廠開始集中在商業中心，如威尼斯、法蘭克福、萊比錫、里昂、阿姆斯特丹和巴黎之前，那些曾是王室居所、官邸、大學和主教教座的城市，因為身為各種書寫活動（學術、官僚、法律和宗教）的中心而對拼寫產生了巨大的影響。因此，宮廷和城市的用法決定了全國的拼寫。在地區方言有著重要多樣性的語言中，如德語和義大利語，缺乏像法國一樣的中央政治權威，能通過一個由王室指定的辭典來規範標準用法，或是者缺乏像英國一樣的一線大都市作為範例。取而代之的是以文學名著的盛名來確立對詞彙、發音和拼寫的至高無上權利。托斯卡尼方言可以自豪地宣稱是但丁

（c. 1265-1321）的語言；一五三四年的路德版《聖經》在許多德語方言中建立了拼寫的標準，而這遠比一八七六年首次由國家支持的拼寫改革會議還早了幾個世紀。

在什麼時候及為什麼要系統化使用拼寫，與誰的用法及在哪裡設定的標準一樣，是一個具有爭議性的問題。所有近代早期對改革或規範拼寫的嘗試都主張，白話語言已經達到了相當程度的精練和完美，這正好證明了基於當下用法的規則。一如德謨賽尼斯（Demosthenes, 384-322 BCE）的希臘文和西塞羅（106-43 BCE）的拉丁文代表了那些古代語言的巔峰一樣，馬爾卡斯特認為自己所處時代的英語，透過對外貿易引入的新詞彙豐富了語言，使得「現今的英文已經到達巔峰」，而這完全預設了任何變化都可能象徵著衰落。[136]《法蘭西學院辭典》的第一版自豪地宣稱，十七世紀的法語是這個語言的巔峰時刻，甚至超過了西塞羅的拉丁文，因為其句法更忠實於「思想的自然秩序」，後者到今天還是一種在某些法語世界中仍受重視的信念。[137]關於十六世紀的英語或十七世紀的法語的愛國主義，未必與現代的民族主義相同。對語言的自豪可能與一個政體的領土範圍不一致，而且通常僅適用於特定的時間點。事實上，一種方言的活力可能遠遠超出了母國的帝國主義領土，就像近代早期的西班牙文和法文一樣。[138]馬爾卡斯特的語言愛國主義更加本地化：「我尊敬拉丁文，但我崇拜英文」，因此他支持以英語發音來表述外來詞彙，同時歡迎這些外來詞語。這點與法蘭西學院對英語詞彙那更加民族主義的立場形成對比。[139] 史威福特在十八世紀初已然相信，英語這個語言（但不一定是英國這個國家）正在衰落。

然而，到了十九世紀初，語言（包括拼寫在內）已經與民族主義情緒緊密相連。諾亞・韋伯斯特（Noah Webster, 1758-1843）在他於一七八六年出版的《美國拼寫書》（*American Spelling Book*）及後來的諸多版本中表明了自己的愛國情懷，美國幾個世代的孩子將從中學會如何讀寫：「在美國傳播語言的統一和純粹，消除因方言那微不足道的差異而產生的地方偏見和相互譏嘲，進而促進文學興趣和美國的和諧，是作者最熱切的願望；他最大的抱負是贏得同胞們的讚揚和鼓勵。」[140] 雖然韋伯斯特通常遵循著詹森等英國辭典編纂者的模式，但在他的辭典和拼寫指南的後期版本中，他毫不猶豫地基於語音原則更改了拼寫（例如，colour 和 labour 變成了 color 和 labor），並堅持認為美國的地名如「Niagra」和「Narraganset」將採用美式的發音和拼寫。[141]

民族主義拼寫改革在十九世紀末達到白熱化，當時普魯士在領導新統一的德意志帝國時，於一八七六年召開了一次會議，旨在統一德文的拼寫，這一計畫事實上幾乎和統一德國各邦一樣具有爭議性。與其他現代歐洲方言相比，德文更加分散，是分布在中歐許多地區方言，形成了許多公國、公爵國、王國和帝國城市的地理面貌。雖然路德的

《聖經》和印刷商的實踐有助於片面穩定十七世紀末高地德語（High German）的拼寫，但十八世紀的語言改革者與詞源保守派之間的爭論仍然相當激烈，而這是十六和十七世紀法國和英國都發生過論戰的戰線。[142] 一八七一年，德語世界中多數北部地區（不包括奧地利和瑞士的部分地區）實現了政治上的統一，也幾乎立即開始努力整合其學校體系，尤其是拼寫的教學方式。一八七六年一月，德意志帝國普魯士教育部長邀請了來自所有德意志地區以及十四位語言學家的代表在柏林會面，以向德意志帝國境內的學校教師明確規定一些重要事項，比如是否應該取消字母 c，以及其他重要問題。[143] 儘管改革的提倡非常溫和，例如在 Sohn（兒子）等單詞中省略無聲的 h，但這些改革在新聞界引起了激烈的抗議風暴，以至於在這場柏林會議後的混亂時期，巴伐利亞、薩克森和普魯士等德意志地區各自出版了自己的拼寫教科書，制定了彼此的地區規則。更糟糕的是，普魯士宰相俾斯麥（1815-1898）禁止普魯士和帝國官員使用一八八〇年普魯士拼寫教科書中改革過的拼寫，因此普魯士的官員不得不放棄他們在普魯士學校所學的拼寫方式。[144]

最終，學校教科書取得了勝利，也得到了印刷商的支持，尤其是得益於語言學家康納德．杜登（Konrad Duden, 1829-1911）極其成功的《德語完整正字法辭典》（*Vollständiges Orthographisches Wörterbuch der deutschen Sprache*）。這本辭典在一八八〇年到一九〇〇年間再刷了六次，迅速確立了自己作為德語世界中權威性參考書的地位，哪怕它沒有得到任何官方授權的支持。[145] 一八九八年俾斯麥去世後，一九〇一年六月在柏林召開了第二次正字法會議，在當時受到普魯士的學校教科書和杜登辭典的綜合影響，鞏固了人們渴望已久的德語拼寫統一，這時已經是德國國家統一後的二十五年。c 大多被 z 和 k 取代。Brennnessel（蕁麻）保留了其三個連續子音。儘管威廉二世（1859-1941，r. 1888-1918）起初拒絕閱讀任何用新拼寫方式寫的信件，但他最終在一九一一年放棄了這個堅持。會議的結果比會議本身更具有深遠意義，杜登的辭典（作為人們至今仍尊敬的參考書）被正式加冕為德語世界各地的正字法最終權威，成為其語言統一的象徵。即使在第二次世界大戰後，德國被分裂為在意識形態上兩極化的兩個國家後，東德和西德人仍然把杜登當作他們的拼寫標準。[146]

從十六世紀開始的拼寫規則之戰說要畫下句點還為之尚早。在德語中，改革者呼籲將有性別的代詞 der、die 和 das 合併成一個定冠詞，類似於英語的 the。在法語中，法蘭西學院正在積極反對去修改書寫集合代名詞（如 tous／toutes）的規則。在英語中，老師和學生因拼寫與發音大相徑庭而傷透腦筋。在世界各個角落，隨著敵對雙方在報紙、電視、網路甚至街頭示威上激烈爭鬥，人們的血壓和噪音的喧囂也急速上升。為什麼我們對拼寫規則如此在乎？那些已然投入時間和精力掌握這些規則的人會不滿於必須去學習新的規則是可以理解的，但後者通常只影響一個語言中的不到五%的詞彙。學習一個新的文字處理程式比這更加費時，但很少有人會用「這是文明的末日」來抱怨這件事情。社會資本也沒有受到威脅，儘管新聞樂於嘲笑著名公眾人物的拼寫錯誤。特別是在英語中，準確拼寫並不是社會階級或教育水準的可靠代理人：牛津大學的學生也與其他人一樣分不清是 embarrrass 還是 embarrass，或者應該是 it's 還是 its。[147] 此外，電腦拼寫檢查功能是否會使我們永遠不必再思考拼寫規則，就像計算機功能使得知道算術規則幾乎是多餘的一樣？然而，許多人仍然對於改變這種全然傳統、在歷史上多有變化且充滿例外的拼寫規則的主張，感到如此憤怒，好像他們在捍衛《十誡》不得受到修正一樣。

也許解開這個對規則憤怒之謎的線索，在於另一個令人困惑的現象：即使是高度讀書識字的作家，甚至是專職作家，有時在手稿和私人通信中也會不規則地拼寫。對英語拼寫必須一致的嚴格執行者，如史威福特和詹森，在他們的私人信件中也使用了變體拼寫。即使在英語拼寫在十九世紀中葉已經由辭典、學校教育和印刷廠有效地標準化之後，像狄更斯（1812-1870）和達爾文（1809-1882）等人的信件仍然充斥著拼寫錯誤，這些錯誤如果出現在他們自己的出版作品中都會讓他們深感羞愧。歷史語言學家西蒙·霍羅賓（Simon

Horobin）合理地認為，私人和公開拼寫之間的差異是「相對正式性的象徵」，而作者將手稿的校對留給了印刷廠的排字工人。[148]

延伸霍羅賓對拼寫社交性的洞察，我們可以將寫給親密朋友的信件想像成內心對話，將通信者轉化為心靈之耳（mind's-ear）的對話者。在這個情境中，「心靈之耳」不應僅僅被理解為是一種比喻：許多人在寫作或打字時都會默讀，尤其是在極高的速度下，正如同頻繁的形近字錯誤（例如，寫成 there 而不是 their）所證明的那樣。也許即使是熟練於拼寫的人，在與他們熟悉且可以指望對方不會將錯誤解釋為無知的通信者交流時，也會回歸到語音的表達方式。就算收件人不會將發件人視為文盲，收到這種匆忙寫成的字條的人，也可能會責備寫作者的粗心。這是因為他們作為讀者，主要是用他們的眼睛而不是耳朵來回應。一旦跨越了說話和閱讀之間的界線，一種不同的拼寫社交性就接管了兩者之間的關係，這種社交性將整個單字識別為個別的面孔。認知心理學家史坦尼斯拉斯．德哈納（Stanislas Dehaene）認為，學習閱讀占據了最初專注於識別臉孔的大腦區域。[149]常見的經驗是，我們在能夠準確找出錯誤所在之前，就會意識到一個單字有拼寫錯誤，這也表明了熟練的讀者將單字視為一個整體來看待，就像除了臉盲症患者之外的所有人都會從整體來看人臉，而不是當成由這個眉毛和那個鼻子加起來的組合。如果這個類比成立，閱讀拼寫錯誤的單字可能會像看到熟悉的面孔被扭曲一樣令人不安；這或許就足以解釋在拼寫戰爭中，人們在某種程度上發表的惡毒言論。

這個類比還暗示著，之所以會對任何拼寫規則的改革發出怒號，不僅僅是關乎於社會差異、現在與過去文學之間的聯繫、詞語的歷史，或者為學習舊規則付出的努力等原因，儘管這些必然有影響。但其理由可能根本不關乎規則。大多數歐洲語言中的拼寫規則數量之多（光是德語，就算歷經了二十世紀的改革依然多達一百六十九條），[150] 更不用說每條規則的例外情況有多少，都會讓任何人不願意每天學習和使用它們。當我們感到疑惑時，我們查詢的是辭典給出的模範，而不是規則。反對改革的人如此熱切地召集的拼寫規則是那些前現代意義上的規則；那許許多多會終身跟隨讀者視覺記憶中的模範，就像朋友和家人的面孔或童年時的風景一樣令人熟悉和安心。這些是情感上豐富的聯繫，使一位激憤的德國反對者在一九八八年提出的拼寫改革中寫道：「母語就像一個人出生的風景，是一個遺產，一個故鄉，任何人都不能被驅逐。」[151] 故鄉（Heimat）、遺產（etwas Angestammtes）和被迫驅逐（vertrieben werden）都是在二十世紀德國歷史中具有沉重含義的詞語，它們激起了失落、斷裂和流離的情感。儘管有些戲劇性，這些詞彙證明了拼寫規則成為深植人心的規範，所取得的不可思議的成功。

小結：從規則到規範

規定是規則中最細節的部分。從統治宇宙的崇高自然法則到應用於特定領域的精確規則的光譜上，規定偏向於後者。這取決於領域的具體情況：大寫字母的規則可以應用於整個語言；規定尖頭鞋最大長度的規則僅適用於尖頭鞋。例如，貿易和外交方面有全球性的規定，但大多數規定都是地方性的，其中細節至關重要。即使是全球性的規定也必須不可避免地根據當地情況進行調整，哪怕僅只是因為執法最終都是在各地分別進行的關係。

因此，規定是多在細微之處：在一個小範圍內壓縮了許多內容。這一章檢視的規定所涉及的範圍，從小城市到大都會，再到語言社群，而在這三種情況下，規定都將大量細節壓縮在其管轄的有限領域內。在規定大量增加的時代和地方，規定的範疇不僅龐大，而且還具有相當的複雜性和密度。更遠、更緊密的貿易網絡創造了財富和商品，推動了商業城市的禁奢法規；爆炸式增長的人口和對城市脆弱基礎建設的需求，促成了啟蒙時代大都市的交通和衛生規定；識字率的增加和印刷技術的普及帶動了規範拼寫的努力。無論在哪裡，只要人類互動在加速發展和加劇，規定就會出現，以整頓在同一空間中許多人以很多不同方式進行諸多不同活動所帶來的表面混亂，無論這是發生在波隆那的婚禮上，在巴黎的街道上，還是在印刷書的頁面上。

從這點看來，我們之中的自由主義者往往會抗議：穿尖頭鞋（或破洞牛仔褲），讓馬車（或汽車）隨心所欲地奔馳，以及在同一頁上將 fox（狐狸）拼寫成 focks、phawx 或以上所有的拼法，有什麼問題嗎？（也許支持人們能隨心所欲將夜壺裡的排泄物倒在毫無戒備的路人頭上，這樣的自由主義者會比較少見。）難道所有這些規定從根本上來說，不都是一種威權主義式的努力，試圖消除多樣性和個體性？這是無可否認的。許多這些規則和規定的序言，往往流露出一種嚮往優雅整潔的美感：請求時尚停下腳步的薩克森當局、夢想著統一房屋外觀並面向同一方向的巴黎市政府、對拼寫教科書的「無法無天」感到驚恐的德國政府都是如此。我們很容易想像到一種反美學，即雜亂的衣櫃、不協調的街道立面和毫無顧忌的隨意拼寫。但除了美學偏好外，嚴肅的現實也催生了許多規定：家庭財富因奢靡而消散的現實、在面向不同方位的房屋迷宮中尋找出路的現實、以及如何辨認頁面上奇怪字母排列的單字的現實等等。並非所有的現實都同樣嚴肅。協調交通和弄清楚 its 與 it's 的區別，在後果上存在著巨大的差異。然而，後者可能引起更多情緒反應。

這將我們帶回了這一章所提出的核心問題：規定何時成功、何時失敗，以及為什麼成功或失敗？至少我們現在可以排除一些看似合理的假設。即使歷經幾個世紀的失敗，也不一定會消除規定。實用主義最多只能作為一種不確定的指南，指導哪些規定會生效，哪些不會。專制君主強加的規定，可能不如共和政府的規定執行得那麼徹底和深具威權。在這段歷史中，如果有什麼正面發現的話，或許是單靠強制執行的力量是無法鞏固規定的。如果沒有迅速、嚴格和持續的執法力道，幾乎沒有規定能夠生效；如果被禁止的對象或行為沒有誘惑力，則幾乎不需要規定來禁止那些行為。然而，即使在最專制的警察國家，也無法進行持續普遍的執法。

最有效的規定必須根植於規範和習慣之中。規範和習慣最好早早就被灌輸，而民族國家立法普及教育，使孩子們學會閱讀和寫作，這意味著拼寫規則被視為國家統一和愛國情操的課題而受到監管。成為一名技藝高超的英文拼字者，可以成為移民和邊緣化少數族群子女獲取完全公民身分的標誌。當第一屆美國拼字比賽於一九〇八年在俄亥俄州克利夫蘭舉行時，一位名叫瑪麗·博爾登（Marie Bolden）的十四歲非裔美國女學生成為冠軍，現場四千位觀眾為她歡呼。在今天，每年在華盛頓特區舉行、有大批現場觀眾的全國拼字比賽經常是由移民的子女拔得頭籌。[152] 此外，人們往往在學會其他規則之前就掌握了拼寫規則。發展心理學家已經記錄了年幼的孩子，如何將甚至是在幼兒園和小學裡教授的最顯而易見的常規（例如遊戲規則），視為神聖的教義。153也許這就是為什麼很少有規定像拼寫規則這樣，受到眾人如此激情捍衛的原因。

所有的規則都渴望帶有預言特質。如果遵從規則，就會實現規則所許諾的結果或秩序。嚴格按照食譜配方做出的蛋糕應該是完美無瑕的；嚴格遵守交通規則應該能夠帶來安全有序的街道。這些預言具有說服力，因為它們將過去的蛋糕和交通經驗程序化了。但是，這一章所檢視的規定抱有更大的野心。它們的制定者設想了一種尚不存在，也許永遠不會存在的秩序：服裝上永遠簡樸和節制的時尚；一個房屋整齊編號、行人得以安全過馬路的城市；整個民族以相同的方式說話和拼寫的統一語言。這些固執的規定中有一個空想的元素：預設了人性最好也最壞的一面。最壞的一面，體現在這些規則的制定過程中，預設了人們可能會以這種狡詐的手段試圖迴避規則。而最好的一面，則體現在這些規則的內容被反覆發布的過程，多少呈現了制定規則的人對於社會終將進步到依循規則行事的信念。總的來說，這些規則是對人類能否完善自身處境的賭注。從嚴格的執法，到藉由如人行道等基礎建設來助推人們的行為，使人們下意識地遵守規則，其促進人們遵循規則的功效都有不同程度的局限。要確保這場下注得勝，規則必須要被固化成為規範。制定禁奢令的人們輸了賭注、巴黎的警察則在這場人性的博弈中獲得勝利，而那些倡議拼寫改革的人則取得了他們不曾想像過的成功。但不管結果如何，這些人在投身規則與人性的博弈時，都將自己拋入了遠遠超乎他們生命歷程的漫長賭局。將規則潛移默化為規範，往往需要耗費數個世紀的時間。

規定與其脈絡過於緊密地接合在一起，使之無法被歸類為不考慮脈絡的薄規則。但它們可以被描述為夢想遠大的薄規則，這是基於它們被頒布時的嚴格性，以及致力於創造一個更好的全新秩序，並且永遠不用再更動分毫的野心。烏托邦顧名思義就是不會改變的，因此它們的規則可以像演算法一樣細微，並嚴格精準地執行。

規定的特性驅使它們不斷增殖。總是有更多的細節需要具體指明，更多的漏洞需要防堵，更多的例外需要阻止。原則上，規定是嚴格的規則，這是毋庸置疑的。但在實踐中，無論有多少具體規定，都無法阻止例外情況的發生，也無法消除酌情裁量的需要；儘管這種裁量是單方面的，僅保留給執法者，而不是遵守規則的人。愈來愈詳細的規定通常會打破自身。禁奢令一次又一次地輸給了靈活的時尚：再多的細節都無法跟上最新的花邊和裝飾。交通規則試圖預見並禁止每一個可能阻礙順暢通行的障礙，但最終因為自己的沉重而崩潰。同樣地，試圖對不斷發展的自然語言的所有拼寫喜好進行制式化和理性化的努力，最終會產生幾乎與單字數量一樣多的規則。太多的規定是無法執行的，以至於這樣一來和沒有這些規定沒有什麼差別。一個用來限縮濫用規定的規定，需要更多的類比和解釋，來將其影響範圍擴展到比原有的規定更廣泛的範圍。在下一章中，我們將轉向另一個極端：具有與整個世界、甚至宇宙一樣大小的範疇的規則，也就是自然法和自然律則。

7 自然法與自然律則

至極的規則

讓我們想像兩個不存在於現實的場景。第一個場景是上帝視角下的宇宙，其中有著許多星系（包含太陽系）、有無數個或貧瘠或肥沃的世界、有行星不帶情感地在軌道上繞著太陽運轉，也有微塵在星際虛空中沿著它們同樣毫無情感的軌道運行。這是自然律則的景象，而自然律則是最普遍、一致且無可避免的法則。第二個場景則縮小到地球上的某個小角落，那可能只是一個洞穴或森林中的空地，有最小限度的人類社群棲息其中，該社群也許不過是一個家庭，處於幾乎完全孤立和自給自足的狀態。在那個角落裡，該群體與其他人類群體接觸的機會少之又少，政治、經濟、祭司和君王等更複雜的組織都尚未出現。無論這樣的原初情境是被想像成伊甸園般的天堂，還是一場所有人之間彼此相互殺伐的戰爭，這個想像中的人類社會起源，同樣也受到某種法治規範。這即是自然法，自然法的法則和自然律則一樣普遍、一致且不變，雖然它的適用範圍比自然律則來說更為受限。與第六章中所探討的規則相比，自然律則和自然法共同占據規則範疇的另一極端。第六章所探討的規則是地域性、可變也易變的，而自然律則和自然法是普遍、一致和恆久的。

這兩個場景都是著名的思想實驗。雖然沒有人能夠一覽宇宙的全貌，但站在宇宙的角度俯瞰世界的夢想，早在古希臘的斯多葛學派時期就存在。在今天，這種夢想則是具象化，成了黑洞的影像，而這是由電波望遠鏡所觀測到的數據重建而成。[1]相仿地，從未有人目睹過在人類社會出現之前，人類的生活情境究竟是什麼模樣，哪怕旅人和人類學家聲稱他們已然發現了最接近自然狀態的狀態。[2]然而，無論這兩種實驗有多麼奇幻，兩者都體現了一種願景，而該願景對科學、哲學、神學、政治理論和法治等領域與概念的意涵，產生了極大的影響。從牛頓的萬有引力到廣義相對論的重力場方程式、從《美國獨立宣言》到《聯合國人權宣言》的法則，對這種無邊界、不需修訂、不會發生變化、也毫無例外的理想規則的憧憬，依然激發著人們對規則的想像。人們總會宣稱，這種規則無處不在、永遠一致，也是正義和秩序最終極的保證。

這個理想的兩個版本，一個是規範人類（甚至動物）關係的自然法，另一個是規範宇宙萬物運行的自然律則，而這兩種規則都是由自然界和人類撮合而成的神奇混合物。法律是由立法者所頒布的，而法律也需要被其所約束的主體所服從，服從的前提則是這些主體必須要能夠理解法律。同樣地，所有的法律都可以被打破，否則它們一開始就不會存在。那麼，為什麼要用「法律」一詞來描述自然現象的規律呢？這些規律大多是不能被理解或違反的，因為它們所約束的是大多數無生命體。即使是這個詞彙最熱誠的擁戴者也承認，「自然律則」的概念必須被視為一種隱喻，而且是一個不太精妙的隱喻。「自然法」的概念也同樣令人困惑。是什麼「本質」決定了這些法則？如果這「本質」是指人類的天性（即在人類這個物種中，有某種特質是普世一致的），那麼為什麼自然法又總會被時常變遷的實質法律補充（有時甚至實質法律是與自然法相互矛盾的）？當該法律涉及了人類行為和文化，而充其量人類也只會遵守部分的自然法內容時，自然本身有什麼權威來立法？自然律則的物理必然性和自然法的道德權威之間的轉變，凸顯了這兩種混合體的成分之間更進一步的張力：「法律」和「自然」在不同的論述上相互拉扯。有一張海報精妙地點出這種曖昧關係，在海報之上是一名正在諄諄告誡的警察，而海報的標題是：「萬有引力。這不僅僅是一個好想法。更是法律。」

自然法和自然律則是兩種極致的規則，而它們也呈現出兩個難題。首先，這兩種規則都是由「法律」和「自然」所構成，但其中兩種構成元素的比例往往不怎麼一致。然而，這兩種要素是如何構成個別的規則，使得即便人們常常提及其內在的不一致，這兩種規則卻仍舊恆常存在？其次，數個世紀以來，這兩種混合規則分別存在於法學家、天文學家、神學家和哲學家的著作中，而它們又是如何在近代早期歐洲中共存，唯有到了十八世紀末才逐步分離？這兩個問題的答案彼此緊密關聯。在十七世紀曾經有這麼個具體時刻，是當「法律／自然」混合體內部的不一致變得最為醒目時，這兩種一直以來維持相當程度獨立的規則之間的共鳴也最為洪亮。那個時刻，也是人們對於人類世界與自然世界的秩序之概念有了新的理解，並相互映襯的時刻。在當時，對這兩種秩序的理解甚至往往出現在同一個作者的論著裡；例如培根和萊布尼茲都是有法律訓練的背景，也都打算在新的基礎上建立自然哲學和法學經典的作者。在他們及其他自然法理論家（如格勞秀斯、霍布斯（1588-1679）、普芬多夫和克里斯蒂安・湯瑪修斯（Christian

Thomasius, 1655-1728）」以及自然哲學家（如笛卡兒、波以耳和牛頓）的著作中，一個具備普遍合法性的新視野逐步成形：這些規則觸及全球，也觸及最遙遠的行星，更永遠銘刻在人類的心靈與萬物的秩序中。無論時空為何，這些規則都恆常存在、不容改變也不容例外。它們是最極致的規則。

自然法

在古希臘戲劇家索福克里斯（Sophocles, c. 496-c. 406 BCE）的經典劇作《安蒂岡妮》（*Antigone*）中，主角面臨著一個嚴峻的抉擇：她要麼服從她的叔叔底比斯國王克里昂的命令，不埋葬她那名譽有損的兄弟波利尼科斯，要麼她必須遵循「神的指令，該指令雖無言語書寫卻如此堅實存在」，並為死者舉行應有的葬儀。[3] 雖然安蒂岡妮是訴諸於神明而不是自然，來捍衛她替兄弟下葬的行為，但亞里斯多德和後來的評論者往往把她違抗克里昂的法令的決定，視為是捍衛自然法而不僅僅是人類法的經典案例。亞里斯多德引用了安蒂岡妮在劇中的台詞，將其解釋為對普世法則的呼籲，「遵循自然以斷定事務是否公正」，而該法則是普世性的、是所有人民共享的，與特定社群獨有的「各殊法律」

相對立。[4]這種概念即便到了中世紀也依然成立。在當時，基督信仰世界的思想家，如阿奎那等人，吸收了亞里斯多德對普世性法則的概念，並將之轉化到上帝的永恆法律中，使得普世法則成了某種從自然衍生（或由自然確立）的規則。

但究竟什麼是自然，它所確立的規則又是什麼？從古羅馬到十八世紀及其後的自然法傳統，人們形塑了兩種截然不同的答案。第一種觀點認為，自然是理性的表現，而這種理性固然是人類個體的理性，也同時是整個宇宙運行的理性。羅馬政治家暨斯多葛學派哲學家西塞羅在他的著作《共和國》（*De re publica*, c. 44 BCE）中概述了這一觀點：「真正的理性是與自然一致的正確理性，它具有普世性，不變且永恆；它要求人們履行職責，也禁制人們犯錯。」[5]正如安蒂岡妮有為死去的兄弟舉行葬儀的職責一樣，這是一種神聖的法律，無論人們身處何地，它都具有約束力；它不需要被進一步詮釋，也不會受到善變的立法者支配。人類的理性足以藉由理解來遵循它。另一種觀點則認為，自然是人性本能的表現，也是人類與其他動物共有的特徵。在信仰基督教的皇帝查士丁尼在西元六世紀所編纂的對羅馬法的系統性總結中，法學家烏爾比安（Ulpian, c. 170-c. 228 CE）將自然法（**jus naturale**，有時稱為 **lex naturae** 或 **lex naturalis**）[6]定義為「自然教導所有動物的規範，無論這些動物是誕生於天際、海洋還是陸地」，而這種規範包含了雌雄交配繁殖和照顧後代的天職。[7]西塞羅版本的自然法表現了人類最崇高的能力，而烏爾比安的版本則奠基於人類最基本的能力，那些能力甚至不是人類獨有的特徵。

這兩種人性的對立觀點，形成了自然法的基礎。它們在羅馬法的文集中糾纏了上千年，而這種糾纏關係一直不怎麼令人舒適。反過來說，羅馬法深刻地塑造了所有西方法律傳統，甚至包括那些遵循普通法的傳統。[8]這兩種觀點唯一共享的，幾乎只有兩個特點：首先，自然法是普遍法，與特定政體或歷史時期的法律「所謂的市民法（jus civile）」不同；其次，自然法不是人類所發明的，也因此與市民法和萬民法（jus gentium）不同。不論自然法是由神的旨意、宇宙的秩序、理性、本能或人類其他本質（如社會性或生理上的脆弱性）而來，其本質為何仍然是一個時常引起爭辯的問題。在古羅馬之後有許多基督信仰世界的作者，更深刻同意斯多葛學派對自然法的觀點，將西塞羅的自然法視為上帝永恆律法的一部分，其內容如神啟（《聖經》中由上帝直接頒布的神聖法）的地位，且由人類理性所認知並遵從（自然法，等同於聖保羅在《羅馬書》第二章第十五節中所說的，是「刻寫在人心上的律法」）。[9]隨著十三世紀阿奎那的影響，自然法不僅僅是人類理性參與上帝永恆法（lex aeterna）的一部分，其中更包含了《十誡》的所有道德規範。[10]但是，中世紀的法學家和神學家也同樣堅持動物本能的自然法，制定了愈來愈殘酷的法律來懲罰那些「反自然的罪行」，這一類別幾乎涵蓋了任何非繁衍目的的性行為（全部歸為「荒淫」）、亂倫或殺害胎兒（尤其是嘗試墮胎或隱瞞非法懷孕的婦女）。當這種被視為「反自然」的行為開始與宗教異端和神罰產生關聯，自然法也開始會與自然災害的出現產生連結（當時的人往往類比《聖經》中《創世紀》第十九章第二十四節中所描述的索多瑪（Sodom）和蛾摩拉（Gomorrah）兩座城市的毀滅）。自然災害愈頻繁的地方，意味著當地的人們是因為「反自然」的行為受到神罰；這尤其是在容易發生洪水和地震的城市，如威尼斯。[11]

這兩種觀點相互纏繞，而隨著其中一種觀點成為主流，自然法有可能會獲得比地方習俗或公民法更強大的影響力。例如，查士丁尼的《學說彙纂》清楚地指出，根據自然法，人皆生而自由平等。[12]然而，奴隸制在羅馬帝國內是一個普遍且完全被當時人所接受的制度，並由公民法來合法化和規範。在這種情況下，普世性的自然法並沒有凌駕羅馬的公民法：為什麼人類與動物共享的原則，應該高於文明社會的法律呢？[13]依此觀點，自然法並非是人類律法的基礎，而只是原初形態的法律，哪怕它是普遍且恆常的。然而，如果自然法代表了普世律則（甚至是神意）對人類理性的要求，那麼它就超越了所有的公民法。正如西塞羅所斷言的，「正義是至高的；它約束著所有人類社會，也奠基於至高的法律，即正確的理性來要求人們完善義務、履行職責。」[14]在索福克里斯的劇作中，克里昂固執地堅持自己的法令，而不顧安蒂岡妮對更高法律的訴求，最終導致了他的家族滅絕。即便貴如君王，也不能違反這些自然法而不受懲處。

古羅馬的作者們在處理這兩種自然法傳統時，通常會將它們的矛盾之處加以調和，要麼將動物本能的自然法提升為神聖的旨意，要麼將違反本能的行為（如殺嬰）歸因於理性的喪失。第一種論述策略有一個經典例子，即聖奧古斯丁（**Saint Augustine of Hippo, 354-430 CE**）在其《懺悔錄》（*Confessions*, c. 400 CE）中，對人們是否要遵守古老羅馬帝國格言「身處羅馬時，要像羅馬人一樣行事」做出了調整。他反對如「荒淫」這種「反自然」的行為，因為這並不是以繁衍為目的的行為，哪怕在古代地中海世界有許多地方皆有著這樣的風俗。聖奧古斯丁寫道：「當上帝下達了某件事的旨意，即便該事並不符合任何民族的習俗與立法、即便前所未聞，一旦上帝下達的旨意，人們便必須貫徹；……即便以前從未制定過相關法律，從現在起也應該為此制定律則。」[15]這種論點在基督教神學中回響了幾個世紀之久，從阿奎那聲稱獸姦比姦淫更糟糕，因為前者跨越了「創世主」所設立的種族界線，到晚近天主教會的教義問答對同性戀問題的答覆都是如此。[16]另一種論述策略，則是將違背動物本能的行為，聯繫到理性的喪失、甚至宇宙秩序的失效。

這表現在塞內卡（Seneca, c. 4 BCE-65 CE）改寫優律皮底斯（Euripides, c. 480-c. 406 BCE）的悲劇《美狄亞》（*Medea*）的內容，該這部劇講述了科爾基斯（Colchis）的公主美狄亞為了報復不忠的丈夫伊阿宋，而殺害了她親生的兩個兒子。塞內卡在改寫時不僅將美狄亞陷入是否要殺害嬰孩時的猶豫，描寫成她陷入「瘋狂」的狀態，還讓她回憶起自己的魔法是如何改變季節循環和逆轉海潮等「天律」。[17] 像西塞羅一樣，塞內卡將推翻理性與顛覆宇宙秩序結合在一起。在美狄亞的形象中，他將兩者都與動物的叛逆本能串聯成一。

無論這兩個版本的自然法之間的種種糾葛有多麼鬆散（它們往往僅是透過類比產生關係），但這層關係被中世紀基督教神學和法律傳統所強化，這些傳統使上帝成為宇宙自然世界和人類世界的創造者，從而確保了它們之間的和諧。作為宇宙的至高君王，上帝的權限是無限、永恆、不變的，也高於任何世俗權威。自然被各種不同的方式人格化，被視為上帝的代理人或祂的侍女，不知疲倦地工作著，以確保行星有在軌道上運行、季節有按照正確的時序進行，而上帝所創造的動物得以藉由生殖使物種能夠延續。在中世紀盛期，出現了豐富的寓言和圖像傳統，其中自然女士忙著補充物種（有時在鐵匠鋪裡敲打它們），偶爾抱怨荒淫的行為如何阻礙她的努力，就像法國寓言詩《大自然的哀歌》

（*De planctu naturae*, c. 1165）中描述的那樣。（圖7.1）[18]

聖奧古斯丁的上帝作為「至高君王」統治人世間的君王，而這些君主又統治著他們的臣民：「因為更高的權威遠大於較小的權威。」中世紀神學家依此建立了一套交織的法律等級制度：這套法律位階是神聖、自然且成文的。[19]位居金字塔中間的自然法既享有神聖的權威，又受到人類的管轄。這是一個相當脆弱的位置，介於上帝旨意的必然性和人類自由意志的不可捉摸性之間。同樣地，自然在神聖的全能與人類的脆弱之間起著調解作用。自然女士雖然強大但不全能；否則，她永遠不會有理由抱怨人類是如何違反她的法令。

這一系列的類比和人格化，以及委託和調解，遮蔽了自然法傳統中最顯著的衝突，也遮蔽了自然法這一概念中的矛盾，即它終究根植於兩種人性觀：人性的生物本能與人性的崇高理性。其中自然法的概念矛盾，也許更為鮮明。在古希臘哲學的一個重要傳統中，智辯學派的哲學家認為法律（nomos）與自然（physis）是相對立的：他們指出，各民族的葬禮習俗可能存在很大差異，有些土葬、有些火葬、有些保存死者屍身，但火卻無處不燃燒。[20]受到從希羅多德、馬可波羅（1254-1324）到華特・雷利（Walter Raleigh, c. 1552-1618）等異國文化旅行者所撰寫的故事的影響，以及從智辯家普羅泰哥拉斯

圖7.1　自然女士遵照神的旨意，揮舞她的鐵鎚在鐵砧上敲打著動物物種。圖片出　處：*Roman de la rose*, c. 1405, MS Ludwig XV 7, fol. 124v, Paul Getty Museum, Malibu。數位影像由 Getty's Open Content Program 提供。

（Protagoras, c. 480-c. 420 BCE）到懷疑論者米歇爾・蒙田（Michel de Montaigne, 1533-1592）等哲學家的反思，這一傳統將自然的恆定性與法律的多樣性相對照。從這個角度來看，「自然法」這樣的組合就像是「熱到發冷」或「明亮的陰影」等詞彙般毫無意義。只有讓自然（人類和宇宙）和法律（神聖和自然）都服從於上帝的意志，中世紀的自然法傳統才能掩飾這些裂痕。

在十六和十七世紀的歐洲，自然法理論家面臨了新的挑戰，迫使他們徹底重新檢驗自己的學說。商業和探險航行到亞洲和美洲，將歐洲人直接且長時間地暴露在到那些與他們本地法律和宗教前提毫無共同之處的文化中。試圖在明代中國傳教的耶穌會士發現，即使是邏輯也可能在翻譯中迷失；[21]西班牙的道明會修士辯解說，因為美洲原住民可能更像孩童與野獸，而不是理性的人，所以得以合法侵占其土地。[22]懷疑論者也質疑了野蠻和文明國家之間的區別。在一五六三年訪問巴西原住民的習俗後，蒙田得出結論說：「（從我被告知的內容中）我發現，這些人民身上並沒有什麼野蠻或野性的特質，而是每個人都會將自己不習慣的事物稱之為野蠻。」[23]撇除這些遙遠的異地文化不談，當時的歐洲也陷入宗教分歧、商業和帝國之間的競爭，以及幾乎不曾止歇的戰火中。無論戰爭是歐洲基督信仰的國家相互征戰，或是與鄂圖曼土耳其之間的戰事，這一切種種都彰顯了，當政體之間缺乏足以調節政體關係的共識時，衝突將難以避免。貫穿全球的貿易和帝國的野心重新喚起了普世性的修辭，而認為自身享有絕對王權的君王，他們的野心也提升了一致性論述的價值。

然而，如果不訴諸於斯多葛學派的神性化自然，或中世紀基督神學家對上帝立法的論述，又要如何能夠合理地證明具備普世性與一致性的法律確實存在呢？[24]這正是荷蘭的格勞秀斯、英格蘭的霍布斯與德意志的普芬多夫和湯瑪修斯等近代早期自然法理論家所面臨的困境。他們都是新教徒，都致力於以自然法論述，來拆解天主教論戰者用以攻擊新教徒、指控他們違反了上帝永恆律法的論述。[25]這些思想家的理論有著明顯的不同，他們對自然法究竟應該支持和禁止什麼（奴隸制、一夫多妻制和同性性行為是合法還是非法的？）、它是如何確立的（單單依靠先驗原則、還是對所有人類文化共同遵守的規範進行經驗研究的分析？）、它與神聖和人類成文法律的關係為何（它的法律位階是否高於《聖經》？）、甚至它是否完全是法律（是否存在一種不受制裁的法律？）等問題，有著不同的見解。儘管如此，他們全然一致肯定的是：第一，自然法不僅源自人類的本性，而且是源自人性在一個神話般的自然狀態下發微。第二，自然法對所有人類都是普遍且永恆的，儘管各地法律和習俗的多樣性往往令人炫目。

這兩個主張都不是不證自明的。自然狀態下的人類本性究竟是什麼？哪些方面與自然法相關？即使假設人性處於自然狀態的思想實驗被廣為接受，又為什麼社會狀態**之前**的自然狀態，足以為**身處在**社會狀態中的人類制定法律？十七世紀的自然法理論家在所有這些觀點上都有所不同。格勞秀斯承認人類是動物，「但是是一種更優秀的動物」，憑藉他們的智識能力足以按照普遍性原則行事，並且抑制追求即時享樂的衝動：「任何與這種判斷明顯相抵觸的，都被認為是違反自然法，也就是違反人的本性。」格勞秀斯認為，即使上帝不存在，這一論點仍然成立。[26] 相較於格勞秀斯將自然法建立在人類所擁有的更高智識能力之上，霍布斯則抱持更加悲觀的觀點：人類在自然狀態下的首要目標是自我保存（**self-preservation**），尤其是免受其他人類因對權力的無情渴望而帶來的掠奪。自然法是「一個被理性發現的規則或通則，禁止一個人做出對自身生命有害的事情，或奪走人們保護自己生命的手段，也禁止人們忽略那些足以保護生命的事物。」[27] 普芬多夫承認，自我保存是所有動物（包括人類在內）的最高權威，但他軟化了霍布斯認為生命的自然狀態就是跟所有生命對抗的嚴酷敘述，並進一步提出，有鑑於人類出生時的無助，且沒有像其他動物一樣有利爪銳牙等保護手段，人類的自我保存本身就意味著人類群居生活的社會性。因此，「自然的基本法則」是「每個人都應該，盡其所能，維護和促進社會性：也就是**人類的福祉**。」[28]

儘管這些著名的自然法理論家，對人性的本質以及由此衍生的法律等面向上，存在著重大分歧，但他們在兩個觀點上有一致的看法：自然法是由理性而非必然性所驅使，而理性所指的是以任何可能的方式脫離自然狀態。即使理性並不主宰人性（這與格勞秀斯相對樂觀的主張相反），但人類終究是靠理性揭示了為了生存而必須採取的行動。儘管動物似乎知道如何以本能保護自身，並且具有依本能自保的手段，人類出生時卻是赤裸裸地、毫無防備能力地來到這個世界，人類所有的只是理性（與慈愛的父母），而不是保暖的毛皮或自衛的利爪。這是一種赤裸裸、源乎理性的自利論述：如果你想要活下去，那麼你必須與其他人類攜手合作。為了社會的安全，人們可能要付出巨大代價；根據霍布斯的說法，這可能是犧牲自然權利和自由；根據湯瑪修斯的說法，這可能是犧牲人類天生的平等。[29]但無論犧牲了什麼，任何社會都比自然狀態要來得好，因為自然狀態可能是一場人與人之間的永恆戰爭、可能是人類隨時喪命於動物掠食者和惡劣自然環境的脆弱、也可能完全缺乏像書籍這樣的娛樂設施（正如湯瑪修斯提醒那些可能渴望避開社交干擾以便靜心閱讀的學究們）。[30]簡而言之，**人性**的本質是從自然**狀態**中全速逃離，而這也是自然法的本質。

藉由重新思考古代自然法法學的兩個要素（自然法作為理性，與自然法作為自然對所有動物的指示），近代早期法學家將其基礎從神聖法轉移到了人類理性（而且是一種狹隘的理性），也將原本著重繁衍和照顧後代的責任，轉移到了在神話般的自然狀態下求生存。理性和動物性仍然在近代早期自然法中融合在一起，但這兩個詞語已經被重新定義，它們之間的關係也被重新配置。這是一個適用於戰爭和帝國的世界的自然法，而那是一個充滿探索、侵占和以暴力衝突為主的文化交流的世界，在這個世界中，幾乎沒有什麼共同的假設可以被認為是理所當然的。自然法變成了從最小原則中推斷出最大後果的課題，其原則被視為是不證自明且普遍有效的，就像幾何公理一樣。[31]

在這兩個緊湊的基石之外，即理性被簡化為辨別自我保存的終極手段，而自我保存則被簡化為從自然狀態轉化為社會狀態，近代早期自然法理論家們彼此進行了無止盡的辯論。自然法是否等同於國際法，因為它適用於且也僅適用於人類？自然法是否可以純粹藉由訴諸不證自明的首要原則來建立，又或者需要進一步訴諸不同時代不同民族的不同風俗？自然法是否規定妻子應該服從、甚至忠誠於她的丈夫？同性性行為是否真的是「反自然」的罪行？自然法是否補充、完善、取代或者讓步於成文法？在十七、十八世紀歐洲，所有這些問題以及其他衍生問題，都為人們激烈地爭辯著。**不容置疑**的是，無論是在古代還是現代、是在墨西哥還是中國、是在宗教正統還是異端之中、是在君主國的臣民還是共和國的公民之中、是對於君王還是貧民，自然法對於所有人類來說都是普世、一致、不可改變的。

在自然法的起源和管轄範圍，縮小到人類領域的同一個歷史時刻，一個涵蓋整個宇宙的新規則分類正在天文學、力學和自然哲學中形成：自然律則。與近代早期自然法理論家在立論時，將原則削減到連上帝的存在都成為多餘假設的地步不同，自然律則的理論家們更加倚重神學，將上帝的存在作為自然秩序的保證者。雖然他們不舒服地意識到「自然律則」這個詞語，只能用來隱喻性地描述力學中彈性體的碰撞等自然規律，但這種自然律則的新思維方式的支持者們，經常回歸於自然法和自然律則之間的類比。自然有其自身的風俗以及其普遍的法律；上帝是一位立法者，他頒布自然律則就像君王頒布王國的法律一樣；違背自然律則的例外是神的神聖分配中的罕見行為，就像君王的赦免一樣是王室的罕見恩澤；自然法和自然律則在理論上都可以從不證自明的原則中得出結論。最重要的是，自然法和自然律則在其普遍性、一致性和不變性方面超越了所有其他規則和規律。

自然律則

在一六四四年，法國數學家、自然哲學家和曾經的冒險家笛卡兒出版了一篇關於形上學和物理學的拉丁文論文，提出了一個關於人們得以如何思考自然秩序的激進論點。自然萬物一切繁雜熱鬧的活動與物質，從星辰到海星、從紅色到天鵝絨的質地，都可以被歸納為物質運動。物質可以進一步歸納為幾何空間，而運動可以歸納為三個簡潔的原則：首先，處於運動或靜止狀態的物體會「盡可能地繼續保持那個狀態」；其次，所有運動「自身沿著直線進行」；第三，當物體碰撞時，其速度和體積的乘積在整體上是守恆的。[32]笛卡兒將這三個原則稱為「律則」，以凸顯它們作為自然萬物運作的基礎，並以之與「規則」相對應，而「規則」是他在早期作品中用來列舉一系列關於如何思考的準則的術語。[33]藉由將**律則**這一術語保留給他的機械哲學裡最一般的基本原則，即所有其他現象都可以從中推導出來的原則，笛卡兒創立了一個強大且令人困惑的隱喻「自然律則」，並從那時候起就一直主導著人們的科學思維。

自然律則的力量在於它們的普遍性、簡單性和豐富性。像自然法一樣，自然律則的範圍也是普遍的，但這裡的普遍指的是字面上的意義，適用於整個宇宙，而不僅僅是人類領域的微小範疇。而且就像自然法一樣，在一致性的意義上具有普遍性，於任何地方、任何時刻都適用。自然法理論家，如格勞秀斯和普芬多夫，是將普世律則與地方習俗或成文法相對比，後者因其顯著的多樣性和可變性而出名。至於培根和波以耳這樣的自然哲學家將自然律則與自然的「風俗」或「地方法律」相對比，後者是僅在某些特定時空條件下才有效的次級規律。[34]自然法和自然律則都是簡白的，這意味著其數量少、表達簡潔，最重要的是它們是萬物的基本原則。從理論上說，自然法和自然律則為整個法學和自然哲學提供了堅固的基礎。由於它們是不證自明的，並且足以衍生出非常豐富的結果，因此這些基礎確保了它們所擁有的學科的穩定性和範疇。然而，在實踐中，要從這些基礎獲得明確成果，往往比預期要來得困難。自然法理論家爭論自然法是否支持奴隸制或一夫多妻制就是一個例子。[35]笛卡兒本人也承認，必須進行實驗才能確立從他的自然律則中推導出的幾個可能的世界體系。[36]且讓我們繼續使用建築的比喻，同樣的基礎可以支撐巴洛克式宮殿或包浩斯式公寓大樓。自然法和自然律則也是如此，普遍、簡單的法則可能會產生**過多**的可能結果。

這之間的癥結在於，人們往往將自然理解成遵循法則的概念本身。對於機械哲學的擁戴者來說，這個問題尤其嚴重，他們堅持認為所有物質都是所謂的原初、被動且緩慢沉重的：除非受到智識心靈（無論是神的還是人的）的影響，否則物質無法產生運動或改變，更遑論思考。笛卡兒和波以耳等機械哲學家批判那些將自然擬人化為女神的說法，並堅持認為上帝不需要助手。根據波以耳的說法，「我們通常想象上帝指派了一個充滿智慧的強大存在作為副手，而這個助手被稱為自然，並讓自然為維護宇宙的利益保持警戒」，而這顯示了對神的眷顧的不敬，並且指向了偶像崇拜的嫌疑。自然只不過是物質運動的產物，是上帝製造的精巧機械。波以耳遵循了笛卡兒使用的「自然律則」術語，儘管他承認這種用法有些尷尬：「但我無法想象，一個毫無理解和感知能力的物質，如何能夠調節並確定其自身的運動，使其符合自身根本不知道或理解的法則。」[37]儘管如此，波以耳仍然堅持這不合適的「自然律則」隱喻，而到了十七世紀末，這種隱喻已經成為描述自然規律最常見的方式，並一直延續至今。

為什麼這種法則的隱喻能夠無視其缺點，還被人們廣為接受呢？這是一個令人費解的問題，而我們好像沒有其他選擇一樣，自然而然地如此沿用了這個說法。我們可以有幾種不同的方式來構思自然秩序，並且在日常交流中仍然能夠在這些不同的敘述之間轉換自如。最古老且至今仍然普遍存在、日常口語意義的自然，來自古希臘文 physis 和拉丁文 natura，其原始含義是特定的本質：使某物明確成為其自身，而不是其他物的本質。

水會依歸到水平面、鶴會遷徙、番紅花在春天開花，這就是自然法理論家在訴諸人性時，所引用的自然的意義：某些共享的特徵，會給自然的類型帶來可預測的特性。特定本質使得對有生命和無生命世界進行分類成為可能，無論是以元素周期表還是林奈分類法的形式。與這種分類幾乎同樣古老的是地方性的自然，包括植物和動物的配置、地理和地形、天氣和氣候，這些因素共同創造了獨特的景觀和棲地。古希臘希波克拉底學派的醫師觀察到這些地方性的自然，而現代生態學家則對其進行了數學建模，這些地方性的自然與居住在其中的人們的當地習俗和生活方式密切相關。在北極苔原或熱帶海岸的生活方式，都與周圍的景觀和生物形態密切相關。特定和地方性的自然秩序，說明了至少與笛卡兒等人所說的自然律則一樣普遍且重要的穩定規律。38

然而，特定和地方性的自然，都無法達到自然律則所具有的普遍性、簡單性和不變性。這種為數眾多的特定自然性，造就了地球上動植物和礦物那令人眼花繚亂的多樣性，更不用說地球以外的世界和星系了。即便館藏最豐富的博物館或記載最詳盡的百科全書，都無法充分展示它們的無限變化。如同這種特定的自然性無法簡化一樣，正如其名，地方性的自然也無法普遍化。一個由熱帶雨林、崎嶇山脈、廣闊草原、青翠牧場和石楠覆蓋的荒地拼湊而成的拼布，覆蓋了整個地球，而這正是十九世紀普魯士自然學家亞歷山大・洪堡（Alexander von Humboldt, 1769-1859）的地圖所描繪的景緻。（圖7.2）此外，特定和地方性的自然也不是恆常不變的：儘管它們都保證了一種大部分時間都可以依賴的秩序，但偶爾也會被例外情況打破。有時候燕子可能不會在春天回來，被風驅動的水可能會向上流動；季風雨可能不會如期造訪，西伯利亞的溫度可能會飆升。與普遍且不可違背的自然律則相比，特定和地方性的自然更像是培根和波以耳所稱的「自然風俗」：

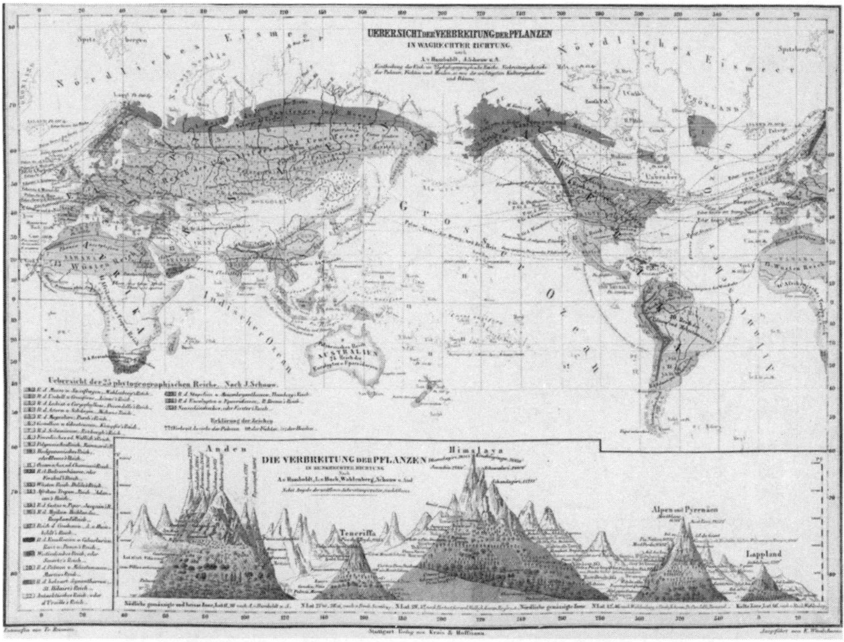

圖7.2　洪堡的全球植被分布圖。圖片出處：*Atlas zu Alexander von Humboldts Kosmos* [Atlas of Alexander von Humboldt's Cosmos], ed. Traugott Bromme, 1851, Table 31。

在限定條件下，多數時間會常態發生的事情。[39]

在古代和中世紀的自然哲學中，將自然秩序構想為法則並非罕見，這尤其容易見於天文學、光學和其他數學科學中。例如，塞內卡在他的《自然問題》（*Natural Questions*, c. 65 CE）中指出彗星運動的「法則」，而伊比鳩魯在他的詩作《萬物本質》（*On the Nature of Things*, 1st c. BCE）中描述了自然如何藉由「契約」（foedera naturae）確保物種的一致性。[40] 在中世紀和文藝復興時期的拉丁文資料中，將「法律」（lex）的隱喻用來描述天文學和光學（有時也包含文法）中發生的規律，此外還有一系列術語，包括「公理」、「原則」、「規則」和「原理」也在很大程度上勾勒出相同的語意群集。[41] 培根曾經擔任英格蘭的總檢察長，後來成為大法官，他曾嘗試使用法律的語言來描述基本的字母（這是他的另一個隱喻），例如白色或熱度等簡單的性質，但最終他重新使用了更古老的亞里斯多德術語「形態」。[42] 在笛卡兒於一六四四年提出物質運動的法則之前，將「自然律則」的隱喻用於描述天文學之外的自然規律是極其罕見的（哥白尼（1473-1543）和克卜勒都有意識性地使用了這個術語）。[43] 其他帶有後來成為自然律則概念的含義的術語，例如「普遍性」、「確定性」、「必然性」和「基礎」，則非常豐富。自然被構想為有秩序，但並不完全是均勻，或是毫無例外的；能確保自然的穩定性的是特定和地方性的自然觀，而不是普遍法則或規則的體系。[44]

笛卡兒的律則是一個轉捩點；在那之後，「自然律則」的隱喻，哪怕再怎麼不恰當，也變得難以抗拒。十七世紀中後期的自然哲學對該術語的使用，往往都帶有笛卡兒的影子，哪怕它們與笛卡兒原初的表述有所不同。一六六〇年代，倫敦皇家學會呼籲自然哲學家改進「笛卡兒給出的運動定律」，而牛頓則在他突破性的《自然哲學的數學原理》中，將他的三條反笛卡兒原理下標為「運動公理或定律」（Axiomata, sive Leges Motu）。[45]一如天文學和光學那樣，力學早在笛卡兒之前就已經是一門「混合了數學」的科學，其中偶爾也會出現「法則」這樣的術語，但即使是伽利略這名很可能是牛頓之前力學領域最重要的人物筆下，也幾乎從未見過這個隱喻；數學家帕斯卡在他的氣體力學和流體靜力學作品中也沒有使用過這個術語。[46]但是在一六六〇年左右，「自然律則」成為討論各種自然規律的方式，這不僅見於傳統的數學科學中，它在幾十年的時間裡取代了「規則」、「定理」或「原理」等與之競爭的術語。[47]為什麼會如此呢？

探討這個問題的歷史研究多如繁星。學者的觀點各異，取決於形上學、數學、神學、技術科學和政治理論的相對重要性不同。[48]然而，自然律則一詞的擁護者（笛卡兒、波以耳、牛頓、萊布尼茨）在他們的著作中見證了有關上帝的力量與智慧之爭的核心。

他們對自然律則的主張總是以神學術語來界定，而這些術語到了十七世紀中葉已經有了漫長而備受辯論的歷史。[49]上帝是否受邏輯約束？祂的意志是否可以違背不矛盾（non-contradiction）原則這種定理？上帝所制定的自然律則是否取決於上帝難以測量的目的，還是這是必然的、因此是可以被人類理解的？奇蹟是否真的違反了自然律則，還是上帝從創世之初就預見並計畫了一切的可能？上帝的護佑是否涉及每一種生物（即「上帝會確保飛行之鳥不會墜落」），還是像波以耳所深信的，上帝更喜歡「普遍的法則、更高的目標更勝於次要之物，也會為了確保崇高的一致性，而非為了各殊情境的多變來變化次要內容。」[50]當許多自然法學家開始遠離這些神學難題，並將他們的自然法理論定調於人性時，鑽研自然律則的自然哲學家卻正面臨著有關上帝本質的辯論。

在當時關於上帝和自然律則最著名的辯論，發生在德國數學家、哲學家和法學家萊布尼茲和英國國教會牧師、科學家與翻譯家薩繆爾・克拉克（Samuel Clarke, 1675-1729）之間的通信中。克拉克代表了牛頓的觀點，他在一七一六年到一七一七年期間與萊布尼茲通信時，可能得到不少牛頓本人的建議。牛頓和萊布尼茲是科學上的競爭對手，在微積分的激烈爭議中早已有過公開對決，[51]雙方都意識到該通信內容涉及了政治、神學和科學方面的利害關係。這次通信起始於萊布尼茲寫給威爾斯王妃卡洛琳（Caroline of Ansbach,

1683-1737）的一封信，信中討論了牛頓的自然哲學對正統宗教的潛在危害。[52]為了卡洛琳王妃那雙慧眼，也為了彼此所擁戴的觀點，萊布尼茲和克拉克將他們對上帝、萬有引力、真空的存在、奇蹟和空間等課題的分歧，轉化為一場關於自然是否受到法律管轄的辯論。

在萊布尼茲的起手式中，他指責牛頓把上帝描繪成一個無能的工匠，他所創造的鐘錶宇宙不時需要清潔和修補，而不是一個永恆運行且「符合自然律則、美麗且秩序穩定」的完美機器。這是指牛頓在其《光學》（*Opticks*, 1704）的第三十一問中主張，如果沒有「某些積極的原則」（如引力和發酵），整個宇宙最終將停滯不前，並進一步推測上帝可能會「改變自然律則」以在宇宙其他地方創造其他種類的世界。[53]克拉克反駁說，萊布尼茲所描繪的自動運行機器與上帝的普遍治理並不相容：在一個永遠不需要君王「管理或干預」的王國裡，君王就只是一個虛名而已。兩人就此問題來回辯論，萊布尼茲堅持認為，上帝的智慧意味著預見、並排除了對世界機器進行任何修改的需要，一旦由上帝這個神聖的工程師啟動，自然這部機器即可自行運轉。而克拉克則反駁說，上帝的力量表現在祂對宇宙的持續介入裡。萊布尼茨的自然律則是永恆、自我維持的，是「所有可能事物中最好的存在」；克拉克的法令完全依賴上帝的意志，可能隨時改變。對於萊布尼茲來說，克拉克等於把神聖的意志降低到機運的偶然性；對於克拉克來說，萊布尼茲那不可變動的自然秩序與宿命論無異。萊布尼茲將奇蹟的作用最小化，並強調奇蹟是為了恩典的目的，而不是為了維護自然秩序。克拉克反駁說，自然和超自然事件之間唯一的區別在於後者只是不尋常的介入，因為沒有事情是不受到上帝即時關注的。「自然的進程」，甚至「自然」本身，是上帝勤勞地維護祂所創造的世界每一個細節的迂迴表述。[54]在這種種分歧的背後，是對於什麼才是良好治理的兩種不相容理念，體現為萊布尼茲口中有遠見的立法者與克拉克（和牛頓）的干預主義君王。

牛頓的科學在引力和真空等問題方面占了上風（雖然在動量守恆上並非如此），但長久看來，最終是萊布尼茲的神聖工程師戰勝了牛頓的專橫「普世統治者」（然而，就實際自然律則運轉的合理必然性方面則不然）。[55]到了十八世紀中葉，啟蒙時代的觀點將自然看作是一套普遍、永恆和不可變的律則系統。正如孟德斯鳩在一七四八年總結這種世界觀時所述，上帝根據與其力量和智慧一致的法則，創造並維繫了世界；物質的運動必須遵循這些「不變的法則；如果人們可以想像除了這種世界之外的另一個世界，那麼它（也）將擁有其固定的規則，否則必然覆滅。」[56]正如孟德斯鳩在他對其他世界的表述中暗示的，在什麼世界應用**哪些**固定的規則，是一個與神擇有關的問題。在這一點上，萊布尼茲獨特的理性法則已經輸給了牛頓那略帶激進色彩的意志主義（voluntarism）。像引力這樣的自然律則開始被視為是上帝的成文律法，既普遍、不可違背且是專斷的。[57]然而，萊布尼茲在上帝是否干預自然這個更大的問題上取得了明確的勝利。即使是虔誠的人也放棄了牛頓那干預性的上帝，轉而支持一個既不需要奇蹟也不需要時時維護的宇宙觀，並且更願意接受偶發的地震或不公正的事件是這種普遍性、簡單性和一致性的代價。像波以耳一樣，法國祈禱會（Oratory）領袖尼古拉・馬勒伯郎士（Nicolas Malebranche, 1638-1715）將畸形的胎兒和其他自然災害，視為上帝選擇以最簡單的方式創造世界的必然結果。[58]而儘管只有一小部分的激進哲學家〔如巴魯赫・史賓諾莎（Baruch Spinoza, 1632-1677）〕會明確否定神跡的可能性，但即便是正統的天主教和新教神職人員也將奇蹟的數量和重要性降到最低。[59]大衛・休謨（David Hume, 1711-1776）的〈論奇蹟〉（Of Miracles, 1748）一文論述了，即使是關於奇蹟的最豐富和最無懈可擊的證詞，也永遠無法擊潰自然律則的證據，並指出這表現了自然律則不可被違背的特質。而這不過是一條漫長的思想步道的終點。[60]

小結：普世合法性

在整個近代早期時期，歐洲對自然法和自然律則的思考是平行演變的。兩者之間存在著明顯的對比：自然法僅適用於人類的本性，並且由理性而不是物理上的必然性所支配；自然律則只能以隱喻的方式稱之，必須通過經驗研究而不是對假定自然狀態的思想實驗來驗證。然而，它們的共同點遠遠超過了這些差異。它們都採用了一種基礎模型，在這種模型中，我們可以從幾個簡單、普遍的法則中推導出廣泛而多樣的結果；它們都將這些法則的普遍性、一致性和不變性與地方習俗和地方性做出對比。在培根和萊布尼茲的著作中有一個引人注目的類比，他們作為法學家分別將普通法和公民法簡化為「一個合適、一致的法律機構」，並提倡簡單、一致的自然律則。[61]這兩個傳統都想像了普遍的法律與地方成文法或公民法的互動，後者是作為特定情況與有特定需求時，對前者的補充、限制和（偶爾）修改。[62]波以耳引用了這種「特定和從屬的（或者可以說是公民法式的）自然律則」，來解釋表面上對「指導物質事物的普遍法則」偶有偏異的地方，比如生物異常和其他異常自然現象的發生。[63]可以想見，萊布尼茲就像對待自然律則時一樣，堅決排除了自然法中的例外情境。[64]自然法和自然律則之間的聯繫不僅僅是名詞上看似相近。它們有更深層次的類同關係。

這兩個傳統都擁有一個對什麼構成了良好治理的願景，即法治，這種法治既不可違背，卻又普遍而一致。在這種模式下，上帝在《聖經》中賜予受喜愛的人和民族的那種天賜豁免不再是恩典的行為；相反地，它們更近似於暴君的任性妄為。無論這些豁免是否違反了自然法（例如，上帝命令亞伯拉罕殺死他的兒子以撒）還是自然律則（上帝為以色列人分開紅海），它們都困擾著這些自然法與自然律則的思想家，因為這表現了法則有著不一致和多變的缺陷。在他們看來，法律（而不是立法者）是全能的。對於《聖經》中這些充滿問題的段落，中世紀的聖經註釋已經得出結論，即無論上帝命令了什麼，即使該命令違背了祂自己的律則，也會因為是上帝的命令而成為合適和正確的指令。對近代早期的意志主義者，如牛頓來說，他們主張自然律則僅在上帝同意的情況下才有效。相比之下，十八世紀自然法在法學和自然律則在自然哲學中的支持者，將人類的正義和自然秩序與對基本法則的信仰串連起來。[65]君主（甚至上帝）都必須在法律面前低頭。偉大啟蒙時代的《百科全書》中關於「法律」的文章贊同路易十二（Louis XII, 1462-1515, r. 1498-1515）的一項法令：「人們總是該嚴守法律，哪怕某個要人違反法律的命令是來自於冥頑不靈的君王，臣民也應該遵守法律而非王命。」[66]

當然，並不是所有人都奉行這種不屈不撓的普世合法性願景。研究變化多端自然現象的學者，如研究天氣的自然學家們最多也只能發現局部地方的「規則」，而非穩定的法則。[67]在人類活動的場域中，普遍的可預測性往往與特定情況下的正義背道而馳，我們因此常見到這種情況下的抗議源源不絕。十七世紀的法國法學家尚・多瑪（Jean Domat, 1625-1696）於一六八九年所撰寫、依照「自然秩序」來安排民法的論文出版了六十多個版本，他承認存在著不變的自然法，但提供了許多例子證明它們為某些特定時空中的特定法律所限制。普遍法則的例外情況實在太多，使得法務人員也無法牢記，因此法官必須尊重「應用的法治精神，以免因為過度延伸普遍規則而對例外情況中的個案造成損害」。[68]身為波爾多地方法院法官的孟德斯鳩，在他一七四八年的著作中也論述了在法律文字和精神之間充滿著對立，並堅決反對普世律法的存在。他認為，每個民族都需要適合其氣候、土壤、生活方式、宗教、財富、道德和習俗的法律。在當時的歐洲，中央集權的王室正試圖致力於將地方的法治從地區性法律轉為王室法典，例如法國君王在十七世紀末編纂了適用於整個王國的王室法案。孟德斯鳩在那個年代強調是地方風俗而不是普世法律，充滿了具體的政治及抽象的理論含義。[69]自古以來相伴的地方性自然和地方風俗，在這一刻重新發揚自我，抵抗著依據普遍人性本質而強調一致性的自然法則。

孟德斯鳩清楚地意識到，他對地方風俗的捍衛根源於地方性的自然，這擊碎了自然法與自然律則之間建立在普世合法性共同願景基礎上的聯盟。他解釋說，儘管智識生物的世界擁有其自身不變的法則，但「它並不像物理世界如此始終如一地遵循它們（法則）」。[70]具有自由意志和犯錯傾向的人類，一旦進入社會之中，就會偏離原始自然狀態的法則。孟德斯鳩在這裡凸顯了自然法和自然律則之間的關鍵差異：後者由於物理必然性而強迫服從，而前者只能藉由理性的同意來遵循。一些十八世紀的思想家，如醫生暨經濟學家法蘭索瓦．魁奈（François Quesnay, 16941774），試圖將物理強迫力和理性服從融為一體，表明如果政府不遵循那影響穀物豐收或歉收的自然律則，則政府也將違反了使人民享有大地果實的自然法。[71]但這不是太常見的例子，而多數這種書寫在當時都被人們忽視。在十八世紀，自然界和人類世界之間的鴻溝加劇，擴大了自然法和自然律則之間的距離。

然而，即使是將這兩個領域分開的人物，也堅持這種類比。康德在他所謂的「目的之國」（kingdom of ends）和「因果之國」（kingdom of causes）之間，刻下了一個區分形上學與道德哲學的界線。「目的之國」是由自由選擇自身言行所依循的法則的理性生物所組成，「因果之國」中的一切則都由自然律則所決定。人類居於兩者之間，因此對一切事物都具有雙重視角：「首先，人類作為屬於感官世界、受自然律則支配的一部分（他律），其次，人類作為屬於理性世界的一部分，其法則不依賴於自然，而是建立在理性之上（自律）。」在康德眼中，後者雖然建立於理性，但這與近代早期的自然法理論家**相反**，這種法則與人性本質無關，僅與理性的特質有關，康德謹慎地不將其定義為人類理性；他相信其他行星上有可能存在著人類以外享有智識能力的生命，也因此他的目的之國及其法則涵蓋了宇宙中所有的理性生物。而康德所謂的感官世界，也與自然律則的理論家**相反**，在他看來，自然律則不是上帝的法令，而是理解自然秩序所必要、認知意義上的先決條件。因此，康德徹底重新構想了自然法和自然律則，也幾乎切斷了曾將它們綁在一起的所有關聯性。但他仍保留了照亮這兩個最重要規則之願景的普世合法性隱喻。康德的定言令式（categorical imperative），即實踐理性的最終法則，敦促所有理性生物：「在行事時，應該依循那按照你的意志，並且你可以視之為普世自然法則的普遍法則而行事。」72

8

曲解或違反規則

▼規則的極限

當最牢靠的規則遇到例外情況時會發生什麼？請考慮以下三個著名的例子，這些規則在壓力下都遭到曲解和打破。

「不可殺人」（《出埃及記》20:13）。但是上帝自己卻命令亞伯拉罕：「你帶著你的兒子，就是你獨生的兒子，你所愛的以撒，往摩利亞地去，在我所要指示你的山上，把他獻為燔祭」（《創世記》22:1）。上帝是否違反了自己的律法？天主教神學家中最偉大的阿奎那認為，《十誡》的命令不能豁免，因為它們表達了「立法者，即上帝的意圖」。但在亞伯拉罕和以撒的案例中，他引用了次要原則，「在某些罕見的特定情況下」，即便是永恆神聖法則的「第一原則」也可能暫時休止。[1]

盜竊被自然法和成文法禁止。但是窮人又冷又餓，無家可歸；他找不到正當的工作。富人的餐桌上滿是美食，但甚至不肯施捨一塊麵包。窮人從富人那裡偷取生活必需品，而後者甚至都不曾察覺到它們失竊了，這樣做合理嗎？十七世紀德意志自然法學家普芬多夫緩解了這個論述：「儘管一般來說，待人以禮（即施捨窮人）不應該是**強制性**的，但如果有**急迫**的需求，將會改變這一情況，使這些事情像是明文確立的**義務**一樣。」[2]

法治原則保障公民免於不受制衡原則約束的行政命令所侵犯。但一旦面臨緊急情況（毀滅性的洪水、傳染病、突襲），執政者必須在不請示立法機構或司法機構的情況下發布命令。哲學家洛克是十七世紀為自由權利論述辯護最重要的思想家，他主張自由的公民不應受到任何統治者的專斷權力所支配，哪怕統治者有多麼仁慈都是如此。然而，他也贊同行政裁量權的行使：「在特定情況下，如不可預見的突發事件，導致那明文確立且無法改變的法律將無法適用時，行政權得以行使以保障公共利益。」[3]

在什麼情況下，曲解規則會導致破壞規則？這三個案例涉及道德神學、法律和政治理論，各自以最鮮明的方式提出了這個問題：法律，甚至是神聖的法律，或者法治本身，有時候是否也需要像亞里斯多德的可彎曲量尺一樣適時彎曲，以測量圓滑的表面，而這樣做是否會導致規則崩解？在什麼情況下，嚴謹僵化的規則變成了不公正的表徵，而靈活變動的規則也成為只是當事人一時任性的結果？這些是自古以來就困擾著法學家的問題。在《政治家篇》（*The Statesman*）中，柏拉圖坦承指出，沒有一套固定的法律體系能夠在所有情況皆得以實現正義，「因為人的差異和行為，以及人生中沒有任何一件事情是永恆不變的事實，使得任何一門技術都不可能為所有事情一勞永逸地制定簡單直白的規則。」[4]直到今天，憲法法庭中抗辯的律師和詮釋憲法的法官，仍在對是否應該優先考慮法律的字面意義、還是法律原則上的含義而辯論著。堅持字面意義的倡導者主張，所有憲法解釋都應該忠於過去立法者的原意，並尋求法律的可預測性以指導未來的決策；而他們的對手則指出，解釋憲法時需要認識到眼前情境的變化，包含不同歷史背景中輿論的變化。[5]柏拉圖可能會對當前在美國最高法院審理的案件內容感到驚訝，但他對原意主義者（originalist）和進步主義者用來表達各自論點的論述，絕對會感到十分熟悉。

道德哲學家和法學家並不是唯一需要判斷，在什麼情況下、需要用什麼方法來調整普遍規則，以適用特定情況的人。每一位醫生在面對一種常見的疾病，且該疾病以一種不尋常的方式體現在個別患者身上時，都必須權衡在這個特定案例中遵循標準治療方案的利弊。案例作為一種知識類型的概念〔這是醫學史學家吉安娜・波馬塔（Gianna Pomata）的精妙用語〕在醫學和法律中最為常見，在中國及歐洲傳統中都同樣如此。[6]但基於案例的推理也是人文和生命科學中，在分析規則時的重要補遺，這些領域也必須處理各種特殊情況。[7]歷史的變化可能會動搖最初為不同情境所制定的規則。湯瑪斯・傑佛遜（Thomas Jefferson, 1743-1826）在起草美國參議院的議事規則時非常清楚地意識到這點，並且對此事感到慶幸，「在我身後的人將逐漸地修正和完善這套規則，直到他們成功制定出一套供參議院使用的規則，而其效力將盡可能精確、省時、有秩序、保持一致性和公正性。」[8]在任何存在高度可變動性的場域，甚至只是情境會隨著時間的推移產生重大變化，那麼規則都必須適當扭曲，有時甚至需要被打破。

這也表示，將普遍適用的規則應用於特定案例時，往往需要當事人酌情判斷，而這是普遍且屢見不鮮的；這也許與規則本身所追求的恆常和普世性一樣重要。但從這本書的歷史角度來看，這引發了另一個問題：從什麼時候以及因為什麼理由，適時修正和打破規則的現象本身，開始被認為是一個棘手的問題，而不再是世界運作的方式？在前幾章中，我們已經看到規則最一開始的樣貌是充滿彈性的，以應對棘手和不可預測的特定情況的挑戰。將規則設想為模範，可以藉由模仿和即興創作來引領實踐者，而這就像文學體裁中的作品一樣。以史詩來說，其類別得以建立，是基於（但不全然基於）史詩之間的相似性：例如維吉爾（Virgil, 70-19 BCE）的《艾尼亞斯紀》與荷馬（8th c. BCE）的《伊里亞德》，以及約翰・彌爾頓（John Milton, 1608-1674）的《失樂園》與前兩者之間的關係。[9]範例、例外情況和經驗都被納入到厚規則的制定中，即使是表面上最不模糊的遊戲和演算規則，也要充分靈活，才能承受實踐的考驗。

然而，從十七世紀開始，我們也見證了更野心勃勃且不太通融的規則的興起。這些規則更野心勃勃，因為它們旨在更詳細地規範（第六章中精細管理的市政規定）或者跨越時空擴展其權限（第七章中的普世自然法則）。它們不太通融，因為要麼它們更加明確（第三章中食譜中詳細說明的步驟），要麼它們不太容許審度行事（第五章中的計算工作流程）。規則愈來愈不包含早期規則中作為緩衝，避免與不可預見的情況發生衝突的示例、例外情況和對經驗的呼籲（就像第三章提到的技術技藝規則和第四章的演算規則一樣）。它們變得更加不容質疑而不是開放。從原則上來說，這些規則被視為是要被人們嚴格遵守的；但實際上，在處理困難案例時，規則字面上的意涵和與其原則上的解釋將不可避免地有所衝突。即使是在第六章中描述的刻意僵化的規則，在應用於連最詳細的規則都未能預見的情況時，也需要當事人對規則進行一些調整。

個人判斷和審度判斷並沒有消失於歷史裡。但它們確實變得極具爭議性。專斷的決定一直以來都受到抵制，這在法律尤其如此。十七和十八世紀的新特點在於，對**任何**向外拓展的規則的原則性提出挑戰，無論這是基於宗教良知、法律裁決還是政治主權。在這一章裡，我將探討近代早期關於道德神學中的個案教義、法律中的公義和政治中的主權特權的辯論，是如何考驗了規則的堅固特質，而這裡所針對的，不僅僅是個別條款的規則，而是普遍意義上的規則。

▼案例主義思維：具體案例與良知的審慎判斷

這是在一六三〇年的巴黎。當時一名耶穌會士艾蒂安・邦尼（Étienne Bauny, 1564-1649）為法國天主教徒提供建言，其中特別需要他的建議的是商人，他們想知道要如何調節自身的商貿利益與宗教職責。舉例來說，一位放貸人是否有正當理由，向即將出發踏上高風險但可能利潤豐厚的航程的商人收取利息？如果有，利息又該收多少？在慣例上，教會法禁止對任何貸款收取利息，並視之為發放高利貸等罪行。但邦尼神父作為一間創立於十四世紀、每個歐洲港口城市都有辦理業務的海上保險公司代表，為收受利息這件事情來辯護。而他辯護的前提是利息的金額與預期利潤和航行風險成正比。他認為，實質上來說這些利息並不是真正的利息，而是「風險的代價」，意味著放貸人可能無法回收借款。這種根據案例微調商貸成本的例子並不止於此。邦尼還要求商人考慮到這類合約雙方的相對財務狀況。如果借貸關係使得一方因此變得富有，而另一方則陷入貧困，「則該合約將會無效」。[10]邦尼的著作充滿了細膩的分類討論，並引用了拉丁文神學權威的說法，而他試圖引導那些陷入各種困難的信徒，以及聽著這些告解而困惑不已的神父，走出（如他著作的副書名所宣傳的）社會中「各種條件和人品」所面臨的複雜道德決定的棘手問題。

邦尼的道德建議並未獲得普世認同。儘管他是位高權重的法國樞機主教法蘭索瓦．拉羅什福柯（François de la Rochefoucauld, 1558-1645）的靈修導師，但他的書被教皇和索邦神學家們譴責為過於縱容。但這本書顯然滿足了當時某種迫切需求：就算它在一六四〇年被列入天主教教會正式查禁的《禁書目錄》（*Index librorum prohibitorum*）中，也仍然反覆再版。近代早期歐洲是一個動盪變革的時期：宗教改革和宗教迫害影響了成千上萬的人；前往亞洲、非洲和美洲的貿易路線開闢了新的商業契機；識字率的普及和印刷書籍、巨幅傳單的傳播催生了智識和政治的變局；股份公司和匯票這類巧妙金融商品在創造了巨額財富的同時，也破壞了經濟平衡；此外，有如親族相殘的戰爭在整個歐洲大陸持續了將近兩百年。正如我們在第六章中所見，在這個時期，新的財富顛覆了舊的社會秩序、銀行家的消費超過了貴族、城市基礎建設也因嗅聞到新商機的居民到來而崩潰，至於最近才開始識字的人則努力掌握閱讀和書寫。這些經濟、社會、宗教和政治的轉變帶來了新型的道德困境，邦尼這本廣受歡迎的手冊所欲解決的困境正是其中之一。

雖然邦尼處理的許多道德困境可能是相當新穎的，但在這一時期，他和許多其他神學家一樣（無論是天主教還是新教），他們的道德論述類型背後有著悠久的傳統。事實上，個案教義意味著將傳統的全部重量投入到一個棘手的特定案例中。個案教義最初是指對《聖經》和早期教父的教誨、對教會法和博學學者的註解進行闡釋，使之應用於特定案例中。而這主要用於傳道，自十三世紀以來一直由整個天主教會的信徒所實踐。就像英格蘭與美國的普通法要求訓練有素的專家，在面對特定法案時，必須對數個世紀以來的法律、判例和法律意見提出為何適用的解釋一樣；也像醫學要求醫生既要精通最新的相關科學文獻，也要熟悉類似案例的歷史觀察一般，這種探討個案教義的人員必須深入研究積累了幾個世紀的大量神學和倫理學文獻。個案教義與普通法或醫學實踐之間的類比經常為人們所提出：普通法律師被稱為法律的個案教義專家；而天主教信徒被稱為靈魂的醫生。[11]所有的推理首先都是基於案例本身，而不是基於某些更普遍的規則或原則來處理具體的案例。

或者更準確地說，他們是從一個案例到另一個案例、從某個各殊事物到另一個各殊事物的關係進行推理。正如科學史家暨哲學家約翰・福雷斯特（John Forrester）所指出的，基於案例的推理不同於對特定事例的歸納，它的目的不是在於得出概括萬物的結論。[12]個案教義的推理是反統計的，因為它拒絕對同質化的案例進行概括；然而，它仍然是非常經驗主義的。所有基於案例的推理都具有足以統括相關案例的特點，有時這些案例的共同特點會鬆散地分類為主題群組，但同時又足以跨越這些臨時分類的交叉類比。正如近代早期歐洲醫生和法學家出版了一系列註釋案例，來指導他們領域中的實踐推理一樣，神學家們也會把針對各種道德困境的龐雜觀點匯集成大部頭的參考著作，例如西班牙耶穌會士安東尼奧・艾斯科巴・門多薩（Antonio Escobar y Mendoza, 1589-1669）百科全書式的《良知案例彙編》（*Summula casuum conscientiae*, 1627）和《道德神學論》（*Liber theologiae moralis*, 1644）。[13]這樣的案例彙編不僅僅是歐洲的一種文類：中國的法學家也自豪地擁有長達幾個世紀的這類編纂傳統。[14]

這種案例集結所代表的經驗主義，與其他形式的經驗主義有所不同（例如觀察、實驗、統計調查），因為從特定案例推演進而得到普世規則，並不是它的目標。對追求普世規則的經驗研究來說，對案例的單一觀察只是一種軼事；一個實驗所尋求的是要解釋特定實驗室之外、放諸四海皆能起作用的自然現象的成因；一個統計調查則是有意要消除個人差異，以便賦予實質規律。但基於案例的經驗主義仍然根植於特定事例中。案例彙編，特別是精心選擇的案例，凸顯了案例之間顯著的相似和差異之處，並將之作為一個以過去經驗來理解眼前案例的資料庫。然而，哪些案例（哪些判例、哪些病歷、哪些道德判斷）將會是最適用眼前案例，這並不是一個抽象或概括的問題；它們可以透過類比與相似性原則來解決。當案例被完整地歸屬於某種適用的普遍原則時，案例本身並沒有被解決。正如文學學者安德烈．約爾斯（André Jolles）所觀察到的，與將示例所歸屬、闡明其所適用的規則相反，案例將相互競爭的規則與原則對立起來，使得「規範與規範相抗衡」。[15]真要說，規則反而是隸屬於展示規則的案例之中。修辭學家約翰．阿索斯（John Arthos）關於個案教義的評論是，案例「不僅是符合規則而已，在某種程度上它實質改變了律法。」[16]將基於案例的推理描述為類比式的推論，充其量只表現了一半的真實。案例提出的挑戰是要辨別出在無限的可能性中，**哪一個**類比在眼前的特定案例中最為重要（而這並不是要排除其他重要元素），而案例永遠不會忽視那些可能足以替代目前適用的原則的其他類比。案例是促進思辨的好素材，因為基於案例的思辨永遠不會停止。

現在讓我們回到邦尼神父以及他對告解神父的建議，這些人面對的往往是那些忙於商業貿易的教友，他們在自身投資是否獲利與靈魂能否得救之間深感焦慮。如果借貸的金額是否符合公道是一個單純的數學問題，那麼過多繁雜的背景與細節知識（例如航程中是否會遭遇海盜和其他危險、貨物的價值有多少、放貸人與借款人的財務狀況如何等等），可能會讓人分心。然而，在特定的道德困境中，這些細節是至關重要的。所有需要案例判斷的人，無論是新教徒還是天主教徒，無論是法律還是醫學層面，都像數學家一樣對這些細節都有一定程度的渴望。當被問及是否可以對盜賊撒謊時，邦尼神父在英國的清教徒對照組威廉．帕金斯（William Perkins, 1558-1602）仔細探討了所有可能的情境：這個謊言是否是某種誓約？尊重這個誓約是否會有害於公益？被迫撒謊的人處境有多麼危險？他的謊言是否會使其他人的生命受到威脅？在考量了這些之後，他拒絕給出明確的答案。「有很多最好的神學家」可能會允許人在這個情境下撒謊，但「在我看來，我選擇保持中立。」[17]在繁雜的細節和競爭原則之中，強調案例重要性的人只能希望達到最合理的判斷，而不是符合規則定義的判斷。隨著案例細節的增加，可能適用的規則也會增加。最終，一些規則會因為比其他規則更加適用而被挑出來，但適用與否，是規則間彼此競爭後才能得到的結果。案例的判斷者在判斷是否要扭曲規則之前，要先對規則的適用性進行測試。

這種推理方式可能特意設計來讓所有數學家和強調規則必須嚴謹的人們抓狂，而邦尼和他的耶穌會弟兄這些強調案例重要件的人，更曾經與法國數學家和堅信宗教必須嚴謹的帕斯卡發生了嚴重的衝突。作為一名楊森派的信徒（Jansenist，這是一個受到正統神學家攻擊的天主教教派），帕斯卡無論從宗教上或政治上都有動機來攻擊耶穌會士。[18]但是他所寫下的、極其暢銷的諷刺作品《致鄉間友人書》（*Les Provinciales*, 1657）中所提到的神學論述，幾乎全然被他對耶穌會這種強調案例的嘲諷所遮掩，其中一個被嘲諷的人包含了邦尼（帕斯卡具體提到了他的名字）。[19]帕斯卡虛構了一個名叫路易·蒙塔特的人物，他不斷寫信給身處鄉村的朋友，評論著巴黎的最新動態。以蒙塔特之名，帕斯卡抨擊了耶穌會那些尊重案例的神學家過於溫吞又過於善變的道德觀。藉著引用這些案例主義者的文本（例如他對艾斯科巴選擇性地摘錄，而這往往過於斷章取義），帕斯卡暗示說，在耶穌會的道德觀看來，來告解的人們所犯下的道德錯誤與罪行，都不會嚴重到無法寬恕的地步。這讓保守的蒙塔特感到震驚，因為他的一位耶穌會友人曾向他解釋，正因為只有少數人能夠嚴格遵循經文和教父先賢的指示，所以在有道德疑慮的特定案例中，如果告解神父不表現出寬容的模樣，他們將有可能會失去不少教友。此外，時代已經改變，案例主義者必須對當下的實際案例做出判斷。「（天主教）早期教父的教導對當時的道德觀很有幫助，」蒙塔特引述那位耶穌會友人說法：「但是他們與我們自己的道德觀有些距離。」在這個故事裡，帕斯卡借助概率論（probabilism）的觀點鋪陳故事，而這觀點使得告解神父可以遵循那些學術權威支持、卻又最方便他們行事的道德觀，即便這些觀點往往不怎麼受人支持。在這個故事裡，蒙塔特和藹的耶穌會友人成功地為違反四旬齋期飲食限制的神職人員和修女、在名譽決鬥中流血的貴族、以及抑制耶穌受難以免對其中國信徒造成震驚的耶穌會士辯護。最終，蒙塔特以痛苦的諷刺說道：「這種概率真是太有用了！」。[20]

在帕斯卡對案例主義者（以及耶穌會士）那充滿彈性的推論風格極盡諷刺之後，案例主義再也沒有從這種輿論打擊中再興。《致鄉間友人書》是唯一一部在其時代倖存下來的十七世紀法國論戰文本，即使是帕斯卡的耶穌會對手也承認他的寫作風格是如此卓越。[21]《致鄉間友人書》很快地被翻譯成他國語言廣為流傳，也因為它的影響，「耶穌會式的」（Jesuistical）與法文中的「escobarie」（由耶穌會士艾斯科巴的名字而來的單字）成了過於玄妙、詭辯和滑坡論點的同義詞。在整個十七世紀，耶穌會的案例主義甚至被教宗譴責為放縱主義。[22]在新教國家，案例主義永遠失去了作為一種嚴肅道德論述的地位，哪怕一些哲學家在我們這個時代仍舊努力恢復其尊嚴。[23]帕斯卡在宗教方面像在數學方面一樣不屈不撓，他支持鋼鐵般的原則而不是柔軟的細節；無獨有偶地，他提出了一個普世適用的數學解方，解決了邦尼用案例主義的思維工具所試圖找出答案的公平定價問題。[24]

在十八世紀，良知的含義從一個涵蓋所有神學法規和規則，以及個人情境和意圖的學術傳統，轉變為一種內在的能力，它既透過身體感知也藉由理性推理來做出判斷。在盧梭、康德和其他啟蒙時代道德哲學家的作品中，良知明確地取代了案例主義對於案例的考量與判斷。良知不再猶豫不決；它的結論既迅速又明確。[25]康德明確地否定了以案例主義或概率論來引導良知的必要性：道德判斷必須是有原則和確切的：「良知不是藉由探討案例來判斷該如何行動，而是服從於法律……於此，理性判斷自身是否確實以應有的方式衡量行動（無論它們是正確還是錯誤）。」康德用「良知的辯證」取代了案例主義的道德判斷，將對立的規則和原則之間的來回辯論，轉移到了第二層次的內部辯證：理性對自身進行判斷。[26]康德在《道德形上學》（*Die Metaphysik der Sitten*, 1797）中的「案例問題」保留了案例主義始終關注的微妙問題（例如，每個理性的人都應該具有尊嚴，是否會導致個人的傲慢？），但理性始終為康德提供最終答案（真正的謙遜與向權威低頭和膜拜無關）。[27]良知不再是外在於人的行動指引者；涉及案例的所有堆積如山的細節也不再重要；基於案例所存在的、必須臨時做出改變的判斷也不再存在。但是，案例推理的辯證方法卻仍然存在，也就是將相互對立的規則對比，進而找出最適用的規則。

案例主義（無論我們怎麼稱呼這種思維）的際遇，並不僅僅存在於懺悔室裡。許多國家的醫院都成立了醫學倫理委員會，以討論在對待患者時所出現的道德困境。[28]許多國家的重要報紙都會定期發表讀者提交的難題，提供專欄做出裁決。最近提交給《紐約時報》「倫理學家」專欄的困境包括「我應該接受我實際上不需要的免費新冠病毒檢測嗎？」「我使用了精子銀行。我應該讓我的女兒認識她的同父異母兄弟姐妹嗎？」等等，這些都是完全屬於現代的難題，就像邦尼的案例全然屬於他的時代。[29]案例主義始終對時代背景非常敏感，並迅速將思維調整到我們現在的生活方式。正如清教徒中的案例主義者帕金斯所堅持的，「我們必須讓時代的潮流占主導地位，因為我們生活在其中。」[30]「倫理學家」的提問者和邦尼的教友一樣，真心地為這些道德課題感到困惑。與康德（和帕斯卡）**相反**，他們的良知並沒有迅速而毫不模糊地確立在個別情境下，應該遵循哪條道德規則來處理這些難題。這些難題都充滿了細節、存在兩個或更多相互競爭並足以回應這些問題的道德原則，也都為進一步思考更多道德可能，留下了一扇可能性的門扉。面對案例，我們永遠都要更進一步的反思，也需要在更多細節與原則之間來回穿梭。真正的案例永遠不會結束。

公義：當法律是不正義的

這是一六八二年的巴黎。一名飢寒交迫的窮人偷了一條麵包，卻被判處五年勞役。這是雨果（1802-1885）那偉大的小說《悲慘世界》（1862）中尚萬強那複雜人生故事的開端。在整部小說裡，尚萬強常常身處在與法律對立的一邊，但他幾乎從未站在正義的對立面。公義是一個概念，它跨越了法律和正義之間的鴻溝，同時也是一種在正義的名義下扭曲法律的做法。

拉丁文的詞彙 aequitas，意指平均、平等和公正，在法律上的意義源自羅馬法。正如我們在第二章中所看到的，亞里斯多德曾引用希臘詞彙 epieikeia，意指善意、寬容和適當，來緩解未被立法者預見的偶發案例的法律嚴謹性，因為在這些案例中，如果嚴格應用法律會導致不公義。羅馬的官員，即被稱為「民選官」（**praetor**）的人，在西元前二世紀已經將校正和補充法律的做法給制度化了。[31]中世紀歐洲對羅馬法的評述，以公義原則為起點發展出全面的論述，而這不僅僅受到相關法規的影響，還受到整個「公民法典」（**Corpus iuris civile**）的啟發。[32]近代早期歐洲的公義概念得到了更進一步的補充，不僅包括對亞里斯多德等古典著作的新翻譯，還包括對希伯來文《聖經》的新譯本，這些新的資源層層相疊，讓希臘文和拉丁文的同源詞與希伯來文的 **mesarim**（直接、正直、正義）一詞相結合，這個詞在英文中也經常被翻譯為 **equity**（公義）。[33]最終，所有的歐洲法律都承認某種程度的公義原則，而英國法學家在十四世紀已經發展出一個完整的二元系統，即普通法法院和衡平法院（**court of chancery**），前者由國王的法官主持，後者由國王自己（後來則是由大法官）主持，並且在成文法與公義之間存在一個大致的分工，即嚴謹遵循法律和偶爾必須曲解法律以維繫公義。[34]

這些多重來源賦予了近代早期歐洲的公義概念保有相當程度的寬廣和靈活定義，因為定義取決於作者選擇著種哪一個詞源，以指出它與其他詞源間的細微差異。帕金斯於一六〇四年的著作《論寬容》（***Hepieikeia***）中，他試圖喚起希臘文 **epieikeia** 那對於溫和與寬容的定義，並將之與法律公義的實踐與基督教的慈善、自然法，以及人類的脆弱聯繫在一起。他所引用的一個主要例子，也是一個必須要寬容以待的例子，是一個「因飢餓、寒冷和貧窮而蒼白消瘦的年輕男孩偷了肉」：根據當時的法律，男孩所犯的罪應當被處以死刑，但這麼做將違反公義，「因為適當節制刑罰是法律的公義所在，極端執法反而會造成不公義的結果。」[35]培根曾擔任大法官，他對於普通法法院與衡平法院之間的衝突非常熟悉，也以更為程序性的方式為公義辯護。培根將公義視為當法律「相遇和交錯」或對當前案件無法明確定奪時，足以做出最終決定的詞彙。但他也堅持認為，這些審度判斷「後來應該以它們對法條的解釋和限制」，作為指導未來案件的規則。[36]法國法學家多瑪，雖然身為帕斯卡的朋友，同時也是一位楊森派信徒，但他捍衛了軟性的公義，反對僵化的法律。多瑪主張，公義捍衛了自然法，實際上是所有法律（自然法和成文法）的至高原則，是「正義的普遍精神……是所有規則的行使和具體解釋的基礎。」[37]

無論是案例主義還是公義，他們所處理的都是異常情況，這些情況將用來支應規則普遍性的資源（無論是道德原則還是法條），推向了極限、甚至超出了適用的極限。差別在於，當引用公義來扭曲法條時，很少有人懷疑公義具體而言適用哪一條法律。偷竊食物的窮人（在雨果的小說中生動鮮活地描述了這個典型案例）無疑違反了一項法律。在大多數情況下，法律本身也沒有受到批判：很少有人會質疑，有一條嚴厲懲罰偷竊的法律是否有必要存在。公義所檢測的是，將法律嚴格應用於這個特定案例，是否有助於達成更為崇高的正義。無論是明示還是暗示，從公義出發的論點都建立了一套關於規則的等級制度，並主張高層的規則將優於底層規則。這個模式有許多變體。像帕金斯這樣的基督信仰道德學家可能會將《新約》中關於寬恕和節制的規定，提升到嚴格處罰竊盜犯的法律之上；像格勞秀斯這樣的自然法學家可能會在同一案例中引用普世律法，而不是地方法律；多瑪和許多其他人則尊重所謂的法律精神，而不是法律文字。無論是什麼理由，法律本身都完好無損，儘管其適用範圍和地位可能有所消滅。公義會扭曲規則，卻不會打破規則。

但是，一個扭曲得太過頻繁或太過極端的規則可能會因此被打破。即使是公義的擁護者也總是心存不安，認為過度行使公義原則，可能會動搖所有規則的基礎。亞里斯多德偏愛「盡可能明確界定所有案例的問題，並且盡量不要把問題交給法官主觀裁決。」後世有關公義的著作，也都在擔心裁決和武斷之間、憐憫和放縱之間的微妙界線。[38]英格蘭歷史學家暨法學家約翰・塞爾登（John Selden, 1584-1654）嘲笑了衡平法院在實行公義原則時，其實給了法律一個任意為之的標準，認為這個標準之下的法律刑責「可大可小」，全憑當時擔任大法官職位者的良知而定。[39]雖然帕金斯以基督信仰的慈善為名擁護公義，但他也譴責過度的仁慈是「智慧的軟弱和心靈的脆弱」的展現，與最極端的嚴刑同樣危險。[40]約莫同一個時代，莎士比亞的戲劇《威尼斯商人》（*The Merchant of Venice*, 1600）巧妙地在這兩種極端（以及對這兩種極端的憂慮）中取得了平衡。在劇中，波西亞為安東尼奧求情，因為後者輕率地答應了要切下身上一磅的肉來償還借債。波西亞成功地以堅持法律必須被嚴格遵守（哪怕嚴格到有點荒謬的程度）贏得了訴訟。最終的結局是，安東尼奧的債權人得以依法取得他身上的一磅肉，來清償債務；但在取得肉的過程中，不能讓安東尼奧流半滴血。

在這段將公義視為對不完美法律的必要修正的漫長歷史中，只有柏拉圖似乎主張哲學家皇帝應該無拘無束地行使裁量權，這是因為他們擅長於治理的技藝，從而使得法律顯得沒有存在的必要。就像一位經驗豐富的船長，能夠適應風向和天氣的每一種變化一樣，掌握治理技藝的統治者有權在每一個具體情況下，推翻成文的法律和傳統，決定何者最有利於共同利益。[41]但即使是柏拉圖也承認，這樣的統治者比珍貴的紅寶石還要罕見。大多數政體將不得不接受成文法律這個次要選擇，而這些法律將永遠無法應對人類事務中無窮無盡的情境與變化。

在公義的核心，是柏拉圖對人類法律必然不完美的悲觀看法。無論法律對普遍性和恆常性有什麼樣的宣稱，法律始終會受到意外特例和環境變化的伏擊。法律的本質在於，立法者的意志會被投射到未來，而不僅約束眼前的世代。也因此，法律本身帶有傲慢的成分，否認了自身的死亡和變化。從這個角度來看，當法律愈趨全面和持久，例如基本法或憲法，公義的補救措施就愈加必要，以糾正法律未能預見、在未來可能發生的不適用情境。無論這樣的調整是否合理（回到柏拉圖的船長比喻），它們都是為了堅持基本原則，使其超越具體規則；這是堅持維繫法律的精神，使之不受文字所限。換句話說，是現在的公共價值超越過去的公共價值。在這種情況下，公義所表達的不是人性基礎，而是表達人類始終是如此的不完美。

十七世紀關於公義的作者會將上帝律法的「普遍正義」與人類的不完美法律作對比，上帝的律法在任何情況下都「具有相同的公義，因此必須毫不寬容地執行，不能放寬、減輕或寬宥」；至於人類的法律則「無法維繫相同的公義，因此必須審慎明智地適當執行」。[42]神聖法至少自十三世紀以來，就與自然法有所聯繫，但只有在十七和十八世紀，當自然法崛起成為實際司法的基礎，並在大學教學和法律陳述中被引用時，人們才有可能想像人類的法律接近神聖法的普遍性和恆常性。如我們在第七章中所見，自然法法學（以及自然律則的形上學）與不情願承認任何形式的例外情況息息相關。其結果不是廢除公義，而是限制其運作並轉移其理論基礎。

我們已經見到，十七世紀的大法官培根如何試圖將依據公義所做的一次性判決常規化，並讓它成為規則的一環。這影響了十八世紀衡平法院的大法官們。自十七世紀末起，大法官們開始加強對其決策的合理化，強調一致性和穩定的程序。[43]這些發展，與西塞羅式公義觀逐漸取代亞里斯多德式公義觀的過程一致，即將公義理解為符合自然法的普遍原則，而不是規則的例外。[44]當休謨在一七五一年宣稱即便是強盜和海盜，「如果不能確認他們彼此之間新的分配正義，或是重新召回自己與其他人一起違反的公義法律，也無法維持他們那邪惡的聯盟」時，他是支持西塞羅式公義觀念，將公義本身視為一個規則，而不是一個例外。[45]

雨果的《悲慘世界》中講述的尚萬強的故事，衡量了作為制度化例外的公義與作為自然法的公義之間的距離。至少從十三世紀開始，對於一個窮人因為沒有其他選擇，而只能竊取生活必需品的案例，一直是公義理論家的試金石，並且學術界的意見一直一致地傾向於要在正義的天平施加適度的公義，而不是嚴格地執行法律。即使是格勞秀斯（他將禁止竊盜視為自然法的一部分），在這個例子中也是支持窮人而不是富人。但康德對竊盜的論點，則要求那些傾向於在特殊情況下做出例外行徑的人，同時也要願意將這個行為視為足以成為人類行為的普遍法則，這樣的論點標誌著對於官方道德和法律教義的寬容的終結。到了十八世紀末，自然法已經被拉進了自然律則的軌道，唯有奇蹟或行政豁免權得以打破這種律則。根據一八一〇年的拿破崙刑法法典，對尚萬強判處五年勞役的判決並不涉及任何公義的顧慮；唯有高層的赦免才能拯救他免於刑罰。

但就算公義這個詞彙的含義已經有所變化，但與案例主義的思維相仿，古典亞里斯多德意義上的公義也不曾消散；而這意味著即便在最完善的法律裡，也無可避免地存在例外。在今天，關於毒品相關罪行應該是強制執行還是酌情處理、受到家庭暴力而殺害施虐者的受害者是否可以援用自衛原則辯護、是否應該保護犯罪的兒童或精神病患者免受法律的嚴厲制裁等辯論裡，近代早期法學家和道德哲學家所關注的要素再次被對立的兩方議論不休。然而，在個別案例中，很少有人會使用「例外」這個詞來論述個案中必須酌情緩刑的情況。在十七和十八世紀政治和哲學的新視野中，將法治的規則與統治者的一時興起相對立，並推崇法律面前人人平等，這加強了對整體一致性和統一性的偏好，即使後者往往更有利於正義的原則。當時有一些法學理論家甚至主張，這些價值觀在衝突情況下勝過了正義和公平的價值觀：

當然，法律的目的並不是為了不公平而不公平。但是有一組重要的價值觀，即判決結果的可預測性、受審待遇的一致性（對待相似的情況應該一樣），以及對個人決策者給予不受限制自由裁量權的擔憂，即使他們可能穿著黑色法袍等等，這些價值觀是法律制度尤其必須重視的。這些價值觀通常被稱為法治，法治的許多美德都是通過嚴肅對待法規而實現的。[46]

法治的崇高地位不僅存在於法學中，正如我們在第七章中所見，這也存在於神學和自然哲學中，同時在十七和十八世紀的政治哲學中有其對應。[47]正如案例思維在道德神學中聲名狼藉、公義作為法律例外的含義消失一樣，主權所享有的特權，無論是人類君主還是上帝主宰，都開始被貼上任意率性的標籤，而不再被視為是明智的干預。

特權與例外狀態：統治者與法治

這是一六一七年的倫敦。身為掌璽大臣的培根，指示新任命的財政大臣約翰．丹南姆爵士（John Denham）應該注意的職責：「首先，最重要的是，你應該維護君王的特權，並且要明白君王的特權和法律不是兩件事；而是君王的特權就是法律，是法律的主要部分，是法律的第一要義，或者說是法律的『首務』；因此，在維護君王的特權時，你也在維護法律。」[48]培根在伊莉莎白一世（1533-1603, r. 1558-1603）和詹姆士一世（James I, 1566-1625, r. 1603-1625）統治時期幾乎擔當過英格蘭所有高級法律職位，而他的論述在英國政治上一場關乎國會與君主權力的激烈辯論中，採取了一個明確的立場。到了一六四〇年代，這場爭論將爆發成內戰，直到一六八九年的《權利法案》，國王「有權豁免和暫停法律，以及未經國會同意執行法律」的權力，才最終被宣告為「全然且直接違反了這個王國已知的法律、法規和自由」。[49]但是在一六一七年，培根仍然可以堅稱，君主的特權（即君主超脫法律的權力），不僅與法律一致；它**就是**法律。

二十世紀德國政治理論家卡爾．施密特（Carl Schmit, 1888-1985）著名地將主權定義為決定例外狀態的權力。施密特堅持認為例外狀態，即在「極度危急」時出現的狀態，「不能在現有的法律秩序中被理解」。這與那種將兩種規則互相比較，以決定何者適用的案例主義不同，也與扭曲法律字面意義以符合其精神的公義原則不同，主權宣布的例外狀態完全違背了規則。[50]在施密特的現代極權主義版本中，這是君主行使其「無限權威」的體現，而即使前現代對特權最為全面的論述，也不會推到這麼極致的結論。即使是專制政體的君王也被認為要對自然法和上帝負責，上帝祝聖了他們的統治。[51]然而，施密特在二十世紀強調的例外狀態，和培根在十七世紀寫下的君主特權所針對的，都是那徹底清除所有例外和武斷判斷的法律秩序。施密特從現代角度寫作，將這種安逸和平的普遍合法性視為啟蒙時代的自然法。但是，思索主權問題的近代早期作家回顧古羅馬的共和主義，尋求法律和自由的替代理想。對他們來說，界定立場範圍的兩極分別是，羅馬帝國的免受法律約束原則（**legibus solutus**，指皇帝不受法律約束），這在十六世紀為君王專制的辯護中再次出現；另一方面是羅馬共和國的原則，即無論統治者有多麼仁愛明智，但凡法律允許一個統治者專斷定奪，這就等同於奴隸制度。[52]無論如何定義，宣布例外的權力是現代政治理論的核心所在：它提問著，誰能打破、而不僅是曲解規則？

對於培根、尚．布丹（Jean Bodin, 1530-1596）、霍布斯、洛克和羅伯特．菲爾默（Robert Filmer, 1588-1653）等近代早期歐洲思想家，以及當時的統治者們來說，這個問題不僅僅是學術上的課題。在十六和十七世紀，對特定君王的統治正當性為何有著爭辯，而辯論甚至往往是在戰場上進行；這並不新奇。新奇的是，對君主制本身正當性的持續挑戰，尤其是對君主以特權權力來廢除法律和習俗的正當性從何而來的叩問。關於這些問題的辯論以論著、小冊子、布道和演講等形式出現，其表述激烈且影響深遠：這些是點燃內戰、改革憲法、引發鎮壓，最終形成了現代政治理想的思想，這些理想限縮了曾經普遍存在的特權，而這理想是施密特極為厭惡的法治原則。

在近代早期歐洲所承續的政治傳統中，主權源於三個相互補充的起源：神聖權威、家父長對妻小的權力，以及戰爭中征服者對被征服者的權力。在菲爾默的論著《父權論：國王的自然權力》（*Patriarcha, or the Natural Power of Kings*, comp. 1620-42, publ. 1680）中，激進擁戴王權的他以上帝授予亞當地上主權的行為為基礎，強調該權威一路擴及世界各地的君王。正如該書的書名所示，神聖權威反映了家父長權威：「孩子對家父長的服從是所有君王權威的源泉，也是上帝的命令」，菲爾默將其解釋為直接駁斥了政府形式「源於人民的選擇」的主張，因為就像孩子無從選擇父母一樣，人民也無從選擇他們的政府。[53]（圖8.1）布丹是一位居住在土魯斯（Toulouse）的法學教授，也是巴黎國會的成員，同樣強調了君主制的起源在於父權，包括妻小在內，人們都受到絕對父權的統治。事實上，布丹主張，人類制度中所有權威的最終來源是妻子對丈夫的服從，這是「所有神聖和人類的法律」以及自然所批示的詔令，因為家父長具備了「主宰萬物的上帝，即萬物之父」的真實形象。[54]家父長與君主特權兩者之間的緊密連結，使培根得以主張，把國王當成「父親，也就是一家之長」來順從，比順從法律來得「更自然和簡單」。[55]布丹和菲爾默都支持國王有特權得以懸置法律的權力，認為這是主權定義的一環，無論在「權力、職責或時間上」（布丹）主權都是無限的，並且其正當性仰賴「主權所認知的目的」（菲爾默）。[56]

圖8.1 《為家庭成員環繞、代表家父長權力擁有者的父親》（*The Father in the Circle of His Family, Represented as the Possessor of Patriarchal Power*, c. 1599）。圖片出處：Hans Fehr, *Das Recht im Bilde* [Law in images, 1923], fig. 195。

當培根所服務的詹姆士一世在一六一〇年對一個充滿敵意的英格蘭國會宣稱國王是「上帝在地表的代理人」、是「國家的父母，人民政治上的父親」，因此有權「創造和毀滅他們的臣民」時，他也是在重申這一主題。[57]

在布丹和菲爾默的著作、乃至詹姆士一世那高傲演講中缺席的，是第三個也是最古老的正當性來源，即君主那不受限制的征服特權。儘管這個來源如此古老，但它直到現今仍有著影響力。近代早期的君王們在新舊世界，都得以用著前所未見的方式行使主權，不論這是在哈布斯堡統治下的西屬尼德蘭（Spanish Netherlands），還是在西班牙征服者統治下的墨西哥。此外，在這段時期，征服者的絕對權力愈來愈常被用來捍衛奴隸制度，特別是在新世界殖民地。作為卡羅萊納州業主的秘書和《卡羅萊納州憲法》（Constitution of Carolina）的作者，洛克明確容忍了奴隸制度，並在他的《政府論次講》（*Second Treatise on Government*, 1690）中為這一制度辯護，認為比起殺害戰敗者，奴隸制是對「在正義和合法戰爭中被俘的人」更為仁慈的處理方式。[58]然而，正是與奴隸制度這種危險的連結，玷汙了以征服為由的君王特權，以及強調君王有權懸置法律和習俗的論述。洛克為這場辯論的**雙方**都提供了最強而有力的論述，一方面他用征服的權利來捍衛主人對奴隸的專制統治，但另一方面他反對君王對臣民具備同樣權力，認為這無疑是一種暴政。洛克成為近代早期歐洲對於主權作為例外權力的態度發生變遷的證明。

洛克在奴隸制度和君王特權問題上的立場核心是自由的理念，這個理念最終源於古羅馬的共和主義，而這個古羅馬的概念，在近代早期政治哲學家的辯論中顯得活躍。[59]共和主義的自由概念圍繞著古羅馬自由民和奴隸之間的區別，而這基本上是一個被動的概念：這種自由不是我可以做某件事的自由，而是**免於**被人支配的自由。無論支配來自主人還是君王，專制權力都是「一個人對另一個人擁有的絕對專斷權力，可以隨心所欲地剝奪他的生命」。正如歷史學家昆丁・史金納（Quentin Skinner）所強調的，洛克定義中的關鍵字不是對生死的權力，而是「專斷」。即使主人是善良的化身，使得奴隸被殺或虐待的可能性微乎其微，但僅只是受制於他人的意志本身便是無法被接受的。在沒有規則的束縛下，沒有什麼可以阻止主人突然變得殘酷或者專斷。奴隸無法知道主人的善意何時可能變成殘酷。洛克和其他共和主義思想家所奉行的，正是這種對於特定形式的心理不確定性所支配的自由：不是受限於不確定性本身的自由（自由民和奴隸同樣都會受到疾病、惡劣天氣和其他自然不幸的影響），而是受限於人類意志不確定性的自由（捉摸不定的突發奇想和反覆無常）。這種「免於絕對專斷權力的自由」是如此基本，以至於沒有人能夠「憑自己的合意，將自己轉化成其他人的奴隸，也不能把自己置於另一個人的專斷權力之下，隨時可能被他人剝奪生命」。自由民無法自願放棄自己的自由。正如英文字詞的相似性所暗示的，在非法的暴政與合法的奴隸制度之間的差異僅只毫釐。對於洛克來說，這毫釐之別取決於征服權，這種權利被嚴格限制到僅限於義戰、財產的神聖地位，以及奴隸子女保護的條約之中。[60]

我們必須在這個背景下，才能理解十七世紀有關宣布例外狀態的主權權力的爭論。這與以自由主義和啟蒙時代自然法傳統作為論敵的施密特不同，布丹、菲爾默和其他近代早期絕對君權的支持者正在與限制君權的共和主義和社會契約理論作戰。與施密特的對手不同，共和主義者通常與自然法的某些原則相矛盾，而不是肯定自然法。在強調主權的陣營裡，布丹和菲爾默在訴諸自然法時，並不認為自然法存在矛盾（他們問，還有什麼比家庭更自然的呢？）。施密特則一點都不信任布丹和菲爾默極喜歡引用的《聖經》和父權。在試圖制約主權的陣營裡，洛克和其他共和主義者讚揚了免於專制者專斷意志支配的自由，而自然法理論家，如普芬多夫和萊布尼茲，則主張君王擾亂王國的恆常秩序是不合適的，這違反了王權的尊嚴和智慧。

回到第七章討論過的十七世紀自然法的辯論，近代早期的共和主義者強調統治者的權力及其濫用；自然法理論家則強調智慧及其指令。總之，近代早期和現代的立場，在所有面向上都無法契合，即使施密特在主權作為例外權力方面的結論可能與布丹和菲爾默相似，或是就像洛克對此論述的反向結論可能與萊布尼茲和普芬多夫相似一般。然而，他們對構成這些結論的正當性理由為何，卻存在著廣泛的分歧。近代早期和現代政治理論的辯論，聚焦在一個關鍵問題上，即是否有人應該有權宣布例外狀態，這不僅僅是對某條特定法律的例外，而是將全然地暫時終止法治狀態。

在十七世紀上半葉的英格蘭，皇室與國會之間就君王特權問題有了漫長而激烈的爭執，最終引爆為內戰並暫時廢除君主制度，這使英格蘭成為例外問題引發最激烈衝突的國度。在詹姆士一世和查理一世（Charles I, 1600-1649, r. 1625-1649）的統治下，前者單方面徵收稅款，以及後者不經審判就拘禁公民的君王權力引發了衝突，享有君王那「高到無需受**法律**約束」特權的人與擔心臣民將「受到無限制的**專斷權力**侵害，以至於他們永遠不知道服從的邊界為何」的人相互對立。作為首席大法官的愛德華・柯克（Edward Coke, 1552-1634）曾就衡平法院是否應該優先於普通法法院與君王發生過衝突，他認為「特權雖享有特定法律崇高性，但還是受到英格蘭法律的限制」；在這種情況下，限制君權的是由《大憲章》保障的人身自由權利。[61] 而倡議君權的人則反駁說「君王權威受上帝直接授權，且獨立於人民體制之外」。[62]

在這些爭論的背景下，洛克對君王特權的成熟立場與他對奴隸主專斷權力的立論出奇地互補。對於奴隸而言，**主觀**的不確定性使得他們的狀況難以忍受，但**客觀**的不確定性合理化了主人對奴隸得以行使特權。君王的特權「僅僅是指君王所享有的，能夠為公共利益提供服務的權力，而這僅只適用於法律未曾預見且充滿不確定性的事件，在這種情況下，充滿確定性和不可改變的法律無法提供適宜的指引」。當君主被「人類事務的不確定性和多變性」所困擾時，他有權將公共利益置於法律之上。[63] 洛克的理由也是自古以來許多哲學家們所提供的理由，自柏拉圖和亞里斯多德以來，沒有一條規則、也沒有一條法律，足以抵禦各殊情況的多變。

在這個觀點下，沒有立法者能夠預見所有未來可能發生的情境，也因此所有的法律都會遇到例外狀態。從這個角度看來，行政特權成為了公義的極端表現。就像公義在不尋常的情況下，得以干預並避免法院犯下不公義的行為一樣，特權在緊急情況下必須干預以避免政體陷入災難。在這兩種狀態下，規則無法預見的境況要求我們必須扭曲甚至打破規則。在缺乏規則甚至是法治的情形下，洛克認為「人民福祉是至高的法則」（**salus populi lex suprema**），而這一原則阻止著君王特權墮落為暴政；哪怕僅在原則上如此。洛克堅信特權必須服務於公共利益，而不是私人利益，但他默許君王自行決定何時得以宣布緊急狀態，並判斷什麼是公共利益。沒有任何規則可以監督君王在何時以及如何合法地打破規則，否則我們將陷入無限迴圈。在某個時刻，行政裁量權必須終止這一循環現象，而那個時刻是無法預見的。奴隸主對奴隸施加絕對權力，所造成的專斷權力與自由的衝突，在緊急事態推翻了所有合理預期時，也證成了君王所能享有的不受拘束的特權。沒有任何規則能夠避免其例外狀態。

至少在有限度的情況下，根據十七世紀特權理論家的論述，事件的不確定性和君主自由裁量權的兩條平行線，匯聚在上帝的深奧意志中，上帝指導了前者並授權了後者。包括施密特在內的政治思想史學家，都注意到關於上帝的自由與智慧之間的辯論，比如第七章中描述的克拉克和萊布尼茲之間的辯論，以及洛克與菲爾默等人在同個時代對君王特權和法治的辯論等等。[64] 對於自然法的統治而言，特權成為了政體的奇蹟：一種無法忍受的規則例外，而自然法則無處不在、永遠有效。對於施密特而言，這種普世合法性的願景，正是他如此痛恨的自由憲政主義的形上學基礎，因此他譴責了萊布尼茲和馬勒伯朗士所謂的「政治神學」。然而，他自己的立場，在原則上卻幫助消除了主權的近代早期辯論所圍繞的不確定性。到了二十世紀初，施密特不再需要依賴不確定性來建立例外狀態；相反地，他將例外定義為「無限權威，這意味着對整個現有秩序的懸置。」[65] 但是，權威如果沒有效力將是毫無意義的，而這又意味著執行命令的秩序幾乎與自然界中的因果關係一樣可靠。施密特拒絕了萊布尼茲在自然法的神聖機器與國家機器之間的類比，但最終，他筆下那充滿激情的意志和行動的獨裁者，一旦沒有了他所痛恨、依據理性規則運作的官僚體系，將會是無能的；正如施密特作為納粹黨員在一九三三年後所見證的那樣，希特勒將高效的德國官僚機構動員到他的極權主義之中。

在現代，正是這種理性官僚機構，逐漸侵蝕了例外權力。在英國，君王解散國會的特權在十九世紀已經變得僅僅是儀式性的權威，並在二〇一一年的《國會任期固定法案》（Fixed Term Parliaments Act）中正式被廢除；赦免的權力現在由司法部長行使，君王無法直接參與。曾經廣泛的特權權力中僅剩下一小部分還是由君王掌握，即君王仍有全權決定授予榮譽勛職的權力，比如誰得以受頒嘉德勳章（Order of the Garter）。[66] 同樣地，在美國，總統對聯邦罪行的赦免權是憲法所賦予的唯一特權，而這明確模仿了君王特權，但自一八六五年以來，這一權力主要是由司法部辦公室內的赦免官「Pardon Clerk，一八九一年後的赦免律師（Pardon Attorney）」行使。[67] 即使在沒有明確規則的情況下，制度和程序取代了行使行政裁量以制定例外情況的權威，無論是出於仁慈還是永續之名。

在很大程度上。即使是常態化的現代國家也無法完全排除例外，這是洛克及其辯論對象都非常熟悉的。現代政治可能已經能被充分預測，我們可以制定在什麼時間得以召集和解散國會的規則（而這對洛克來說，正是為什麼需要君王特權的典型例子，因為這體現了「人類事務的不確定性和多變性」），並且將仁愛有關的例外決定委託給律師來執行。然而，新的緊急狀態，無論是恐怖攻擊還是疾病大流行，都擴大了執行裁量和國家懸置法律的權力；柯林頓和川普政府近期的赦免純粹是基於總統的偏好，這也違反了判例和程序。[68]即便至少某些現代政體在穩定性和可預測性方面有著高度發展，其中包括通過規章制度和法治，但不確定性和反覆無常的情境仍然不時壓倒規則，而沒有任何一套規則體系，哪怕是多麼慎重和有遠見，得以完全避免例外。

小結：先有規則，還是先有例外？

歷史學家卡洛．金茲伯格（Carlo Ginzburg）反思了施密特對於例外狀態的定義，總結了他的前提：「例外本身包括了規範，而不是規範包含了例外。」[69]以十七和十八世紀末開始出現的規則來說，確實是如此：明確、嚴謹的規則有著陳述，沒有含糊之處。但正是這種規則的例外，為規則定義了一條清晰的界線，因此例外包含了規則，就像財產線包含了它所框限的土地一樣。正如我們在第六章中所見，並非所有嚴謹的規則都是「薄規則」，然而薄規則和嚴謹的規則都假定有什麼界線來劃定其適用範圍。對於這兩者來說，一個固定、穩定的框架是規則有效性的必要條件。承認一個例外，本身就是承認與規則矛盾的規則，而這也隱含了那能被明確界定的規則的**類型**。

正如本書前幾章所示，並非所有的規則都符合這一描述。被設想為模仿典範或遵循指南的規則，在其制定過程就包含了變化。示例、經驗和例外使這些規則在原則上變得更加豐富，在實踐中更加靈活。在一個高度變化、可預測性低的世界裡，例外成了規則的一部分：它們發生得如此之頻繁，以至於規則將它們納入其中。即興、調整和適應情況被視為理所當然。制定規則的技藝在於怎麼在規則中加入足夠的彈性，以應付所有可以預見的情況，以及一些無法預見的情況。管理修道院、教授音樂作曲，或完善技術技藝的規則，都預期了它們自身的不完整性。這些豐富、廣泛的規則包含了它們的例外，而不是排除例外。

本書追溯了一個歷史軌跡，部分（也只部分地）證實了「前現代」和「現代」規則之間的區別。時序上對於前現代和現代的標籤，分化了更多與領域相關而非特定時期追求穩定和標準化的前提。無論在哪裡，只要有可預測性和一致性的地方，厚規則都可以被化約成薄規則；靈活的規則（作為所有厚規則的必要條件）可以變得僵化。正如我們在前幾章，以及本章中所見，沒有一條規則是如此薄化或僵化，以至於完全不需要審度判斷，即便電腦演算法也是如此。但在一個人造的穩定世界中，裁量權的界線可以被限縮到極致。而這需要高密度的技術知識、政治意志和文化想像力的投入，才能創造並維繫這麼一個規則之島。這一現象的懶人包縮寫是「現代性」，它涵蓋了一系列橫跨全球的活動，從重量到時區、服裝尺寸到機場設計都已標準化。國際組織和監管機構的總部通常隱密設置在某些中立國家的城市，監督著在全球範圍內提供郵政服務、疫情監測或檢查核反應爐等工作的不為人所見的核心。它們執行著使薄規則成為可能的背景規則。

但這個機器既不完美，也不是無懈可擊，甚至不是真正全球化的。它只能企及人類的意志和遠見所及之處。錯誤和不幸（以疫情、核電廠事故、野火等形式出現）仍然可能在世界上最徹底現代化的城市造成嚴重破壞。當薄規則的背景條件突然崩潰時，無論時代如何，厚規則都會回歸，而這是無法改變的。即使在最平靜的時候，只要變異性仍是不可避免的，厚規則也將會存在；例如，在個別化醫學或教學服務中就是如此。雖然自十八世紀以來，薄規則在許多領域已經成為顯學，但許多厚規則是從後門進入我們的生活中，並帶來了與之相應的裁量權。標準化的規則會變得如此繁瑣，以至於遵循它們等同於某種形式的罷工：「照表抄課」就是如此。無數的律師和會計師已經應運而生，來解釋稅務代碼等一條條死板的規則。電腦的演算法作為所有規則中最薄的規則，仍需要一支無名的人類糾察隊來糾正它們在社群媒體平台上的疏漏和過當之處。每一條薄規則的背後，都有一個厚規則在收拾殘局。

結語：規則在破滅中顯得偉大

「我們沒有規則書。」當我在二〇二〇年底，在全球疫情大流行中寫下這些文字時，我已經無法計算有多少醫生、護理師、公共衛生官員、科學家、政治家和我們其他人，有多少次像唱哀歌般地說出這句話。這並不是說我們生活在一個沒有規則的真空中。相反地，我們被各種規則猛烈轟炸，每週都有不同的新規則出現：保持社交安全距離的規則，以及究竟要保持多少距離才算安全的規則；何時何地應該戴口罩；是否以及出於何種原因可以離家外出；誰可以去上學或上班，誰不應該出門；我們可以和誰當面打招呼，又和誰只能以視訊會議的方式打招呼；在什麼情況下可以聚會，是在室內還是室外聚會等等。幾乎每個人都承認，我們需要規則來應對當前的緊急情況；事實上，我們渴望它們，這些堅固的護欄能讓我們的生活有所依循。但在一個充滿不確定性的狀態中，知識和情境的變化比病毒變種還要快，因應的規則變化得也是如此之快，以至於它們破壞了所有的規則。我們生活在破滅之中。

當哈姆雷特提到丹麥人傳統上為了讚美國王的醉酒祝酒而喧囂不已時，他說這種傳統「在破滅中，遠比在它被遵守時更受尊敬」。哈姆雷特表達了對這種傳統的輕蔑。但是，引人共鳴的詞句，尤其是莎士比亞式的詞句，有一種自己獨特的生命力，這個詞句的含義已經演變出了自己的意義，而且已經成為了一種常用語，意思是一個規則可以通過其例外情況來更加肯定地被確認。本書追溯的規則的悠久歷史，以及當前生活中沒有規則書的經驗表明，哈姆雷特詞句所發生的一百八十度轉變並非偶然。在測試和驗證的雙重意義上，例外確實證明了規則。規則不僅僅有例外，它們也藉由例外來定義自身，同時也被例外所定義，就像右定義了左，圍牆定義了破口一樣。

情境編排了規則和它們的例外之間的舞步。原本被制定用來指導實踐的規則，往往會預期意料之外的情境，無論是管理修道院還是圍攻城市的規則，都會建立示例和例外，就像我們在第二章和第三章中所看到的那樣。這些厚規則準備應對各種可能性。對於更穩定、標準化的情況制定的規則，無論是將演算應用於例行計算還是在城市街道上設置速限，則幾乎不提及例外。這種所謂的薄規則在均值的環境中茁壯成長：在這些環境中，過去發生的事情是對當前和未來發生之事的可靠指南。正如我們在第四、五和六章中看到的，為了讓世界適用於薄規則，需要大量的人力和物質基礎建設。計算的工作流程；用於城市交通的人行道和寬闊筆直的街道；每個人的學校教育和懲罰。即使在最有利的情況下，即規則被有效地灌輸給學童，一點變化都可能引起全國性的抗議浪潮，比如在拼寫法案中一樣，規則仍然必須不斷由編輯的紅筆和某種魔法般的拼寫檢查器加以支持。英國法院的公義原則（第八章）或法蘭西學院的字典（第六章），這兩個古老的機構旨在裁決規則及其例外之間的爭議，它們提供了明證，即例外總是與我們同在。

然而，例外（所有規則的好伴侶）與例外狀態（完全暫停規則）之間存在著巨大的差異。例外狀態裡，統治者的權威取代了規則，無論是以違反自然律則的神蹟形式（第七章），還是在緊急情況下或行政赦免中豁免法律規則的國家元首（第八章）為例。在這樣的情況下，裁量權達到最高峰；可預測性相應地降至最低。至少從亞里斯多德以來，無限裁量權就一直引起不安，但厚規則就依賴於這種能力。本書追蹤的一個歷史軌跡是，從厚規則到薄規則的演變，在某種程度上是由對裁量權日益增長的不信任驅使，這種不信任被指責為是任意、反覆無常、不一致、不可預測、不公平、不透明、利己，甚至是暴虐的。更確切地說，對審度判斷的裁量權的低容忍度，表現了社會中不信任的程度：政府不信任他們的公民，能否決定哪裡是安全的停車場或者是否會如實在報稅申報他們有中過彩券；公民也不信任政府是否會平等對待貧富，或者是否會私吞賄賂和費用。在這些情況下，所有的例外都變得可疑，而例外狀態尤其如此。

然而，對自然和社會秩序的戲劇性地破壞，並不是放寬規則控制的唯一途徑。長期來看，更有效的方式是頻繁且徹底地改變規則，以至於沒有任何規則能夠被第一次建立起來：所謂的規則起伏。奇蹟和緊急情況在定義上是轉瞬即逝的。如果紅海在以色列人安全通過後永遠分開，那它就會成為另一個自然景點；而一場持續多年的緊急情況則成為我們現在的生活方式。昨天的顯眼例外最終會隨著時間的流逝，變成今天的規則。相比之下，規則的起伏如果持續太久，將會破壞規則的概念本身。如果昨天的規則變成了明天的例外，那麼沒有任何規則能夠硬化成習慣或固化成規範。時尚的急速變化注定了中世紀和近代早期禁奢規定的失敗，這些法規試圖遏制奢侈行為；相反地，巴黎當局堅持了一個多世紀，一再發布相同的衛生法規，才在日常行為中鞏固了規則（第六章）。規則最成功的時候是當它們使自己變得多餘的時候，紅燈前停車、排隊上公車或飛機成為第二天性是一個漫長的過程。作為負責在變動的環境中遏制疫情大流行的政治家已經發現，規則變化得愈快，任何規則的控制力就愈弱，無論它有多緊急地頒布。一般來說，當規則開始腐敗，這比任何短暫的例外情況都更嚴重地威脅到秩序。

規則如何應對變化性、不穩定性和改變，而不失去控制力呢？規則的三個古老含義：模範、演算或律法（第一章），指向了不同的策略。法律有各種各樣的形式和規模，從充滿細節的地方法規到宣告人性崇高的自然法則。但無論屬於普遍還是具體，法律本身愈像它們旨在創造的永恆性和可預測性，它們的規範權威就愈強，即使法律的執行可能不一致且制裁力度輕微。基本法或憲法從這一觀點中受益，藉由確保修正案少之又少來建立權威。修訂過於頻繁的立法會導致對規則的不確定性，更不用說如何遵循。當時代變化、法律衝突或例外出現時，就會動員強大的論證資源，如公義原則、倫理學、類比、判例和特權，來使現有法律足以應對未知情況（第六、七和八章）。

演算法透過忽略脈絡來逃避未知情境。數學問題僅包含解決它們所需的細節，沒有其他目的。天文台、人口普查局和銀行藉著與十九世紀大規模量產工廠相同的方式標準化了大規模運算：其關鍵在於使演算工作機械化，無論是否使用機器（第四和五章）。但是，脈絡及其所有干擾性的細節和特例，無論如何都會不可避免地重新介入，這正如那些必須修復線上演算法造成的錯誤和損害的人員所熟知的。機械學習的演算法在開發階段表現出色，但在實踐中可能會受到輸入數據中最微小變化的阻礙。讓世界適用於演算法也意味著要凍結情境，使之成為一個沒有異常或驚喜的世界。

那麼模範呢？最終，似乎在一八〇〇年左右消失的古老意義上的規則，可能是影響最久遠的規則。作為模範或典範的規則，是所有規則中最靈活的，就像人類學習的經驗一樣靈活。無論是修道院院長還是大師的藝術品，甚至是數學教科書中的典型問題，它都可以根據情況無限適應（第二、三、四章）。在一個精確複製的時代，無論是在生產線上大量生產還是在網路上傳播電腦病毒，模仿都意味着無思考的再造。但是，無論是傳統還是僅僅是流派存在的地方，無論是在科學還是技藝中，無論是哀歌還是靜物畫，無需複製的模仿都可以延續傳承而不使其僵化。就像活的語言一樣，可以制定如何構建語法句子、撰寫劇本、譜寫交響樂、進行實驗室實驗的規則。然而，遵循模範仍然是一種比遵循明確規則更有效、更靈活的學習方式；即使對於最受規則約束的活動，比如下棋也是如此。此外，作為隱含規則的模範，為明確規則鋪平了道路，就像一個動詞的語法變位範例，為明確的一般變位規則鋪平了道路一樣。一個精心選擇的模範（保持在文法中的典範）已經達到了一半的泛化程度。模範跨越了古代哲學上的普世和各殊、規則和案例之間的對立。它們也避開了現代哲學中關於如何消除規則二義性的問題：在模範中，歧義是一個特徵，而不是一個錯誤。

那麼，為什麼到了二十世紀中葉，規則作為模範的意義不僅消失了，而且變得完全與規則矛盾呢？模範的隱含規則幾乎從來都不存在於明確的規則之外；在大多數情況下，它們交互合作以規範和完善實踐（第三章）。重新提出這個問題的一種方式是，在什麼情況下，明確的規則不再需要隱含的規則來支持？一個可能的答案（維根斯坦的答案）是：這個情況永遠不會發生；即使是最明顯直接、最明確的規則（例如要如何繼續數列的演算規則）也無法脫離解釋。維根斯坦的解答本質上重新表述了隱含規則的定義：作為慣例或習俗的規則；換句話說，作為模範的規則。但是，這種哲學上的回應無論多麼有效，都必須面對歷史問題：為什麼明確的規則看似可以不需要隱含的規則？本書的答案是，明確的規則在創造一些一致性、穩定性和可預測性的孤立島嶼上取得了成功，這些成功可能緩慢、斷續、脆弱、片面，卻也是真實的。而這激發了規則無需例外、無需模稜兩可、無需彈性的夢想。第五章的機械演算和第七章的自然法都是這個夢想的版本之一，即無論何時何地都遵循自身的規則。調解規則與混亂世界之間關係的模範，可以像完成建築物上的鷹架一樣被拋棄。

這些理想情境從來沒有被完全實現，但在某些地方、某些時候，它們曾經接近實現。從標準化的烹飪測量到法治，從街道安全到可靠的統計預測，世界的某些部分已經變得更加規則，也更容易通過規則來治理，因為混亂也更加稀少了。這些片面的成功是如此令人印象深刻，以至於近似被誤認為完美，這是維根斯坦問題揭示出來、人們對規則的誤解。但這是一個亞里斯多德甚至康德都不會想到的問題，他們都在討論更古老關於規則的哲學問題：如何使普世性和各殊性相一致。唯有對規則可能是什麼的想法進行轉變（明確的、嚴格的、無保留的、不模糊的）才能產生兩千多年來首次出現的新哲學問題。

這兩個關於規則的哲學問題（不論是古老和現代的），正如本書所試圖展示的，仍然是我們所面對的問題。但是，導致第二個現代問題出現的同樣歷史環境，極大地阻礙了兩者之間的調解。明確的規則不僅排除了作為模範的規則；它們還使得遵循作為模範的規則所需的認知技能（或幾乎是任何相關規則）變得可疑。審度裁量、判斷和類比推理，這些都是選擇哪個規則適合哪個案例，以更好遵循規則所需的能力，它們都有可能淪為直覺、本能和個人主觀所處的幽暗場域，這些對批判性審查來說都是不透明的。更糟糕的是，拯救明確規則免於其自身的能力，似乎既不公平也不合理。官僚式的規則將公義定義為無論情況如何都要一視同仁對待每個人。它們惡名昭彰的僵化，源於任何偏離統一應用的行為都會被視為腐敗的直接證據，而不是明智的裁量。一如現代概念的公義理想，理性本身已然成為明確規則的一個問題，它被過於機械地應用著。要使得明確規則得以免受例外和模糊的推理形式干擾的方法，本身卻無法被明確規則拼寫出來的事實，使得它們從本質上看是不合理的。但它是不合理，卻也是必須的：幾乎沒有一條規則可以在沒有審度裁量、判斷和類比推理的情況下被使用。

規則的敵人對於規則所施加的限制感到不滿。常識似乎在每一個轉折處都受到阻礙；做事情的創新方法被制式公文束縛；由實際機器強制執行的機械規則不會考慮人和情境的自然多樣性等等。我們都曾因為固執的電腦程式或網路演算法，而咒罵過電腦或裝置，儘管我們也深知自己的咒罵只是徒勞。然而，每一條規則，無論多麼僵硬，無論多麼嚴格，都是一個隱蔽的規則推理的機會。每一次我們試圖遵循（或逃避）一個規則，我們都在磨練著那被明確規則所排斥的能力：判斷力、審度裁量、類比推理。哪一條規則最適用於這個案例？它是否需要進行微調以更好地適用案例？規則究竟規定了什麼？規則的精神還是文字應該優先適用？在正常時刻，我們對這些問題的判斷是如此迅速和篤定，以至於對我們而言這是理所當然的。但在異常時期，當我們被丟入沒有規則書的處境時，我們將再次意識到，沒有規則可以幫助我們思考規則。

謝詞

這本書始於我在二〇一四年，於普林斯頓大學發表的勞倫斯・史東講座（Lawrence Stone Lectures），這是由謝爾比・庫隆・戴維斯中心（Shelby Cullom Davis Center）所主辦。我要特別感謝當時的戴維斯中心主任菲利普・諾德（Philip Nord），以及我在那個場合所受到的所有熱情款待，無論是在智識上還是在物質上的。普林斯頓大學出版社人文學部當時的編輯總監布麗吉塔・萊茵伯格（Brigitta van Rheinberg），鼓勵我將這些講座擴展成一本富含知識但又易懂、學術但不過度專業、讓對任何學科知識感興趣的一般讀者都易於理解的書籍。實現這一任務所耗費的時間，比我或普林斯頓大學出版社所預期的都要來得漫長許多，我要感謝所有人的耐心，支持著我在無盡的規則領域中一次又一次地冒險。

就在我努力控制本書的課題，以及我個人的好奇心時，有許多人給予了我建議、評論和批評，並嚴厲地警告不要寫出一本《所有歷史謎團的萬用解答》這樣的書。我感謝所有那些仔細聆聽並閱讀這本書各個章節各個版本的草稿的人。尤其感謝的，是我在這三所機構的同事，他們忍受了我年復一年地向他們閱讀初稿，而他們的回饋也使得本書每一頁幾乎都有了實質改善：馬克斯・普朗克科學史研究所（Max Planck Institute for the History of Science, MPIWG）、芝加哥大學和柏林高等研究院（Wissenschaftskolleg zu Berlin）。我尤其感謝馬克斯・普朗克科學史研究所的冷戰理性研究群（Cold War Rationality Working）成員們，是他們首先提出了撰寫一本規則史的構想，我也感謝大衛・塞普考斯基（David Sepkoski）共同規畫了一個在馬克斯・普朗克科學史研究所的研討會，以及參與研討會的夥伴們，這個研討會探討了「演算智能」，並對這個主題有了開拓性的討論。

我還要感謝能與安・博傑討論關於中世紀音樂和計算記憶實踐、與林立娜關於歷史上沒有以代數表述的數學、與安潔拉・克雷格（Angela Creager）關於政府監管的陷阱和障礙、與溫蒂・多尼格關於法（dharma）、與捷爾德・蓋格瑞澤（Gerd Gigerenzer）關於人工智慧，與麥克・戈丁（Michael Gordin）關於邏輯和語言學中的形式主義、與楊思・霍伊魯普關於如何使一個數學問題成為典範、與蘇珊・尼曼（Susan Neiman）關於康德和案例主義思維，與卡蒂婭・克勞澤（Katja Krause）關於阿奎那和審度判斷，以及與吉安娜・波馬塔關於案例和任意判決等等，讓我能夠重新反思並定位我的思考，我由衷地感謝他們每一個人。我也要感謝三位匿名審查人，在這份手稿的倒數第二版中提供了非常有價值的建議，希望最終出版的面貌，能夠體現了他們的建議，以及對他們建議所應有的反饋。

如果沒有馬克斯・普朗克研究所、芝加哥大學、哈佛大學施萊辛格圖書館（Schlesinger Library）、巴黎天文台、法蘭西學院檔案館和劍橋大學圖書館的圖書館員與檔案管理員的慷慨幫助，這本書是不可能完成的。馬里烏斯・布恩澤（Marius Bunzel）、路易絲・羅莫（Luise Römer）和莫莉・魯德拉姆－史坦克（Molly Ludlam-Steinke）是我長年的研究助理；約瑟芬・芬格（Josephine Fenger）幫助我取得圖片授權並精心和謹慎地協助我備妥了最終的書稿。艾瑞克・克漢（Eric Crahan）和他在普林斯頓大學出版社的同事們，以非凡的專業精神和幽默的態度，將這本書從編輯的巧思變成了實體書頁，哪怕在疫情困境下，他們也是如此工作著。馬丁・史奈德（Martin Schneider）敏銳的校對之眼，協助我免去了許多行文中不一致和不適當之處。我向所有人致以最誠摯的感謝。

我要把這本書獻給溫蒂・多尼格，她是一位卓越的學者，也是一位非常好的朋友。

當我感到猶豫不決時，她鼓勵我前行；當我在圖書館或檔案館偶然發現寶貴資料時，她與我分享喜悅；當我陷入寫作或在課堂上講授其他主題的誘惑而分神時，她會指責我；她從自己廣博的梵文和B級電影的知識中，提供了本書寫作的無數例子和反例；是她為這本書的結語定下標題，而這個標題也可以作為她自己的座右銘。

Anscombe, Rush Rhees, and G. H. von Wright. Berlin: Suhrkamp Verlag, 2015.

- Worthington, Sarah. *Equity*. Oxford: Oxford University Press, 2003.
- Wrightson, Keith. "Infanticide in European History." *Criminal Justice History* 3 (1982): 1–20.
- Yates, Frances. *The Art of Memory*. Chicago: University of Chicago Press, 1966.

Sciences 15 (1976): 199–210.

- Wakefield, Andre. "Leibniz and the Wind Machines." *Osiris* 25 (2010): 171–88.
- Walford, Cornelius, ed. *The Insurance Cyclopaedia*, 6 vols. London: C. and E. Layton, 1871–78.
- Waldron, Jeremy. "Thoughtfulness and the Rule of Law." *British Academy Review* 18 (Summer 2011): 1–11.
- Warnke, Martin. *The Court Artist: On the Ancestry of the Modern Artist* [1985]. Translated by David McLintock. Cambridge: Cambridge University Press, 1993.
- Watson, Gerard. "The Natural Law and the Stoics." In *Problems in Stoicism*, edited by A. A. Long, 228–36. London: Athalone Press, 1971.
- Webster, Noah. *American Dictionary of the English Language*. New Haven: B. L. Hamlen, 1841.
- —. *The American Spelling Book*. 16th ed. Hartford: Hudson & Goodwin, n.d. Weil, André. "Who Betrayed Euclid?" *Archive for History of Exact Sciences* 19 (1978): 91–93.
- Weintraub, E. Roy. *How Economics Became a Mathematical Science*. Durham, N.C.: Duke University Press, 2002.
- Westerman, Pauline C. *The Disintegration of Natural Law Theory: Aquinas to Finnis*. Leiden: Brill, 1998.
- Wilson, Catherine. "*De Ipsa Naturae*: Leibniz on Substance, Force and Activity." *Studia Leibniziana* 19 (1987): 148–72.
- Wilson, Catherine. "From Limits to Laws: The Construction of the NomologicalImage of Nature in Early Modern Philosophy." In *Natural Laws and Laws of Nature in Early Modern Europe*, edited by Lorraine Daston and Michael Stolleis, 13–28. Farnham, U.K.: Ashgate, 2008.
- Wittgenstein, Ludwig. *Philosophical Investigations* [1953]. Translated by G.E.M. Anscombe, 3rd ed. Englewood Cliffs, N.J.: Prentice Hall, 1958.
- —. *Bemerkungen über die Grundlagen der Mathematik*. Edited by G.E.M.

Éditions Champ Vallon, 2007.

- ——. *A Manual of Siegecraft and Fortification*. Translated by George A. Rothrock. Ann Arbor: University of Michigan Press, 1968.
- Vergara, Roberto, ed. *Il compasso geometrico e militare di Galileo Galilei*. Pisa: ETS, 1992.
- Vérin, Hélène. "Rédiger et réduire en art: un projet de rationalisation des pratiques." In *Réduire en art*, edited by Pascal Dubourg Glatigny and Hélène Vérin, 17–58. Paris: Éditions de la Maison des sciences de l'homme, 2008.
- Verne, Jules. *Paris au XXe siècle. Edited by Piero Gondolo della Riva*. Paris: Hachette, 1994.
- Virol, Michèle, ed. *Les Oisivités de Monsieur Vauban*. Seyssel, France: Éditions Champ Vallon, 2007.
- Virol, Michèle. "La conduite des sièges réduite en art. Deux textes de Vauban." In *Réduire en art. La technologie de la Renaissance aux Lumières*, edited by Pascal Duborg Glatigny and Hélène Vérin. Paris: Éditions de la Maison des sciences de l'homme, 2008.
- *Vocabulario degli Accademici della Crusca*. Venice: Giovanni Alberto, 1612. Online critical edition of Scuola normale superiore at vocabolario.sns.it/html/index.htm.
- *Vocabulario degli Accademici della Crusca*. 4th ed., vol. 4. Florence: Domenico Maria Manni, 1729–38.
- Vogel, Kurt. *Mohammed Ibn Musa Alchwarizmi's Algorismus: Das frühste Lehrbuch zum Rechnen mit indischen Ziffern: Nach der einzigen (lateinischen) Handschrift (Cambridge Un.Lib. Ms.Ii.6.5)*. Aalen, Germany: Otto Zeller Verlagsbuchhandlung, 1963.
- Vogüé, Adalbert de. *Les Règles monastiques anciennes (400–700)*. Turnhout, Belgium: Brepols, 1985.
- Waerden, Bartel L. van der. *Science Awakening*. Translated by Arnold Dresden. New York: Oxford University Press, 1961.
- ——. "Defense of a 'Shocking' Point of View." *Archive for History of Exact*

Nature and Constitution." In *Natural Laws and Laws of Nature in Early Modern Europe*, edited by Lorraine Daston and Michael Stolleis, 45–55. Farnham, U.K.: Ashgate, 2008.

- Stroffolino, Daniela. "Rilevamento topografico e processi construttivi delle 'vedute a volo d'ucello.'" In *L'Europa moderna: Cartografia urbana e vedutismo*, edited by Cesare de Seta and Daniela Stroffolino, 57–67. Naples: Electa Napoli, 2001.
- Swift, Jonathan. *A Proposal for Correcting, Improving, and Ascertaining the English Tongue*. 2nd ed. London: Benjamin Tooke, 1712.
- Thomas, Yan. "Imago Naturae: Note sur l'institutionnalité de la nature à Rome." In *Théologie et droit dans la science politique de l'état moderne*. 201–27. Rome: École française de Rome, 1991.
- Thomasius, Christian. *Institutes of Divine Jurisprudence* [1688]. Translated and edited by Thomas Ahnert. Indianapolis: Liberty Fund, 2011.
- Tihon, Anne. *Πτολεμαιου Προχειροι Κανονες: Les "Tables Faciles" de Ptolomée: 1a. Tables A1–A2. Introduction, édition critique*. Publications de l'Institut Orientaliste de Louvain, 59a Louvain-La-Neuve, Belgium: Université Catholique de Louvain/Peeters, 2011.
- Tobin, Richard. "The Canon of Polykleitos." *American Journal of Archaeology* 79 (1975): 307–21.
- Unguru, Sabetai. "On the Need to Rewrite the History of Greek Mathematics." *Archive for the History of Exact Sciences* 15 (1975): 67–114.
- Vaillancourt, Daniel. *Les Urbanités parisiennes au XVIIe siècle*. Quebec: Les Presses de l'Université Laval, 2009.
- Valleriani, Matteo. *Galileo Engineer*. Dordrecht: Springer, 2010.
- Vauban, Sebastian Le Prestre de. "Traité de l'attaque des places" [1704]. In *Les Oisivités de Monsieur de Vauban*, edited by Michèle Virol, 1157–1324. Seyssel, France: Éditions Camp Vallon, 2007.
- —. "Traité de la défense des places" [comp. 1706]. In *Les Oisivités de Monsieur Vauban*, edited by Michèle Virol, 1157–1324. Seyssel, France:

Things, edited by Paula Findlen, 173–203. London: Routledge, 2013.

- Snyder, Laura. *The Philosophical Breakfast Club: Four Remarkable Friends Who Transformed Science and Changed the World*. New York: Broadway Books, 2011.
- Sobel, Dava. *The Glass Archive: How the Ladies of the Harvard Observatory Took the Measure of the Stars*. New York: Viking, 2016.
- Somerville, Johann P. "The 'New Art of Lying': Equivocation, Mental Reservation, and Casuistry." In *Conscience and Casuistry in Early Modern Europe*, edited by Edmund Leites, 159–84. Cambridge: Cambridge University Press, 2002.
- Sophocles. *Antigone*. In *Sophocles I: Oedipus the King, Oedipus at Colonus, and Antigone*. Translated by David Grene. Chicago: University of Chicago Press, 1991.
- Stein, Peter. *Roman Law in European History*. Cambridge: Cambridge University Press, 1999.
- Steinle, Friedrich. "The Amalgamation of a Concept: Laws of Nature in the New Sciences." In *Laws of Nature: Essays on the Philosophical, Scientific and Historical Dimensions*, edited by Friedel Weinert, 316–68. Berlin: Walter de Gruyter, 1995.
- —. "From Principles to Regularities: Tracing 'Laws of Nature' in Early Modern France and England." *Natural Laws and Laws of Nature in Early Modern Europe*, edited by Lorraine Daston and Michael Stolleis, 215–32. Farnham, U.K.: Ashgate, 2008.
- Sternagel, Peter. *Die artes mechanicae im Mittelalter: Begriffs- und Bedeutungsgeschichte bis zum Ende des 13*. Jahrhunderts. Kallmünz, Germany: Lassleben, 1966.
- Stigler, James W. "Mental Abacus: The Effect of Abacus Training on Chinese Children's Mental Calculations." *Cognitive Psychology* 16 (1986): 145–76.
- Stocking, George. *Victorian Anthropology*. New York: Free Press, 1987.
- Stolleis, Michael. "The Legitimation of Law through God, Tradition, Will,

in Early Modern Europe, edited by Lorraine Daston and Michael Stolleis, 57–71. Farnham, U.K.: Ashgate, 2008.

- Schwarz, Matthäus, and Veit Konrad Schwarz. *The First Book of Fashion: The Book of Clothes of Matthäus Schwarz and Veit Konrad Schwarz of Augsburg*, edited by Ulinka Rublack, Maria Hayward, and Jenny Tiramani. New York: Bloomsbury Academic, 2010.
- Scott, James C. *Seeing Like a State: How Certain Schemes to Improve the Human Condition Have Failed*. New Haven: Yale University Press, 1998.
- Scripture, Edward Wheeler. "Arithmetical Prodigies." *American Journal of Psychology* 4 (1891): 1–59.
- Seneca. *Naturales quaestiones*. Translated by Thomas H. Corcoran, 2 vols., Loeb Classical Library. Cambridge, Mass.: Harvard University Press, 1922.
- ——. *Medea*. In *Tragedies*, translated by Frank Justus Miller, Loeb Classical Library. Cambridge, Mass.: Harvard University Press, 1979.
- Service géographique de l'armée. *Tables des logarithmes à huit decimals*. Paris: Imprimerie Nationale, 1891.
- Shanker, Stuart. *Wittgenstein's Remarks on the Foundations of AI*. London: Routledge, 1998.
- Shapin, Steven. "Of Gods and Kings: Natural Philosophy and Politics in the LeibnizClarke Disputes." *Isis* 72 (1984): 187–215.
- Simon, Herbert A. *Models of My Life*. New York: Basic Books, 1991.
- Simon, Herbert A, Patrick W. Langley, and Gary L. Bradshaw. "Scientific Discovery as Problem Solving." *Synthèse* 47 (1981): 1–27.
- Skinner, Quentin. *Liberty before Liberalism*. Cambridge: Cambridge University Press, 1998.
- Smith, Adam. *The Wealth of Nations* [1776]. Edited by Edwin Cannan. Chicago: University of Chicago Press, 1976.
- Smith, Pamela H. *The Body of the Artisan: Art and Experience in the Scientific Revolution*. Chicago: University of Chicago Press, 2004.
- ——. "Making Things: Techniques and Books in Early Modern Europe." In

- Sachsen-Gotha-Altenburg, Ernst I., Herzog von. *Fürstliche Sächsische Landes-Ordnung*. Gotha, Germany: Christoph Reyher, 1695.
- Sampson, Margaret. "Laxity and Liberty in Seventeenth-Century Political Thought." In *Conscience and Casuistry in Early Modern Europe*, edited by Edmund Leites, 72–118. Cambridge: Cambridge University Press, 2002.
- Sang, Edward. "Remarks on the Great Logarithmic and Trigonometrical Tables Computed in the Bureau de Cadastre under the Direction of M. Prony." *Proceedings of the Royal Society of Edinburgh* (1874–75): 1–15.
- Sarcevic, Edin. *Der Rechtsstaat: Modernität und Universalitätsanspruch der klassischen Rechtsstaatstheorien*. Leipzig: Leipziger Universitätsverlag, 1996.
- Sauer, Wolfgang Werner, and Helmut Glück. "Norms and Reforms: Fixing the Form of the Language." In *The German Language and the Real World*, edited by Patrick Stevenson, 69–94. Oxford: Clarendon Press, 1995.
- Schaffer, Simon. "Astronomers Mark Time: Discipline and the Personal Equation." *Science in Context* 2 (1988): 115–45.
- —. "Babbage's Intelligence: Calculating Engines and the Factory System." *Critical Inquiry* 21 (1994): 203–27.
- Scharfe, Hartmut. *Education in Ancient India*. Boston: Brill, 2002.
- Schauer, Frederick. *Thinking Like a Lawyer: A New Introduction to Legal Reasoning*. Cambridge, Mass.: Harvard University Press, 2009.
- Schmitt, Carl. *Political Theology: Four Chapters on the Concept of Sovereignty* [1922]. Translated by George Schwab. Chicago: University of Chicago Press, 1985.
- Schmitt, Jean-Claude. *Ghosts in The Middle Ages: The Living and Dead in Medieval Society* [1994].Translated by Teresa L. Fagan. Chicago: University of Chicago Press, 1998.
- Schmitz, D. Philibert, and Christina Mohrmann, eds. *Regula monachorum Sancti Benedicti*. 2nd ed. Namur, Belgium: P. Blaimont, 1955.
- Schröder, Jan. "The Concept of (Natural) Law in the Doctrine of Law and Natural Law in the Early Modern Era." In *Natural Laws and Laws of Nature*

Regime [1989]. Translated by Jean Birrell. Cambridge: Cambridge University Press, 1994.

- Rostow, Walter W. *The Stages of Economic Growth. A Non-Communist Manifesto*. Cambridge: Cambridge University Press, 1960.
- Rothrock, George A. "Introduction." In Sebastien Le Prestre de Vauban, *A Manual of Siegecraft and Fortification*, translated by George A. Rothrock, 4–6. Ann Arbor: University of Michigan Press, 1968.
- Rothstein, Natalie. "Silk: The Industrial Revolution and After." In *The Cambridge History of Western Textiles*, edited by David Jenkins, 2 vols., vol. 2, 793–96. Cambridge: Cambridge University Press, 2003.
- Rouleau, Bernard. *Le Tracé des rues de Paris : Formation, typologie, fonctions*. Paris: Éditions du Centre National de la Recherche Scientifique, 1967.
- Rousseau, Jean-Jacques. *Reveries of the Solitary Walker* [1782]. Translated by Peter France. London: Penguin, 1979.
- Roux, Sophie. "Controversies on Nature as Universal Legality (1680–1710)." In *Natural Laws and Laws of Nature in Early Modern Europe*, edited by Lorraine Daston and Michael Stolleis, 199–214. Farnham, U.K.: Ashgate, 2008.
- Rublack, Ulinka. "The Right to Dress: Sartorial Politics in Germany, c. 1300–1750." In *The Right to Dress: Sumptuary Laws in Global Perspective, c. 1200–1800*, edited by Giorgio Riello and Ulinka Rublack, 37–73. Cambridge: Cambridge University Press, 2019.
- Rublack, Ulinka, and Giorgio Riello, "Introduction." In *The Right to Dress: Sumptuary Laws in Global Perspective, c. 1200–1800*, edited by Giorgio Riello and Ulinka Rublack, 1–34. Cambridge: Cambridge University Press, 2019.
- Ruby, Jane E. "The Origins of Scientific Law." *Journal of the History of Ideas* 47 (1986): 341–59.
- Sachs, Abraham J. "Babylonian Mathematical Texts, I." *Journal of Cuneiform Studies*, 1 (1947): 219–40.

- Quemada, Bernard, ed. *Les Préfaces du Dictionnaire de l'Académie française 1694–1992*. Paris: Honoré Champion, 1997.
- Quesnay, François. *Le Droit naturel*. Paris: n. p., 1765.
- Rackozy, Hannes, Felix Warneken, and Michael Tomasello. "Sources of Normativity: Young Children's Awareness of the Normative Structure of Games." *Developmental Psychology* 44 (2008): 875–81.
- Reid, John Phillip. *The Rule of Law: The Jurisprudence of Liberty in the Seventeenth and Eighteenth Centuries*. DeKalb: Northern Illinois University Press, 2004.
- Rey, Alain, ed. *Le Robert. Dictionnaire historique de la langue française*. 3 vols. Paris: Dictionnaires Le Robert, 2000.
- Ribot, Théodule. *Psychologie de l'attention*. Paris: Félix Alcan, 1889.
- Richards, Robert J., and Lorraine Daston. "Introduction." In *Fifty Years after Kuhn's Structure: Reflections on a Scientific Classic*, edited by Robert J. Richards and Lorraine Daston, 1–11. Chicago: University of Chicago Press, 2016.
- Riello, Giorgio, and Ulinka Rublack, eds. *The Right to Dress: Sumptuary Laws in Global Perspective, c. 1200–1800*. Cambridge: Cambridge University Press, 2019.
- Ritter, Jim. "Reading Strasbourg 368: A Thrice-Told Tale." In *History of Science, History of Text*, edited by Karine Chemla, 177–200. Dordrecht: Springer, 2004.
- Roberts, Lissa, Simon Schaffer, and Peter Dear, eds. *The Mindful Hand: Inquiry and Invention from the Late Renaissance to Early Industrialisation*. Chicago: University of Chicago Press, 2007.
- Robson, Eleanor. "Mathematics Education in an Old Babylonian Scribal School." In *The Oxford Handbook of the History of Mathematics*, edited by Eleanor Robson and Jacqueline Stedall, 99–227. Oxford and New York: Oxford University Press, 2009.
- Roche, Daniel. *The Culture of Clothing: Dress and Fashion in the Ancien*

Princeton University Press, 2003.

- Polanyi, Michael. *Personal Knowledge: Towards a Post-Critical Philosophy* [1958]. London: Routledge, 2005.
- Pomata, Gianna. "Sharing Cases: The *Observationes* in Early Modern Medicine." *Early Science and Medicine* 15 (2010): 193–236.
- —. "Observation Rising: Birth of an Epistemic Genre, ca. 1500–1650." In *Histories of Scientific Observation*, edited by Lorraine Daston and Elizabeth Lunbeck, 45–80. Chicago: University of Chicago Press, 2011.
- —. "The Recipe and the Case: Epistemic Genres and the Dynamics of Cognitive Practices." In *Wissenschaftsgeschichte und Geschichte des Wissens im Dialog— Connecting Science and Knowledge*, edited by Kaspar von Greyerz, Silvia Flubacher, and Philipp Senn, 131–54. Göttingen: Vanderhoek und Ruprecht, 2013.
- —. "The Medical Case Narrative in Pre-Modern Europe and China: Comparative History of an Epistemic Genre." In *A Historical Approach to Casuistry: Norms and Exceptions in a Comparative Perspective*, edited by Carlo Ginzburg with Lucio Biasiori, 15–43. London: Bloomsbury Academic, 2019.
- Pomata, Gianna and Nancy G. Siraisi, eds. *Historia: Empiricism and Erudition in Early Modern Europe*. Cambridge, Mass.: MIT Press, 2005.
- Pope, Alexander. *The Guardian*, nr. 78, 466–72 (10 June 1713).
- Prony, Gaspard de. *Notices sur les grandes tables logarithmiques et trigonométriques, adaptées au nouveau système décimal*. Paris: Firmin Didot, 1824.
- Proust, Christine. "Interpretation of Reverse Algorithms in Several Mesopotamian Texts." In *The History of Mathematical Proof*, edited by Karine Chemla, 384–412. Cambridge: Cambridge University Press, 2012.
- Pufendorf, Samuel. *The Whole Duty of Man, According to the Law of Nature* [1673]. Translated by Andrew Tooke, edited by Ian Hunter and David Saunders. Indianapolis: Liberty Fund, 2003.

idée fausse. Paris: L'Harmattan, 2007.

- Peaucelle, Jean-Louis, and Cameron Guthrie. "How Adam Smith Found Inspiration in French Texts on Pin Making in the Eighteenth Century." *History of Economic Ideas* 19 (2011): 41–67.
- Pennington, Kenneth. *The Prince and the Law, 1200–1600: Sovereignty and Rights in the Western Legal Tradition*. Berkeley: University of California Press, 1993.
- Perkins, William. *Hepieikeia, or a Treatise of Christian Equitie and Moderation*. Cambridge: John Legatt, 1604.
- —. *The Whole Treatise of the Cases of Conscience*. London: John Legatt, 1631.
- Peuchet, Jacques. *Collection des lois, ordonnances et réglements de police, depuis le 13e siècle jusqu'à l'année 1818. Second Series: Police moderne de 1667–1789*, vol. 1 (1667–1695). Paris: Chez Lottin de Saint-Germain, 1818.
- Pine, Nancy, and Zhenyou Yu. "Early Literacy Education in China: A Historical Overview." In *Perspectives on Teaching and Learning Chinese Literacy in China*, edited by Cynthia Leung and Jiening Ruan, 81–106. Dordrecht: Springer, 2012.
- Plato. *Statesman—Philebus—Ion*. Translated by Harold North Fowler and W.R.M. Lamb, Loeb Classical Library. Cambridge, Mass.: Harvard University Press, 1925.
- —. *Timaeus*. Translated by Robert G. Bury, Loeb Classical Library. Cambridge, Mass.: Harvard University Press, 1989.
- —. *Republic Books VI–X*. Translated by Chris Emlyn-Jones and William Freddy, Loeb Classical Library. Cambridge, Mass.: Harvard University Press, 2013.
- Pliny the Elder. *Natural History*. Translated by Harris Rackham, Loeb Classical Library. Cambridge, Mass.: Harvard University Press, 1952.
- Pocock, John Greville Agard. *The Machiavellian Moment: Florentine Political Thought and the Atlantic Republican Tradition*. Rev. ed. Princeton:

Verlagsbuchhandlung, 1937.

- *Oxford English Dictionary Online*. Available at www.oed.com.
- Pagden, Anthony. "Dispossessing the Barbarian: The Language of Spanish Thomism and the Debate over the Property Rights of the American Indians." In *The Languages of Political Theory in Early Modern Europe*, edited by Anthony Pagden, 79–98. Cambridge: Cambridge University Press, 1987.
- Parish, Richard. "Pascal's *Lettres provinciales*: From Flippancy to Fundamentals." In *The Cambridge Companion to Pascal*, edited by Nicholas Hammond, 182–200. Cambridge: Cambridge University Press, 2003.
- Park, Katharine. "Nature in Person." In *The Moral Authority of Nature*, edited by Lorraine Daston and Fernando Vidal, 50–73. Chicago: University of Chicago Press, 2004.
- Pascal, Blaise. "Lettre dédicatoire à Monseigneur le Chancelier [Séguier] sur le sujet machine nouvellement inventée par le Sieur B.P. pour faire toutes sortes d'opération d'arithmétique par un mouvement réglé sans plume ni jetons" [1645]. In *Oeuvres complètes de Pascal*, edited by Louis Lafuma, 187–91. Paris: Éditions du Seuil, 1963.
- ——. *Les Provinciales, ou Les lettres écrites par Louis de Montalte à un provincial de ses amis et aux RR. PP. Jésuites sur le sujet de la morale et de la politique de ces Pères* [1627]. Edited by Michel Le Guern. Paris: Gallimard, 1987.
- Pasch, Moritz. *Vorlesungen über neuere Geometrie*. Leipzig: B. G. Teubner, 1882.
- Paulus, *On Plautius. Digest* L 17. Available at www.thelatinlibrary.com/justinian/digest50.shtml.
- Pavan, Elisabeth. "Police des moeurs, société et politique à Venise à la fin du Moyen Age." *Revue historique* 264 (1980): 241–88.
- Peano, Giuseppe. *Notations de logique mathématique*. Turin: Charles Guadagnigi, 1894.
- Peaucelle, Jean-Louis. *Adam Smith et la division du travail. Naissance d'une*

Georg Olms Verlag, 2007.

- Neugebauer, Otto. *Mathematische Keilschriften*. 3 vols. Berlin: Verlag von Julius Springer, 1935–37.
- Netz, Reviel. *The Shaping of Deduction in Greek Mathematics: A Study in Cognitive History*. Cambridge: Cambridge University Press, 1999.
- Newcomb, Simon. *The Reminiscences of an Astronomer*. Boston: Houghton, Mifflin, and Company, 1903.
- Newell, Allen, and Herbert A. Simon. "The Logic Theory Machine: A Complex Information Processing System." *IRE Transactions on Information Theory* 1 (1956): 61–79.
- Newton, Isaac. *The Mathematical Principles of Natural Philosophy* [1687]. Translated by Andrew Motte. London: Benjamin Motte, 1729.
- ——. *Opticks* [1704]. New York: Dover, 1952.
- Niermeyer, Jan Frederik, and Co van de Kieft. *Mediae latinitatis lexicon minus: M–Z*. Darmstadt: Wissenschaftliche Buchgesellschaft, 2002.
- Nyquist, Mary. *Arbitrary Rule: Slavery, Tyranny, and the Power of Life and Death*. Chicago: University of Chicago Press, 2013.
- Oakley, Francis. "Christian Theology and Newtonian Science: The Rise of the Concept of Laws of Nature." *Church History* 30 (1961): 433–57.
- Ocagne, Maurice d'. *Le Calcul simplifié par les procédés mécaniques et graphiques*. 2nd ed. Paris: Gauthier-Villars, 1905.
- Oertzen, Christine von. "Machineries of Data Power: Manual versus Mechanical Census Compilation in Nineteenth-Century Europe." *Osiris* 32 (2017): 129–50.
- Ogilvie, Brian W. *The Science of Describing: Natural History in Renaissance Europe*. Chicago: University of Chicago Press, 2006.
- Ohme, Heinz. *Kanon ekklesiastikos: Die Bedeutung des altkirchlichen Kanonbegriffs*. Berlin: Walter de Gruyter, 1998.
- Oppel, Herbert. *ΚΑΝΩΝ: Zur Bedeutungsgeschichte des Wortes und seiner lateinischen Entsprechungen (Regula-Norma)*. Leipzig: Dietrich'sche

- Montaigne, Michel de. *The Complete Essays*. Translated by M. A. Screech. London: Penguin, 1991.
- Montesquieu, Charles-Louis de Secondat, Baron de la Brède et de. *De l'Esprit des lois* [1748]. Paris: Firmin-Didot, 1849.
- Müller-Wille, Staffan. *Botanik und weltweiter Handel: Zur Begründung eines natürlichen Systems der Pflanzen durch Carl von Linné(1707–78)*. Berlin: VWB-Verlag für Wissenschaft und Bildung, 1999.
- Mulcaster, Richard. *The First Part of the Elementarie, which entreateh chieflie of the writing of our English tung*. London: Thomas Vautroullier, 1582.
- Murray, Alexander. "Nature and Man in the Middle Ages." In *The Concept of Nature*, edited by John Torrance, 25–62. Oxford: Clarendon Press, 1992.
- Muzzarelli, Maria Giuseppina. "Sumptuary Laws in Italy: Financial Resources and Instrument of Rule." In *The Right to Dress: Sumptuary Laws in Global Perspective, c. 1200–1800*, edited by Giorgio Riello and Ulinka Rublack, 167–85. Cambridge: Cambridge University Press, 2019.
- Napier, John. *Mirifici logarithmorum canonis descriptio*. Edinburgh: A. Hart, 1614.
- ——. *Rabdology* (1617). Translated by William F. Richardson. Cambridge, Mass.: MIT Press, 1990.
- NASA, *Mars Climate Orbiter Mishap Investigation Board Phase 1 Report*. 10 November 1999. Available at llis.nasa.gov/llis_lib/pdf/1009464main1_0641-mr.pdf.
- Naux, Charles. *Histoire des logarithmes de Neper [sic] à Euler*. Paris: Blanchard, 1966.
- Neal, Andrew W. *Security as Politics: Beyond the State of Exception*. Edinburgh: Edinburgh University Press, 2019.
- Nencioni, Giovanni. "L'accademia della Crusca e la lingua italiana." *Historiographica Linguistica* 9 (2012): 321–33.
- Nerius, Dieter. *Deutsche Orthographie*. 4th rev. ed. Hildesheim, Germany:

Harmondsworth, U.K.: Penguin, 1986.

- McMillan, Douglas J., and Kathryn Smith Fladenmuller, eds. *Regular Life: Monastic, Canonical, and Mendicant Rules*. Kalamazoo, Mich.: Medieval Institute, 1997.
- Mehmke, Rudolf. "Numerisches Rechnen." In *Enzyklopädie der mathematischen Wissenschaften*, 6 vols., edited by Wilhelm Franz Meyer, vol. 1, part 2, 959–78. Leipzig: B. Teubner, 1898–1934.
- Meigret, Louis. *Traitétouchãt le commvn vsage de l'escriture françoise*. Paris: Ieanne de Marnes, 1545.
- Mercier, Louis-Sébastien. *L'An 2440: Rêve s'il en fut jamais*. London: N.p., 1771.
- —. *L'An 2440: Rêve s'il en fut jamais* [1771], edited by Raymond Trousson. Bordeaux: Ducros, 1971.
- —. *Memoirs of the Year Two Thousand Five Hundred*. Translated by W. Hooper, 2 vols. London: G. Robinson, 1772.
- —. *Tableau de Paris* [1782–88]. 2nd ed., 2 vols. Geneva: Slatkine Reprints, 1979.
- Mercier, Raymond. *Πτολεμαιου Προχειροι Κανονες: Ptolemy's "Handy Tables": 1a. Tables A1–A2. Transcription and Commentary*. Publications de l'Institut Orientaliste de Louvain, 59a. Louvain-La-Neuve, Belgium: Université Catholique de Louvain/Peeters, 2011.
- Mill, John Stuart. *A System of Logic Ratiocinative and Inductive* [1843]. Edited by J. M. Robson. London: Routledge, 1996.
- Miller, Naomi. *Mapping the City: The Language and Culture of Cartography in the Renaissance*. London: Continuum, 2003.
- Milliot, Vincent. *Un Policier des Lumières, suivi de Mémoires de J.C.P. Lenoir*. Seyssel, France: Éditions Champ Vallon, 2011.
- Modersohn, Mechthild. *Natura als Göttin im Mittelalter: Ikonographische Studien zu Darstellungen der personifizierten Natur*. Berlin: Akademie Verlag, 1997.

Farnham, U.K.: Ashgate,2008.

- Maclean, Ian. "Expressing Nature's Regularities and their Determinations in the Late Renaissance." In *Natural Laws and Laws of Nature in Early Modern Europe*, edited by Lorraine Daston and Michael Stolleis, 29–44. Farnham, U.K.: Ashgate, 2008.
- Maguire, James. *American Bee: The National Spelling Bee and the Culture of Nerds. Emmaus*, Penn.: Rodale, 2006.
- Malebranche, Nicolas. *De la Recherche de la vérité* [1674–75]. 3 vols. Paris: Michel David, 1712.
- Manesse, Danièle, and Gilles Siouffi, eds. *Le Féminin et le masculin dans la langue*. Paris: ESF sciences humaines, 2019.
- Marguin, Jean. *Histoire des instruments à calculer: Trois siècles de mécanique pensante 1642–1942*. Paris: Hermann, 1994.
- Mashaal, Maurice. *Bourbaki: Une société secrète de mathématiciens*. Paris: Pour la science, 2000.
- Massey, Harrie Stewart Wilson. "Leslie John Comrie (1893–1950)." *Obituary Notices of the Fellows of the Royal Society* 8 (1952): 97–105.
- Massialot, François. *Nouvelles instructions pour les confitures, les liqueurs et les fruits*. 2nd ed., 2 vols. Paris: Charles de Sercy, 1698.
- Masterman, Margaret. "The Nature of a Paradigm." In *Criticism and the Growth of Knowledge*, edited by Imré Lakatos and Alan Musgrave, 59–89. Cambridge: Cambridge University Press, 1970.
- [Maxwell, John]. *Sacro-Sancta Regum Majestae: Or the Sacred and Royal Prerogative of Christian Kings*. London: Thomas Dring, 1680.
- May, Robert. *The Accomplisht Cook, Or the Art and Mystery of Cookery*. 3rd ed. London: J. Winter, 1671.
- McClennen, Edward F. "The Rationality of Being Guided by Rules." In *The Oxford Handbook of Rationality*, edited by Alfred R. Mele and Piers Rawling, 222–39. New York: Oxford University Press, 2004.
- McEvedy, Colin. *The Penguin Atlas of Modern History (to 1815)*.

Press, 2018.

- Lhôte, Jean-Marie. *Histoire des jeux de société*. Paris: Flammarion, 1994.
- Li, Liang. "Template Tables and Computational Practices in Early Modern Chinese Calendrical Astronomy." *Centaurus* 58 (2016): 26–45.
- Lindgren, Michael. *Glory and Failure: The Difference Engines of Johann Müller, Charles Babbage, and Georg and Edvard Scheutz*. Cambridge, Mass.: MIT Press, 1990.
- Lloyd, Geoffrey E. R. "Greek Antiquity: The Invention of Nature." In *The Concept of Nature*, edited by John Torrance, 1–24. Oxford: Clarendon Press, 1992.
- ——. "What Was Mathematics in the Ancient World?" In *The Oxford Handbook of the History of Mathematics*, edited by Eleanor Robson and Jacqueline Stedall, 7–25. Oxford: Oxford University Press, 2009.
- Locke, John. *Second Treatise of Government* [1690]. Edited by C. B. Macpherson. Indianapolis: Hackett, 1980.
- Löffler, Catharina. *Walking in the City. Urban Experience and Literary Psychogeography in Eighteenth-Century London*. Wiesbaden: J. B. Metzler, 2017.
- Long, Pamela O. *Artisan/Practitioners and the Rise of the New Science*. Corvallis: Oregon State University Press, 2011.
- Long, Pamela O. "Multi-Tasking 'Pre-Professional' Architect/Engineers and Other Bricolage Practitioners as Key Figures in the Elision of Boundaries Between Practice and Learning in Sixteenth-Century Europe." In *The Structures of Practical Knowledge*, edited by Matteo Valleriani, 223–46. Cham, Switzerland: Springer, 2017.
- Looze, Laurence de. "Orthography and National Identity in the Sixteenth Century." *The Sixteenth-Century Journal* 43 (2012): 371–89.
- Luig, Klaus. "Leibniz's Concept of jus naturale and lex naturalis—Defined with 'Geometric Certainty.'" In *Natural Laws and Laws of Nature in Early Modern Europe*, edited by Lorraine Daston and Michael Stolleis, 183–98.

- Kurtz, Joachim. "Autopsy of a Textual Monstrosity: Dissecting the Mingli tan (De logica, 1631)." In *Linguistic Changes between Europe, China, and Japan*, edited by Federica Caselin, 35–58. Turin: Tiellemedia, 2008.
- Kusukawa, Sachiko. *Picturing the Book of Nature: Image, Text, and Argument in Sixteenth-Century Human Anatomy and Medical Body*. Chicago: University of Chicago Press, 2012.
- Lahy, Jean-Maurice, and S. Korngold. "Séléction des operatrices de machines comptables." *Année psychologique* 32 (1931): 131–49.
- Laitinen, Riitta, and Dag Lindstrom. "Urban Order and Street Regulation in Seventeenth-Century Sweden." In *Cultural History of Early Modern European Streets*, edited by Riitta Laitinen and Thomas V. Cohen, 63–93. Leiden: Brill, 2009.
- Lamassé, Stéphane. "Calculs et marchands (XIVe–XVe siècles)." In *La juste mesure. Quantifier, évaluer, mesurer entre Orient et Occident (VIIIe–XVIIIe siècles)*, edited by Laurence Moulinier, Line Sallmann, Catherine Verna, and Nicolas WeillParot, 79–97. Saint-Denis, France: Presses Universitaires de Vincennes, 2005.
- Landau, Bernard. "La fabrication des rues de Paris au XIXe siècle: Un territoire d'innovation technique et politique." *Les Annales de la recherche urbaine* 57–58 (1992): 24–45.
- Larrère, Catherine. "Divine dispense," *Droits* 25 (1997): 19–32.
- Lehoux, Daryn. "Laws of Nature and Natural Laws." *Studies in History and Philosophy of Science* 37 (2006): 527–49.
- Leibniz, Gottfried Wilhelm. "Towards a Universal Characteristic [1677]." In *Leibniz Selections*, edited by Philip P. Wiener, 17–25. New York: Charles Scribner's Sons, 1951.
- ——. Neue Methode, *Jurisprudenz zu Lernen und zu Lehren* [1667]. Translated by Hubertus Busche. In *Frühere Schriften zum Naturrecht*, edited by Hans Zimmermann, 27–90. Hamburg: Felix Meiner Verlag, 2003.
- Leong, Elaine. *Recipes and Everyday Knowledge: Medicine, Science, and the Household in Early Modern England*. Chicago: University of Chicago

Act Theory." In *Texts, Textual Acts, and the History of Science*, edited by Karine Chemla and Jacques Virbel, 189–90. Heidelberg: Springer, 2015.

- Keller, Agathe, Koolakodlu Mahesh, and Clemency Montelle. "Numerical Tables in Sanskrit Sources." HAL archives-ouvertes, HAL ID: halshs-01006137 (submitted 13 June 2014), §2.1.3, n.p. Available at halshs.archivesouvertes.fr/halshs-01006137.
- Keller, Monika. *Ein Jahrhundert Reformen der französischen Orthographie: Geschichte eines Scheiterns*. Tübingen: Stauffenberg Verlag, 1991.
- Edward Kennedy, "A Survey of Islamic Astronomical Tables." *Transactions of the American Philosophical Society* 46, no. 2 (1956): 1–53.
- Kettilby, Mary. *A Collection of above Three Hundred Receipts in Cookery*, Physick and Surgery [1714]. 6th ed. London: W. Parker, 1746.
- Killerby, Catherine Kovesi. "Practical Problems in the Enforcement of Italian Sumptuary Law, 1200–1500." In *Crime, Society, and the Law in Renaissance Italy*, edited by Trevor Dean and K.J.P. Lowe, 99–120. Cambridge: Cambridge University Press, 1994.
- ——. *Sumptuary Law in Italy, 1200–1500*. Oxford: Clarendon Press, 2002.
- Kittsteiner, Heinz-Dieter. "Kant and Casuistry." In *Conscience and Casuistry in Early Modern Europe*, edited by Edmund Leites, 185–213. Cambridge: Cambridge University Press, 2002.
- Klauwell, Otto. *Der Canon in seiner geschichtlichen Entwicklung*. Leipzig: C. F. Kahnt, 1874.
- Klein, Jacob. *Greek Mathematical Thought and the Origin of Algebra* [1934]. Translated by Eva Brann. Cambridge, Mass.: MIT Press, 1968.
- Knuth, Donald. *The Art of Computer Programming*. Vol. 1: *Fundamental Algorithms*, 3rd ed. Boston: Addison-Wesley, 1997.
- Krent, Harold J. *Presidential Powers*. New York: New York University Press, 2004.
- Kuhn, Thomas S. *The Structure of Scientific Revolutions* [1962]. 4th ed. Chicago: University of Chicago Press, 2012.

- Johnson, Samuel. *Dictionary of the English Language*. 1st ed. London: W. Strahan, 1755.
- Jolles, André. *Einfache Formen: Legende, Sage, Mythe, Rätsel, Spruch, Kasus, Memorabile, Märchen, Witz* [1930]. 8th ed. Tübingen: Max Niemeyer Verlag, 2006.
- Jones, Matthew L. *Reckoning with Matter: Calculating Machines, Innovation, and Thinking about Thinking from Pascal to Babbage*. Chicago: University of Chicago Press, 2016.
- —. "Querying the Archive: Data Mining from Apriori to Page Rank." In *Science in the Archives: Pasts, Presents, Futures*, edited by Lorraine Daston, 311–28. Chicago: University of Chicago Press, 2017.
- Jonsen, Albert R., and Stephen Toulmin. *The Abuse of Casuistry: A History of Moral Reasoning*. Berkeley: University of California Press, 1990.
- Jouslin, Olivier. *La Campagne des Provinciales de Pascal:étude d'un dialogue polémique*. Clermont-Ferrand, France: Presses Universitaires, 2007.
- Kant, Immanuel. *Foundations of the Metaphysics of Morals* [1785]. Translated by Lewis White Beck. Indianapolis: Library of Liberal Arts, 1954.
- —. *Die Metaphysik der Sitten* [1797]. Edited by Wilhelm Weisehedel. Frankfurtam Main: Suhrkamp, 1977.
- —. *Critique of Judgment* [1790]. Translated by Werner S. Pluhar. Indianapolis: Hackett, 1987.
- —. *Erste Einleitung in die Kritik der Urteilskraft* [1790]. Edited by Gerhard Lehmann. Hamburg: Felix Meiner Verlag, 1990.
- —. *Die Religion innerhalb der Grenzen der bloßen Vernunft* [1793]. Edited by Rudolf Malter. Ditzingen, Germany: Reclam, 2017.
- Katz, Victor J., and Karen Hunger Parshall. *Taming the Unknown: A History of Algebra from Antiquity to the Early Twentieth Century*. Princeton: Princeton University Press, 2014.
- Keller, Agathe. "Ordering Operations in Square Root Extractions, Analyzing Some Early Medieval Sanskrit Mathematical Texts with the Help of Speech

- Imhausen, Annette. "Calculating the Daily Bread: Rations in Theory and Practice." *Historia Mathematica* 30 (2003): 3–16.
- Itard, Jean. *Les Livres arithmétiques d'Euclide*. Paris: Hermann, 1961.
- Jacob, P. [Paul Lacroix]. *Recueil curieux de pièces originales rares ou inédites en prose et en vers sur le costume et les revolutions de la mode en France*. Paris: Administration de Librairie, 1852.
- Jacobs, Uwe Kai. *Die Regula Benedicti als Rechtsbuch. Eine rechtshistorische und rechtstheologische Untersuchung*. Vienna: Böhlau Verlag, 1987.
- James I of England, *The Workes of the Most High and Mightie Prince, James*. Edited by John Montagu. London: Robert Barker and John Bill, 1616.
- Jansen-Sieben, Ria, ed. *Ars mechanicae en Europe médiévale*. Brussels: Archives et bibliothèques de Belgique, 1989.
- Jardine, Lisa, and Alan Stewart. *Hostages to Fortune: The Troubled Life of Francis Bacon*. New York: Hill and Wang, 1998.
- Jarvis, Charlie. *Order Out of Chaos: Linnaean Plant Names and Their Types*. London: Linnean Society of London, 2007.
- [Jaucourt, Louis de Neufville, chevalier de]. "Loi." In *Encyclopédie, ou Dictionnaire raisonné des arts, des sciences et des métiers*, edited by Jean d'Alembert and Denis Diderot, vol. 9, 643–46. Neuchâtel, Switzerland: Samuel Faulche, 1765.
- —. "Règle, Règlement." In *Encyclopédie, ou Dictionnaire raisonné des sciences*, edited by Jean d'Alembert and Denis Diderot, vol. 14, 20. Neuchâtel: Chez Samuel Faulche, 1765.
- —. "Règle, Modèle (*Synon.*)." In *Encyclopédie, ou Dictionnaire raisonné des sciences, des arts et des métiers*, edited by Denis Diderot and Jean d'Alembert, vol. 28, 116–17. Lausanne/Berne: Les sociétés typographiques, 1780.
- Jefferson, Thomas. *A Manual of Parliamentary Practice for the Use of the Senate of the United States*. Washington City: Samuel H. Smith, 1801.

und Hempel, 1858–1867.

- Horn, Christopher. "*Epieikeia*: The Competence of the Perfectly Just Person in Aristotle." In *The Virtuous Life in Greek Ethics*, edited by Burkhard Reiss, 142–66. Cambridge: Cambridge University Press, 2006.
- Horobin, Simon. *Does Spelling Matter?* Oxford: Oxford University Press, 2013.
- Howard-Hill, Trevor H., "Early Modern Printers and the Standardization of English Spelling." *The Modern Language Review* 101 (2000): 16–29.
- Howlett, David H. *Dictionary of Medieval Latin from British Sources*. Fascicule XIII: PRO-REG. Oxford: Oxford University Press, 2010.
- Hoyle, Edmond. *A Short Treatise on the Game of Whist, Containing the Laws of the Game: and also Some Rules, whereby a Beginner may, with due Attention to them, attain to the Playing it well*. London: Thomas Osborne, 1748.
- Høyrup, Jens. "Mathematical Justification as Non-conceptualized Practice." In *The History of Mathematical Proof*, edited by Karine Chemla, 362–83. Cambridge: Cambridge University Press, 2012.
- Hume, David. "Of Miracles," *Enquiry Concerning Human Nature* [1748]. Edited by Eric Steinberg, 72–90. Indianapolis: Hackett, 1977.
- —. *An Inquiry Concerning the Principles of Morals* [1751]. Edited by Charles W. Hendel. Indianapolis: Library of Liberal Arts, 1979.
- Hunt, Alan. *Governance of the Consuming Passions: A History of Sumptuary Law*. London: Macmillan, 1996.
- Hunter, Ian, and David Saunders, eds. *Natural Law and Civil Sovereignty: Moral Right and State Authority in Early Modern Political Thought*. New York: Palgrave Macmillan, 2002.
- Hylan, John Perham. "The Fluctuation of Attention." *Psychological Review* 2 (1898): 1–78.
- Ilting, Karl-Heinz. *Naturrecht und Sittlichkeit: Begriffsgeschichtliche Studien*. Stuttgart: Klett-Cotta, 1983.

- Henning, Hans. *Die Aufmerksamkeit*. Berlin: Urban & Schwarzenberg, 1925.
- Henry, John. "Metaphysics and the Origins of Modern Science: Descartes and the Importance of Laws of Nature." *Early Science and Medicine* 9 (2004): 73–114.
- Hergemöller, Bernd-Ulrich. "Sodomiter. Erscheinungsformen und Kausalfaktoren des spätmittelalterlichen Kampfes gegen Homosexualität." In *Randgruppen der mittelalterlichen Gesellschaft*, edited by Bernd-Ulrich Hergemöller, 316–56. Warendorf, Germany: Fahlbusch, 1990.
- Herodotus. *The History*. Translated by David Grene. Chicago: University of Chicago Press, 1987.
- Hervé, Jean-Claude. "L'Ordre à Paris au XVIIIe siècle: les enseignements du 'Recueil de règlements de police' du commissaire Dupré." *Revue d'histoire moderne et contemporaine* 34 (1985): 185–214.
- Hesberg, Henner von. "Greek and Roman Architects." In *The Oxford Handbook of Greek and Roman Art and Architecture*, edited by Clemente Marconi, 136–51. Oxford: Oxford University Press, 2014.
- Hilbert, David. *Grundlagen der Geometrie* [1899]. 8th ed. With revisions by Paul Bernays. Stuttgart: Teubner, 1956.
- Hilbert, David, and Wilhelm Ackermann. *Grundzüge der theoretischen Logik*. Berlin: Springer, 1928.
- Hilliges, Marion. "Der Stadtgrundriss als Repräsentationsmedium in der Frühen Neuzeit." In *Aufsicht—Ansicht—Einsicht: Neue Perspektiven auf die Kartographie an der Schwelle zur Frühen Neuzeit*, edited by Tanja Michalsky, Felicitas Schmieder, and Gisela Engel, 351–68. Berlin: trafo Verlagsgruppe, 2009.
- Hirschman, Albert O. *The Passions and the Interests: Political Arguments for Capitalism before Its Triumph*. Princeton: Princeton University Press, 1977.
- Hobbes, Thomas. *Leviathan* [1651]. Edited by Colin B. Macpherson. London: Penguin, 1968.
- Hoffmann, Ludwig. *Mathematisches Wörterbuch*. 7 vols. Berlin: Wiegandt

1988.

- Grier, David Alan. *When Computers Were Human*. Princeton: Princeton University Press, 2006.
- Grotius, Hugo. *De jure belli ac pacis libri tres* [1625]. Translated by Francis W. Kelsey, 2 vols. Oxford: Clarendon Press, 1925.
- Guillote, François. *Mémoire sur la réformation de la police de France: Soumis au Roi en 1749*, edited by Jean Seznec. Paris: Hermann, 1974.
- Haberman, Maggie, and Michael S. Schmidt. "Trump Pardons Two Russian Inquiry Figures and Blackwater Guards." *New York Times*, December 22, 2020, updated February 21, 2021. Available at www.nytimes.com/2020/12/22/us/politics/trump-pardons.html.
- Hacking, Ian. "Paradigms." In *Kuhn's Structure of Scientific Revolutions at Fifty: Reflections on a Scientific Classic*, edited by Robert J. Richards and Lorraine Daston, 96–112. Chicago: University of Chicago Press, 2016.
- Hajibabaee, Fatimah, Soodabeh Joolaee, Mohammed al Cheraghi, Pooneh Saleri, and Patricia Rodney. "Hospital/Clinical Ethics Committees' Notion: An Overview." *Journal of Medical Ethics and History of Medicine* 19 (2016). Available at www.ncbi.nlm.nih.gov/pmc/articles/PMC5432947/.
- Hall, A. Rupert. *Philosophers at War: The Quarrel between Newton and Leibniz*. Cambridge: Cambridge University Press, 1998.
- Hart, John. *Orthographie, conteyning the due order and reason, howe to write or paint thimage of mannes voice, most like to the life or nature* [1569]. Facsimile reprint. Amsterdam: Theatrum Orbis Terrarum, 1968.
- Hartley, David. *Observations on Man, His Frame, His Duty, and His Expectations* [1749]. Edited by Theodore L. Huguelet, 2 vols. Gainesville, Fla.: Scholars' Facsimile Reprints, 1966.
- Havil, Julian. *John Napier: Life, Logarithms, and Legacy*. Princeton: Princeton University Press, 2014.
- Heath, Thomas L. *The Thirteen Books of Euclid's Elements*, 2nd ed., 3 vols. New York: Dover, 1956.

Exceptions in a Comparative Perspective, edited by Carlo Ginzburg with Lucio Biasiori, xi–xix. London: Bloomsbury Academic, 2019.

- Gispert, Hélène, and Gert Schubring. "Societal Structure and Conceptual Changes in Mathematics Teaching: Reform Processes in France and Germany over the Twentieth Century and the International Dynamics." *Science in Context* 24 (2011): 73–106.
- Glasse, Hannah. *Art of Cookery, Made Plain and Easy* [1747]. London: L. Wangford, c. 1790.
- Goclenius the Elder, Rudolph. *Lexicon philosophicum*. Frankfurt: Matthias Becker, 1613.
- Gödel, Kurt. "Über formal unentscheidbare Sätze der *Principia Mathematica* und verwandter Systeme." *Monatsheft für Mathematik und Physik* 38 (1931): 173–98.
- Gordin, Michael D. S*cientific Babel: How Science Was Done Before and After Global English*. Chicago: University of Chicago Press, 2015.
- Grasshof, Gerd. "Natural Law and Celestial Regularities from Copernicus to Kepler." In *Natural Laws and Laws of Nature in Early Modern Europe*, edited by Lorraine Daston and Michael Stolleis, 143–61. Farnham, U.K.: Ashgate, 2008.
- Grattan-Guiness, Ivor. "Work for the Hairdressers: The Production of Prony's Logarithmic and Trigonometric Tables." *Annals of the History of Computing* 12 (1990): 177–85.
- —. *The Search for Mathematical Roots, 1870–1940: Logic, Set Theory, and the Foundations of Mathematics from Cantor through Russell Russell to Gödel*. Princeton: Princeton University Press, 2000.
- Grebe, Paul, ed., *Akten zur Geschichte der deutschen Einheitsschreibung 1870–1880*. Mannheim, Germany: Bibliographisches Institut, 1963.
- Griep, Wolfgang. "Die reinliche Stadt: Über fremden und eigenen Schmutz." In *RomParis-London: Erfahrung und Selbsterfahrung deutscher Schriftsteller und Künstler in den fremden Metropolen*, edited by Conrad Wiedemann, 135–54. Stuttgart: J. B. Metzlersche Verlagsbuchhandung,

Archive for History of Exact Sciences 16 (1977): 189–200.

- Friedmann, Georges. "L'Encyclopédie et le travail humain," *Annales: Economies, Sociétés, Civilisations* 8-1 (1953): 53–61.
- [Fuller, Thomas]. *The Sovereigns Prerogative, and the Subjects Priviledge*. London: Martha Harrison, 1657.
- Furth, Charlotte. "Introduction: Thinking with Cases." In *Thinking with Cases: Specialist Knowledge in Chinese Cultural History*, edited by Charlotte Furth, Judith T. Zeitlin, and Ping-chen Hsiung, 1–27. Honolulu: University of Hawaii Press, 2007.
- Galen, Claudius. *De temperamentis libri III*. Edited by Georg Helmreich. Leipzig: B. G. Teubner, 1904.
- Galton, Francis. "Composite Portraits." *Nature* 18 (1878): 97–100.
- Gardey, Delphine. *Écrire, calculer, classer: Comment une revolution de papier a transformé les sociétés contemporaines (1800–1840)*. Paris: Éditions la découverte, 2008.
- Gauvain, Mary. *The Social Context of Cognitive Development*. New York: Guilford Press, 2001.
- Gay, Jean-Paul. "Lettres de controverse: religion, publication et espace publique en France au XVIIe siècle." *Annales: Histoire, Sciences Sociales* 68-1 (2013): 7–41.
- Gigerenzer, Gerd. *How to Stay Smart in a Smart World*. London: Penguin, 2022.
- Gigerenzer, Gerd, and Daniel Goldstein. "Mind as Computer: The Social Origin of a Metaphor." In *Adaptive Thinking: Rationality in the Real World*, edited by Gerd Gigerenzer, 26–43. Oxford: Oxford University Press, 2000.
- Gilbert, Neal. *Concepts of Method in the Renaissance*. New York: Columbia University Press, 1960.
- Ginzburg, Carlo. "Family Resemblances and Family Trees: Two Cognitive Metaphors." *Critical Inquiry* 30 (2004): 537–56.
- ——. "Preface." In *A Historical Approach to Casuistry: Norms and*

- Erwin, Holger. *Machtsprüche: Das herrscherliche Gestaltungsrecht "ex plenitudine potestatis" in der Frühen Neuzeit*. Cologne: Böhlau, 2009.
- L'Esclache, Louis de. *Les Véritables régles de l'ortografe francéze, ov L'Art d'aprandre an peu de tams à écrire côrectement*. Paris: L'Auteur et Lavrant Rondet, 1668.
- Essinger, James. *Jacquard's Web: How a Hand-Loom Led to the Birth of the Information Age*. Oxford: Oxford University Press, 2004.
- Farge, Arlette. *Vivre dans la rue à Paris au XVIIIe siècle* [1979]. Paris: Gallimard, 1992.
- Favre, Adrien. *Les Origines du système métrique*. Paris: Presses universitaires de France, 1931.
- Filipowski, Herschel E. *A Table of Anti-Logarithms*. 2nd ed. London: George Bell, 1851.
- Filmer, Robert. *Patriarcha, or the Natural Power of Kings*. London: Richard Chiswell, 1680.
- Flamsteed, John. *The Correspondence of John Flamsteed, the First Astronomer Royal*. Edited by Eric G. Forbes, Lesley Murdin, and Frances Willmoth, 3 vols. Bristol: Institute of Physics, 1995–2002.
- Folkerts, Menso (with Paul Kunitzsch), eds. *Die älteste lateinische Schrift über das indische Rechnen nach al-Hwarizmi*. Munich: Verlag der Bayerischen Akademie der Wissenschaften, 1997.
- Forrester, John. "If P, Then What? Thinking in Cases." *History of the Human Sciences* 9 (1996): 1–25.
- Fortier, Mark. *The Culture of Equity in Early Modern England*. London: Routledge, 2016.
- Foucault, Michel. *Surveiller et punir: Naissance de la prison*. Paris: Éditions Gallimard, 1975.
- Fransen, Gérard. *Canones et Quaestiones: Évolution des doctrines et systèmes du droit canonique*. Goldbach, Germany: Keip Verlag, 2002.
- Freudenthal, Hans. "What Is Algebra and What Has Been Its History?"

Neuzeit. Frankfurt am Main: Fischer Verlag, 1991.

- Dürer, Albrecht. *Unterweysung der Messung, mit dem Zirckel und Richtscheyt, in Linien, Ebenen und gantzen corporen*. Nuremberg: Hieronymus Andreae, 1525.
- Dunkin, Edwin. *A Far-Off Vision: A Cornishman at Greenwich Observatory*, edited by P. D. Hingley and T. C. Daniel. Cornwall, U.K.: Royal Institution of Cornwall, 1999.
- Duplès-Argier, Henri. "Ordonnance somptuaire inédite de Philippe le Hardi." *Bibliothèque de l'École des chartes*, 3rd Series, no. 5 (1854): 176–81.
- Eamon, William. *Science and the Secrets of Nature: Books of Secrets in Medieval and Early Modern Culture*. Princeton: Princeton University Press, 1994.
- —. "Markets, Piazzas, and Villages." In *The Cambridge History of Early Modern Science*, edited by Katharine Park and Lorraine Daston, 206–23. Cambridge: Cambridge University Press, 2006.
- Easterling, Patricia Elizabeth. "The Infanticide in Euripides' Medea." *Yale Classical Studies* 25 (1977): 177–91.
- Economou, George. *The Goddess Nature in Medieval Literature*. Cambridge, Mass.: Harvard University Press, 1972.
- Eisenbart, Liselotte Constanze. *Kleiderordnungen der deutschen Städte zwischen 1350 und 1700*. Berlin and Göttingen: Musterschmidt Verlag, 1962.
- Elmer, Peter. "The Early Modern City." In *Pre-Industrial Cities and Technology*, edited by Colin Chant and David Goodman, 198–211. London: Routledge, 1999.
- Erikson, Paul, Judy L. Klein, Lorraine Daston, Rebecca Lemov, Thomas Sturm, and Michael D. Gordin. *How Reason Almost Lost Its Mind: The Strange Career of Cold War Rationality*. Chicago: University of Chicago Press, 2013.
- Eroms, Hans-Werner, and Horst H. Munske. *Die Rechtschreibreform, Pro und Kontra*. Berlin: Schmidt, 1997.

- Denys, Catherine. "La Police du nettoiement au XVIIIe siècle." *Ethnologie Française* 153 (2015): 411–20.
- Descartes, René. *Regulae ad directionem ingenii* [c. 1628]. In *Oeuvres de Descartes*, edited by Charles Adam and Paul Tannery, 11 vols., vol. 10, 359–472. Paris: J. Vrin, 1964.
- —. *Discours de la méthode pour bien conduire sa raison et chercher la vérité dans les sciences* [1637]. In *Oeuvres de Descartes*, edited by Charles Adam and Paul Tannery, 11 vols., vol. 6, 1–78. Paris: J. Vrin, 1964.
- Devries, Kelly. "Sites of Military Science and Technology." In *The Cambridge History of Early Modern Science*, edited by Katharine Park and Lorraine Daston, 306–19. Cambridge: Cambridge University Press, 2006.
- *Digest*, 1.1.1.3 (Ulpian). Available at www.thelatinlibrary.com/justinian/digest1.shtml.
- *Digest*, 1.1.4 (Ulpian). Available at www.thelatinlibrary.com/justinian/digest1.shtml.
- Digges, Leonard. *A Boke Named Tectonion*. London: John Daye, 1556.
- Dionysius of Halicarnassus. *Critical Essays, Volume I: Ancient Orators*. Translated by Stephen Usher. Loeb Classical Library 465. Cambridge, Mass.: Harvard University Press, 1974.
- Dodds, Eric Robertson. *The Greeks and the Irrational*. Berkeley: University of California Press, 1951.
- Domat, Jean. *Les Loix civiles dans leur ordre naturel* [1689]. 3 vols. Paris: Pierre Gandouin, 1723.
- Dubourg Glatigny, Pascal, and Hélène Vérin. "La réduction en art, un phénomène culturel." In *Réduire en art: La technologie de la Renaissance aux Lumières*, edited by Pascal Dubourg Glatigny and Hélène Vérin. Paris: Éditions de la Maison des sciences de l'homme, 2008.
- Duden, Rechtschreibregeln. Available at www.duden.de/sprachwissen/rechtschreibregeln.
- Dülmen, Richard van. *Frauen vor Gericht: Kindermord in der Frühen*

182–202.

- —. "Unruly Weather: Natural Law Confronts Natural Variability." In *Natural Laws and Laws of Nature in Early Modern Europe*, edited by Lorraine Daston and Michael Stolleis, 233–48. Farnham, U.K.: Ashgate, 2008.
- —. "Epistemic Images." In *Vision and Its Instruments: Art, Science, and Technology in Early Modern Europe*, edited by Alina Payne, 13–35. College Station: Pennsylvania State University Press, 2015.
- —. "Calculation and the Division of Labor, 1750–1950." *Bulletin of the German Historical Institute* 62 (2018): 9–30.
- —. *Against Nature*. Cambridge, Mass.: MIT Press, 2019.
- Daston, Lorraine, and Katharine Park. *Wonders and the Order of Nature, 1150–1750*. New York: Zone Books, 1998.
- Daston, Lorraine, and Michael Stolleis. "Nature, Law, and Natural Law in Early Modern Europe." In *Natural Laws and Laws of Nature in Early Modern Europe*, edited by Lorraine Daston and Michael Stolleis, 1–12. Farnham, Surrey: Ashgate, 2008.
- Davis, Martin. *The Universal Computer: The Road from Leibniz to Turing*. New York: W.W. Norton, 2000.
- —, ed. *The Undecidable: Basic Papers on Undecidable Propositions, Unsolvable Problems, and Computable Functions*. Hewlett, N.Y.: Raven Press, 1965.
- Davison, Dennis, ed. *The Penguin Book of Eighteenth-Century English Verse*. Harmondsworth, U.K.: Penguin Books, 1973.
- Deferrari, Roy J., and Sister Mary M. Inviolata Barry. *A Lexicon of Saint Thomas Aquinas* [1948]. Fitzwilliam, N.H.: Loreto Publications, 2004.
- Dehaene, Stanislas. *Reading in the Brain: The New Science of How We Read*. New York: Penguin, 2010.
- Denis, Vincent. "Les Parisiens, la police et les numérotages des maisons au XVIIIe siècle à l'Empire." *French Historical Studies* 38 (2015): 83–103.

- Condillac, Étienne Bonnot de. *La Langue des calculs*. Paris: Charles Houel, 1798.
- Condorcet, M.J.A.N. *Élémens d'arithmétique et de géométrie* [1804]. Enfance 42 (1989): 40–58.
- —. *Moyens d'apprendre à compter surement et avec facilité* [1804]. *Enfance* 42 (1989): 59–60.
- Corbin, Alain. *The Foul and the Fragrant: Odor and the French Social Imagination* [1982]. Translated by Miriam L. Cochan with Roy Porter and Christopher Prendergast. Cambridge, Mass.: Harvard University Press, 1986.
- Cosgrove, Denis. *Apollo's Eye: A Cartographic Genealogy of the Earth in the Western Imagination*. Baltimore: Johns Hopkins University Press, 2001.
- Cotton, Charles. *The Compleate Gamester. Instructions How to Play at Billiards*, Trucks, Bowls, and Chess. London: Charles Brome, 1687.
- Couffignal, Louis. *Les Machines à calculer*. Paris: Gauthier-Villars, 1933.
- Coumet, Ernst. "La théorie du hasard est-elle née par hasard?" *Annales: Économies, Sociétés, Civilisations* 25-3 (May–June 1970): 574–98.
- Cox, Noel. *The Royal Prerogative and Constitutional Law: A Search for the Quintessence of Executive Power*. London: Routledge, 2021.
- Creager, Angela N. H., Elizabeth Lunbeck, and M. Norton Wise, eds. *Science without Laws: Model Systems, Cases, Exemplary Narratives*. Durham, N.C.: Duke University Press, 2007
- Croarken, Mary. *Early Scientific Computing in Britain*. Oxford: Oxford University Press, 1990.
- —. "Human Computers in Eighteenth- and Nineteenth-century Britain." In *The Oxford Handbook of the History of Mathematics*, edited by Eleanor Robson and Jacqueline Stedall, 375–403. Oxford: Oxford University Press, 2009.
- Crouch, Jeffrey. *The Presidential Pardon Power*. Lawrence: University Press of Kansas, 2009.
- Daston, Lorraine. "Enlightenment Calculations." *Critical Inquiry* 21 (1994):

Mathématiques (Ier siècle).” *Extrême-Orient, Extrême-Occident* 14 (1992): 91–129.

- —. “Le paradigme et le général. Réflexions inspirées par les textes mathématiques de la Chine ancienne.” In *Penser par cas*, edited by Jean-Claude Passeron and Jacques Revel, 75–93. Paris: Éditions de l’École des Hautes Études en Sciences Sociales, 2005.
- —. “Describing Texts for Algorithms: How They Prescribe Operations and Integrate Cases. Reflections Based on Ancient Chinese Mathematical Sources.” In *Texts, Textual Acts, and the History of Science*, edited by Karine Chemla and Jacques Virbel, 317–84. Heidelberg: Springer, 2015.
- Chiffoleau, Jacques. “Dire indicible: Remarques sur la catégorie du nefandum du XIIe au XVe siècle.” *Annales ESC*, 45-2 (May–April 1990): 289–324.
- Cicero, Marcus Tullius. *On the Republic and On the Laws*. Translated by Clinton W. Keyes, Loeb Classical Library. Cambridge, Mass.: Harvard University Press, 1928.
- Clark, James G. *The Benedictines in the Middle Ages*. Woodbridge, Suffolk: Boydell, 2011.
- Cohen, I. Bernard. “Howard Aiken on the Number of Computers Needed for the Nation.” *IEEE Annals of the History of Computing* 20 (1998): 27–32.
- Colbert, Jean Baptiste. *Instruction generale donnée de l’ordre exprés du roy par Monsieur Colbert . . . pour l’execution des reglemens generaux des manufactures & teintures registrez en presence de Sa Majesté au Parlement de Paris le treiziéme aoust 1669*. Grenoble: Chez Alexandre Giroud, 1693.
- —. *Lettres, instructions et mémoires de Colbert*. 7 vols. Paris: Imprimerie impériale, 1861–1873.
- Colebrooke, Henry Thomas. “Address on Presenting the Gold Medal of the Astronomical Society to Charles Babbage.” *Memoirs of the Astronomical Society* 1 (1825): 509–12.
- Collins, Harry. *Tacit and Explicit Knowledge*. Chicago: University of Chicago Press, 2010.

- Burrow, Colin. *Imitating Authors: From Plato to Futurity*. Oxford: Oxford University Press, 2019.
- Busa, Roberto S.J., and associates, eds. *Index Thomisticus*. Edited by Web edition by Eduardo Bernot and Enrique Marcón. Available at www.corpusthomisticum.org/it/index.age.
- Busse Berger, Anna Maria. *Medieval Music and the Art of Memory*. Berkeley: University of California Press, 2005.
- Campbell-Kelly, Martin. "Large-Scale Data Processing in the Prudential, 1850–1930." *Accounting, Business, and Financial History* 2 (1992): 117–40.
- Campbell-Kelly, Martin, William Aspray, Nathan Ensmenger, and Jeffrey R. Yost. *Computer: A History of the Information Machine*. 3rd ed. Boulder, Colo.: Westview Press, 2014.
- Candea, Maria, and Laélia Véron. *Le Français est à nous! Petit manuel d'émancipation linguistique*. Paris: La Découverte, 2019.
- Capella, Martianus. *De nuptiis Philologiae et Mercurii*. [5th c. CE] Turnhout, Belgium: Brepols, 2010.
- Carruthers, Mary J. *The Book of Memory: A Study of Memory in Medieval Culture*. 2nd ed. Cambridge: Cambridge University Press, 2008.
- *Catechism of the Catholic Church*. 2nd ed. Vatican: Libreria Editrice Vaticana, 1997.
- Causse, Bernard. *Les Fiacres de Paris au XVIIe et XVIIIe siècles*. Paris: Presses Universitaires de France, 1972.
- Chabert, Jean-Luc, ed. *A History of Algorithms: From the Pebble to the Microchip*. Berlin: Springer, 1999.
- Chapman, Allan. "Airy's Greenwich Staff." *The Antiquarian Astronomer* 6 (2012): 4–18.
- Chemla, Karine. "De l'algorithme comme liste d'opérations." *Extrême-OrientExtrême-Occident* 12 (1990): 79–94.
- ——. "Résonances entre démonstrations et procédure. Remarque sur le commentaire de Liu Hui (IIIe siècle) au *Neuf Chapitres sur les Procédures*

- Bion, Nicolas. *Traité de la construction et des principaux usages des instrumens de mathématique*. 4th ed. Paris: Chez C. A. Jombret, 1752.
- Boas, George. *Primitivism and Related Ideas in the Middle Ages*. Baltimore: Johns Hopkins University Press, 1997.
- Bodin, Jean. *Les Six livres de la république*. Paris: Iacques du Puys, 1576.
- Bolle, Georges. "Note sur l'utilisation rationelle des machines à statistique." *Revue générale des chemins de fer* 48 (1929): 169–95.
- Borges, Jorge Luis. "Pierre Menard, Author of the *Quixote*" [1941]. In *Collected Fictions*. Translated by Andrew Hurley, 88–95. London: Penguin, 1998.
- Bourbaki, Nicolas. *Éléments de mathématique*. 38 vols. Paris: Hermann, 1939–75.
- Bourgeois-Gavardin, Jacques. *Les Boues de Paris sous l'Ancien Régime. Thèse pour le doctorat du troisième cycle*. Paris: EHESS, 1985.
- Boyle, Robert. *A Free Inquiry into the Vulgarly Received Notion of Nature* [1686]. In *The Works of the Honourable Robert Boyle* [1772], edited by Thomas Birch, 6 vols., vol. 5, 158–254. Hildesheim, Germany: Georg Olms, 1966.
- Bozeman, Barry. *Bureaucracy and Red Tape*. Upper Saddle River, N.J.: Prentice Hall, 2000.
- Brack-Bernsen, Lis. "Methods for Understanding and Reconstructing Babylonian Predicting Rules." In *Writings of Early Scholars in the Ancient Near East, Egypt, Rome, and Greece*, edited by Annette Imhausen and Tanja Pommerening, 285–87. Berlin and New York: De Gruyter, 2010.
- Brundage, James A. *Medieval Canon Law*. London and New York: Longman, 1995.
- Bruyère, Nelly. *Méthode et dialectique dans l'oeuvre de La Ramée: Renaissance et Âge classique*. Paris: J. Vrin, 1984.
- Bundesverfassungsgericht, 1BvR 1640/97, 14 July 1998. Available at www.bundesverfassungsgericht.de/e/rs19980714_1bvr164097.html.

(1800–1970). Champs-sur-Marne, France: Laboratoire TMU/ARDU, 1998.

- Bauer, Veronika. *Kleiderordnungen in Bayern vom 14. bis zum 19. Jahrhundert*. In *Miscellanea Bavarica Monacensia*, no. 62, 39–78. Munich: R. Wölfle, 1975.
- Bauny, Étienne. *Somme des pechez qui se commettent tous les états. De leurs conditions & qualitez, & en quelles consciences ils sont mortels, ou veniels* [1630]. Lyon: Simon Regaud, 1646.
- Belenky, Ari. "Master of the Mint: How Much Money Did Isaac Newton Save Britain?" *Journal of the Royal Statistical Society: Series A* 176 (2013): 481–98.
- Berlinski, David. *The Advent of the Algorithm: The 300-Year Journey from an Idea to the Computer*. New York: Harcourt, 2000.
- Bernard, Leon. "Technological Innovation in Seventeenth-Century Paris." In *The Pre-Industrial Cities and Technology Reader*, edited by Colin Chant, 157–62. London: Routledge, 1999.
- Bertoloni Meli, Domenico. "Caroline, Leibniz, and Clarke." *Journal of the History of Ideas* 60 (1999): 469–86.
- Bevin, Elway. *Briefe and Short Instrvction of the Art of Mvsicke, to teach how to make Discant, of all proportions that are in vse*. London: R. Young, 1631.
- *Bible, Revised Standard Version, Containing the Old and New Testaments*. New York: New American Library, 1962.
- "Bill of Rights of 1689. An Act Declaring the Rights and Liberties of the Subject and Settling the Succession of the Crown." The Avalon Project: Documents in Law, History and Diplomacy. Yale Law School. Available at avalon.law.yale.edu/17th_century/england.asp.
- Binet, Alfred. *Psychologie des grands calculateurs et joueurs d'échecs*. Paris: Librairie Hachette, 1894.
- Binet, Alfred, and Victor Henri. *La Fatigue intellectuelle*. Paris: Schleicher Frères, 1898.

- Bacon, Francis. *Novum organum* [1620]. In *The Works of Francis Bacon*, edited by Basil Montagu, 16 vols. in 17, vol. 9, 183–294. London: William Pickering, 1825–34.
- —. *New Atlantis* [1627]. In *The Great Instauration and New Atlantis*, edited by J. Weinberger. Arlington Heights, Ill.: Harlan Davidson, 1989.
- —. *The Elements of the Common Lawes of England* [1630]. In *The Works of Francis Bacon*, edited by Basil Montagu, 17 vols., vol. 13, 131–247. London: William Pickering, 1825–34.
- Baily, Francis. "On Mr. Babbage's New Machine for Calculating and Printing Mathematical and Astronomical Tables." *Astronomische Nachrichten* 46 (1823): 347–48. Reprinted in Charles Babbage, *The Works of Charles Babbage*, edited by Martin Campbell-Kelly, 11 vols. London: Pickering & Chatto, 1989.
- —. *An Account of the Revd. John Flamsteed, the First Astronomer Royal.* London: N.p., 1835.
- Balansard, Anne. *Techné dans les dialogues de Platon*. Sankt Augustin, Germany: Academia Verlag, 2001.
- Baldwin, Frances Elizabeth. *Sumptuary Legislation and Personal Regulation*. Johns Hopkins University Studies in Historical and Political Science 44 (1926): 1–282.
- Balkin, Jack M. *Living Originalism*. Cambridge, Mass.: Harvard University Press, 2011.
- Barker, Andrew. *Greek Musical Writings*. Vol. 2, *Harmonic and Acoustic Theory*. Cambridge: Cambridge University Press, 1989.
- Barles, Sabine. "La Boue, la voiture et l'amuser public. Les transformations de la voirie parisienne fin XVIIIe—fin XIXe siècles." *Ethnologie française* 14 (2015): 421–30.
- —. "La Rue parisienne au XIXe siècle: standardisation et contrôle?" *Romantisme* 1 (2016): 15–28.
- Barles, Sabine, and André Guillerme. *La Congestion urbaine en France*

- Aristotle, *Art of Rhetoric*. Translated by John Henry Freese. Loeb Classical Library. Cambridge, Mass.: Harvard University Press, 1994.
- —. *Metaphysics*. Translated by Hugh Tredennick. Loeb Classical Library. Cambridge, Mass.: Harvard University Press, 1989.
- —. *Nicomachean Ethics*. Translated by Harris Rackham. Loeb Classical Library. Cambridge, Mass.: Harvard University Press, 1934.
- —. *Posterior Analytics*. Translated by Hugh Tredennick. Loeb Classical Library. Cambridge, Mass.: Harvard University Press, 1939.
- Arthos, John. "Where There Are No Rules or Systems to Guide Us: Argument from Example in a Hermeneutic Rhetoric." *Quarterly Journal of Speech* 89 (2003): 320–44.
- Ashworth, William J. " 'Labour Harder Than Thrashing': John Flamsteed, Property, and Intellectual Labour in Early Nineteenth-Century England." In *Flamsteed's Stars*, edited by Frances Willmoth, 199–216. Rochester: Boydell Press, 1997.
- Augustine of Hippo. *Confessions*. Vol. 3, Book 8. Translated by William Watts, Loeb Classical Library, 2 vols. Cambridge, Mass.: Harvard University Press, 1989.
- Babbage, Charles. *Table of the Logarithms of Natural Numbers, from 1 to 108,000*. Stereotyped 2nd ed. London: B. Fellowes, 1831.
- —. *On the Economy of Machinery and Manufactures*. London: Charles Knight, 1832.
- —. *On the Economy of Machinery and Manufactures* [1832]. 4th ed. London: Charles Knight, 1835.
- —. *The Ninth Bridgewater Treatise: A Fragment*. London: John Murray, 1837.
- Bacher, Jutta. "Artes mechanicae." In *Erkenntnis Erfindung Konstruktion: Studien zur Bildgeschichte von Naturwissenschaften und Technik vom 16. bis zum 19. Jahrhundert*, edited by Hans Hollander, 35–50. Berlin: Gebr. Mann, 2000.

Biggemann, 4 vols. Stuttgart-Bad Cannstatt: Fromann-Holzboog, 1989.

- Anderson, Chris. "The End of Theory: The Data Deluge Makes the Scientific Method Obsolete." *Wired Magazine* (23 June 2008). Available at archive.wired.com /science/discoveries/magazine/16-07/pb_theory.
- Anderson, Christy, Anne Dunlop, and Pamela Smith, eds. *The Matter of Art: Materials, Practices, Cultural Logics, c. 1250–1750*. Manchester: Manchester University Press, 2014.
- [Anonymous]. *Traité de confiture, ou Le nouveau et parfait Confiturier*. Paris: Chez Thomas Guillain, 1689.
- [Anonymous]. *The Forme of Cury, A Roll of Ancient English Cookery, Compiled about A.D. 1390, by the Master-Cooks of King Richard II . . . By an Antiquary*. London: J. Nichols, 1780.
- Antognazza, Maria Rosa. *Leibniz: An Intellectual Biography*. Cambridge: Cambridge University Press, 2009.
- Appiah, Kwame Anthony. "The Ethicist." *New York Times Magazine*, 3 November 2020 and 20 October 2020. Available at www.nytimes.com/column/the-ethicist.
- Aquinas, Thomas. *Summa theologiae*, New Advent online edition, II-II, Qu. 53, Article 2, Available at www.newadvent.org/summa/3053.htm#article2.
- —. *Summa theologiae*. New Advent online edition, I–II, Qu. 93, Articles 2–5, I–II, Qu. 94, Articles 4–5, I–II, Qu. 100, Article 1, Available at www.newadvent.org/summa/2093.htm.
- —. *Summa theologiae*. New Advent online edition, I–II, Qu. 100, Article 5. Available at www.newadvent.org/summa/2100.htm#article5; I–II, Qu. 94, Article 5, Available at www.newadvent.org/summa/2094.htm#article5.
- —. *Summa theologicae*. New Advent online edition, I–II, Qu. 100, Article 8. vailable at www.newadvent.org/summa/2100.htm#article8.
- Aristophanes, *The Birds. In The Peace—The Birds—The Frogs*, translated by Benjamin Bickley Rogers, 130–292. Loeb Classical Library. Cambridge, Mass.: Harvard University Press, 1996.

參考書目

► 檔案資料

- C. Pritchard to E. Mouchez, 28 March 1892. Bibliothèque de l'Observatoire de Paris, 1060-V-A-2, Boite 30, Folder Oxford (Angleterre).
- Dossier Gaspard de Prony, Archives de l'Académie des sciences, Paris.
- Records of the *Nautical Almanac*, Manuscript Collection. Cambridge University
- Library, RGO 16/Boxes 1, 17.

► 出版品

- Académie francaise. *Le Dictionnaire de l'Académie française*. 2nd ed. Paris: Imprimerie royale, 1718.
- —. "Déclaration de l'Académie française sur la réforme de l'orthographie." 11 February 2016. Available at www.academie-francaise.fr/actualites/declaration-de-lacademie-francaise-sur-la-reforme-de-lorthographe.
- Alder, Ken. *Engineering the Revolution: Arms and Enlightenment in France, 1763–1815*. Princeton: Princeton University Press, 1997.
- Alembert, Jean d', and Denis Diderot, eds. "Encyclopédie." In *Encyclopédie, ou Dictionnaire raisonné des arts, des sciences et des métiers*, 17 vols. vol. 5, 635–48. Paris: Briasson, David, Le Breton, and Durand, 1751–1765.
- Alexander, Henry Gavin, ed. *The Leibniz-Clarke Correspondence* [1717]. Manchester: Manchester University Press, 1956.
- *Almanach du commerce de Paris*. Paris: Favre, An VII [1798]. Available at gallica.bnf.fr/ark:/12148/bpt6k62929887/f8.item.
- Alsted, Johann Heinrich. *Encyclopaedia* [1630]. Edited by Wilhelm Schmidt-

67. Jeffrey Crouch, *The Presidential Pardon Power* (Lawrence: University Press of Kansas, 2009), 15–21; Harold J. Krent, *Presidential Powers* (New York: New York University Press, 2004), 189–214.

68. Andrew W. Neal, *Security as Politics: Beyond the State of Exception* (Edinburgh: Edinburgh University Press, 2019), 12–41; "Trump Pardons Two Russian Inquiry Figures and Blackwater Guards," *New York Times*, 22 December 2020.

69. Carlo Ginzburg, "Preface," in *A Historical Approach to Casuistry*, ed. Ginzburg with Biasiori, xi.

Richard Chiswell, 1680), 12.

54. Jean Bodin, *Les Six livres de la république* (Paris: Iacques du Puys, 1576), 16, 21.

55. Francis Bacon, "The Argument of Sir Francis Bacon, Knight, His Majesty's Solicitor-General, in the Case of the Post-Nati of Scotland," in *Lord Bacon's Works*, ed. Basil Montagu (London: William Pickering, 1825–34), 5: 110.

56. Bodin, *Les Six livres*, 126; Filmer, *Patriarcha*, 94.

57. James I, *The Workes of the Most High and Mightie Prince, James*, ed. John Montagu (London: Robert Barker and John Bill, 1616), 529, quoted in Lisa Jardine and Alan Stewart, *Hostages to Fortune: The Troubled Life of Francis Bacon* (New York: Hill and Wang, 1998), 317.

58. Mary Nyquist, *Arbitrary Rule: Slavery, Tyranny, and the Power of Life and Death* (Chicago: University of Chicago Press, 2013), 327; Locke, *Second Treatise,* XIV.172, 90.

59. J.G.A. Pocock, *The Machiavellian Moment: Florentine Political Thought and the Atlantic Republican Tradition*, rev. ed. (Princeton: Princeton University Press, 2003).

60. Locke, *Second Treatise*, XIV.172, 90, IV.22, 17, XVI.177–87, 92–97.

61. [Thomas Fuller], *The Sovereigns Prerogative, and the Subjects Priviledge* (London: Martha Harrison, 1657), Preface (n.p.), 109.

62. [John Maxwell], *Sacro-Sancta Regum Majestae: Or the Sacred and Royal Prerogative of Christian Kings* (London: Thomas Dring, 1680), sig. a recto.

63. Locke, *Second Treatise*, XIII.156–58, 81–83.

64. Francis Oakley, "Christian Theology and Newtonian Science: The Rise of the Concept of Laws of Nature," *Church History* 30 (1961): 433–57; Steven Shapin, "Of Gods and Kings: Natural Philosophy and Politics in the Leibniz-Clarke Disputes," *Isis* 72 (1984): 187–215.

65. Schmitt, *Political Theology*, 36–48, quotation on 12.

66. Noel Cox, *The Royal Prerogative and Constitutional Law: A Search for the Quintessence of Executive Power* (London: Routledge, 2021), 9–14.

44. Fortier, *Culture of Equity*, 12–15.

45. David Hume, *An Inquiry Concerning the Principles of Morals* (1751), ed. Charles W. Hendel (Indianapolis: Library of Liberal Arts, 1979), 39.

46. Schauer, *Thinking Like a Lawyer*, 35.

47. 有關現代法治理想的哲學根源，參見：Edin Sarcevic, *Der Rechtsstaat: Modernität und Universalitätsanspruch der klassischen Rechtsstaatstheorien* (Leipzig: Leipziger Universitätsverlag, 1996), 101–38, and (for the British and American traditions) John Phillip Reid, *The Rule of Law: The Jurisprudence of Liberty in the Seventeenth and Eighteenth Centuries* (DeKalb: Northern Illinois University Press, 2004)。

48. Francis Bacon, "The Lord Keeper's Speech, in the Exchequer, to Sir John Denham, When He Was Called to Be One of the Barons of the Exchequer, 1617," in *Lord Bacon's Works*, ed. Basil Montagu (London: William Pickering, 1825–34), 7:267–68.

49. "Bill of Rights of 1689: An Act Declaring the Rights and Liberties of the Subject and Settling the Succession of the Crown," The Avalon Project: Documents in Law, History and Diplomacy, Yale Law School, available at avalon.law.yale.edu/17th _century/england.asp, accessed 7 December 2020.

50. Carl Schmitt, *Political Theology: Four Chapters on the Concept of Sovereignty* (1922), trans. George Schwab (Chicago: University of Chicago Press, 1985), 5–12.

51. Kenneth Pennington, *The Prince and the Law, 1200–1600: Sovereignty and Rights in the Western Legal Tradition* (Berkeley: University of California Press, 1993), 76–118.

52. 近代早期歐洲專制主義與共和主義的相關文獻數不勝數。相關概述參見：Holger Erwin, *Machtsprüche: Das herrscherliche Gestaltungsrecht "ex plenitudine potestatis" in der Frühen Neuzeit* (Cologne: Böhlau, 2009), and Quentin Skinner, *Liberty before Liberalism* (Cambridge: Cambridge University Press, 1998)。

53. Robert Filmer, *Patriarcha, or the Natural Power of Kings* (London:

29. Kwame Anthony Appiah, "The Ethicist," *New York Times Magazine*, 3 November 2020, 20 October 2020, available at www.nytimes.com/column/the-ethicist, accessed 4 December 2020.

30. Perkins, *Whole Treatise*, 116.

31. Aristotle, *Nicomachean Ethics*, trans. H. Rackham, Loeb Classical Library (Cambridge, Mass.: Harvard University Press, 1934),V.10/1137a31–1138a2, 314–17; Christopher Horn, "*Epieikeia*: The Competence of the Perfectly Just Person in Aristotle," in *The Virtuous Life in Greek Ethics*, ed. Burkhard Reiss (Cambridge: Cambridge University Press, 2006), 142–66; Schauer, *Thinking Like a Lawyer*, 121–22.

32. Peter Stein, *Roman Law in European History* (Cambridge: Cambridge University Press, 1999), 47.

33. Mark Fortier, *The Culture of Equity in Early Modern England* (London: Routledge, 2016), 3.

34. Sarah Worthington, *Equity* (Oxford: Oxford University Press, 2003), 8–11.

35. William Perkins, *Hepieikeia, or A Treatise of Christian Equitie and Moderation* (Cambridge: John Legat, 1604), 12–13.

36. Francis Bacon, *The Elements of the Common Lawes of England* (1630), in *Lord Bacon's Works*, ed. Basil Montagu (London: William Pickering, 1825–34), 13: 153. 有關培根對衡平法院的辯護，參見：Fortier, *Culture of Equity*, 74–81。

37. Jean Domat, *Les Loix civiles dans leur ordre naturel* (1689; repr. Paris: Pierre Gandouin, 1723), 1:5.

38. Aristotle, *Art of Rhetoric*, trans. John Henry Freese, Loeb Classical Library (Cambridge, Mass.: Harvard University Press, 1994), I.i.7/1354a, 5.

39. John Selden, *Table Talk* (1689), quoted in Fortier, Culture of Equity, 1.

40. Perkins, *Hepieikeia*, 16.

41. Plato, *Statesman*, 297A, 143.

42. Perkins, *Hepieikeia*, 19–20.

43. Worthington, *Equity*, 11.

Fundamentals," in *The Cambridge Companion to Pascal*, ed. Nicholas Hammond (Cambridge: Cambridge University Press, 2003), 182–200; 關於這類用書信形式來進行宗教辯論的更廣泛脈絡，參見：Jean-Paul Gay, "Lettres de controverse: religion, publication et espace publique en France au XVIIe siècle," *Annales: Histoire, Sciences Sociales* 68 (2013): 7–41。

22. 教宗亞歷山大七世（Alexander VII）在一六六五年和一六六六年，和英諾森十一世（Innocent XI）在一六七九年，都曾譴責過案例主義者中的放縱主義。

23. Johann P. Somerville, "The 'New Art of Lying': Equivocation, Mental Reservation, and Casuistry," in *Conscience and Casuistry*, ed. Leites, 159–84; Albert R. Jonsen and Stephen Toulmin, *The Abuse of Casuistry: A History of Moral Reasoning* (Berkeley: University of California Press, 1990). 我要感謝吉安娜・波馬塔教授向我指出，天主教神學中「良知案例」從未消失在歷史長河中，甚至直到今天的醫學倫理裡，這種思維依舊存在，哪怕這種倫理思維可能被其他學者攻擊。

24. Ernst Coumet, "La théorie du hasard est-elle née par hasard?" *Annales: Économies, Sociétés, Civilisations* (May–June 1970): 574–98. 歷史何其諷刺，帕斯卡是概率論的共同創立者，但概率論卻是以他最厭惡的學說為名。

25. H. D. Kittsteiner, "Kant and Casuistry," in *Conscience and Casuistry*, ed. Leites, 185–213.

26. Immanuel Kant, *Die Religion innerhalb der Grenzen der bloßen Vernunft* (1793), ed. Rudolf Malter (Ditzingen, Germany: Reclam, 2017), 247.

27. Immanuel Kant, *Die Metaphysik der Sitten*, ed. Wilhelm Weisehedel (Frankfurt am Main: Suhrkamp, 1977), 562–72/A84–A98. 我要感謝蘇珊・尼曼教授讓我注意到這些段落。

28. Fatimah Hajibabaee, Soodabeh Joolaee, Mohammed al Cheraghi, Pooneh Saleri, and Patricia Rodney, "Hospital/Clinical Ethics Committees' Notion: An Overview," *Journal of Medical Ethics and History of Medicine* 19 (2016), available atwww.ncbi .nlm.nih.gov/pmc/articles/PMC5432947/, accessed 4 December 2020.

Human Sciences 9 (1996): 1–25.

13. 關於醫學和法學的叢書，參見：Gianna Pomata, "Observation Rising: Birth of an Epistemic Genre, ca. 1500–1650," in *Histories of Scientific Observations,* ed. Lorraine Daston and Elizabeth Lunbeck (Chicago: University of Chicago Press, 2011), 45–80; Gianna Pomata, "Sharing Cases: The *Observationes* in Early Modern Medicine," *Early Science and Medicine* 15 (2010): 193–236。

14. Charlotte Furth, "Introduction: Thinking with Cases," in *Thinking with Cases: Specialist Knowledge in Chinese Cultural History*, ed. Charlotte Furth, Judith T. Zeitlin, and Ping-chen Hsiung (Honolulu: University of Hawaii Press, 2007), 1–27.

15. André Jolles, *Einfache Formen: Legende, Sage, Mythe, Rätsel, Spruch, Kasus, Memorabile, Märchen, Witz* (1930), 8th ed. (Tübingen: Max Niemeyer Verlag, 2006), 179.

16. John Arthos, "Where There Are No Rules or Systems to Guide Us: Argument from Example in a Hermeneutic Rhetoric," *Quarterly Journal of Speech* 89 (2003): 333.

17. William Perkins, *The Whole Treatise of the Cases of Conscience* (London: John Legatt, 1631), 95.

18. 這場論戰的背景，參見：Olivier Jouslin, *La Campagne des Provinciales de Pascal. Étude d'un dialogue polémique* (Clermont-Ferrand, France: Presses Universitaires, 2007)。

19. 只有第五到第十封信涉及了案例主義。這本書的其餘內容（最初是在一六五六年一月到一六二七年五月，以小冊子的形式分批出版），主要是帕斯卡替同為楊森派信徒的安東尼．阿爾諾（Antoine Arnauld）的預定論學說（predestination）辯護，反駁索邦神學家和耶穌會士的譴責。

20. Blaise Pascal, *Les Provinciales, ou Les lettres écrites par Louis de Montalte à un provincial de ses amis et aux RR. PP. Jésuites sur le sujet de la morale et de la politique de ces Pères* (1627), ed. Michel Le Guern (Paris: Gallimard, 1987), 95, 102.

21. Richard Parish, "Pascal's Lettres provinciales: From Flippancy to

(Indianapolis: Hackett, 1980), XIII.158, 83.

4. Plato, *Statesman—Philebus—Ion*, trans. Harold North Fowler and W.R.M. Lamb, Loeb Classical Library (Cambridge, Mass.: Harvard University Press, 1925), 294B, 135.
5. 對手的立場：參見：Jeremy Waldron, "Thoughtfulness and the Rule of Law," *British Academy Review* 18 (Summer 2011): 1–11, and Frederick Schauer, *Thinking Like a Lawyer: A New Introduction to Legal Reasoning* (Cambridge, Mass.: Harvard University Press, 2009)。
6. Gianna Pomata, "The Recipe and the Case: Epistemic Genres and the Dynamics of Cognitive Practices," in *Wissenschaftsgeschichte und Geschichte des Wissens im Dialog—Connecting Science and Knowledge*, ed. Kaspar von Greyerz, Silvia Flubacher, and Philipp Senn (Göttingen: Vanderhoek und Ruprecht, 2013), 131–54; Gianna Pomata, "The Medical Case Narrative in Pre-Modern Europe and China: Comparative History of an Epistemic Genre," in *A Historical Approach to Casuistry: Norms and Exceptions in a Comparative Perspective*, ed. Carlo Ginzburg with Lucio Biasiori (London: Bloomsbury Academic, 2019), 15–43.
7. Angela N. H. Creager, Elizabeth Lunbeck, and M. Norton Wise, eds., *Science without Laws: Model Systems, Cases, Exemplary Narratives* (Durham, N.C.: Duke University Press, 2007).
8. Thomas Jefferson, *A Manual of Parliamentary Practice for the Use of the Senate of the United States* (Washington City: Samuel H. Smith, 1801), n.p.
9. Colin Burrow, *Imitating Authors: From Plato to Futurity* (Oxford: Oxford University Press, 2019), 71–105.
10. Étienne Bauny, *Somme des pechez qui se commettent tous les états: De leurs conditions & qualitez, & en quelles consciences ils sont mortels, ou veniels* (1630; repr. Lyon: Simon Regaud, 1646), 227–28.
11. Margaret Sampson, "Laxity and Liberty in Seventeenth-Century Political Thought," in *Conscience and Casuistry in Early Modern Europe*, ed. Edmund Leites (Cambridge: Cambridge University Press, 2002), 88, 99.
12. John Forrester, "If P, Then What? Thinking in Cases," *History of the*

64. Leibniz, *Neue Methode*, 63. See also letter from Gottfried Wilhelm Leibniz to Hermann Conring, 13/23 January 1670, in Leibniz, *Neue Methode*, 333. 更多關於萊布尼茲在思考自然法和自然律則時的相似之處，參見：Klaus Luig, "Leibniz's Concept of jus naturale and lex naturalis—Defined with 'Geometric Certainty,'" in *Natural Laws*, ed. Daston and Stolleis, 183–98。

65. Larrère, "Divine dispense," 19–32. 舉例來說，阿奎那就討論過上帝指示以色列人掠奪埃及人的財物，是否構成竊盜。*Summa theologicae*, New Advent online edition, I–II, Qu. 100, Art. 8, available at www.newadvent.org/summa/2100.htm#article8, accessed 12 July 2021.

66. [Chevalier de Jaucourt], "Loi," *Encyclopédie*, ed. d'Alembert and Diderot, 9:643–46.

67. Lorraine Daston, "Unruly Weather: Natural Law Confronts Natural Variability," in *Natural Laws*, ed. Daston and Stolleis, 233–48.

68. Jean Domat, *Les Loix civiles dans leur ordre naturel* (1689; repr. Paris: Pierre Gandouin, 1723), 1:xxvi.

69. Stein, *Roman Law*, 101–12.

70. Montesquieu, *De l'Esprit des lois*, 5.

71. François Quesnay, *Le Droit naturel* (Paris: n. publ., 1765), 16–17.

72. Immanuel Kant, *Foundations of the Metaphysics of Morals* (1785), trans. Lewis White Beck (Indianapolis: Library of Liberal Arts, 1954), 39.

► 第八章　曲解或違反規則

1. Thomas Aquinas, *Summa theologiae*, New Advent online edition, I,-II, Qu. 100, Art. 5 https://www.newadvent.org/summa/2100.htm#article5; I,-II, Qu. 94, Art. 5. https://www.newadvent.org/summa/2094.htm#article5. Accessed 12 July 2021.

2. Samuel Pufendorf, *The Whole Duty of Man, According to the Law of Nature* (1673), trans. Andrew Tooke, ed. Ian Hunter and David Saunders (Indianapolis: Liberty Fund, 2003), 93.

3. John Locke, *Second Treatise of Government* (1690), ed. C. B. Macpherson

50. Boyle, *Free Inquiry*, 5:252.

51. A. Rupert Hall, *Philosophers at War: The Quarrel between Newton and Leibniz* (Cambridge: Cambridge University Press, 1998).

52. 政治方面的脈絡，參見：Domenico Bertoloni Meli, "Caroline, Leibniz, and Clarke," *Journal of the History of Ideas* 60 (1999): 469–86。

53. Isaac Newton, *Opticks* (1704; repr. New York: Dover, 1952), Query 31, 375–406, on 398–99.

54. H. G. Alexander, ed. *The Leibniz-Clarke Correspondence* (1717), (Manchester: Manchester University Press, 1956), 12, 14, 81, 35, 114.

55. Newton, *The Mathematical Principles*, 388–92.

56. Charles-Louis de Secondat, Baron de la Brède et de Montesquieu, *De l'Esprit des lois* (1748; Paris: Firmin-Didot, 1849), 4.

57. [Antoine Gaspard Boucher d'Argis], "Droit positif," *Encyclopédie, ou Dictionnaire raisonné des arts, des sciences et des métiers*, ed. Jean d'Alembert and Denis Diderot (Paris: Briasson, David, Le Breton, and Durand, 1755), 5:134.

58. Nicolas Malebranche, *De la Recherche de la vérité* (1674–75) (Paris: Michel David, 1712), I.vii.3, 1:242.

59. Lorraine Daston and Katharine Park, *Wonders and the Order of Nature, 1150– 1750* (New York: Zone Books, 1998), 334–59.

60. David Hume, "Of Miracles," *Enquiry Concerning Human Nature* (1748), ed. Eric Steinberg (Indianapolis: Hackett, 1977), 72–90.

61. Francis Bacon, *The Elements of the Common Lawes of England* (1630), in *Lord Bacon's Works*, ed. Basil Montagu (London: William Pickering, 1825–34), 13:134; Gottfried Wilhelm Leibniz, *Neue Methode, Jurisprudenz zu Lernen und zu Lehren* (1667), in *Frühere Schriften zum Naturrecht*, ed. Hans Zimmermann, trans. Hubertus Busche (Hamburg: Felix Meiner Verlag, 2003), 57.

62. Grotius, *De jure belli*, 2:192; Pufendorf, *Whole Duty of Man*, 223.

63. Boyle, *Free Inquiry*, 5:220.

Concept of Nature, ed. John Torrance (Oxford: Clarendon Press, 1992), 1–24, 25–62。

39. Francis Bacon, *Novum organum* (1620), Aphorisms II.2 and II.5, in *The Works of Francis Bacon*, ed. Basil Montagu (London: William Pickering, 1825–34), 9:287–88, 291–93; Boyle, *Free Inquiry,* 5:219.
40. Seneca, *Naturales quaestiones*, trans. Thomas H. Corcoran, Loeb Classical Library (Cambridge, Mass.: Harvard University Press, 1922), VII.25, 2:278–79; Daryn Lehoux, "Laws of Nature and Natural Laws," *Studies in History and Philosophy of Science* 37 (2006): 535–37.
41. Jane E. Ruby, "The Origins of Scientific Law," *Journal of the History of Ideas* 47 (1986): 341–59; Ian Maclean, "Expressing Nature's Regularities and their Determinations in the Late Renaissance," in *Natural Laws*, ed. Daston and Stolleis, 30.
42. Bacon, *Novum organum*, 472–74.
43. Gerd Grasshof, "Natural Law and Celestial Regularities from Copernicus to Kepler," in *Natural Laws*, ed. Daston and Stolleis, 143–61.
44. Catherine Wilson, "From Limits to Laws: The Construction of the Nomological Image of Nature in Early Modern Philosophy," in *Natural Laws*, ed. Daston and Stolleis, 13–28.
45. Isaac Newton, *The Mathematical Principles of Natural Philosophy* (1687), trans. Andrew Motte (London: Benjamin Motte, 1729), 19–21.
46. Steinle, "The Amalgamation of a Concept," 316–68.
47. Friedrich Steinle, "From Principles to Regularities: Tracing 'Laws of Nature' in Early Modern France and England," and Sophie Roux, "Controversies on Nature as Universal Legality (1680–1710)," both in *Natural Laws*, ed. Daston and Stolleis, 215–32, 199–214.
48. 相關簡明扼要的概述，參見：John Henry, "Metaphysics and the Origins of Modern Science: Descartes and the Importance of Laws of Nature," *Early Science and Medicine* 9 (2004): 73–114。
49. Catherine Larrère, "Divine dispense," *Droits* 25 (1997): 19–32.

28. Samuel Pufendorf, *The Whole Duty of Man, According to the Law of Nature* (1673), trans. Andrew Tooke, ed. Ian Hunter and David Saunders (Indianapolis: Liberty Fund, 2003), 56.

29. Hobbes, *Leviathan*, I.14, 190; Christian Thomasius, *Institutes of Divine Jurisprudence* (1688), trans. and ed. Thomas Ahnert (Indianapolis: Liberty Fund, 2011), 180.

30. Thomasius, *Institutes of Divine Jurisprudence*, 140.

31. Grotius, *De jure belli*, 2:38.

32. René Descartes, *Principia philosophiae* (1644), II. 37–40, in *Oeuvres de Descartes*, ed. Charles Adam and Paul Tannery (Paris: J. Vrin, 1964), 8:62–66.

33. René Descartes, *Regulae ad directionem ingenii* (comp. c. 1628), in *Oeuvres de Descartes*, ed. Adam and Tannery, 10:403–6.

34. Friedrich Steinle, "The Amalgamation of a Concept: Laws of Nature in the New Sciences," in *Laws of Nature: Essays on the Philosophical, Scientific and Historical Dimensions*, ed. Friedel Weinert (Berlin: Walter de Gruyter, 1995), 316–68.

35. Grotius, *De jure belli*, 2:255.

36. René Descartes, *Discours de la méthode pour bien conduire sa raison et chercher la vérité dans les sciences* (1637), in *Oeuvres de Descartes*, ed. Adam and Tannery, 6:65–66.

37. Robert Boyle, *A Free Inquiry into the Vulgarly Received Notion of Nature* (1686), in *The Works of the Honourable Robert Boyle*, ed. Thomas Birch (Hildesheim, Germany: Georg Olms, 1966), 5:164, 170. 關於波以耳的顧慮在十六世紀的背景，以及萊布尼茲對波以耳文章的拉丁文版本的回應，參見：Catherine Wilson, "De Ipsa Naturae: Leibniz on Substance, Force and Activity," *Studia Leibniziana* 19 (1987): 148–72。

38. Lorraine Daston, *Against Nature* (Cambridge, Mass.: MIT Press, 2019), 5–21. 關於古希臘和中世紀拉丁語中「自然」概念的多樣性，相關概述分別參見：Geoffrey E. R. Lloyd, "Greek Antiquity: The Invention of Nature," and Alexander Murray, "Nature and Man in the Middle Ages," both in *The*

Mass.: Harvard University Press, 1972), 104–11; Katharine Park, "Nature in Person," in *The Moral Authority of Nature*, ed. Lorraine Daston and Fernando Vidal (Chicago: University of Chicago Press, 2004), 50–73. 關於圖像傳統，參見：Mechthild Modersohn, *Natura als Göttin im Mittelalter: Ikonographische Studien zu Darstellungen der personifizierten Natur* (Berlin: Akademie Verlag, 1997)。

19. Augustine of Hippo, *Confessions*, III.8, trans. William Watts, Loeb Classical Library (Cambridge, Mass.: Harvard University Press, 1989), 1:128–29; Michael Stolleis, "The Legitimation of Law through God, Tradition, Will, Nature and Constitution," in *Natural Laws*, ed. Daston and Stolleis, 47.

20. 對於智辯學派在分辨 nomos 與 physis 時模糊不清之處的研究，參見：E. R. Dodds, *The Greeks and the Irrational* (Berkeley: University of California Press, 1951), 183–84。

21. Joachim Kurtz, "Autopsy of a Textual Monstrosity: Dissecting the Mingli tan (De logica, 1631)," in *Linguistic Changes between Europe, China, and Japan*, ed. Federica Caselin (Turin: Tiellemedia, 2008), 35–58.

22. Anthony Pagden, "Dispossessing the Barbarian: The Language of Spanish Thomism and the Debate over the Property Rights of the American Indians," in *The Languages of Political Theory in Early Modern Europe*, ed. Anthony Pagden (Cambridge: Cambridge University Press, 1987), 79–98.

23. Michel de Montaigne, *The Complete Essays,* trans. M. A. Screech (London: Penguin, 1991), I. 31: "On Cannibals," 231.

24. Pauline C. Westerman, *The Disintegration of Natural Law Theory: Aquinas to Finnis* (Leiden: Brill, 1998), 130–33.

25. Ian Hunter and David Saunders, eds., *Natural Law and Civil Sovereignty: Moral Right and State Authority in Early Modern Political Thought* (New York: Palgrave Macmillan, 2002), 2–3.

26. Hugo Grotius, *De jure belli ac pacis libri tres* (1625), trans. Francis W. Kelsey (Oxford: Clarendon Press, 1925), 2:11–13.

27. Thomas Hobbes, *Leviathan* (1651), ed. Colin B. Macpherson (London: Penguin, 1968), I.14, 189.

11. Jacques Chiffoleau, "Dirc indicible: Remarques sur la catégorie du nefandum du XIIe au XVe siècle, " *Annales ESC* 2 (May–April 1990): 289–324; Keith Wrightson, "Infanticide in European History," *Criminal Justice History* 3 (1982): 1–20; Richard van Dülmen, *Frauen vor Gericht. Kindermord in der Frühen Neuzeit* (Frankfurt am Main: Fischer Verlag, 1991), 20–26; Bernd-Ulrich Hergemöller, "Sodomiter: Erscheinungsformen und Kausalfaktoren des spätmittelalterlichen Kampfes gegen Homosexualität," in *Randgruppen der mittelalterlichen Gesellschaft*, ed. Bernd-Ulrich Hergemöller (Warendorf, Germany: Fahlbusch, 1990), 316–56; Elisabeth Pavan, "Police des moeurs, société et politique à Venise à la fin du Moyen Age," *Revue historique* 264 (1980): 241–88.

12. *Digest*, 1.1.4 (Ulpian), available at www.thelatinlibrary.com/justinian/digest1 .shtml, accessed 6 July 2020.

13. Yan Thomas, "Imago Naturae: Note sur l'instituionnalité de la nature à Rome," *Théologie et droit dans la science politique de l'état moderne* (Rome: École française de Rome, 1991), 201–27.

14. Marcus Tullius Cicero, *On the Laws*, I.xv.42, in *On the Republic and On the Laws*, 345.

15. Augustine of Hippo, *Confessions*, III.8, trans. William Watts, Loeb Classical Library (Cambridge, Mass.: Harvard University Press, 1989), 1:128–129.

16. Thomas Aquinas, *Summa theologiae*, New Advent online edition, II–II, Qu. 53, Article 2, available at www.newadvent.org/summa/3053.htm#article2, accessed 12 July 2021. *Catechism of the Catholic Church*, no. 2357, 8 September 1997. 後者禁止了同性性行為，因為其「違反了自然法」，將性行為與生命的饋贈分隔開來。

17. Seneca, *Medea, in Tragedies*, trans. Frank Justus Miller, Loeb Classical Library (Cambridge, Mass.: Harvard University Press, 1979), 293, 305. 關於認為美迪亞陷入瘋狂的悠久傳統，參見：P. E. Easterling, "The Infanticide in Euripides' Medea," *Yale Classical Studies* 25 (1977): 177。

18. George Economou, *The Goddess Nature in Medieval Literature* (Cambridge,

► 第七章　自然法與自然律則

1. 這部作品考察了這個傳統：Denis Cosgrove, *Apollo's Eye: A Cartographic Genealogy of the Earth in the Western Imagination* (Baltimore: Johns Hopkins University Press, 2001)。
2. George Stocking, *Victorian Anthropology* (New York: Free Press, 1987); George Boas, *Primitivism and Related Ideas in the Middle Ages* (Baltimore: Johns Hopkins University Press, 1997).
3. Sophocles, *Antigone*, in David Grene, trans., *Sophocles I: Oedipus the King, Oedipus at Colonus, and Antigone* (Chicago: University of Chicago Press, 1991), 178, ll. 456–57.
4. Aristotle, *Art of Rhetoric*, trans. John Henry Freese. Loeb Classical Library (Cambridge, Mass.: Harvard University Press, 1994), I.13, 1373b6–12, 138–39.
5. Marcus Tullius Cicero, *On the Republic*, III.22, in *On the Republic and On the Laws*, trans. Clinton W. Keyes, Loeb Classical Library (Cambridge, Mass.: Harvard University Press, 1928), 211. 針對古代自然法概念的通盤考察，參見：Karl-Heinz Ilting, *Naturrecht und Sittlichkeit: Begriffsgeschichtliche Studien* (Stuttgart: Klett-Cotta, 1983)。
6. 這些詞彙在近代早期歐洲往往詞意相通。Jan Schröder, "The Concept of (Natural) Law in the Doctrine of Law and Natural Law in the Early Modern Era," in *Natural Laws and Laws of Nature in Early Modern Europe*, ed. Lorraine Daston and Michael Stolleis (Farnham: Ashgate, 2008), 59.
7. *Digest*, 1.1.1.3 (Ulpian), available at www.thelatinlibrary.com/justinian/digest1 .shtml, accessed 6 July 2020.
8. Peter Stein, *Roman Law in European History* (Cambridge: Cambridge University Press, 1999), 86–88.
9. Gerard Watson, "The Natural Law and the Stoics," in *Problems in Stoicism*, ed. A. A. Long (London: Athalone Press, 1971), 228–36.
10. Thomas Aquinas, *Summa theologiae*, New Advent online edition, I–II, Qu. 93, Articles 2–5, I–II, Qu. 94, Articles 4–5, I–II, Qu. 100, Article 1, available at www .newadvent.org/summa/2093.htm, accessed 12 July 2021.

139. Mulcaster, *First Part of the Elementarie*, 254. 關於法蘭西學院，參見：www.academie-francaise.fr/pitcher-un-projet, accessed 27 February 2020。

140. Noah Webster, *The American Spelling Book*, 16th ed. (Hartford: Hudson & Goodwin, n.d.), viii.

141. Horobin, *Does Spelling Matter?*, 196–98.

142. Dieter Nerius, *Deutsche Orthographie*, 4th rev. ed. (Hildesheim, Germany: Georg Olms Verlag, 2007), 302–37.

143. 這次會議的相關通信往來，轉載於：Paul Grebe, ed., *Akten zur Geschichte der deutschen Einheitsschreibung 1870–1880* (Mannheim: Bibliographisches Institut, 1963).

144. Nerius, *Deutsche Orthographie*, 344–47.

145. Sauer and Glück, "Norms and Reforms," 79–82.

146. Nerius, *Deutsche Orthographie*, 373.

147. Horobin, *Does Spelling Matter?*, 8.

148. Horobin, *Does Spelling Matter?*, 157.

149. Stanislas Dehaene, *Reading in the Brain: The New Science of How We Read* (New York: Penguin, 2010), 72–76.

150. Duden, Rechtschreibregeln, available at www.duden.de/sprachwissen / rechtschreibregeln, accessed 27 February 2020.

151. *Frankfurter Allgemeine Zeitung*, 12 August 1988, quoted in Sauer and Glück, "Norms and Reforms," 86.

152. James Maguire, *American Bee: The National Spelling Bee and the Culture of Nerds* (Emmaus, Penn.: Rodale, 2006), 65–74.

153. Hannes Rackozy, Felix Warneken, and Michael Tomasello, "Sources of Normativity: Young Children's Awareness of the Normative Structure of Games," *Developmental Psychology* 44 (2008): 875–81.

122. "Préface du Dictionnaire de l'Académie française," 1st ed. (1694), reprinted in Quemada, ed., *Les Préfaces*, 33.

123. Wolfgang Werner Sauer and Helmut Glück, "Norms and Reforms: Fixing the Form of the Language," in *The German Language and the Real World*, ed. Patrick Stevenson (Oxford: Clarendon Press, 1995), 75.

124. Horobin, *Does Spelling Matter?*, 13.

125. Mulcaster, *First Part of the Elementarie*, 109.

126. Samuel Johnson, "Preface," *A Dictionary of the English Language* (1755), quoted in Horobin, *Does Spelling Matter?*, 144.

127. Mulcaster, *The First Part of the Elementarie*, 164. 各項示例的「常用表」見於：170–225；除了少數例外（如 alwaie 與 always），皆為現代拼法。

128. Mulcaster, *First Part of the Elementarie*, 169.

129. Quemada, ed., *Les Préfaces*, 22.

130. Art. 24, *Statuts et règlements de l'Académie française* (1634), quoted in Quemada, ed., *Les Préfaces*, 12.

131. Jonathan Swift, *A Proposal for Correcting , Improving and Ascertaining the English Tongue*, 2nd ed. (London: Benjamin Tooke, 1712), 31.

132. "Préface du *Dictionnaire de l'Académie française*," 1st ed. (1694), reprinted in Quemada, ed., *Les Préfaces*, 28.

133. Swift, *Proposal*, 19, 28.

134. "Préface du *Dictionnaire de l'Académie française*," 3rd ed. (1740), reprinted in Quemada, ed., *Les Préfaces*, 171.

135. "Préface du *Dictionnaire de l'Académie française*," 3rd ed. (1740), reprinted in Quemada, ed., *Les Préfaces*, 169.

136. Mulcaster, *First Part of the Elementarie*, 159.

137. "Préface du *Dictionnaire de l'Académie française*," 1st ed. (1694), reprinted in Quemada, ed., *Les Préfaces*, 28.

138. De Looze, "Orthography and National Identity," 388

write or paint thimage of mannes voice, most like to the life or nature (1569) facsimile reprint (Amsterdam: Theatrum Orbis Terrarum, 1968), sig, Aii verso.

107. Hart, *Orthographie*, 28 recto.

108. "The Compositor to the Reader," in Hart, *Orthographie*, n.p.

109. Hart, *Orthographie*, 4 recto and verso.

110. Hart, *Orthographie*, 37 recto.

111. Richard Mulcaster, *The First Part of the Elementarie, which entreateh chieflie of the writing of our English tung* (London: Thomas Vautroullier, 1582), dedicatory epistle to Robert Dudley, Earl of Leicester, n.p.

112. T. H. Howard-Hill, "Early Modern Printers and the Standardization of English Spelling," *Modern Language Review* 101 (2000): 23.

113. "Préface du *Dictionnaire de l'Académie française*," 7th ed. (1878), reprinted in Bernard Quemada, ed., *Les Préfaces du Dictionnaire de l'Académie française 1694–1992* (Paris: Honoré Champion, 1997), 406–7.

114. *Vocabulario degli Accademici della Crusca* (Venice: Giovanni Alberto, 1612), online critical edition of Scuola normale superiore at vocabolario.sns.it/html/index .htm, accessed 20 February 2020.

115. Louis Meigret, *Traité touchãt le commvn vsage de l'escriture françoise* (Paris: Ieanne de Marnes, 1545). 梅格雷在他後來的作品裡也放棄了自己改良的拼寫規則。De Looze, "Orthography and National Identity," 378, 382.

116. Mulcaster, *First Part of the Elementarie*, 67, 71, 72, and 74.

117. Mulcaster, *First Part of the Elementarie*, 158.

118. 相關例子參見："Préface du *Dictionnaire de l'Académie française*," 3rd ed. (1740), reprinted in Quemada, ed., *Les Préfaces*, 169.

119. "Préface du *Dictionnaire de l'Académie française*," 7th ed. (1878), reprinted in Quemada, ed., Les Préfaces, 411.

120. Mulcaster, *First Part of the Elementarie*, 74, 105, 124, 156, 158.

121. Louis de L'Esclache, *Les Véritables régles de l'orthografe francéze, ov L'Art d'aprandre an peu de tams à écrire côrectement* (Paris: L'Auteur et Lavrant Rondet, 1668).

98. Jules Verne, *Paris au XXe siècle*, ed. Piero Gondolo della Riva (Paris: Hachette, 1994), 43. 在凡爾納去世後，這部小說的手稿便不知所蹤，直到一九八〇年代才重見天日。關於該文本曲折的歷史，參見：Verne, *Paris au XXe siècle*, 11–22。

99. Hans-Werner Eroms and Horst H. Munske, *Die Rechtscreibreform, Pro und Kontra* (Berlin: Schmidt, 1997).

100. 這項裁決裁定，德國各邦（Bundesländer）有權規定在其學校教授哪些拼寫規則，而這些改革不違反家長和學生的憲法權利。Bundesverfassungsgericht, 1BvR 1640/97, 14 July 1998, available at www.bundesverfassungsgericht.de/e /rs19980714_1bvr164097.html, accessed 21 August 2021.

101. *Scotland on Sunday*, 17 August 2008, quoted in Simon Horobin, *Does Spelling Matter?* (Oxford: Oxford University Press, 2013), 11.

102. Monika Keller, *Ein Jahrhundert Reformen der französischen Orthographie. Geschichte eines Scheiterns* (Tübingen: Stauffenberg Verlag, 1991); Académie française, "Déclaration de l'Académie française sur la 'réforme de l'orthographie,'" 11 February 2016, available at www.academie-francaise.fr/actualites/declaration-de-lacademie -francaise-sur-la-reforme-de-lorthographe, accessed 21 August 2021.

103. "Le masculin de la langue n'est pas le masculin du monde sensible," *Le Monde*, 31 May 2019. 相關爭論，參見：Danièle Manesse and Gilles Siouffi, eds, *Le Féminin et le masculin dans la langue* (Paris: ESF sciences humaines, 2019)，至於另一方的論點：Maria Candea and Laélia Véron, *Le français est à nous! Petit manuel d'émancipation linguistique* (Paris: La Découverte, 2019)。

104. Horobin, *Does Spelling Matter?*, 176–77, 8.

105. Laurence de Looze, "Orthography and National Identity in the Sixteenth Century," *Sixteenth-Century Journal* 43, no. 2 (2012): 372; Giovanni Nencioni, "L'accademia della Crusca e la lingua italiana," *Historiographica Linguistica* 9, no. 3 (2012): 321–33.

106. John Hart, *Orthographie, conteyning the due order and reason, howe to*

SaintAntoine à la Porte Saint-Honoré," 28 August 1751, Peuchet, *Collection des lois*, Second Series: 6:71–74.

89. 例如在這本年鑑裡，就提到了更早之前里昂、馬賽、盧昂和波爾多等城市出版過的同類年鑑：*Almanach du commerce de Paris* (Paris: Favre, An VII [1798])。 See gallica.bnf.fr/ark:/12148/bpt6k62929887/f8.item, accessed 3 August 2021.

90. Bourgeois-Gavardin, Les Boues de Paris, 8; "Ordonnance de Police, concernant le nettoiement des rues," 3 February 1734, Peuchet, *Collection des lois*, Second Series: 4:115–17.

91. Griep, "Die reinliche Stadt, " 141–42; Denys, "La Police," 412. 對於瘴氣的看法，參見：Alain Corbin, *The Foul and the Fragrant. Odor and the French Social Imagination* (1982), trans. Miriam L. Cochan with Roy Porter and Christopher Prendergast (Cambridge, Mass.: Harvard University Press. 1986), 90-95.

92. "Arrêt du Conseil d'État du Roi, 21 November 1758, qui ordonne que les fonds destinés pour l'illumination et le nettoiement de la ville de Paris, seront augmenté de cinquante mille livres," reprinted in Peuchet, *Collection des lois*, Second Series: 6:349.

93. Barles, "La Rue parisienne," 27; Sabine Barles and André Guillerme, *La Congestion urbaine en France (1800–1970)* (Champs-sur-Marne, France: Laboratoire TMU/ARDU, 1998), 149–78.

94. Sabine Barle, "La Boue, la voiture et l'amuser public. Les transformations de la voirie parisienne fin XVIIIe–fin XIXe siècles," *Ethnologie française* 14 (2015): 426.

95. Elmer, "Early Modern City," 212.

96. Elmer, "Early Modern City," 201.

97. Bernard Rouleau, *Le Tracé des rues de Paris: Formation, typologie, fonctions* (Paris: Éditions du Centre National de la Recherche Scientifique, 1967), 88; Vincent Denis, "Les Parisiens, la police et les numérotages des maisons au XVIIIe siècle à l'Empire," *French Historical Studies* 38 (2015): 95.

77. "Déclaration du Roi, portant réglement pour les ouvrages et vaisselles d'or, vermeil doré et d'argent," 16 December 1689, reprinted in Peuchet, *Collection des lois*, Second Series: 1:491–499. 關於路易十世在更早期針對此一問題頒布的規定，另參見：Jacob [Lacroix], *Recueil curieux*, 1:88。

78. Arlette Farge, *Vivre dans la rue à Paris au XVIIIe siècle* (1979 ; repr. Paris: Gallimard, 1992), 208.

79. Bourgeois-Gavardin, *Les Boues de Paris*, 68–71; Denys, "La Police," 414.

80. Elmer, "The Early Modern City," 200–207.

81. Denys, "La Police," 417.

82. Quoted in Riitta Laitinen and Dag Lindstrom, "Urban Order and Street Regulation in Seventeenth-Century Sweden," in *Cultural History of Early Modern European Streets*, ed. Riitta Laitinen and Thomas V. Cohen (Leiden: Brill, 2009), 70.

83. "Arrêt du Conseil d'État du Roi, qui fait défense d'étaler des marchandises sur les trottoirs du Pont-Neuf," 5 April 1756, reprinted in Peuchet, *Collection des lois*, Second Series: 6:236–40.

84. Albert O. Hirschman, *The Passions and the Interests: Political Arguments for Capitalism before Its Triumph* (Princeton: Princeton University Press, 1977).

85. Mercier, *L'An 2440*, ch. 5.

86. John Trusler, "Rules of Behaving of General Use, though Much Disregarded in this Populous City" (1786), quoted in Catharina Löffler, *Walking in the City. Urban Experience and Literary Psychogeography in Eighteenth-Century London* (Wiesbaden: J. B. Metzler, 2017), 84; see also John Gay's satirical poem "Trivia: Or, The Art of Walking the Streets of London," (1716), reprinted in *The Penguin Book of Eighteenth-Century English Verse*, ed. Dennis Davison (Harmondsworth: Penguin Books, 1973), 98–103.

87. Sabine Barles, "La Rue parisienne au XIXe siècle: standardisation et contrôle?" *Romantisme* 1 (2016): 26.

88. "Ordonnance de Police, concernant la police du rempart de la Porte

Industrial Cities and Technology, ed. Chant and Goodman, 202.

65. Elmer, "Early Modern City," 198–211.

66. Peuchet, *Collection des lois*, Second Series: 1:119–26; Jacques Bourgeois-Gavardin, *Les Boues de Paris sous l'Ancien Régime* (Paris: EHESS, 1985), 47–51.

67. Jacques Peuchet, "Jurisprudence/ De l'exercice de la police," *Encyclopédie méthodique*, quoted in Vincent Milliot, *Un Policier des Lumières, suivi de Mémoires* de J.C.P. Lenoir (Seyssel, France: Éditions Champ Vallon, 2011), 144.

68. 這些規定為五十位警察長官之一的杜普雷（Dupré, c. 1737– 1765）收錄在六十二卷裝訂成冊的手稿裡，每卷多達三百到六百頁不等。有些卷次在法國大革命時遺失，但大部分仍保存在法國國家圖書館（Bibliothèque nationale de France）。Hervé, "L'Ordre à Paris au XVIIIe siècle," 185–214.

69. Peuchet, *Collection des lois,* Second Series; Jacob [Lacroix], Recueil curieux.

70. Charles de Secondat de Montesquieu, *Esprit des lois* (1748; repr. Paris: FirminDidot, 1849), Book 26, ch. 24, 415.

71. 儘管在整個十八世紀，里弗爾的價格不斷在波動，但一盎司的黃金大約價值九十里弗爾；一里弗爾則是二十蘇。按照二〇一九年的金價計算，三百里弗爾大約等於一萬二千歐元。

72. Peuchet, *Collection des lois,* Second Series: 4:281; 6:3.

73. Peuchet, *Collection des lois*, Second Series: 4:115–17; Catherine Denys, "La Police du nettoiement au XVIIIe siècle," *Ethnologie Française* 153 (2015): 413.

74. Peuchet, *Collection des lois*, Second Series: 4:281; 6:194–95.

75. Jacob [Lacroix], *Recueil curieux*, 94; see also Nicolas de la Mare, *Traité de la police* (Paris: Jean & Pierre Cot, 1705–1738), 1:396.

76. Ordonnance de Police, pour prevenir les incendies, 10 February 1735, reprinted in Peuchet, *Collection des lois*, Second Series: 4:160–69.

d'Alembert and Diderot, 12:904–12, esp. 911. 一般都認為吉約丹只和隆萊特・芬奴瓦（Lenglet Du Fresnoy）共同為《百科全書》寫了一篇關於「軍事橋梁」（Pont militaire）的文章。由於狄德羅是吉約丹在穆浮達街（rue Mouffetarde）的鄰居，所以有可能看過他的手稿。

56. François Guillote, *Mémoire sur la réformation de la police de France. Soumis au Roi en 1749*, ed. Jean Seznec (Paris: Hermann, 1974), 35.

57. Michel Foucault, *Surveiller et punir: Naissance de la prison* (Paris: Éditions Gallimard, 1975), 250–51.

58. 相關例子參見：Mercier, *Tableau de Paris*, 1:117–21。

59. 巴黎第一條人行道出現在新橋（一六〇七年）；第一條純行人步道是在一七八一年建於奧德昂街（rue de l'Odéon）。Bernard Landau, "La fabrication des rues de Paris au XIXe siècle: Un territoire d'innovation technique et politique," *Les Annales de la recherche urbaine* 57–58 (1992): 25.

60. Daniel Vaillancourt, *Les Urbanités parisiennes au XVIIe siècle* (Quebec: Les Presses de l'Université Laval, 2009), 238–39; Bernard Landau, "La fabrication des rues de Paris," 25. 直到一八四五年的法令頒布後，法國各地才開始廣設人行道。

61. Leon Bernard, "Technological Innovation in Seventeenth-Century Paris," in *The Pre-Industrial Cities and Technology Reader*, ed. Colin Chant (London: Routledge, 1999), 157–62; Bernard Causse, *Les Fiacres de Paris au XVIIe et XVIIIe siècles* (Paris: Presses Universitaires de France, 1972), 38.

62. Vaillancourt, *Les Urbanités parisiennes*, 254; Bernard, "Technological Innovation," 157.

63. 從聖安東尼門到聖奧諾雷門的大型林蔭大道是由路易十四於一六六八年到一七〇五年間建造的，這成為十八世紀巴黎的主要景點之一，部分原因在於它有一排排的樹木將行人與馬車隔開。關於一七五一年八月二十八日警察條例的例子，參見：Peuchet, *Collection des lois*, Second Series: 6:71–74。

64. Guillote, *Mémoire sur la réformation*, 19. 熊熊大火幾乎是近代早期城市進行大規模重建的唯一機會，一六六六年倫敦大火對中世紀倫敦造成的改變就是一例。Peter Elmer, "The Early Modern City," in *Pre-*

publiques, au bâtonnet et aux quills, ni même d'élever des cerfs-volants et autres jeux," 3 September 1754, reprinted in Peuchet, *Collection des lois*, Second Series: 6:192–93.

50. "Édit dur Roi, portant création d'un lieutenant de police en ville, prévôte et vicomte de Paris," March 1667, reprinted in Peuchet, *Collection des lois*, Second Series: 1:119–26.

51. 按不同領域（經濟、行政、意識形態、罪刑）細分的規定，參見：Jean-Claude Hervé, "L'Ordre à Paris au XVIIIe siècle: les enseignements du 'Recueil de règlements de police' du commissaire Dupré," *Revue d'histoire moderne et contemporaine* 34 (1985): 204. 只有九・九%的規定是針對危害社會安全的犯罪，其餘有將近七五%的法規都旨在維繫經濟與行政的秩序。

52. 為海因里希・桑德（Heinrich Sander）於一七七七年對巴黎留下的印象，摘自：Wolfgang Griep, "Die reinliche Stadt: Über fremden und eigenen Schmutz," in *Rom-Paris-London: Erfahrung und Selbsterfahrung deutscher Schriftsteller und Künstler in den fremden Metropolen*, ed. Conrad Wiedemann (Stuttgart: J. B. Metzlersche Verlagsbuchhandung, 1988), 136.

53. Louis-Sébastien Mercier, *Tableau de Paris* (1782 ; repr. Geneva: Slatkine, 1979), 1:118.

54. Louis-Sébastien Mercier, *L'An 2440: Rêve s'il en fut jamais* (London: n.p., 1771), 24. 這本書的英文譯者霍普（W. Hooper）為這段文字加了一個註解：「據我所知，（靠右行駛）這種方法在帝國都市維也納已經行之有年。」可見對當時的倫敦而言，這樣的規則也被視為相當新穎的做法。Louis-Sébastien Mercier, *Memoirs of the Year Two Thousand Five Hundred*, trans. W. Hooper (London: G. Robinson, 1772), 1:27n.

55. 狄德羅是《百科全書》的編輯，而雖然「警察」一文的作者署名為「A.」，但當時的人都知道，這個署名代表著巴黎警察局總部夏特萊堡的法官安東尼－加斯帕・布策（Antoine-Gaspard Boucher d'Argis）。而該文中一部分的文本直接摘引吉約丹那份寫給路易十五的未發表手稿。"POLICE, s.f. (Gouvern.)," in *Encyclopédie, ou Dictionnaire*, ed.

大到王室成員，例如在一六四四年禁止在衣服上配戴金銀飾品的法令就是如此。"Edict of 1644" in Jacob [Lacroix], *Recueil curieux*, 94.

36. "Edict of 1661" in Jacob [Lacroix], *Recueil curieux*, 105. 更早在義大利的城市就出現了相同的趨勢。Killerby, *Sumptuary Law in Italy*, 37.

37. Eisenbart, *Kleiderordnungen der deutschen Städte*, 32.

38. Killerby, *Sumptuary Law in Italy*, 115.

39. "Edict of 1661" in Jacob [Lacroix], *Recueil curieux*, 17–18.

40. Molà and Riello, "Against the Law," 217; *Fürstliche Sächsische Landes-Ordnung*, 555.

41. Muzzarelli, "Sumptuary Laws in Italy," 170.

42. *Fürstliche Sächsische Landes-Ordnung*, 563–64.

43. 相關例子參見：Adam Clulow, " 'Splendour and Magnificence': Diplomacy and Sumptuary Codes in Early Modern Batavia," in *Right to Dress*, ed. Riello and Rublack, 299–24。

44. Rublack and Riello, "Introduction," 2.

45. "Sudan Moves to Dissolve Ex Ruling Party, Repeals Public Order Law," *New York Times*, 28 November 2019; "Le voile de la discorde," *Le Monde des réligions*, no. 99, 31 December 2019.

46. D. J. [Chevalier de Jaucourt], "Règle, Règlement," in *Encyclopédie, ou Dictionnaire raisonné des sciences*, ed. Jean d'Alembert and Denis Diderot (Neufchastel: Chez Samuel Faulche, 1765), 14:20.

47. "Ordonnance de Police, qui enjoint à tous aubergistes, hôteliers, loueurs de carosses et de chevaux, et autres particuliers, de conformer aux ordonnances et réglements de police concernant la conduite des chevaux et mulets," 22 June 1732, reprinted in Peuchet, *Collection des lois, Second Series*: 6:60–62.

48. "Ordonnance de Police, concernant le nettoiement des rues de Paris," 28 November 1750, reprinted in Peuchet, *Collection des lois, Second Series*: 6:48–51.

49. "Ordonnance de Police, portant defenses de jouer dans les rues ou places

Collection des lois, ordonnances et réglements de police, depuis le 13e siècle jusqu'à l'année 1818, Second Series: Police moderne de 1667–1789 (1667–1695) (Paris: Chez Lottin de Saint-Germain, 1818), 1:491–99. 關於路易十世在更早期針對此一問題頒布的規定，另參見：Jacob [Lacroix], *Recueil curieux*, 1:88。

23. H. Duplès-Argier, "Ordonnance somptuaire inédite de Philippe le Hardi," *Bibliothèque de l'École des chartes*, 3rd Series, no. 5 (1854): 178.
24. "Ordinance of 1294" in Jacob [Lacroix], *Recueil curieux*, 3–4.
25. "Edict of 1661" in Jacob [Lacroix], *Recueil curieux*, 117–18.
26. Eisenbart, *Kleiderordnungen der deutschen Städte*, 69.
27. Killerby, *Sumptuary Law in Italy*, 38–39; Sara-Grace Heller, "Limiting Yardage and Changes of Clothes: Sumptuary Legislation in Thirteenth-Century France, Languedoc, and Italy," in *Medieval Fabrications: Dress, Textiles, Clothwork, and Other Cultural Imaginings*, ed. E. Jane Burns (New York: Palgrave-Macmillan, 2004), 127; Veronika Bauer, *Kleiderordnungen in Bayern vom 14. bis zum 19. Jahrhundert, Miscellanea Bavarica Monacensia*, Heft 62 (Munich: R. Wölfle, 1975), 39–78.
28. 相關例子參見：Valerie Cumming, C. Willet Cunnington, and Phillis Cunnington, *The Dictionary of Fashion History* (New York: Berg, 2010).
29. Killerby, *Sumptuary Law in Italy*, 112.
30. "Edict of 17 October 1550" in Jacob [Lacroix], *Recueil curieux*, 27.
31. Killerby, "Practical Problems," 106–11. 到了一三三〇年，佛羅倫斯設立了特殊的女士官隊，她們有權得以攔阻行人並搜身。Rublack and Riello, "Introduction," 17.
32. Killerby, *Sumptuary Law in Italy*, 147–49.
33. Rublack, "Right to Dress," 64–70; Killerby, *Sumptuary Law in Italy*, 120–23.
34. *Fürstliche Sächsische Landes-Ordnung*, 563.
35. Luca Molà and Giorgio Riello, "Against the Law: Sumptuary Prosecutions in Sixteenth- and Seventeenth-Century Padova," in *Right to Dress*, eds. Riello and Rublack, 221. 在一些特殊情況下，法國甚至將規定的範圍擴

9. Matthäus Schwarz and Veit Konrad Schwarz, *The First Book of Fashion: The Book of Clothes of Matthäus Schwarz and Veit Konrad Schwarz of Augsburg*, ed. Ulinka Rublack, Maria Hayward, and Jenny Tiramani (New York: Bloomsbury Academic, 2010).

10. Ulinka Rublack and Giorgio Riello, "Introduction," in *Right to Dress*, ed. Riello and Rublack, 5.

11. "Ordonnance contre le luxe" (1294), in P. Jacob [Paul Lacroix], *Recueil curieux de pièces originales rares ou inédites en prose et en vers sur le costume et les revolutions de la mode en France* (Paris: Administration de Librairie, 1852), 3–5.

12. "Ordonnance" (c. 1450), in Jacob [Lacroix], *Recueil curieux*, 12.

13. Catherine Kovesi Killerby, "Practical Problems in the Enforcement of Italian Sumptuary Law, 1200–1500," in *Crime, Society, and the Law in Renaissance Italy*, ed. Trevor Dean and K.J.P. Lowe (Cambridge: Cambridge University Press, 1994), 112.

14. Maria Giuseppina Muzzarelli, "Sumptuary Laws in Italy: Financial Resources and Instrument of Rule," in *Right to Dress*, ed. Riello and Rublack, 167–85.

15. Liselotte Constanze Eisenbart, *Kleiderordnungen der deutschen Städte zwischen 1350 und 1700* (Berlin and Göttingen: Musterschmidt Verlag, 1962), 62.

16. Baldwin, "Sumptuary Legislation," 28–29.

17. Killerby, *Sumptuary Law in Italy*, 73.

18. Jacob [Lacroix], *Recueil curieux*, 40.

19. Ulinka Rublack, "The Right to Dress: Sartorial Politics in Germany, c. 1300– 1750," in *Right to Dress*, ed. Riello and Rublack, 56.

20. Killerby, "Practical Problems," 105.

21. *Fürstliche Sächsische Landes-Ordnung*, 542–43.

22. "Déclaration du Roi, portant réglement pour les ouvrages et vaisselles d'or, vermeil doré et d'argent, 16 December 1689," reprinted in Jacques Peuchet,

► 第六章　規則與規定

1. Lorraine Daston and Michael Stolleis, "Nature, Law, and Natural Law in Early Modern Europe," in *Natural Laws and Laws of Nature in Early Modern Europe, ed. Lorraine Daston and Michael Stolleis* (Farnham, Surrey: Ashgate, 2008), 1–12.
2. 在西元一世紀的羅馬法中，當時的律師們已經區分了「法律」與「規則」。後者將古早的判例彙整成普遍原則或箴言，約有兩百餘種這類的規則被彙整入查士丁尼《學說彙纂》的〈古代法格言集〉。Heinz Ohme, *Kanon ekklesiastikos: Die Bedeutung des altkirchlichen Kanonbegriffs* (Berlin: Walter de Gruyter, 1998), 51–55. 從西元五世紀開始，羅馬法所謂的「規則」被用來特指教會相關的規則，例如基督教會的神職人員得以拒絕發誓。Ohme, *Kanon ekklesiastikos*, 1–3, 46–49.
3. Colin McEvedy, *The Penguin Atlas of Modern History (to 1815)* (Harmondsworth: Penguin, 1986), 39 .
4. Jean-Jacques Rousseau, *Reveries of the Solitary Walker* (comp. 1776–78, publ. 1782), trans. Peter France (London: Penguin, 1979), 38–39.
5. 關於這個現象的精彩概述，參見：Giorgio Riello and Ulinka Rublack, eds., *The Right to Dress: Sumptuary Laws in Global Perspective, c. 1200–1800* (Cambridge: Cambridge University Press, 2019)。也參見：Daniel Roche, *The Culture of Clothing: Dress and Fashion in the Ancien Regime* (1989), trans. Jean Birrell (Cambridge: Cambridge University Press, 1994); Alan Hunt, *Governance of the Consuming Passions: A History of Sumptuary Law* (London: Macmillan, 1996).
6. Catherine Kovesi Killerby, *Sumptuary Law in Italy 1200–1500* (Oxford: Clarendon Press, 2002), 112.
7. Quoted in Frances Elizabeth Baldwin, "Sumptuary Legislation and Personal Regulation," *Johns Hopkins University Studies in Historical and Political Science* 44 (1926): 52.
8. Herzog von Sachsen-Gotha-Altenburg, Ernst I., *Fürstliche Sächsische Landes-Ordnung* (Gotha, Germany: Christoph Reyher, 1695), 541, 547.

Computable Functions (Hewlett, N.Y.: Raven Press, 1965).

54. Allen Newell and Herbert A. Simon, "The Logic Theory Machine: A Complex Information Processing System," *IRE Transactions on Information Theory* 1 (1956): 61.

55. Herbert A. Simon, *Models of My Life* (New York: Basic Books, 1991), 207.

56. Herbert A. Simon, Patrick W. Langley, and Gary L. Bradshaw, "Scientific Discovery as Problem Solving," *Synthèse* 47 (1981): 2, 4. 在邏輯理論和BACON 程式中使用啟發式方法，正是西蒙巧妙地運用啟發式方法的良好示例，藉由比邏輯證明或科學發現更為簡潔的方式實現相同的目標。這些限制仍然困擾著電腦演算法，哪怕現今電腦的處理速度和記憶體容量已有十足進步。Matthew L. Jones, "Querying the Archive: Data Mining from Apriori to Page Rank," in *Science in the Archives: Pasts, Presents, Futures*, ed. Lorraine Daston (Chicago: University of Chicago Press, 2017), 311–28.

57. 這些電腦子程序在一九八〇年代認知科學的發展中，對心智模擬模型的發展有著顯著貢獻，這些模型中，「它們成為了『程式模組』，而這非常適合程式工程師用來處理針對大型問題的分解工作。然而，對於電腦來說，子程序是否被孤立並不重要。」Gerd Gigerenzer and Daniel Goldstein, "Mind as Computer: The Social Origin of a Metaphor," in *Adaptive Thinking: Rationality in the Real World*, ed. Gerd Gigerenzer (Oxford: Oxford University Press, 2000), 41.

58. Chris Anderson, "The End of Theory: The Data Deluge Makes the Scientific Method Obsolete," *Wired Magazine* (23 June 2008), available at archive.wired.com /science/discoveries/magazine/16-07/pb_theory, accessed 2 August 2021.

59. "Root Cause: Failure to use metric units in the coding of a ground software file, 'Small Forces,' used in trajectory models." See NASA, *Mars Climate Orbiter Mishap Investigation Board Phase 1 Report* (10 November 1999), 7, available at llis.nasa .gov/llis_lib/pdf/1009464main1_0641-mr.pdf, accessed 2 August 2021.

47. Dava Sobel, *The Glass Archive: How the Ladies of the Harvard Observatory Took the Measure of the Stars* (New York: Viking, 2016), 96–97; Allan Chapman, "Airy's Greenwich Staff," *Antiquarian Astronomer* 6 (2012): 16.

48. Charles Babbage, *On the Economy of Machinery and Manufactures* (1832), 4th ed. (London: Charles Knight, 1835), 201.

49. Paul Erikson, Judy L. Klein, Lorraine Daston, Rebecca Lemov, Thomas Sturm, and Michael D. Gordin, *How Reason Almost Lost Its Mind: The Strange Career of Cold War Rationality* (Chicago: University of Chicago Press, 2013), 77–79.

50. [Gaspard Riche de Prony], *Note sur la publication, proposé par le gouvernement anglais des grandes Tables logarithmiques et trigonométriques de M. de Prony* (Paris: Firmin-Didot, n.d.), 8; Edward Sang, "Remarks on the Great Logarithmic and Trigonometrical Tables computed in the Bureau du Cadastre under the direction of M. Prony," *Proceedings of the Royal Society of Edinburgh* (21 December 1874), 10–11.

51. Jones, *Reckoning with Matter,* 244–45; Couffignal, *Les Machines*, 47.

52. 萊布尼茲、史塔霍普（Stanhope）、孔迪亞克及其他人的願景，參見：Jones, *Reckoning with Matter*, 4–5, 197–99, 215–25; Daston, "Enlightenment Calculations," 190–93.

53. 以下兩本著作便用這樣的方式來講述了這個故事，後者加入了更多的軼事：Martin Davis, *The Universal Computer: The Road from Leibniz to Turing* (New York: W.W. Norton, 2000); David Berlinski, *The Advent of the Algorithm: The 300-Year Journey from an Idea to the Computer* (New York: Harcourt, 2000). 希爾伯特提出的決策問題，以及圖靈、阿朗佐．邱奇（Alonzo Church）和史蒂芬．克萊尼（Stephen Kleene）為了解決此一問題做出的嘗試，在將數學邏輯與演算法（最終是電腦）聯繫起來方面發揮了至關重要的作用。See David Hilbert and Wilhelm Ackermann, *Grundzüge der theoretischen Logik* (Berlin: Springer, 1928), 77, and the papers reprinted in Martin Davis, ed., *The Undecidable: Basic Papers on Undecidable Propositions, Unsolvable Problems, and*

33. P. H. Cowell to L. Comrie, 13 September 1930, RGO 16/Box 1, Manuscript Room, Cambridge University Library.

34. Bolle, "Note sur l'utilisation rationelle," 178.

35. J.-M. Lahy and S. Korngold, "Séléction des operatrices de machines comptables," *Année psychologique* 32 (1931): 136–37.

36. Francis Baily, "On Mr. Babbage's New Machine for Calculating and Printing Mathematical and Astronomical Tables," *Astronomische Nachrichten* 46 (1823): cols. 409–22; reprinted in Charles Babbage, *The Works of Charles Babbage*, ed. Martin Campbell-Kelly (London: Pickering & Chatto, 1989), 2:45.

37. Couffignal, *Les Machines*, 21.

38. 有關二十世紀初心理學針對注意力的研究，參見：Hans Henning, *Die Aufmerksamkeit* (Berlin: Urban & Schwarzenberg, 1925), esp. 190–201.

39. Théodule Ribot, *Psychologie de l'attention* (Paris: Félix Alcan, 1889), 62, 95, 105.

40. Alfred Binet and Victor Henri, *La Fatigue intellectuelle* (Paris: Schleicher Frères, 1898), 26–27.

41. John Perham Hylan, "The Fluctuation of Attention," *Psychological Review* 2 (1898): 77.

42. Louis, *Les Machines*, 67, 72.

43. 瓊斯在他的著作中精闢地闡述了這些重點：Jones, *Reckoning with Matter*；巴貝奇的機器終於得以實現，則見於：208–9。

44. Michael Lindgren, *Glory and Failure: The Difference Engines of Johann Müller, Charles Babbage, and Georg and Edvard Scheutz* (Cambridge, Mass.: MIT Press, 1990).

45. D'Ocagne, *Le Calcul simplifié*, 88.

46. David Alan Grier, *When Computers Were Human* (Princeton: Princeton University Press, 2006); Christine von Oertzen, "Machineries of Data Power: Manual versus Mechanical Census Compilation in Nineteenth-Century Europe," *Osiris* 32 (2017): 129–50.

23. 關於康姆里的科學生涯，參見：Harrie Stewart Wilson Massey, "Leslie John Comrie (1893–1950)," *Obituary Notices of the Fellows of the Royal Society* 8 (1952): 97–105。在多次因為改革問題與海軍部發生衝突之後，康姆里辭去了《航海年鑑》的工作。而後，他創辦了非常成功的科學計算服務公司（Scientific Computing Service），為如何將各種科學計算機械化來提供建議。

24. Superintendent of the *Nautical Almanac* (L. Comrie) to the Secretary of the Admiralty, 14 October 1931, 25 January 1933, 30 September 1933, RGO 16/Box 17, Manuscript Room, Cambridge University Library.

25. Georges Bolle, "Note sur l'utilisation rationelle des machines à statistique," *Revue générale des chemins de fer* 48 (1929): 175, 176, 179, 190.

26. Quoted in Coffignal, *Les Machines*, 79.

27. 如同馬修·瓊斯（Matthew Jones）所指出的，儘管美特利（La Mettrie）等唯物哲學家對會思考的物質十分著迷，但在十八世紀與自動機（automata）相比，計算機卻很少激起人們對於機械智能未來的想像。Jones, *Reckoning with Matter*, 215–18; Lorraine Daston, "Enlightenment Calculations," *Critical Inquiry* 21 (1994): 193.

28. Edward Wheeler Scripture, "Arithmetical Prodigies," *American Journal of Psychology* 4 (1891): 1–59，這篇文章從歷史的觀點來概述這個現象。

29. D'Ocagne, *Le Calcul simplifié*, 5.

30. Couffignal, *Les Machines*, 21.

31. Alfred Binet, *Psychologie des grands calculateurs et joueurs d'échecs* (Paris: Librairie Hachette, 1894), 91–109. 比奈所研究的兩位長於計算的天才，伊諾迪和迪亞曼迪，都是法蘭西學院中一個委員會的成員。這個委員會的成員還包括了加斯東·達布（Gaston Darboux）、亨利·龐加萊（Henri Poincaré）和法蘭索瓦－菲利克斯·蒂瑟朗（François-Félix Tisserand），他們在巴黎硝石庫醫院（Salpêtrière）向比奈的老師尚－馬丁·夏爾科（Jean-Martin Charcot）請求協助，而後者又招募了比奈。

32. Wesley Woodhouse to the Lords Commissioners of the Admiralty, 10 April 1837, RGO 16/Box 1, Manuscript Room, Cambridge University Library.

une revolution de papier a transformés les sociétés contemporaines (1800–1840) (Paris: Éditions la découverte, 2008), 206–12.

14. Louis Couffignal, *Les Machines à calculer* (Paris: Gauthier-Villars, 1933), 2.
15. Croarken, "Human Computers," 386–87. 在一九二八年十二月十日，海軍部批准購買了新型的寶來計算機（111700系列），同時租用一台何樂禮製表機。Secretary of the Admiralty to Superintendent of the Nautical Almanac, 10 December 1928, RGO 16/Box 17, Manuscript Room, Cambridge University Library.
16. Superintendent of the *Nautical Almanac* to the Secretary of the Navy, 28 October 1930, RGO 16/Box 17, Manuscript Room, Cambridge University Library
17. 這可見於一九三三年十一月二十三日，海軍部長致《航海年鑑》督導的書信。在督導於一九三一年四月十四日寫給海軍部長的信中，督導認為沒有理由不讓女性擔任高級助理的職位，但建議督導和副督導的職位「應保留給男性，尤其考量到現在大部分的計算都是由機械式的方法所完成。」RGO 16/Box 17, Manuscript Room, Cambridge University Library.
18. Superintendent of the *Nautical Almanac* to the Secretary of the Admiralty, 4 May 1928, RGO 16/Box 17, Manuscript Room, Cambridge University Library.
19. Couffignal, *Les Machines,* 7.
20. Superintendent of *Nautical Almanac* (Philip H. Cowell) to Secretary of the Admiralty, 17 August 1929, RGO 16/Box 17, Manuscript Room, Cambridge University Library. 根據海軍部在一九三三年制定的薪資表，初級助理低階起薪不論男女都是八十英鎊，但男性薪資最高可到兩百五十英鎊，女性則是一百八十英鎊：Committee on Nautical Almanac Office Report, 26 August 1933, RGO 16/Box 17, Manuscript Room, Cambridge University Library。
21. Superintendent of the *Nautical Almanac* (L. Comrie) to the Secretary of the Admiralty, 9 February 1937, RGO 16/Box 17, Manuscript Room, Cambridge University Library.
22. Couffignal, *Les Machines*, 41, 78.

7. René Descartes, *Discours de la méthode pour bien conduire sa raison et chercher la vérité dans les sciences* (1637) in *Oeuvres de Descartes*, ed. Charles Adam and Paul Tannery (Paris: J. Vrin, 1964), 6:18.

8. Blaise Pascal, "Lettre dédicatoire à Monsieur le Chancelier Séguier sur le sujet de la machine nouvellement inventée par le Sieur B.P. pour faire toutes sortes d'opérations d'arithmétique par un mouvement réglé sans plume ni jetons," in Blaise Pascal, *Oeuvres complètes,* ed. Louis Lafuma (Paris: Éditions du Seuil, 1963), 187–91. 關於製作和推廣這類機器的漫長艱難歷史，參見：Matthew L. Jones, *Reckoning with Matter: Calculating Machines, Innovation, and Thinking about Thinking from Pascal to Babbage* (Chicago: University of Chicago Press, 2016)。

9. John Napier, *Mirifici logarithmorum canonis descriptio* (Edinburgh: A. Hart, 1614); Julian Havil, *John Napier: Life, Logarithms, and Legacy* (Princeton: Princeton University Press, 2014), 65–135; Herschel E. Filipowski, *A Table of Anti-Logarithms*, 2nd ed. (London: George Bell, 1851), i–ix; Charles Naux, *Histoire des logarithmes de Neper [sic] à Euler* (Paris: Blanchard, 1966).

10. 例如，使用馬斯克林的計算「原則」或演算法的電腦，可能在輸入每一數值時需要查表多達十二次之譜。Mary Croarken, "Human Computers in Eighteenth- and Nineteenth-Century Britain," in *The Oxford Handbook of the History of Mathematics*, eds. Eleanor Robson and Jacqueline Stedall (Oxford: Oxford University Press), 378.

11. Maurice d'Ocagne, *Le Calcul simplifié par les procédés mécaniques et graphiques*, 2nd ed. (Paris: Gauthier-Villars, 1905), 7–23.

12. Nicolas Bion, *Traité de la construction et des principaux usages des instruments de mathématique*, 4th ed. (Paris: Chez C. A. Jombret, 1752).

13. D'Ocagne, *Le Calcul simplifié*, 44–53; Martin Campbell-Kelly, "Large-Scale Data Processing in the Prudential, 1850–1930," *Accounting, Business, and Financial History 2* (1992): 117–40. 在一八二一年到一八六五年之間，僅賣出了五百台四則計算機，但到了一九一〇年全世界大約有一萬八千台計算機在使用中。Delphine Gardey, *Écrire, calculer, classer: Comment*

88. Laura Snyder, *The Philosophical Breakfast Club: Four Remarkable Friends Who Transformed Science and Changed the World* (New York: Broadway Books, 2011), 191–194.

89. Alexander Pope, *The Guardian*, no. 78 (10 June 1713): 467.

90. M.J.A.N. Condorcet, *Élémens d'arithmétique et de géométrie* (1804), reprinted in Enfance 42 (1989), 44.

91. M.J.A.N. Condorcet, *Moyens d'apprendre à compter surement et avec facilité* [Paris, Moutardier, 1804], reprinted in Enfance 42 (1989), 61–62.

92. John Napier, *Rabdology* (1617), trans. William F. Richardson (Cambridge, Mass.: MIT Press, 1990).

► 第五章 計算機器時代下的演算智能

1. Ludwig Wittgenstein, *Philosophical Investigations* (posthumous 1953), trans. G.E.M. Anscombe, 3rd ed. (Englewood Cliffs, N.J.: Prentice Hall, 1958) §§ 185, 193, 194, 199; 74, 77–81.

2. Laura Snyder, *The Philosophical Breakfast Club: Four Remarkable Friends Who Transformed Science and Changed the World* (New York: Broadway Books, 2011), 191–94.

3. Charles Babbage, *The Ninth Bridgewater Treatise: A Fragment* (London: John Murray, 1837), 93–99.

4. 關於維根斯坦使用計算機來批評圖靈機的例子，參見：Stuart Shanker, *Wittgenstein's Remarks on the Foundations of AI* (London: Routledge, 1998), 1–33。

5. Francis Galton, "Composite Portraits," *Nature* 18 (1878): 97–100; Carlo Ginzburg, "Family Resemblances and Family Trees: Two Cognitive Metaphors," *Critical Inquiry* 30 (2004): 537–56.

6 Ludwig Wittgenstein, *Bemerkungen über die Grundlagen der Mathematik*, ed. G.E.M. Anscombe, Rush Rhees, and G. H. von Wright (Berlin: Suhrkamp Verlag, 2015), IV.20, 234; 強調為原文所加。

Information Age (Oxford: Oxford University Press, 2004), 4–5.

83. 雅卡爾的織布機唯有在同樣的圖案保持夠久的流行，或是獲得足夠大量的訂單，才有可能去還清在織布機和卡片上的先行投資（光是繫好卡片就需要兩個額外的工人來負責），進入獲利的階段。Natalie Rothstein, "Silk: The Industrial Revolution and After," in *The Cambridge History of Western Textiles*, ed. David Jenkins (Cambridge: Cambridge University Press, 2003), 2:793–96.

84. David Alan Grier, *When Computers Were Human* (Princeton: Princeton University Press, 2006).

85. Henry Thomas Colebrooke, "Address on Presenting the Gold Medal of the Astronomical Society to Charles Babbage," *Memoirs of the Astronomical Society* 1 (1825): 509–12.

86. Edward Sang, 1871 lecture to the Actuarial Society of Edinburgh, quoted in "CALCULATING MACHINES," in *The Insurance Cyclopaedia*, ed. Cornelius Walford, 6 vols. (London: C. and E. Layton, 1871–78), 1:425. See also Edward Sang, "Remarks on the Great Logarithmic and Trigonometrical Tables Computed in the Bureau de Cadastre under the Direction of M. Prony," *Proceedings of the Royal Society of Edinburgh* (1874–75), 1–15.

87. Blaise Pascal, "Lettre dédicatoire à Monseigneur le Chancelier [Séguier] sur le sujet machine nouvellement inventée par le Sieur B.P. pour faire toutes sortes d'opération d'arithmétique par un mouvement réglé sans plume ni jetons," (1645), in *Oeuvres complètes de Pascal*, ed. Louis Lafuma (Paris: Éditions du Seuil, 1963), 190. 關於萊布尼茲在一六七〇年代試著打造一台計算機的初步嘗試，參見：Maria Rosa Antognazza, *Leibniz: An Intellectual Biography* (Cambridge: Cambridge University Press, 2009), 143, 148–49, 159。關於更廣泛的計算機早期歷史，參見：Jean Marguin, *Histoire des instruments à calculer. Trois siècles de mécanique pensante 1642–1942* (Paris: Hermann, 1994); and Matthew L. Jones, *Reckoning with Matter: Calculating Machines, Innovation, and Thinking about Thinking from Pascal to Babbage* (Chicago: University of Chicago Press, 2016).

Origines du système métrique (Paris: Presses universitaires de France, 1931), 191–207.

73. Gaspard de Prony, *Notices sur les grandes tables logarithmiques et trigonometriques, adaptées au nouveau système décimal* (Paris: Firmin Didot, 1824), 4. 關於普羅尼的表格在歷史上扮演的角色，參見：Lorraine Daston, "Enlightenment Calculations," *Critical Inquiry* 21 (1994): 182–202。

74. 有關這個計畫所採用的公式和其他細節，參見：Ivor Grattan-Guiness, "Work for the Hairdressers: The Production of Prony's Logarithmic and Trigonometric Tables," *Annals of the History of Computing* 12 (1990): 177–85.

75. De Prony, *Notices*, 7.

76. De Prony, *Notices*, 7

77. Smith, *Wealth of Nations*, 13

78. 歷史學家賽門．夏佛（Simon Schaffer）曾精彩地探討巴貝奇計畫中所隱含的人工智能概念，以及巴貝奇與工程師喬瑟夫．克萊門特之間綿延而激烈的辯論。Schaffer, "Babbage's Intelligence: Calculating Engines and the Factory System," *Critical Inquiry* 21 (1994): 203–27.

79. 法國出版商費門－帝鐸（Firmin-Didot）最初獲得委託來負責出版這些表格（一開始的金額為十三萬九千八百法郎），但在印刷過程中，資金就消耗殆盡。MS "Note sur les tables" (Paris, 2 March 1819), Dossier Gaspard de Prony, Archives de l'Académie des Sciences, Paris. 關於英法間未能達成的倡議，參見：[Gaspard de Prony], *Note sur la publication proposé par le gouvernement anglais des grandes tables logarithmiques et trigonométriques de M. de Prony* (Paris: Firmin-Didot, n.d.)。法國政府最終是在這本書裡印製了表格的片段內容：*Service géographique de l'armée: Tables des logarithmes à huit decimals* (Paris: Imprimerie Nationale, 1891)。

80. Charles Babbage, *Table of the Logarithms of Natural Numbers, from 1 to 108,000*, stereotyped 2nd ed. (London: B. Fellowes, 1831), vii.

81. Charles Babbage, *On the Economy of Machinery and Manufactures*, 4th ed. (London: Charles Knight, 1835), 201.

82. James Essinger, *Jacquard's Web: How a Hand-Loom Led to the Birth of the*

Économies, Sociétés, Civilisations 8 (1953): 53–61，在這篇文章裡談到了十八世紀中葉的法國思想家，如何視這種「大規模製造業」與機械及勞力分工的原則脫節。

62. Dunkin, *Far-Off Vision*, 45.

63. Dunkin, *Far-Off Vision*, 70–97.

64. 關於艾瑞底下的計算人員和助理的職涯與薪水，參見：Allan Chapman, "Airy's Greenwich Staff," *Antiquarian Astronomer* 6 (2012): 4–18。

65. Simon Newcomb, *The Reminiscences of an Astronomer* (Boston and New York: Houghton, Mifflin, and Company, 1903), 71, 74. 就像愛德溫・鄧肯一樣，紐康回首自己的過去時，從作為計算人員開始一路向上成為傑出科學家的過程時，指出「我降誕於滿是光與蜜的世界」。

66. Newcomb, *Reminiscences*, 288.

67. [Alexandre Deleyre], "Epingle," *Encyclopédie, ou Dictionnaire*, ed. d'Alembert and Diderot, 5:804–7; [Jean-Rodolphe Perronet], "Epinglier," Supplément Planches (1765), 4:1–8.

68. 關於這兩篇文章的複雜起源和關係，參見：Jean-Louis Peaucelle, *Adam Smith et la division du travail: Naissance d'une idée fausse* (Paris: L'Harmattan, 2007)。

69. Adam Smith, *The Wealth of Nations* (1776), ed. Edwin Cannan (Chicago: University of Chicago Press, 1976), 11–14. 亞當・斯密的法國資料，參見：Jean-Louis Peaucelle and Cameron Guthrie, "How Adam Smith Found Inspiration in French Texts on Pin Making in the Eighteenth Century," *History of Economic Ideas* 19 (2011): 41–67。

70. Gaspard de Prony, *Notices sur les grandes tables logarithmiques et trigonometriques, adaptées au nouveau système décimal* (Paris: Firmin Didot, 1824), 5.

71. Charles Babbage, *On the Economy of Machinery and Manufactures* (London: C. Knight, 1832), 153.

72. 公制是由一七九一年的制憲議會（Constitutional Assembly）所提出，但直到一八三七年七月四日才正式成為法國法律。Adrien Favre, *Les*

University Press, 2002), 252–53.

54. Jens Høyrup, "Mathematical Justification as Non-conceptualized Practice," in *History of Mathematical Proof*, ed. Chemla, 382.

55. Edwin Dunkin, *A Far-Off Vision: A Cornishman at Greenwich Observatory*, ed. P. D. Hingley and T. C. Daniel (Cornwall: Royal Institution of Cornwall, 1999), 72–73.

56. Simon Schaffer, "Astronomers Mark Time: Discipline and the Personal Equation," *Science in Context* 2 (1988): 115–45. 牛津大學薩維爾天文學教授查爾斯・普里查德（Charles Pritchard, Savilian Professor of Astronomy at Oxford）在艾瑞的葬禮之際寫了一封信給巴黎天文台主任恩斯特・穆謝上將（Ernest Mouchez）：「艾瑞被下葬在鄉間，他的喪禮簡單寧靜，大概只有身為格林威治天文台首席助理的透納先生出席。我不應該多說什麼，但艾瑞先生是個殘酷的人，他生前總是職場霸凌者亞當斯、查理斯、我和其他年輕人。」C. Pritchard to E. Mouchez, 28 March 1892, Bibliothèque de l'Observatoire de Paris, 1060-V-A-2, Boite 30, Folder Oxford (Angleterre). 強調為原文所加。

57. William J. Ashworth, " 'Labour Harder Than Thrashing': John Flamsteed, Property, and Intellectual Labour in Nineteenth-Century England," in *Flamsteed's Stars*, ed. Frances Willmoth (Rochester: Boydell Press, 1997), 199–216.

58. Mary Croarken, "Human Computers in Eighteenth- and Nineteenth-Century Britain," in *Oxford Handbook of the History of Mathematics*, ed. Robson and Stedall, 375–403.

59. 相關例子見於弗蘭斯蒂德在一七〇五年十月九日寫給夏普的信，他解釋了這個採用兩位獨立工作的計算人員的系統。 John Flamsteed, *The Correspondence of John Flamsteed, the First Astronomer Royal*, ed. Eric G. Forbes, Lesley Murdin, and Frances Willmoth (Bristol: Institute of Physics, 1995– 2002), 3:224–25.

60. Li Liang, "Template Tables and Computational Practices in Early Modern Chinese Calendrical Astronomy," *Centaurus* 58 (2016): 26–45.

61. See Georges Friedmann, "L'Encyclopédie et le travail humain," *Annales:*

(Berkeley: University of California Press, 2005), 52, 117.

48. Eleanor Robson, "Mathematics Education in an Old Babylonian Scribal School," 225; Berger, *Medieval Music and the Art of Memory*, 180; Hartmut Scharfe, *Education in Ancient India* (Boston: Brill, 2002), 30–37, 229, 240–51.

49. Nancy Pine and Zhenyou Yu, "Early Literacy Education in China: A Historical Overview," in *Perspectives on Teaching and Learning Chinese Literacy in China*, ed. Cynthia Leung and Jiening Ruan (Dordrecht: Springer, 2012), 83–86.

50. Brian W. Ogilvie, *The Science of Describing: Natural History in Renaissance Europe* (Chicago: University of Chicago Press, 2006); Staffan Müller-Wille, *Botanik und weltweiter Handel: Zur Begründung eines natürlichen Systems der Pflanzen durch Carl von Linné(1707–78)* (Berlin: VWB-Verlag für Wissenschaft und Bildung, 1999).

51. 所有生物系統分類學仍然將《自然系統》的出版視為該學科的大爆炸時刻，也是所有後續分類的參考點。Charlie Jarvis, *Order Out of Chaos: Linnaean Plant Names and Their Types* (London: Linnean Society of London, 2007).

52. Nicolas Bourbaki, Éléments de mathématique, 38 vols. (Paris: Hermann, 1939– 75). 關於布爾巴基（一個主要由法國數學家組成的團體所使用的集體筆名），參見：Maurice Mashaal, *Bourbaki: Une sociétésecrète de mathématiciens* (Paris: Pour la science, 2000).

53. 經濟學家暨歷史學家羅・恩特勞布（Roy Weintraub）認為，數學家最初對數學應用於一般科學與電腦科學的漠視，可以歸因於布爾巴基式教育：「現代的數學家在回顧一九六〇年代時，對我們被期許要相信的許多事情感到不安。因為我們是美國第一代完全接受布爾巴基主義的數學系學生，完全接受了布爾巴基數學的理想，熱衷於結構，避免應用。……在電腦開始出現的時期，賓州大學數學系徹底忽視了電腦計算。他們認為電腦是屬於電腦工程師或者統計學家的領域，而這兩個領域則被認為屬於是智力較低的階級。」E. Roy Weintraub, *How Economics Became a Mathematical Science* (Durham, N.C.: Duke

36. John Stuart Mill, *A System of Logic Ratiocinative and Inductive* (1843), ed. J. M. Robson (London: Routledge, 1996), 186–95; Book II.3, §3–4.

37. Lorraine Daston, "Epistemic Images," in *Vision and Its Instruments: Art, Science, and Technology in Early Modern Europe*, ed. Alina Payne (College Station: Pennsylvania State University Press, 2015), 13–35.

38. Karine Chemla, "Le paradigme et le général: Réflexions inspirées par les textes mathématiques de la Chine ancienne," in *Penser par cas*, ed. Jean-Claude Passeron and Jacques Revel (Paris: Éditions de l'École des Hautes Études en Sciences Sociales, 2005), 88–89.

39. Christine Proust, "Interpretation of Reverse Algorithms in Several Mesopotamian Texts," in *History of Mathematical Proof*, ed. Chemla, 410.

40. Karine Chemla, "Résonances entre démonstrations et procédure: Remarque sur le commentaire de Liu Hui (IIIe siècle) au *Neuf Chapitres sur les Procédures Mathématiques* (Ier siècle)," *Extrême Orient, Extrême-Occident* 14 (1992): 99–106. See Chemla, "Describing Texts for Algorithms," 317–84.

41. Ritter, "Reading Strasbourg 368," 194.

42. G.E.R. Lloyd, "What Was Mathematics in the Ancient World?" in *Oxford Handbook of the History of Mathematics*, ed. Robson and Stedall, 12.

43. Chemla, "Describing Texts for Algorithms," 323.

44. Frances Yates, *The Art of Memory* (Chicago: University of Chicago Press, 1966); Denis Diderot, "Encyclopédie," in *Encyclopédie, ou Dictionnaire raisonné des arts, des sciences et des métiers*, ed. Jean d'Alembert and Denis Diderot (Paris: Briasson, David, Le Breton, and Durand, 1755), 5:635–48.

45. David Hartley, *Observations on Man, His Frame, His Duty, and His Expectations* (1749), ed. Theodore L. Huguelet (Gainesville, Fla.: Scholars' Facsimile Reprints, 1966), 1:374–77.

46. Mary J. Carruthers, *The Book of Memory: A Study of Memory in Medieval Culture*, 2nd ed. (Cambridge: Cambridge University Press, 2008), 164–69.

47. Anna Maria Busse Berger, *Medieval Music and the Art of Memory*

trans. Eva Brann (Cambridge, Mass.: MIT Press, 1968); B. L. van der Waerden, *Science Awakening, trans. Arnold Dresden* (New York: Oxford University Press, 1961).

30. Sabetai Unguru, "On the Need to Rewrite the History of Greek Mathematics," *Archive for the History of Exact Sciences* 15 (1975): 67–114; B. L. van der Waerden, "Defense of a 'Shocking' Point of View," *Archive for History of Exact Sciences* 15 (1976): 199–210; Hans Freudenthal, "What Is Algebra and What has Been Its History?" *Archive for History of Exact Sciences* 16 (1977): 189–200; André Weil, "Who Betrayed Euclid?" *Archive for History of Exact Sciences* 19 (1978): 91–93.

31. Jean-Luc Chabert, ed., *A History of Algorithms: From the Pebble to the Microchip* (Berlin: Springer, 1999), 116.

32. Moritz Pasch, *Vorlesungen über neuere Geometrie* (Leipzig: B. G. Teubner, 1882), 98. 強調為原文所加。

33. David Hilbert, *Grundlagen der Geometrie* (1899), 8th ed., with revisions by Paul Bernays (Stuttgart: Teubner, 1956), 121.

34. 在一九六〇年代，有一系列試圖在中學引入這些現代數學方法的嘗試〔這在美國被稱為「新數學」(new math)〕，這一運動在法國尤其受到布爾巴基團體的影響，但並未取得顯著的成功。Hélène Gispert and Gert Schubring, "Societal Structure and Conceptual Changes in Mathematics Teaching: Reform Processes in France and Germany over the Twentieth Century and the International Dynamics," *Science in Context* 24 (2011): 73–106.

35. 在代數的術語中，試位法則是一種解 n 個方程式中的 n + 1 個未知數的方法，藉由使用虛假但合理的數值進行估算。許多數學傳統都使用了這種算數的某種變形，哪怕在不同傳統中，其名稱各異（如梵文中的「用試數操作」，古代中國的「盈不足術」，阿拉伯文的「計算兩個錯誤」，與拉丁文的「試位法則」）。這些傳統使用了不同的隱喻，應用不同的問題，並以不同的步驟將特定演算過程加以公式化。Chabert, ed., *A History of Algorithms*, 85–99.

的楔形文字表格依然完整保留迄今。Jean-Luc Chabert, ed., *A History of Algorithms: From the Pebble to the Microchip* (Berlin: Springer, 1999), 11.

21. Otto Neugebauer, *Mathematische Keilschriften* (Berlin: Verlag von Julius Springer, 1935–37), 1:270, II: plate 14,43. 更直白的翻譯則參見：Abraham J. Sachs, "Babylonian Mathematical Texts, I," *Journal of Cuneiform Studies* 1 (1947): 226.

22. Sachs, "Babylonian Mathematical Texts, I," 227.

23. Christine Proust, "Interpretation of Reverse Algorithms in Several Mesopotamian Texts," in *The History of Mathematical Proof, ed. Karine Chemla* (Cambridge: Cambridge University Press, 2012), 410.

24. Gottfried Wilhelm Leibniz, "Towards a Universal Characteristic" (1677), in *Leibniz Selections*, ed. Philip P. Wiener (New York: Charles Scribner's Sons, 1951), 17–25; Étienne Bonnot de Condillac, *La Langue des calculs* (Paris: Charles Houel, 1798), 7–9; Giuseppe Peano, *Notations de logique mathématique* (Turin: Charles Guadagnigi, 1894). 關於皮亞諾參與的世界語言計畫，參見：Michael D. Gordin, *Scientific Babel: How Science Was Done Before and After Global English* (Chicago: University of Chicago Press, 2015), 111–13, 137。

25. T. L. Heath, *The Thirteen Books of Euclid's Elements*, 2nd ed., 3 vols. (New York: Dover, 1956), Book VII, Propositions 1–2, 296–300.

26. 在 Google Ngram 上搜尋從一八〇〇年到二〇〇年的英文書籍裡「歐幾里德演算法」(Euclid's algorithm) 一詞的出現頻率顯示，該術語在二十世紀之前並未被人使用，而在一九四〇年之後突然飆升。這大致對應於「演算法」這個術語的使用情況，該術語的使用頻率在約莫一九五〇年之前保持平穩，然後急劇而穩定地上升。

27. 沒有任何古代數學圖表得以流傳迄今，但我們有充分的證據表明它們存在，並在古希臘數學中起了關鍵作用，參見：Reviel Netz, *The Shaping of Deduction in Greek Mathematics: A Study in Cognitive History* (Cambridge: Cambridge University Press, 1999), 12–67.。

28. Jean Itard, *Les Livres arithmétiques d'Euclide* (Paris: Hermann, 1961).

29. Jacob Klein, *Greek Mathematical Thought and the Origin of Algebra* (1934),

Pommerening (Berlin and New York: De Gruyter, 2010), 285–87.

11. Karine Chemla, "De l'algorithme comme liste d'opérations," *Extrême-Orient-Extrême-Occident* 12 (1990): 80–82.

12. Agathe Keller, Koolakodlu Mahesh, and Clemency Montelle, "Numerical Tables in Sanskrit Sources," HAL archives-ouvertes, HAL ID: halshs-01006137 (submitted 13 June 2014), §2.1.3. https://halshs.archives-ouvertes.fr/halshs-01006137, Accessed 20 August 2021.

13. Jim Ritter, "Reading Strasbourg 368: A Thrice-Told Tale," in *History of Science, History of Text*, ed. Karine Chemla (Dordrecht: Springer, 2004), 196.

14. Keller, "Numerical Tables," §§ 2.1, 2.2.2.

15. Eleanor Robson, "Mathematics Education in an Old Babylonian Scribal School," in *The Oxford Handbook of the History of Mathematics*, ed. Eleanor Robson and Jacqueline Stedall (Oxford and New York: Oxford University Press 2009), 225.

16. Agathe Keller, "Ordering Operations in Square Root Extractions, Analyzing Some Early Medieval Sanskrit Mathematical Texts with the Help of Speech Act Theory," in *Texts, Textual Acts, and the History of Science*, ed. Karine Chemla and Jacques Virbel (Heidelberg: Springer, 2015), 189–90.

17. Karine Chemla, "Describing Texts for Algorithms: How They Prescribe Operations and Integrate Cases: Reflections Based on Ancient Chinese Mathematical Sources," in *Texts*, ed. Chemla and Virbel, 322, 327.

18. J. W. Stigler, "Mental Abacus: The Effect of Abacus Training on Chinese Children's Mental Calculations," *Cognitive Psychology* 16 (1986): 145–76; Mary Gauvain, *The Social Context of Cognitive Development* (New York: Guilford Press, 2001), 49–51.

19. Vogel, *Mohammed Ibn Musa Alchwarizmi's Algorismus*, 45–49.

20. 任何數字 n 的倒數是 n^{-1}，使得 $n \times n^{-1} = 1$。例如：2的倒數是1/2。由於古巴比倫數字系統混合了十進位制（數字1到59，沒有0）和六十進位制（60及其後所有數字），對於具有有限六十進位制形式（即，具有質因數2、3和5的數字，形式為2x3y5z，其中 x、y 和 z 是整數）的數字之倒數，在運算時有著舉足輕重的地位，而許多此類倒數

3. Kurt Gödel, "Über formal unentscheidbare Sätze der *Principia Mathematica* und verwandter Systeme," *Monatsheft für Mathematik und Physik* 38 (1931): 179.

4. David Hilbert and Wilhelm Ackermann, *Grundzüge der theoretischen Logik* (Berlin: Springer, 1928), 77.

5. 科馬赫在創立了幾家保險公司後，於一八二〇年獲得了第一台可以大規模製造和銷售的計算機的專利；而直到一八五一年才開始生產。R. Mehmke, "Numerisches Rechnen," in *Enzyklopädie der Mathematischen Wissenschaften*, ed. Wilhelm Franz Meyer (Leipzig: B. Teubner, 1898–1934), vol. 1, part 2, 959–78. 關於十九世紀末到二十世紀初，辦公用計算機器的簡要概述，參見：Mary Croarken, *Early Scientific Computing in Britain* (Oxford: Oxford University Press, 1990), 12–20。

6. Kurt Vogel, *Mohammed Ibn Musa Alchwarizmi's Algorismus: Das frühste Lehrbuch zum Rechnen mit indischen Ziffern: Nach der einzigen (lateinischen) Handschrift (Cambridge Un.Lib. Ms.Ii.6.5)* (Aalen, Germany: Otto Zeller Verlagsbuchhandlung, 1963), 42–44. 關於中世紀阿拉伯與拉丁數學中的代數傳統，參見：Victor J. Katz and Karen Hunger Parshall, *Taming the Unknown: A History of Algebra from Antiquity to the Early Twentieth Century* (Princeton: Princeton University Press, 2014), 132–213.

7. Menso Folkerts (with Paul Kunitzsch), eds., *Die älteste lateinische Schrift über das indische Rechnen nach al-Hwarizmi* (Munich: Verlag der Bayerischen Akademie der Wissenschaften, 1997), 7–11。

8. Donald Knuth, *The Art of Computer Programming, Vol. 1: Fundamental Algorithms*, 3rd ed. (Boston: Addison-Wesley, 1997), 4–6.; § 1.1.

9. Annette Imhausen, "Calculating the Daily Bread: Rations in Theory and Practice," *Historia Mathematica* 30 (2003): 7 (Problem 39 of the Rhind papyrus).

10. Lis Brack-Bernsen, "Methods for Understanding and Reconstructing Babylonian Predicting Rules," in *Writings of Early Scholars in the Ancient Near East, Egypt, Rome, and Greece*, ed. Annette Imhausen and Tanja

51. Polanyi, *Personal Knowledge*, 17.
52. Harry Collins, *Tacit and Explicit Knowledge* (Chicago: University of Chicago Press, 2010), 7.
53. Jutta Bacher, "Artes mechanicae," in *Erkenntnis Erfindung Konstruktion: Studien zur Bildgeschichte von Naturwissenschaften und Technik vom 16. bis zum 19*. Jahrhundert, ed. Hans Hollander (Berlin: Gebr. Mann, 2000), 35–50.
54. Francis Bacon, *New Atlantis* (1627), in *The Great Instauration and New Atlantis*, ed. J. Weinberger (Arlington Heights, Ill.: Harlan Davidson, 1989), 75.
55. 舉例來說，「Mechanical」在牛津英語辭典中的定義，包含了這個罕見的意涵：「用來指涉工作內容涉及手作勞力的人們及其工作特質，尤其將他們視為一個粗野的階級。」Available at www .oed.com, accessed 17 August 2020.
56. Isaac Newton, "Preface," *The Mathematical Principles of Natural Philosophy* (1687), trans. Andrew Motte (London: Benjamin Motte, 1729), sig. a recto and verso.
57. Gerd Gigerenzer, *How to Stay Smart in a Smart World* (London: Penguin, 2022), 37–57.

▸ 第四章　在機械運算之前的演算法

1. 第四章與第五章的部分內容，曾經以論文的形式發表。我非常感謝期刊的編輯允許我在此重現其論點。參見：Lorraine Daston, "Calculation and the Division of Labor, 1750–1950," *Bulletin of the German Historical Institute* 62 (2018): 9–30。
2. 多尼格教授指出，這種數字系統的標準英文表述「印度－阿拉伯數字」既不一致又具有誤導性：不一致是因為「印度」在此指的是印度教這個宗教，而「阿拉伯」則是指一種語言或文化；之所以具有誤導性，則是因為波斯語在這種記數系統的傳播中，起到了與阿拉伯語同樣重要的作用。「印度半島數字」(Indian numerals，這是「阿拉伯數字」在德文中的稱呼）更為準確，因為這個系統的確起源於印度半島；我在全書中都將使用這個術語（感謝多尼格私下對我說明這點）。

(Cambridge, Mass.: Harvard University Press, 1994), I.2, 1356b26–35, 23.

41. 在此，與同時期律師與醫師的觀察筆記有諸多可比之處。Gianna Pomata, "Sharing Cases: The *Observationes* in Early modern Medicine," *Early Science and Medicine* 15 (2010): 193–236.

42. 關於近代早期的食譜研究，參見：Elaine Leong, *Recipes and Everyday Knowledge: Medicine, Science, and the Household in Early Modern England* (Chicago: University of Chicago Press, 2018).

43. 到了十八世紀後半葉，富裕的法國家庭可能會設置各種「負責滿足味蕾」的職務，包括侍酒師、餐廳經理、糕點師和廚師。針對這一群體的教學手冊也預設了他們會從個人經驗中彌補手冊敘述之不足：「我們一致同意要達到嫻熟的境界，或是更輕鬆構思新事物，就必須花時間在大師的指導下練習。在那裡我們能透過親眼見識實踐的過程，來學會許多無法光用解釋來說明清楚的準備工作。」François Massialot, *Nouvelles instructions pour les confitures, les liqueurs et les fruits*, 2nd ed. (Paris: Charles de Sercy, 1698), 1:sig. ãiiij.

44. Robert May, *The Accomplisht Cook, Or The Art and Mystery of Cookery* (1660), 3rd ed. (London: J. Winter, 1671), Preface, n.p. 這本書在一六六〇年到一六八五年間至少再版到了第五版。

45. Mary Kettilby, *A Collection of above Three Hundred Receipts in Cookery, Physick and Surgery* (1714), 6th ed. (London: W. Parker, 1746), vii. 這本書在一七一四年到一七四九年間至少再版到了第七版。

46. May, *Accomplisht Cook*, 177.

47. Kettilby, *Collection of above Three Hundred Receipts*, 61.

48. [Anonymous], *The Forme of Cury, A Roll of Ancient English Cookery, Compiled about A.D. 1390, by the Master-Cooks of King Richard II . . . By an Antiquary.* (London: J. Nichols, 1780), xvii.

49. Hannah Glasse, *Art of Cookery, Made Plain and Easy* (1747; repr. London: L. Wangford, c. 1790). 這本書在格拉斯在世期間就至少再版到了第五版；最新版本於一九九五年出版。

50. Glasse, *Art of Cookery*, 102.

Cartography in the Renaissance (London: Continuum, 2003), 151–58, 179; Marion Hilliges, "Der Stadtgrundriss als Repräsentationsmedium in der Frühen Neuzeit," in *Aufsicht—Ansicht— Einsicht: Neue Perspektiven auf die Kartographie an der Schwelle zur Frühen Neuzeit*, ed. Tanja Michalsky, Felicitas Schmieder, and Gisela Engel (Berlin: trafo Verlagsgruppe, 2009), 355; Daniela Stroffolino, "Rilevamento topografico e processi construttivi delle 'vedute a volo d'ucello,'" in *L'Europa moderna: Catografia urbana e vedutismo*, ed. Cesare de Seta and Daniela Stroffolino (Naples: Electa Napoli, 2001), 57–67

31. 計算表不準確的原因包括武器和彈藥尚未有制式生產，此外還有所謂的「風阻」，即炮管和炮彈直徑之間的差異，這可能使得炮彈在炮管內反彈並失去動能。George A. Rothrock, "Introduction," Sébastien Le Prestre de Vauban, *A Manual of Siegecraft and Fortification*, trans. George A. Rothrock (Ann Arbor: University of Michigan Press, 1968), 4–6. 這些問題一直存在到十八世紀，導致有嚴格數學訓練的軍事工程師和經驗豐富的炮手之間常常有所爭執。Ken Alder, *Engineering the Revolution: Arms and Enlightenment in France, 1763–1815* (Princeton: Princeton University Press, 1997), 92–112.

32. Vauban, *Manual of Siegecraft and Fortification*, 21.

33. Blaise de Pagan, *Les Fortifications du comte de Pagan* (1689), quoted in Michèle Virol, "La conduite des sièges réduite en art. Deux textes de Vauban," in *Réduire en art*, eds. Glatigny and Vérin, 155.

34. Vauban, *Traité de l'attaque des places* (comp. 1704), 1213.

35. Vauban, *Traité de l'attaque des places*, 1321.

36. Vauban, *Manual of Siegecraft and Fortification*, 175.

37. Vauban, *Traité de l'attaque des places*, 1194.

38. Vauban, *Traité de la défense des places*, 1375.

39. "Ingenium," in Rudolph Goclenius the Elder, *Lexicon philosophicum* (Frankfurt: Matthias Becker, 1613), 241–42.

40. Aristotle, *Art of Rhetoric*, trans. John Henry Freese, Loeb Classical Library

Imprimerie impériale, 1861–1873)。

20. 經典論述可見：Michael Polanyi, *Personal Knowledge: Towards a Post-Critical Philosophy* (1958; repr. London: Routledge, 2005), 65：「這往往是我們藉由不斷試錯的過程來**摸索**成功的方式……而這也表示，我們實際上在這個過程中，無意識地發現了許多關於實作技巧和現場判斷的規則，這包含了許多實踐過程中的技術性規則，而這些規則很少能被文字明確表述，就算足以表述，也往往只是被作為更廣泛的科學研究的成果發現。」強調皆為原文所加。

21. Quoted in Stéphane Lamassé, "Calculs et marchands (XIVe–XVe siècles)," in *La juste mesure: Quantifier, évaluer, mesurer entre Orient et Occident (VIIIe–XVIIIe siècles)*, ed. Laurence Moulinier, Line Sallmann, Catherine Verna, and Nicolas WeillParot (Saint-Denis, France: Presses Universitaires de Vincennes, 2005), 79–97, 86.

22. Digges, *A Boke Named Tectonicon*, Preface, n.p.

23. Digges, *A Boke Named Tectonicon*, n.p.

24. Elway Bevin, *Briefe and Short Instrvction of the Art of Mvsicke, to teach how to make Discant, of all proportions that are in vse* (London: R. Young, 1631), 45.

25. Cotton, *The Compleate Gamester*, 1, 5, 21, 154, 109, 57, 147.

26. Edmond Hoyle, *A Short Treatise on the Game of Whist, Containing the Laws of the Game: and also Some Rules, whereby a Beginner may, with due Attention to them, attain to the Playing it well* (London: Thomas Osborne, 1748), 17, 25.

27. Cotton, *The Compleate Gamester*, 49–50.

28. Jean-Marie Lhôte, *Histoire des jeux de société* (Paris: Flammarion, 1994), 292–293.

29. Christy Anderson, Anne Dunlop, and Pamela H. Smith, eds., *The Matter of Art: Materials, Practices, Cultural Logics, c. 1250–1750* (Manchester: Manchester University Press, 2014).

30. Naomi Miller, *Mapping the City: The Language and Culture of*

Science and Technology," in *The Cambridge History of Early Modern Science*, ed. Katharine Park and Lorraine Daston (Cambridge: Cambridge University Press, 2006), 306–19.

11. Francis Bacon, *Novum organum* (1620), Aphorism I. 74, in *The Works of Francis Bacon,* ed. Basil Montagu (London: William Pickering, 1825–34), 9:225.

12. William Eamon, "Markets, Piazzas, and Villages," in *The Cambridge History of Early Modern Science*, ed. Park and Daston, 206–23.

13. René Descartes, *Regulae ad directionem igenii* (c. 1628), Regula X, in *Oeuvres de Descartes*, ed. Charles Adam and Paul Tannery (Paris: J. Vrin, 1964), 10:403–406; Neal Gilbert, *Concepts of Method in the Renaissance* (New York: Columbia University Press, 1960); Nelly Bruyère, *Méthode et dialectique dans l'oeuvre de La Ramée: Renaissance et Âge classique* (Paris: J. Vrin, 1984).

14. Sébastien Le Prestre de Vauban, *Traité de l'attaque des places* (comp. 1704), in Les *Oisivités de Monsieur de Vauban*, ed. Michèle Virol (Seyssel, France: Éditions Camp Vallon, 2007), 1212–13.

15. Leonard Digges, *A Boke Named Tectonion* (London: John Daye, 1556), sig. f.ii recto.

16. Charles Cotton, *The Compleate Gamester: Instructions How to Play at Billiards, Trucks, Bowls, and Chess* (London: Charles Brome, 1687), 147.

17. [Anonymous], *Traité de confiture, ou Le nouveau et parfait Confiturier* (Paris: Chez Thomas Guillain, 1689), sig. ãiiij recto.

18. 為此書的副書名：Robert May, *The Accomplisht Cook, Or the Art and Mystery of Cookery,* 3rd ed. (London: J. Winter, 1671).

19. 相關例子參見：Jean Baptiste Colbert, *Instruction generale donnée de l'ordre exprés du roy par Monsieur Colbert . . . pour l'execution des reglemens generaux des manufactures & teintures registrez en presence de Sa Majesté au Parlement de Paris le treiziéme aoust 1669* (Grenoble: Chez Alexandre Giroud, 1693)。至於其他在尚．柯爾貝（Jean Baptiste Colbert）執政期間所發布的這類「一般指示」，則見於：Jean Baptiste Colbert, *Lettres, instructions et mémoires de Colbert*, 7 vols. (Paris:

de la Maison des sciences de l'homme, 2008), 17–58; Pamela H. Smith, "Making Things: Techniques and Books in Early Modern Europe," in *Things*, ed. Paula Findlen (London: Routledge, 2013), 173–203.

3. Martin Warnke, *The Court Artist: On the Ancestry of the Modern Artist* (1985), trans. David McLintock (Cambridge: Cambridge University Press, 1993).

4. Vérin, "Rédiger et réduire en art," 17–58, 27–28.

5. Dürer, *Unterweysung der Messung, mit dem Zirckel und Richtscheyt*, Dedicatory Epistle, n.p.

6. 關於十七世紀何謂技術技藝的定義，參見：Johann Heinrich Alsted, *Encyclopaedia* (1630), ed. Wilhelm Schmidt-Biggemann, 4 vols. (Stuttgart-Bad Cannstatt: Fromann-Holzboog, 1989), 3:1868–1956。在此，技術技藝指的是所有手工藝，而不僅限於有實際用途的機械發明，哪怕後者在近代早期的自然哲學中扮演重要的角色。See Walter Roy Laird and Sophie Roux, eds., *Mechanics and Natural Philosophy before the Scientific Revolution* (Dordrecht: Springer, 2008).

7. 《新發明》的版畫由揚・史特拉（Jan van der Straet）設計，由揚・科拉爾特（Jan Collaert）雕刻，並由菲利普・加勒（Philips Galle）出版。這系列版畫可見於：www .metmuseum.org/art/collection/search/659646, accessed 29 July 2021。

8. William Eamon, *Science and the Secrets of Nature: Books of Secrets in Medieval and Early Modern Culture* (Princeton: Princeton University Press, 1994), 134–67.

9. Matteo Valleriani, *Galileo Engineer* (Dordrecht: Springer, 2010); Pamela O. Long, *Artisan/Practitioners and the Rise of the New Sciences, 1400–1600* (Corvallis: Oregon State University Press, 2011).

10. Roberto Vergara, ed., *Il compasso geometrico e militare di Galileo Galilei* (Pisa: ETS, 1992); Ari Belenky, "Master of the Mint: How Much Money Did Isaac Newton Save Britain?" *Journal of the Royal Statistical Society: Series A* 176 (2013): 481–98; Andre Wakefield, "Leibniz and the Wind Machines," *Osiris* 25 (2010): 171–88; Kelly Devries, "Sites of Military

Manchester University Press, 2014).

50. Jean d'Alembert, *Discours préliminaire* (1751), quoted in Hélène Vérin, "Rédiger et réduire en art: un projet de rationalisation des pratiques," in *Réduire en art*, ed. Glatigny and Vérin, 23.

51. Anne Balansard, *Techné dans les dialogues de Platon* (Sankt Augustin, Germany: Academia Verlag, 2001).

52. 烏爾提亞努斯・卡佩拉（Martianus Capella）在晚期古典時代所撰寫的百科全書中，將七藝寓言化；技術技藝的類別在中世紀時期出現得相對較晚，最初是以與人文技藝類比的形式呈現。See Capella, *De nuptiis Philologiae et Mercurii* (5th c. CE, *The Marriage of Philology and Mercury*) (Turnhout, Belgium: Brepols, 2010); Peter Sternagel, *Die artes mechanicae im Mittelalter: Begriffs- und Bedeutungsgeschichte bis zum Ende des 13. Jahrhunderts* (Kallmünz, Germany: Lassleben, 1966); R. Jansen-Sieben, ed., *Ars mechanicae en Europe médiévale* (Brussels: Archives et bibliothèques de Belgique, 1989).

53. William Eamon, *Science and the Secrets of Nature: Books of Secrets in Medieval and Early Modern Culture* (Princeton: Princeton University Press, 1994); Lissa Robert, Simon Schaffer, and Peter Dear, eds., *The Mindful Hand: Inquiry and Invention from the Late Renaissance to Early Industrialisation* (Chicago: University of Chicago Press, 2007); Pamela O. Long, *Artisan/Practitioners and the Rise of the New Science* (Corvallis: Oregon State University Press, 2011).

► 第三章　技藝的規則：動腦與動手的結合

1. Albrecht Dürer, *Unterweysung der Messung, mit dem Zirckel und Richtscheyt, in Linien, Ebenen und gantzen corporen* (Nuremberg: Hieronymus Andreae, 1525), Dedicatory Epistle, n.p.

2. Hélène Vérin, "Rédiger et réduire en art: un projet de rationalisation des pratiques," in *Réduire en art: la technologie de la Renaissance aux Lumières*, eds. Pascal Dubourg Glatigny and Hélène Vérin (Paris: Éditions

42. 關於Regola的用法，參見：*Vocabulario degli Accademici della Crusca*, 4th ed. (Florence: Domenico Maria Manni, 1729–38), 4: 96–97; Règle則見：*Le Dictionnaire de l'Académie française*, 2nd ed. (Paris: Imprimerie royale, 1718); and for Rule in Samuel Johnson, *Dictionary of the English Language*, 1st ed. (London: W. Strahan, 1755)。

43. 關於Rule的用法，參見：Noah Webster, *American Dictionary of the English Language* (New Haven: B. L. Hamlen, 1841)。

44. Aristotle, *Posterior Analytics*, trans. Hugh Tredennick, Loeb Classical Library (Cambridge, Mass.: Harvard University Press, 1939), I.2, 71b10–15, 30–31.

45. Aristotle, *Metaphysics*, trans. Hugh Tredennick, Loeb Classical Library (Cambridge, Mass.: Harvard University Press, 1989), VI.2, 1027a20, 302–303; II.3, 995a15– 20, 94–95.

46. Aristotle, *Metaphysics*, I.1, 981a5–15, 4–5. 亞里斯多德有時候似乎非常重視這一點（以及醫學上的示例），以至於他認為即便是「技藝」(technê)也不會涉及到個體的各殊性。See also Aristotle, *Rhetoric*, I.2,1356b, 20–23.

47. Aristotle, *Metaphysics*, I.1, 981a30–b5, 6–7.

48. Pascal Dubourg Glatigny and Hélène Vérin, "La réduction en art, un phénomène culturel," in *Réduire en art: La technologie de la Renaissance aux Lumières*, ed. Pascal Dubourg Glatigny and Hélène Vérin (Paris: Éditions de la Maison des sciences de l'homme, 2008), 59–74. 工程師在這場經驗知識系統化運動中表現得非常出色。 See Pamela O. Long, "Multi-Tasking 'PreProfessional' Architect/Engineers and Other Bricolage Practitioners as Key Figures in the Elision of Boundaries Between Practice and Learning in Sixteenth-Century Europe," in *The Structures of Practical Knowledge*, ed. Matteo Valleriani (Cham, Switzerland: Springer, 2017), 223–46.

49. Pamela Smith, *The Body of the Artisan: Art and Experience in the Scientific Revolution* (Chicago: University of Chicago Press, 2004); Christy Anderson, Anne Dunlop, and Pamela Smith, eds., *The Matter of Art: Materials, Practices, Cultural Logics, c. 1250–1750* (Manchester:

Chicago Press, 1998), 156–59.

33. Roberto Busa S.J. and associates, eds., *Index Thomisticus*, web edition by Eduardo Bernot and Enrique Marcón, available at www.corpusthomisticum.org/it /index.age, accessed 28 July 2021. See also the entry "Discretio" in Roy J. Deferrari and Sister Mary M. Inviolata Barry, *A Lexicon of Saint Thomas Aquinas* (1948; repr. Fitzwilliam, New Hampshire: Loreto Publications, 2004), 317–18. 我要感謝卡蒂亞・克勞澤教授向我提供了這些資訊。

34. "Discretio," in Rudolph Goclenius, *Lexicon philosophicum* (Frankfurt: Matthias Becker, 1613), 543.

35. "Discretion," *Oxford English Dictionary* Online, available at www.oed.com, accessed 28 July 2021; see also "Discret," *Le Robert Dictionnaire historique de la langue française*, ed. Alain Rey (Paris: Dictionnaires Le Robert, 2000), 1:1006–1007.

36. Frederick Schauer, *Thinking Like a Lawyer: A New Introduction to Legal Reasoning* (Cambridge, Mass.: Harvard University Press, 2009), 119–23.

37. *Regula Sancti Benedicti*, Prologue 47: "sed et si quid paululum restrictius, dictante aequitatis ratione, propter emendationem vitiorum vel conservationem caritatis processerit." Jacobs, *Die Regula Benedicti als Rechtsbuch*, 147.

38. Aristotle, *Nicomachean Ethics*, trans. H. Rackham, Loeb Classical Library (Cambridge, Mass.: Harvard University Press, 1934), V.10, 1137b, 24–33, 314–17.

39. Jack M. Balkin, *Living Originalism* (Cambridge, Mass.: Harvard University Press, 2011), 35–58.

40. *Regula Sancti Benedicti*, 2.2–3.

41. 關於 Regula 的其他用法，參見：D. H. Howlett, *Dictionary of Medieval Latin from British Sources*, Fascicule XIII: PRO-REG (Oxford: Oxford University Press, 2010), 2727–28; J. F. Niermeyer and C. van de Kieft, *Mediae latinitatis lexicon minus: M–Z* (Darmstadt: Wissenschaftliche Buchgesellschaft, 2002), 1178。

文 canon 已經是用來指涉經濟行為上關於支付款項的技術性用詞。

20. Oppel, *KANΩN*, 76–105.

21. Peter Stein, *Roman Law in European History* (Cambridge: Cambridge University Press, 1999), 47.

22. Ohme, *Kanon ekklesiastikos*, 51–55.

23. "Non ex regula ius sumatur, sed ex iure quod est regula fiat." Paulus, *On Plautius*, Book XVI. Digest L 17,1, available at www.thelatinlibrary.com/justinian/digest50 .shtml, accessed 21 August 2021.

24. 關於中世紀本篤修道院的歷史與分布，參見：James G. Clark, *The Benedictines in the Middle Ages* (Woodbridge, Suffolk: Boydell, 2011).

25. 赫密納是古羅馬的一個度量單位，可能相當於約十盎司的液體。

26. D. Philibert Schmitz and Christina Mohrmann, eds., *Regula monachorum Sancti Benedicti*, 2nd ed. (Namur, Belgium: P. Blaimont, 1955), 70–72, 98–104, 86–87; chs. 9.1–11, 10.1–3, 38.1–12, 39.1–11, 40.1–9, 41.1–9, 23.1–5, 24.17, 25.1–6.

27. 關於《聖本篤清規》的系譜學，參見：Adalbert de Vogüé, *Les Règles monastiques anciennes (400–700)* (Turnhout, Belgium: Brepols, 1985), 12–34.

28. 查理曼（c. 742-814）起草了一項法令〔最終由他的兒子虔誠者路易（Louis the Pious, 778-840）頒布〕，其內容是神聖羅馬帝國境內所有修士和修女都要遵守《聖本篤清規》。See Douglas J. McMillan and Kathryn Smith Fladenmuller, eds., *Regular Life: Monastic, Canonical, and Mendicant Rules* (Kalamazoo, Mich.: Medieval Institute, 1997), 7–8.

29. *Regula Sancti Benedicti*, 99–100, 103–4; chs. 39.6, 42.9–10.

30. Uwe Kai Jacobs, *Die Regula Benedicti als Rechtsbuch: Eine rechtshistorische und rechtstheologische Untersuchung* (Vienna: Böhlau Verlag, 1987), 14, 149–51.

31. "Discrete," *Oxford English Dictionary* Online, available at www.oed.com, accessed 28 July 2021.

32. Jean-Claude Schmitt, *Ghosts in The Middle Ages: The Living and Dead in Medieval Society* (1994), trans. Teresa L. Fagan (Chicago: University of

7. Edward Kennedy, "A Survey of Islamic Astronomical Tables," *Transactions of the American Philosophical Society* 46, no. 2 (1956): 1–53. Kanon 一詞後來被用來指涉其他種表格，例如該撒利亞的優西比烏主教（Eusebius of Caesarea, 4th c. CE）繪製的年曆。See Oppel, *KANΩN*, 67.

8. 相關例子參見：Francis Baily, *An Account of the Revd. John Flamsteed, the First Astronomer Royal* (London: n.p., 1835), 10

9. Pliny the Elder, *Natural History*, trans. H. Rackham, Loeb Classical Library (Cambridge, Mass.: Harvard University Press, 1952), 34.55, 168–69.

10. Plutarch, "kanon tes aretes," quoted in Oppel, *KANΩN*, 42.

11. Aristotle, *Art of Rhetoric*, trans. John Henry Freese, Loeb Classical Library (Cambridge, Mass.: Harvard University Press, 1994), I.9, 1368a; 105.

12. Henner von Hesberg, "Greek and Roman Architects," in *The Oxford Handbook of Greek and Roman Art and Architecture*, ed. Clemente Marconi (Oxford: Oxford University Press, 2014), 142.

13. Plato, *Timaeus*, trans. R. G. Bury, Loeb Classical Library (Cambridge, Mass.: Harvard University Press, 1989), 48–51, 50–53, 112–13; 27d28a, 28c–29a, 48e–49a; Plato, *Republic Books VI–X*, trans. Chris Emlyn-Jones and William Freddy, Loeb Classical Library (Cambridge, Mass.: Harvard University Press), 388–89; 592b.

14. Immanuel Kant, *Critique of Judgment* (1790), trans. Werner S. Pluhar (Indianapolis: Hackett, 1987), I.46, Ak. 5.307–10, 174–75.

15. Oppel, *KANΩN*, 53–69.

16. Oppel, *KANΩN*, 69–70.

17. James A. Brundage, *Medieval Canon Law* (London and New York: Longman, 1995), 8–11; Gérard Fransen, *Canones et quaestiones: Évolution des doctrines et systèmes du droit canonique* (Goldbach, Germany: Keip Verlag, 2002), 597.

18. Heinz Ohme, *Kanon ekklesiastikos: Die Bedeutung des altkirchlichen Kanonbegriffs* (Berlin and New York: Walter de Gruyter, 1998), 1–3; 570–73.

19. Ohme, *Kanon ekklesiastikos*, 46–48. 到了西元四世紀的羅馬法中，希臘

► 第二章　古代的規則：直尺、模範與律法

1. 舉例來說，希伯來文《聖經》有這樣的段落：「那從囊中抓金子，用天平平銀子的人，雇銀匠製造神像，他們又俯伏，又叩拜」（Isaiah 46:6）。

2. Herbert Oppel, *ΚΑΝΩΝ: Zur Bedeutungsgeschichte des Wortes und seiner lateinischen Entsprechungen (Regula-Norma)* (Leipzig: Dietrich'sche Verlagsbuchhandlung, 1937), 1–12, 76–78. 這仍然是對希臘文 kanon 與拉丁文 regula 最好的研究，我在此也大量仰賴其研究成果。

3 Aristophanes, *The Birds* (414 BCE), in *The Peace—The Birds—The Frogs, trans. Benjamin Bickley Rogers,* Loeb Classical Library (Cambridge, Mass.: Harvard University Press, 1996), 226–27, ll. 1001–1005, spoken by the astronomer Meton.

4. Andrew Barker, *Greek Musical Writings*, Vol. 2, *Harmonic and Acoustic Theory* (Cambridge: Cambridge University Press, 1989), 239–40. 直到十六或十七世紀，「聖典」（canon）這個詞才被用來指稱多聲部的輪唱和其他模仿歌曲。在中世紀拉丁文中，這些被稱為 rota 或 fuga perpetua。 See Otto Klauwell, *Der Canon in seiner geschichtlichen Entwicklung* (Leipzig: C. F. Kahnt, 1874), 9–10.

5. Claudius Galen, *De temperamentis libri III*, ed. Georg Helmreich (Leipzig: B. G. Teubner, 1904), I.9, 36. 蓋倫的觀察啟發了許多試圖重建「Kanon」失落意涵的嘗試。See Richard Tobin, "The Canon of Polykleitos," *American Journal of Archaeology* 79 (1975): 307–21.

6. Anne Tihon, *Πτολεμαιου Προχειροι Κανονες: Les "Tables Faciles" de Ptolomée: 1a. Tables A1–A2. Introduction, édition critique*, Publications de l'Institut Orientaliste de Louvain 59a (Louvain-La-Neuve, Belgium: Université Catholique de Louvain/ Peeters, 2011); Raymond Mercier, *Πτολεμαιου Προχειροι Κανονες: Ptolemy's "Handy Tables": 1a. Tables A1–A2. Transcription and Commentary*, Publications de l'Institut Orientaliste de Louvain 59a (Louvain-La-Neuve, Belgium: Université Catholique de Louvain/Peeters, 2011).

Gerhard Lehmann (Hamburg: Felix Meiner Verlag, 1990), 16.

19. Paul Erikson, Judy L. Klein, Lorraine Daston, Rebecca Lemov, Thomas Sturm, and Michael D. Gordin, *How Reason Almost Lost Its Mind: The Strange Career of Cold War Rationality* (Chicago: University of Chicago Press, 2013), 1–26. See also Edward F. McClennen, "The Rationality of Being Guided by Rules," in *The Oxford Handbook of Rationality*, ed. Alfred R. Mele and Piers Rawling (New York: Oxford University Press, 2004), 222–39.

20. Catherine Kovesi Killerby, *Sumptuary Law in Italy, 1200–1500* (Oxford: Clarendon Press, 2002), 120.

21. 這場辯論的戰線綿延，在今天已然被現代化理論的相關研究典範化。對於對立論點的陳述，可見：Walter W. Rostow, *The Stages of Economic Growth: A Non-Communist Manifesto* (Cambridge: Cambridge University Press, 1960); and James C. Scott, *Seeing Like a State: How Certain Schemes to Improve the Human Condition Have Failed* (New Haven: Yale University Press, 1998)。

22. Barry Bozeman, *Bureaucracy and Red Tape* (Upper Saddle River, N.J.: Prentice Hall, 2000), 185–86.

23. 這種以「緩慢步調工作」來拖慢工作節奏的行徑（德文中的 Streik nach Vorschrift，法文中的 grève du zèle，義大利文中的 sciopero bianco）尤其體現在往往被禁止罷工的公務員身上，如一九六二年癱瘓西德郵政系統的郵務士或二〇一〇年法國法官的行徑。

24. Gerd Gigerenzer, *How to Stay Smart in a Smart World* (London: Penguin, 2022), 58-66.

25. 關於 historia 一詞的含義，見：Gianna Pomata and Nancy G. Siraisi, "Introduction," in *Historia: Empiricism and Erudition in Early Modern Europe*, ed. Gianna Pomata and Nancy G. Siraisi (Cambridge, Mass.: MIT Press, 2005), 1–38。

Growth of Knowledge, ed. Imré Lakatos and Alan Musgrave (Cambridge: Cambridge University Press, 1970), 59–89.

9. Thomas S. Kuhn, *The Structure of Scientific Revolutions* (1962), 4th ed. (Chicago: University of Chicago Press, 2012), 174, 191.

10. Ian Hacking, "Paradigms," in *Kuhn's "Structure of Scientific Revolutions"* ed. Richards and Daston, 99.

11. Ludwig Wittgenstein, *Philosophical Investigations* (1953), trans. G.E.M. Anscombe, 3rd ed. (Englewood Cliffs, N.J.: Prentice Hall, 1958), §199, 81.

12. Herbert Oppel, *KANΩN: Zur Bedeutungsgeschichte des Wortes und seiner lateinischen Entsprechungen (Regula-Norma)* (Leipzig: Dietrich'sche Verlagsbuchhandlung, 1937), 41.

13. Pliny the Elder, *Natural History*, trans. H. Rackham, Loeb Classical Library (Cambridge, Mass.: Harvard University Press, 1952), 34.55, 168–69.

14. Dionysius of Halicarnassus, *Commentaries on the Attic Orators*, Lys. 2; quoted in Oppel, *KANΩN*, 45.

15. [Chevalier de Jaucourt], "RÈGLE, MODÈLE (*Synon.*)," in *Encyclopédie, ou Dictionnaire raisonné des sciences, des arts et des métiers*, ed. Denis Diderot and Jean d'Alembert (Lausanne/Berne: Les sociétés typographiques, 1780), 28:116–17.

16. Claudius Galen, *De temperamentis libri III*, ed. Georg Helmreich (Leipzig: B. G. Teubner, 1904), I.9, 36; Sachiko Kusukawa, *Picturing the Book of Nature: Image, Text, and Argument in Sixteenth-Century Human Anatomy and Medical Body* (Chicago: University of Chicago Press, 2012), 213–18.

17. Oppel, *KANΩN*, 17–20, 32, 67. 值得一提的是，拉丁文 regula 與羅馬法產生聯繫的用法，至少衍生出一種新的含義。這發生在西元一世紀，當時的法學家將早先的判例彙整成普遍原則或定則，大約有兩百條這樣的原則被附加到查士丁尼的《學說彙纂》中〈古代法格言集〉的篇章裡。See Heinz Ohme, *Kanon ekklesiastikos: Die Bedeutung des altkirchlichen Kanonbegriffs* (Berlin: Walter De Gruyter, 1998), 51–55.

18. Immanuel Kant, *Erste Einleitung in die Kritik der Urteilskraft* (1790) ed.

註釋

除非有附加說明，否則本書所有其他語言皆由作者自行翻譯。

► 第一章　導論：規則被埋藏的歷史

1. Herodotus, *The History*, trans. David Grene (Chicago: University of Chicago Press, 1987), II.35, 145.
2. Ludwig Hoffmann, *Mathematisches Wörterbuch*, 7 vols. (Berlin: Wiegandt und Hempel, 1858–1867).
3. Matthew L. Jones, *Reckoning with Matter: Calculating Machines, Innovation, and Thinking about Thinking from Pascal to Babbage* (Chicago: University of Chicago Press, 2016), 13–40.
4. 關於其他歷史詮釋，參見：Grattan-Guiness, *The Search for Mathematical Roots, 1870–1940: Logic, Set Theory, and the Foundations of Mathematics from Cantor through Russell Russell to Gödel* (Princeton: Princeton University Press, 2000); Martin Campbell-Kelly, William Aspray, Nathan Ensmenger, and Jeffrey R. Yost, *Computer: A History of the Information Machine*, 3rd ed. (Boulder, Colo.: Westview Press, 2014); David Berlinski, *The Advent of the Algorithm: The 300- Year Journey from an Idea to the Computer* (New York: Harcourt, 2000)。
5. I. Bernard Cohen, "Howard Aiken on the Number of Computers Needed for the Nation," *IEEE Annals of the History of Computing* 20 (1998): 27–32.
6. Jorge Luis Borges, "Pierre Menard, Author of the *Quixote*" (1941), in *Collected Fictions*, trans. Andrew Hurley (London: Penguin, 1998), 88–95.
7. Robert J. Richards and Lorraine Daston, "Introduction," in *Kuhn's "Structure of Scientific Revolutions" at Fifty: Reflections on a Scientific Classic*, ed. Robert J. Richards and Lorraine Daston (Chicago: University of Chicago Press, 2016), 1–11.
8. Margaret Masterman, "The Nature of a Paradigm, " in *Criticism and the*

人文

我們賴以為生的規則

從量尺、食譜、法律到演算法，人類如何確立和打破一切？

Rules: A Short History of What We Live By

作　　者 — 洛琳．達斯頓（Lorraine Daston）
譯　　者 — 陳禹仲
發 行 人 — 王春申
選書顧問 — 陳建守
總 編 輯 — 張曉蕊
責任編輯 — 徐　鉞
版　　權 — 翁靜如
封面設計 — 蕭旭芳
內頁設計 — 林曉涵

營　　業 — 王建棠
資訊行銷 — 劉艾琳、謝宜華
出版發行 — 臺灣商務印書館股份有限公司
23141 新北市新店區民權路 108-3 號 5 樓（同門市地址）
電話：(02)8667-3712　傳真：(02)8667-3709
讀者服務專線：0800056193　郵撥：0000165-1
E-mail：ecptw@cptw.com.tw　網路書店網址：www.cptw.com.tw
Facebook：facebook.com.tw/ecptw

局版北市業字第 993 號
初　版：2024 年 5 月
印 刷 廠：鴻霖印刷傳媒股份有限公司
定　　價：新台幣 630 元

國家圖書館出版品預行編目 (CIP) 資料

我們賴以為生的規則：從量尺、食譜、法律到演算法,人類如何確立和打破一切? / 洛琳.達斯頓(Lorraine Daston)著；陳禹仲譯. -- 初版. -- 新北市：臺灣商務印書館股份有限公司, 2024.05
面；×公分. -- (人文)
譯自：Rules : a short history of what we live by
ISBN 978-957-05-3564-8(平裝)

1.CST: 社會規範 2.CST: 社會秩序

541.87　　113003827

法律顧問 — 何一芃律師事務所